Heino Schmidt

Der Sozialplan in betriebswirtschaftlicher Sicht

Heino Schmidt

Der Sozialplan in betriebswirtschaftlicher Sicht

DUV Springer Fachmedien Wiesbaden GmbH

CIP-Titelaufnahme der Deutschen Bibliothek

Schmidt, Heino:
Der Sozialplan in betriebswirtschaftlicher Sicht /
Heino Schmidt. – Wiesbaden : Dt. Univ.-Verl., 1989
Zugl.: Göttingen, Univ., Diss., 1988

Ursprünglich erschienen bei Deutscher Universitäts-Verlag GmbH, Wiesbaden 1989.

ISBN 978-3-8244-0008-9 ISBN 978-3-663-14647-6 (eBook)
DOI 10.1007/978-3-663-14647-6

INHALTSÜBERSICHT

G L I E D E R U N G

Seite

Seite

Seite

Seite

Abbildungsverzeichnis

Seite

ABKÜRZUNGSVERZEICHNIS

a.A.	anderer Auffassung
AFG	Arbeitsförderungsgesetz
AngKSchG	Gesetz über die Fristen für die Kündigung von Angestellten
AG	Die Aktiengesellschaft (Zeitschrift)
AktG	Aktiengesetz vom 6.9.1965 in der nach Inkrafttreten des Bilanzrichtlinien-Gesetzes vom 19.12.1985 gültigen Fassung
AktG 65	Aktiengesetz vom 6.9.1965 in der vor Inkrafttreten des Bilanzrichtlinien-Gesetzes vom 19.12.1985 gültigen Fassung
AktG 37	Aktiengesetz vom 30.1.1937
Anm.	Anmerkung
ArbuR	Arbeit und Recht (Zeitschrift)
AR-Blattei	Arbeitsrecht-Blattei (Loseblattsammlung)
BAG	Bundesarbeitsgericht
BB	Betriebsberater (Zeitschrift)
BBK	Buchführung Bilanz Kostenrechnung (Zeitschrift)
BeschFG	Beschäftigungsförderungsgesetz vom 26.4.1985
BetrAVG	Gesetz zur Verbesserung der betrieblichen Altersversorgung (Betriebsrentengesetz)
BetrVG 52	Betriebsverfassungsgesetz vom 11.10.1952
BetrVG	Betriebsverfassungsgesetz vom 15.1.1972 in der durch Art. 2 BeschFG geänderten Fassung
BewG	Bewertungsgesetz
BFH	Bundesfinanzhof
BFuP	Betriebswirtschaftliche Forschung und Praxis (Zeitschrift)
BGB	Bürgerliches Gesetzbuch
BGBl.	Bundesgesetzblatt
BiRiLiG	Bilanzrichtlinien-Gesetz vom 19.12.1985
BMF	Bundesministerium der Finanzen

BMJ	Bundesministerium der Justiz
BRG	Betriebsrätegesetz vom 4.2.1920
BT-Drucks.	Bundestagsdrucksache
BVG	Bundesverfassungsgericht
DAG	Deutsche Angestellten Gewerkschaft
DB	Der Betrieb (Zeitschrift)
DBW	Die Betriebswirtschaft (Zeitschrift)
DGB	Deutscher Gewerkschaftsbund
DSWR	Datenverarbeitung Steuer Wirtschaft Recht (Zeitschrift)
EGHGB	Einführungsgesetz zum Handelsgesetzbuch
4. EG-Richtl.	Vierte Richtlinie des Rates der Europäischen Gemeinschaften vom 25.7.1978 ... über den Jahresabschluß von Gesellschaften bestimmter Rechtsformen (Bilanzrichtlinie)
Entw	Entwurf
EStG	Einkommensteuergesetz
EStR	Einkommensteuer-Richtlinien
EStDV	Einkommensteuer-Durchführungsverordnung
FAZ	Frankfurter Allgemeine Zeitung
FN	Fachnachrichten des Instituts der Wirtschaftsprüfer (Zeitschrift)
FR	Finanzrundschau (Zeitschrift)
Fußn.	Fußnote
GewO	Gewerbeordnung
GKV	Gesamtkostenverfahren
GmbHG	Gesetz betreffend die Gesellschaften mit beschränkter Haftung
GmbHR	GmbH-Rundschau (Zeitschrift)
GOB	Grundsätze ordnungsmäßiger Buchführung
GT	Göttinger Tageblatt (Zeitung)
HB	Handelsblatt

HdJ	Handbuch des Jahresabschlusses in Einzeldarstellungen (siehe Literaturverzeichnis)
HGB	Handelsgesetzbuch vom 10.05.1897 in der durch das Bilanzrichtlinien-Gesetz vom 19.12.1985 geänderten Fassung
HWB	Handwörterbuch der Betriebswirtschaft, hrsg. von Erwin Grochla und Waldemar Wittmann, 4. Aufl., Bd. 1-3, Stuttgart 1974-1976
HWBuRB	Handwörterbuch unbestimmter Rechtsbegriffe im Bilanzrecht des HGB (siehe Literaturverzeichnis)
HWF	Handwörterbuch der Finanzwirtschaft, hrsg. von Hans Egon Büschgen, Stuttgart 1976
HWFü	Handwörterbuch der Führung, hrsg. von Alfred Kieser, Gerhard Reber, Rolf Wunderer, Stuttgart 1987
HWO	Handwörterbuch der Organisation, hrsg. von Erwin Grochla, 2. Aufl., Stuttgart 1980
HWPers	Handwörterbuch des Personalwesens, hrsg. von Eduard Gaugler, Stuttgart 1975
HWProd	Handwörterbuch der Produktion, hrsg. von Werner Kern, Stuttgart 1979
HWR	Handwörterbuch des Rechnungswesens, hrsg. von Erich Kosiol, Klaus Chmielewicz, Marcell Schweitzer, 2. Aufl., Stuttgart 1981
HWRev	Handwörterbuch der Revision, hrsg. von Adolf G. Coenenberg, Klaus von Wysocki, Stuttgart 1983
IdW	Institut der Wirtschaftsprüfer
InsO	Insolvenzordnung
IRK	Insolvenzrechtskommission
i.V.m.	in Verbindung mit
iwd	Informationsdienst des Instituts der deutschen Wirtschaft (Zeitschrift)
k.A.	keine Angabe(n)
KO	Konkursordnung
KSchG	Kündigungsschutzgesetz
KStG	Körperschaftsteuergesetz

MitbestG	Gesetz über die Mitbestimmung der Arbeitnehmer vom 4.5.1976
MontanMitbestG	Gesetz über die Mitbestimmung der Arbeitnehmer in den Aufsichtsräten und Vorständen der Eisen und Stahl erzeugenden Industrie vom 21.5.1951
MuSchG	Mutterschutzgesetz
NJW	Neue Juristische Wochenschrift (Zeitschrift)
NWB	Neue Wirtschaftsbriefe (Zeitschrift)
NZA	Neue Zeitschrift für Arbeits- und Sozialrecht
PublG	Gesetz über die Rechnungslegung von bestimmten Unternehmen und Konzernen (Publizitätsgesetz)
RdA	Recht der Arbeit (Zeitschrift)
RegEntw	Regierungsentwurf
RGBl	Reichsgesetzblatt
Rz.	Randziffer
SchwBG	Schwerbeschädigtengesetz
SPG	Gesetz über den Sozialplan im Konkurs- und Vergleichsverfahren vom 20.2.1985
SZ	Süddeutsche Zeitung
TVG	Tarifvertragsgesetz
Tz.	Textziffer
UKV	Umsatzkostenverfahren
WiSt	Wirtschaftswissenschaftliches Studium (Zeitschrift)
WPg	Die Wirtschaftsprüfung (Zeitschrift)
ZfA	Zeitschrift für Arbeitsrecht
ZfB	Zeitschrift für Betriebswirtschaft
ZfbF	Schmalenbachs Zeitschrift für betriebswirtschaftliche Forschung
ZGR	Zeitschrift für Unternehmens- und Gesellschaftsrecht
ZIP	Zeitschrift für Wirtschaftsrecht und Insolvenzpraxis

ERSTER TEIL: EINFÜHRUNG

1 Bedeutung von Sozialplänen

1) Die Sozialplanregelungen stellen einen der umstrittensten Bereiche des Arbeitsrechts überhaupt dar. Dies belegen die Ausführungen eines namhaften deutschen Unternehmers in einem betriebswirtschaftlichen Handbuch: [1]

"Mir gehört 'Die Zeit', 100 Millionen Umsatz, Umsatzrendite 1,5 Prozent (nach Steuern). ... Alle Jahre rechnen wir den potentiellen 'Sozialplan' aus - müßte ich eines Tages das Blatt ... einstellen, weil es definitiv nicht mehr rentabel ist, kostet die Einstellung ... etwa 30 Millionen. Sofort fällig. ... Unsichtbar, außerhalb jeder Bilanz, lastet der Sozialplan auf allen Unternehmen. Und bedenken Sie: Sie können die Kosten des Sozialplans nicht steuerlich wirksam zurückstellen. Also: Sie müssen 100 Millionen DM verdienen, davon 70 Mio Steuern zahlen; dann haben Sie in der Reserve gerade jene 30 Mio für den Sozialplan."

2) Diese Aussagen werden durch die Ergebnisse einer neueren Erhebung unterstützt, nach denen das durchschnittliche Sozialplanvolumen pro Arbeitnehmer zwischen 1970 und 1986 - und damit seit der Einführung der Sozialplanbestimmungen in das BetrVG - von rund 9.800 auf 17.500 DM auf nahezu das Doppelte gestiegen ist. Gleichzeitig hat sich die Zahl der Betriebe, in denen Sozialpläne abgeschlossen wurden und damit auch die Zahl der betroffenen Arbeitnehmer vervielfacht. [2] Für die in den kommenden Jahren im Bereich der Stahlindustrie geplanten Personalabbaumaßnahmen werden Ausgaben für Abfindungen, Umschulungsmaßnahmen und andere Beihilfen von 50.000 bis 90.000 DM pro Arbeitnehmer erwartet. [3]

---

[1] G. Bucerius: Eigentümer, Führung durch, Sp. 175.

[2] Vgl. A. Vogt: Belastungen aus Sozialplänen, siehe auch Anlage III/3 sowie Teil 3 Abschnitt 1.2.

[3] Siehe Anlage II/2.

3) Laut einer aktuellen Umfrage fordern fast 70% der befragten Personen in Unternehmensleitungen und -verbänden eine Verringerung des durch die Sozialplanregelungen des BetrVG bewirkten Bestandsschutzes des Arbeitsplatzes. [4] Mehr als 50% lehnen die Sozialplanregelungen im Konkurs ab und dies, obwohl mit dem neuen SPG [5] die den Arbeitnehmern im Konkurs zu gewährenden Leistungen gegenüber der bis zu diesem Zeitpunkt geltenden Rechtsprechung erheblich gemindert wurden. [6] Gegenüber anderen Bestandsschutzregelungen wird dagegen ein weit geringerer Änderungsbedarf geltend gemacht. [7] Auf der anderen Seite wird von Gewerkschaften und anderen die Arbeitnehmerinteressen vertretenden Organisationen ein Ausbau der betrieblichen Mitbestimmung bei Betriebsänderungen gefordert. [8]

4) Vor einer differenzierten Darstellung der gegen das Sozialplanrecht und die Sozialplanpraxis erhobenen Einwendungen erscheint es sinnvoll, die Regelungen zur Mitbestimmung bei Betriebsänderungen in das Arbeitsrecht einzuordnen sowie ihre wesentlichen Zwecke zu verdeutlichen.

Unternehmen bringen durch den Einsatz materieller oder immaterieller Güter (Produktionsfaktoren) materielle oder immaterielle Leistungen hervor, die sie in Verfolgung eines einzelwirtschaftlichen (Gewinnerzielung, Rentabilitätsmaximierung) oder gemeinwirtschaftlichen (Sicherstellung der Versorgung der Bevölkerung) Zwecks an Dritte veräußern. Die Zweckerreichung ist abhängig von den Kosten der Produktionsfaktoren einerseits sowie den Preisen für die abgesetzten Leistungen andererseits. Dabei unterliegen die Unternehmen im System der sozialen Marktwirtschaft der Bundesrepublik Deutschland einer Reihe von den Unternehmenszweck begrenzenden Nebenbedingungen, die überwiegend rechtlich

---

[4] Siehe Anlage II/1.

[5] Siehe Anlage I/7.

[6] Siehe auch Teil III Abschnitt 3.

[7] Siehe Anlage II/1; diese Quoten werden nur noch übertroffen von dem Wunsch nach Abbau der Bestandsschutzwirkung der in § 1 KSchG normierten verhaltensbedingten Kündigung (78% für Verringerung).

[8] Vgl. SPD-Fraktion des Deutschen Bundestages: Entwurf eines Gesetzes zum Ausbau und zur Sicherung der betrieblichen Mitbestimmung, BT-Drucks. 10/3666 vom 23.7.85.

normiert sind. Dazu gehören, neben der Einhaltung von Rechtsnormen, die für jedes Wirtschaftssubjekt gelten,

a) die Einhaltung konkursrechtlicher Vorschriften (Gewährleistung von Zahlungsfähigkeit und ggf. Schuldendeckungsfähigkeit),
b) die Einhaltung kartellrechtlicher Vorschriften (Begrenzung von unternehmerischen Maßnahmen, die den Wettbewerb und damit die Funktionsfähigkeit der Märkte beeinträchtigen),
c) die Einhaltung handels- und gesellschaftsrechtlicher Vorschriften (Buchführung, Rechnungslegung, Prüfung, Publizität etc.),
d) die Einhaltung arbeitsrechtlicher Vorschriften.

5) Die vorliegende Arbeit beschäftigt sich mit der Erörterung eines Teilbereichs des Arbeits- und Sozialrechts aus betriebswirtschaftlicher Sicht.
Das Arbeitsrecht hat sich als eigenständiges Rechtsgebiet aus dem bürgerlichen Recht entwickelt, da die im BGB enthaltenen Vorschriften zum Dienstvertragsrecht (§§ 611-630 BGB) keine ausreichende Berücksichtigung der schutzwürdigen Interessen des Arbeitnehmers bewirkt haben. [9)]
Es läßt sich insgesamt wie folgt untergliedern: [10)]

1) Individualarbeitsrecht (Arbeitsvertragsrecht)
2) Arbeitsschutzrecht
3) Kollektives Arbeitsrecht
   a) Tarifvertragsrecht
   b) Arbeitskampf- und Schlichtungsrecht
   c) Mitbestimmung nach dem Betriebsverfassungsrecht [11)]

6) Ein Zweck des Arbeitsrechts ist es, den Bestand des einzelnen Arbeitsverhältnisses unter bestimmten Voraussetzungen über eine längere Zeit zu sichern. Abb. 1 gibt einen Überblick über die verschiedenen individual- und kollektivrechtlichen Bestandsschutzregelungen. Gegenstand der kollektivrechtlichen Be-

---

9) Vgl. W. Zöllner: Arbeitsrecht, S. 2; zur Entwicklung des Arbeitsrechts vgl. ebenda, S. 28 ff.; J. Baumann: Rechtswissenschaft, S. 321 ff.

10) Vgl. W. Zöllner: Arbeitsrecht.

11) Zur Unterscheidung zwischen der Mitbestimmung im Betrieb (nach dem BetrVG 72) und der Mitbestimmung auf Unternehmensebene (nach dem MitbestG, dem MontanMitbestG sowie dem BetrVG 52) vgl. W. Zöllner: Arbeitsrecht, S. 400 ff.; siehe auch Teil II Abschnitt 3.1.2.

standsschutzregelungen sind die im Rahmen dieser Arbeit zu diskutierenden Vorschriften zum Interessenausgleich und zum Sozialplan.

Abb. 1: Gesetzliche Bestandsschutzregelungen für Arbeitsverhältnisse [12]

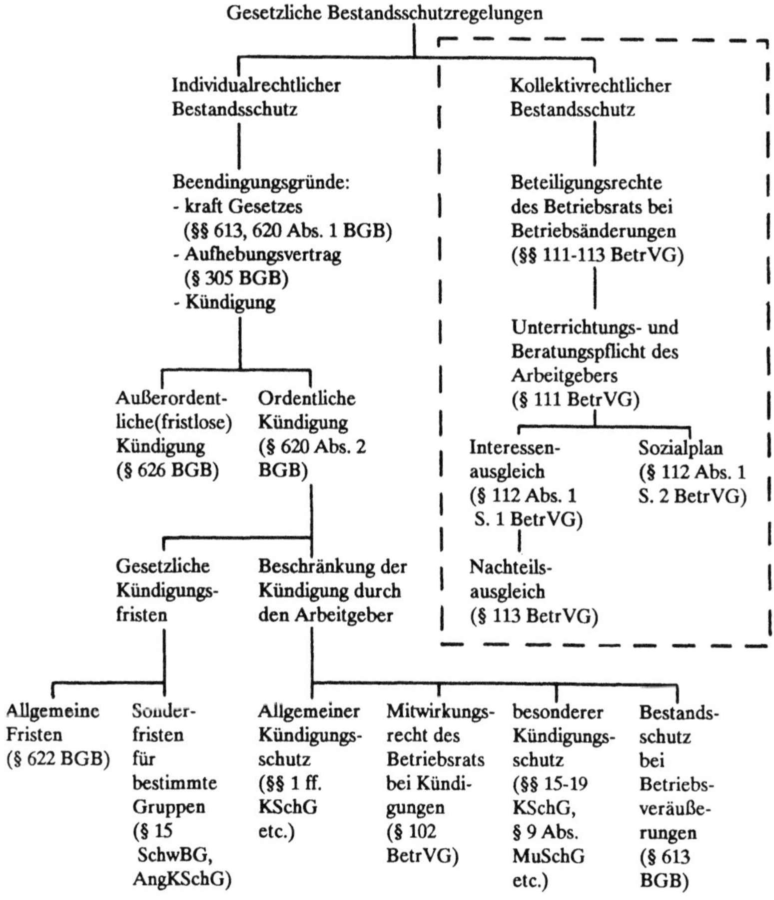

[12] Vgl. J. Drukarczyk: Unternehmen und Insolvenz, S. 297.

7) In §§ 111 - 113 BetrVG von 1972 wurde erstmals [13] festgeschrieben, daß der Arbeitgeber bei der Planung bestimmter Maßnahmen (Betriebsänderungen), die erhebliche Nachteile für die Belegschaft haben können, mit dem Betriebsrat als Vertreter der Arbeitnehmer darüber beraten muß, ob und in welchem Umfang diese Maßnahmen zur Durchführung kommen (*Interessenausgleich*). Weiterhin sollen ggf. entstehende Nachteile im Rahmen eines *Sozialplans* ausgeglichen werden.

8) Mit den Vorschriften zum Sozialplan setzt das BetrVG an den Folgen einer nach dem KSchG aus wirtschaftlichen Gründen gerechtfertigten Änderung oder Beendigung des Arbeitsverhältnisses an. [14] Während ein finanzieller Ausgleich für den Arbeitnehmer nach §§ 9 f. KSchG nur bei sozial ungerechtfertigter Kündigung des Arbeitsverhältnisses seitens des Arbeitgebers als Sanktionsmaßnahme zu leisten ist, sieht § 112 BetrVG auch bei rechtskonformem Verhalten des Unternehmers einen Ausgleich vor, und zwar nicht nur bei einer Beendigung des Arbeitsverhältnisses, sondern auch bei anderen unternehmerischen Maßnahmen, die Nachteile für die Arbeitnehmer erwarten lassen. [15]

9) Im einzelnen werden gegenüber dem Sozialplanrecht und der Sozialplanpraxis folgende wesentliche Bedenken erhoben:

a) Aus betriebswirtschaftlicher Sicht stellen die arbeitsrechtlichen Normen Kostenfaktoren dar. [16] Dies gilt nicht nur für solche Vorschriften, die die Entlohnung der Arbeitskraft (Lohn, Gehalt, Lohnnebenkosten, Sozialleistungen) oder die Arbeitsbedingungen (Gestaltung des Arbeitsplatzes, Arbeitszeit etc.) betref-

---

13) Zur geschichtlichen Entwicklung des Sozialplanrechts vgl. H. Fuchs: Sozialplan, S. 9 ff.; M. Kaven: Recht des Sozialplans, S. 20 ff.

14) Zur Entwicklung des Sozialplanrechts aus dem Kündigungsschutzrecht und der damit verbundenen Problematik vgl. Deutscher Bundestag: Jahresgutachten 1987/88, S. 192-195, insbesondere S. 192, Tz. 392 f.

15) Zur Sanktionswirkung des Nachteilsausgleichs nach § 113 BetrVG sowie seinem Verhältnis zum Sozialplan siehe Teil II Abschnitt 5.3.

16) Vgl. W. Zöllner: Arbeitsrecht, S. 2;

fen, sondern auch für Regelungen aus dem Bereich der betrieblichen Mitbestimmung. [17]

Sozialpläne belasten nicht nur über *hohe Aufwendungen* bzw. *Kosten* die Ergebnisrechnung, sie führen vor allem in Situationen, in denen die Liquiditätslage der Unternehmen ohnehin angespannt ist, zu hohen, die *Zahlungsfähigkeit gefährdenden Auszahlungen.*

b) Die Entwicklung der Rechtsprechung hat im Laufe der Zeit dazu geführt, daß die Sozialplanleistungen nicht mehr ausschließlich der *Überbrückung von Arbeitslosigkeit* und der Finanzierung von Maßnahmen zur *Steigerung der Verwendungsfähigkeit entlassener Arbeitnehmer* (Umschulung, Höherqualifikation), sondern vielmehr auch als *Entschädigung* für einen verlorenen Arbeitsplatz und damit einer *Besitzstandswahrung* der Arbeitnehmer dienen. Sozialplanleistungen werden vielfach auch deshalb gewährt, um langwierige und hohe Kosten verursachende Kündigungsschutzprozesse zu vermeiden. [18] Derartige 'Drohkosten' und Entschädigungszahlungen führen zu einer *Verteuerung des Produktionsfaktors Arbeit* und tragen zu seiner Substitution durch den Faktor Betriebsmittel bei. Dies und die *geringere Mobilität der Arbeitskräfte* wirkt in hohem Maße beschäftigungsmindernd. [19]

c) Die hohen Sozialplankosten können zur *Verzögerung* oder gänzlichen *Verhinderung* notwendiger betrieblicher *Anpassungsmaßnahmen* führen. "Es trifft unter

---

[17] Zu den Kosten der Mitbestimmung vgl. H.-U. Niedenhoff: Kosten der Mitbestimmung, mit weiteren Quellen; Institut der deutschen Wirtschaft (Hrsg.): Höhere Kosten - weniger Konflikte, iwd 1987, Nr. 26, S. 3.

[18] Der Sachverständigenrat zur Begutachtung der gesamtwirtschaftlichen Entwicklung spricht in diesem Zusammenhang von 'Drohkosten' oder 'Opportunitätskosten des Kündigungsschutzprozesses', vgl. Deutscher Bundestag: Jahresgutachten 1987/88, S. 192-195, insb. S. 195, Tz. 401.; vgl. auch A. Stockert: Rechtsnormen und Personalanpassung, S. 118 ff., insb. S. 126, der anhand empirischer Untersuchungen nachweist, daß infolge der großen Zahl der am Entscheidungsprozeß zu einer sozialplanpflichtigen Massenentlassung Beteiligten und der erheblichen Verfahrenskosten der faktische Handlungsspielraum der Unternehmen noch geringer ist als der normative, d.h. der in den Rechtsnormen vorgesehene.

[19] Vgl. Deutscher Bundestag: Jahresgutachten 1987/88, S. 192-195, insbesondere S. 195, Tz. 401.

Umständen zu, daß der Konkurs sich kostengünstiger ausnimmt als die Fortführung eines Unternehmens bei Erfüllung des Sozialplans. Hier vernichtet der Sozialplan endgültig Arbeitsplätze." [20)]
Die Sanierungsfähigkeit von Unternehmen wird auch dadurch eingeschränkt, daß der Sozialplan die Übernahme und Fortführung des Betriebs durch andere Unternehmen auf einem niedrigeren Niveau verhindert. [21)]

d) Die ursprünglich beabsichtigte Schutzwirkung der Sozialplanregelungen wird auch deshalb nicht immer erreicht, weil sie *Umgehungsstrategien* fördern (so den Abschluß befristeter Arbeitsverhältnisse, das Ausweichen auf Leiharbeitsverhältnisse) oder die Neueinstellung von Arbeitskräften gänzlich verhindern. [22)]

e) Da die gesetzlichen Bestimmungen zur Mitbestimmung bei Betriebsänderungen nur ab einer bestimmten Betriebsgröße greifen, kommt es zu einer *Ungleichbehandlung von Arbeitnehmern* in Kleinbetrieben, die nicht in den Genuß eines Sozialplans kommen, und den in großen Unternehmen Beschäftigten.

f) Das Sozialplanrecht führt zu *Wettbewerbsverzerrungen zwischen den Unternehmen*, da kleine Unternehmen die im Zeitablauf erheblich gestiegenen Sozialplanleistungen nicht mehr finanzieren können, während große Unternehmen diese Belastungen durch ertrags- und finanzstarke Unternehmensbereiche auffangen können.

g) Im *Konkurs eines Unternehmens* wirken sich die Sozialplanregelungen in zweifacher Hinsicht nachteilig aus. Zum einen können die z.T. überhöhten Erwartungen der betroffenen Arbeitnehmer nicht oder nur in geringem Maße erfüllt werden. Zum anderen schmälern Sozialplanleistungen die Ansprüche nicht bevorrechtigter Gläubiger, die ohnehin schon mit einer sehr niedrigen Erfüllungsquote zu rechnen haben. [23)]

[20)] Ebenda, insbesondere, S. 193, Tz. 394.

[21)] Vgl. ebenda, insbesondere S. 195, Tz. 401.

[22)] Vgl. A. Stockert: Personalwirtschaft, ders.: Rechtsnormen und Personalanpassung, S. 118 ff., der auch auf die kumulativen Effekte der Sozialplanregelungen mit anderen Rechtsnormen hinweist.

[23)] Vgl. A. Buchner: Sozialplanverpflichtungen, S. 4; siehe auch Teil III Abschnitt 3.2.

2 Problemstellung und Aufbau der Arbeit

1) Aufgabe dieser Arbeit soll es sein, zu prüfen, ob die in Abschnitt 1 (Ziffer 8) skizzierten Mängel des Sozialplanrechts in ihren Auswirkungen tatsächlich so gravierend sind, ob diese im Rahmen der zur Zeit geltenden Vorschriften durch eine an ökonomischen Kriterien orientierte Anwendung zu beseitigen oder zu mildern sind und ob darüber hinaus (betriebs-) wirtschaftlich sinnvolle Möglichkeiten der Weiterentwicklung des Sozialplanrechts entwickelt werden können.

2) In dem auf diese Einführung folgenden *zweiten Teil* der Arbeit werden die rechtlichen Rahmenbedingungen von Interessenausgleich und Sozialplan, dabei insbesondere die z.T. äußerst unscharfen unbestimmten Rechtsbegriffe sowie der Verfahrensablauf erläutert und diskutiert.

3) Der *dritte Teil* der Arbeit hat den Inhalt von Sozialplänen zum Gegenstand. Dabei geht es um die Fragen, was überhaupt Gegenstand eines Sozialplans sein kann, wie der (finanzielle) Umfang von Sozialplänen - unter Beachtung der Interessen der Arbeitnehmer, der Eigentümer des Unternehmens sowie im Falle der Insolvenz auch der Gläubiger - zu bemessen ist und nach welchen Kriterien ein bestimmtes Sozialplanvolumen verteilt werden soll.

4) Im *vierten Teil* der Arbeit werden die bestehenden Möglichkeiten der Erfassung und Abbildung von (latenten) Sozialplanverpflichtungen sowie von tatsächlichen Sozialplanleistungen im Rahmen der handels- und steuerrechtlichen Rechnungslegung beschrieben und analysiert.

5) Im *fünften Teil* der Arbeit schließt sich eine Darstellung und Erörterung der Instrumente zur finanziellen Vorsorge und Sicherung von Sozialplanleistungen innerhalb und außerhalb des Unternehmens an.

ZWEITER TEIL: VORAUSSETZUNGEN UND ZUSTANDEKOMMEN VON INTERESSENAUSGLEICH UND SOZIALPLAN

1 Begriff und rechtliche Voraussetzungen von Interessenausgleich und Sozialplan nach dem BetrVG

1) Liegt eine Betriebsänderung nach § 111 BetrVG vor, so sollen Unternehmer und Betriebsrat in Verhandlungen versuchen,

a) einen *Interessenausgleich* über die geplante Betriebsänderung (§ 112 Abs. 1 Satz 1 BetrVG) sowie

b) einen *Sozialplan*, d.h. eine Einigung über den Ausgleich oder die Milderung der wirtschaftlichen Nachteile, die den Arbeitnehmern infolge der Betriebsänderung entstehen können (§ 112 Abs. 1 Satz 1 BetrVG),

herbeizuführen.

2) Während der Zweck des Sozialplans im Wortlaut des Gesetzes deutlich zum Ausdruck kommt, bleibt zunächst unklar, auf welche konkreten Aspekte der Betriebsänderung sich der Interessenausgleich beziehen soll. Aus der Reihenfolge und dem Zusammenhang der Beschreibung der beiden Verhandlungsziele in § 112 Abs. 1 BetrVG könnte geschlossen werden, daß zunächst ein Interessenausgleich darüber gesucht werden soll, ob die vom Unternehmer geplante Betriebsänderung durchgeführt werden soll und wenn ja, in welcher Form und in welchem Umfang. Erst wenn die Betriebsänderung festgelegt ist, können die sich aus ihr für die Arbeitnehmer ergebenden wirtschaftlichen Nachteile, die im Rahmen des Sozialplans ausgeglichen oder gemildert werden sollen, bestimmt werden.

3) Der Begriff der Einigung zwischen den beteiligten Parteien über diese beiden Sachverhalte ist nicht prozeß-, sondern ergebnisbezogen aufzufassen, was sich aus dem Begriff des Sozial*plans* ableiten läßt, wobei unter dem *Plan* das Ergebnis der Planung und unter *Planung* die Entscheidungsvorbereitung verstanden werden kann. [1)]

---

1) Vgl. H.K. Weber: Betriebswirtschaftlicher Planungsbegriff, S. 723.

Abb. 2: Begriffliche Komponenten von Interessenausgleich und Sozialplan

	Interessenausgleich	Sozialplan
Verfahren	Ergebnis eines Verfahrens zur	
Ziel	Herbeiführung einer Einigung	
Beteiligte	zwischen Unternehmer und Betriebsrat	
Zweck	ob und wie eine Betriebsänderung durchgeführt werden soll (Bestehen, Art, Umfang)	über den Ausgleich oder die Milderung wirtschaftlichen Nachteile, die
Zielgruppe, Begünstigte		den Arbeitnehmern entstehen
Anlaß	infolge der (vom Unternehmer) geplanten Betriebsänderung	

4) Die Voraussetzungen zur Einleitung von Beratungen zwischen Betriebsrat und Arbeitgeber (Unternehmer) über eine Betriebsänderung sind in § 111 BetrVG wie folgt kodifiziert:

a) Die Regelungen erstrecken sich nur auf *Betriebe* im Sinne des BetrVG;
b) im Betrieb müssen *regelmäßig mehr als 20 wahlberechtigte Arbeitnehmer* beschäftigt sein;
c) es muß ein *Betriebsrat* vorhanden sein;
d) eine *Betriebsänderung* muß *geplant* sein;
e) die Betriebsänderung muß *wesentliche Nachteile* für die *Belegschaft oder erhebliche Teile der Belegschaft* haben können;
f) der *Arbeitgeber (Unternehmer)* muß den *Betriebsrat rechtzeitig* und *umfassend* von der geplanten Betriebsänderung *unterrichten*.

Diese Voraussetzungen sollen im folgenden konkretisiert und erörtert werden.

2 Beteiligte und Betroffene von Interessenausgleich und Sozialplan

1) Voraussetzung für die Herbeiführung eines Sozialplans ist, daß der Unternehmer den Betriebsrat von der geplanten Betriebsänderung, die voraussichtlich wesentliche Nachteile für Teile der Belegschaft hat, unterrichtet und daß der Unternehmer und Betriebsrat die geplante Betriebsänderung beraten (§ 111 Satz 1 BetrVG). Unmittelbare Verfahrensbeteiligte sind demnach Unternehmer und Betriebsrat, mittelbar beteiligt ist die Belegschaft.

2) In den folgenden Abschnitten sollen deshalb folgende Begriffe abgegrenzt und erörtert werden:

- Arbeitgeber, Unternehmer;
- Arbeitnehmer, Belegschaft;
- Betriebsrat.

2.1 Arbeitgeber, Unternehmer

1) Das BetrVG verwendet grundsätzlich den Begriff des Arbeitgebers als Gegenpart der Arbeitnehmer oder deren Repräsentanten. [1] Lediglich bei Sachverhalten, die über die Regelung des organisatorischen und arbeitsvertraglichen Verhältnisses hinaus auch noch in andere wirtschaftliche Bereiche des Betriebsgeschehens eingreifen, wird der 'Arbeitgeber' zum 'Unternehmer'. [2]

Diese rechtliche Differenzierung der Funktionen ein und derselben Person oder Personengruppe [3] ist betriebswirtschaftlich unbefriedigend, denn auch andere

[1] Zur sprachlichen Unzulänglichkeit des Begriffs 'Arbeitnehmer' als Person, die Arbeitsleistungen erbringt, demnach eigentlich als 'Arbeitgeber' bezeichnet werden müßte, sowie des Begriffs 'Arbeitgeber' vgl. H.K. Weber: Industriebetriebslehre, S. 229.

[2] Vgl. BetrVG, Sechster Abschnitt: Wirtschaftliche Angelegenheiten, §§ 106-113.

[3] Vgl. auch F. Mehrhoff: Arbeitgeberbegriff, S. 18 f., der den Arbeitgeberbegriff dem Arbeitsrecht, den Unternehmerbegriff dem Wirtschaftsrecht zuordnet.

Normen des BetrVG haben wirtschaftliche Auswirkungen, sei es, weil sie die Kosten des Unternehmens beeinflussen, sei es, weil sie als Nebenbedingungen des wirtschaftlichen Ziels der Gewinnerzielung zu beachten sind. In diesem Zusammenhang sind die Bestimmungen zu 'sozialen Angelegenheiten' (§§ 87-89 BetrVG), zur 'Gestaltung von Arbeitsplatz, Arbeitsablauf und Arbeitsumgebung' (§§ 90 f. BetrVG) oder zu 'personalen Angelegenheiten' (§§ 92 - 105 BetrVG) zu nennen. Deswegen und wegen der personalen Identität sollen im folgenden die Begriffe 'Arbeitgeber' und 'Unternehmer' synonym verwendet werden.

2) Eine Legaldefinition des Begriffs des 'Unternehmers' oder des 'Arbeitgebers' findet sich weder im BetrVG noch in einem anderen Gesetz. [4] Als 'Arbeitgeber' wird in der juristischen Literatur derjenige bezeichnet, der wenigstens einen Arbeitnehmer beschäftigt, [5] was eine reine Verlagerung des Definitionsproblems auf den Begriff des 'Arbeitnehmers' bedeutet.

3) Dem Arbeitgeber kommen zwei wesentliche Funktionen zu. Er ist zum einen Inhaber des 'Direktionsrechts' gegenüber dem Arbeitnehmer, d.h. er stellt Arbeitnehmer ein, organisiert den Arbeitsablauf, bestimmt das Was, Wie und Wann der Arbeitsleistung und trennt sich schließlich wieder vom Arbeitnehmer. [6] Diese Planungs-, Organisations- und Leitungsbefugnis zur Wahrung der Interessen der Arbeitnehmer zu begrenzen, ist wesentliche Aufgabe des BetrVG. [7]

Der Arbeitgeber ist weiterhin als 'Vertragspartner des Arbeitnehmers' Gläubiger des Anspruchs auf Arbeitsleistung und Schuldner des Arbeitsentgelts. [8] Diese und andere das Einzelarbeitsverhältnis berührenden Rechte und Pflichten des Arbeitgebers sind aber regelmäßig nicht Gegenstand des BetrVG, sondern des

---

4) § 7 RegEntW zum BetrVG 52 sah derartige Definitionen vor, die aber nicht in das Gesetz übernommen wurden; vgl. A. Kretschmar: Arbeitgeber und Unternehmer, S. 209 unter Bezug auf BT-Drucks. 1/1546.

5) Vgl. A. Söllner: Arbeitsrecht, S. 28 sowie die dort angegebene Literatur.

6) Vgl. F. Mehrhoff: Arbeitgeberbegriff, S. 15 f.

7) Vgl. Dietz-Richardi, Bd. 1, § 1 Anm. 25.

8) Vgl. F. Mehrhoff: Arbeitgeberbegriff, S. 16.

Arbeitsvertragsrechts (z.B. §§ 611 ff. BGB, §§ 48 ff. HGB, §§ 105 ff. GewO), des Tarifvertragsrechts sowie des Arbeitskampfrechts. [9)] / [10)]

2.2 Arbeitnehmer

2.2.1 Begriff und Abgrenzung des Kreises der Arbeitnehmer

1) Die Verwendung des Begriffs der 'Belegschaft' als durch die Betriebsänderung betroffene Personengruppe (§ 111 Satz 1 BetrVG) läßt sich aus der grundsätzlichen Zielrichtung des Betriebsverfassungsrechts ableiten, das Recht auf Mitwirkung an betrieblichen Entscheidungen und damit auch den Schutz vor deren möglichen nachteiligen Folgen der gesamten Belegschaft und nicht dem einzelnen Arbeitnehmer zuzuordnen. [11)] Die Belegschaft umfaßt sämtliche Arbeitnehmer im Sinne des BetrVG. [12)]

2) Nach einer allgemeinen arbeitsrechtlichen Definition gilt derjenige als 'Arbeitnehmer', der aufgrund eines privatrechtlichen Vertrags unselbständige Dienstleistungen zu erbringen hat. [13)] Nach § 5 BetrVG sind Arbeitnehmer Arbeiter und Angestellte sowie in der Berufsausbildung Beschäftigte mit Ausnahme der Mitglieder von Organen juristischer Personen, der Gesellschafter einer OHG, Personen, die zur Geschäftsführung befugt sind sowie leitender Angestellter. [14)] Der Kreis der Arbeiter wird von dem der Angestellten unter Bezug auf die unter-

---

9) Zur Systematik des Arbeitsrechts vgl. W. Zöllner: Arbeitsrecht, S. 37 ff.

10) Zu speziellen Ausnahmen, in denen das BetrVG in das Einzelarbeitsverhältnis eingreift vgl. Dietz-Richardi, Bd. 1, § 1 Anm. 26.

11) Vgl. W. Zöllner: Arbeitsrecht, S. 417.

12) Zur in der juristischen Literatur strittigen Rechtsnatur der Belegschaft vgl. Dietz-Richardi, Bd. 1, § 1 Anm. 5 ff. sowie die dort angegebene Literatur.

13) Vgl. W. Zöllner: Arbeitsrecht, S. 49.

14) Zu weiteren Ausnahmen vgl. § 5 Abs. 2 Nr. 3 bis 5 BetrVG.
Zum Begriff des Arbeitnehmers im BetrVG vgl. Dietz-Richardi, § 5 Anm. 3 ff.; Fitting-Auffarth-Kaiser-Heither, § 5 Anm. 8 ff. jeweils mit weiteren Quellen.

schiedlichen Rechtsgrundlagen bzw. Träger der Sozialversicherung abgegrenzt (§ 6 BetrVG). [15]

3) Als leitende Angestellte werden nach § 5 Abs. 3 BetrVG Personen bezeichnet, die nach Dienststellung und Dienstvertrag

1. zur selbständigen Einstellung und Entlassung von im Betrieb oder der Betriebsabteilung beschäftigten Arbeitnehmern berechtigt sind oder
2. Generalvollmacht oder Prokura haben oder
3. im wesentlichen eigenverantwortlich Aufgaben wahrnehmen, die ihnen regelmäßig wegen deren Bedeutung für den Bestand und die Entwicklung des Betriebs im Hinblick auf besondere Erfahrungen und Kenntnisse übertragen werden.

Die Interpretation dieser Merkmale und damit die Abgrenzung des Kreises der leitenden Angestellten war bisher umstritten. [16] Zur Klarstellung wird § 5 Abs. 3 Nr. 3 BetrVG zukünftig deutlicher formuliert und dabei die weitgehende Weisungsunabhängigkeit als wesentliches Merkmal des leitenden Angestellten hervorgehoben. In einem einem neu eingefügten Abs. 4 wird anhand formaler, auf das jeweilige Unternehmen bezogener Kriterien (Zuordnung bei Wahlen im Betrieb, organisatorische Einordnung, Höhe des Gehalts) bestimmt, wer als leitender Angestellter zu gelten hat, soweit nach Anwendung der in Abs. 3 genannten Kriterien noch Zweifel bestehen. [17]

---

15) Zur Zweckmäßigkeit dieser Abgrenzung vgl. H. Föhr: Arbeitsrecht, S. 29; W. Zöllner: Arbeitsrecht, S. 56 ff. sowie die dort angegebene Literatur.

16) Vgl. BAG, Beschluß vom 23.01.1986; W. Zöllner: Arbeitsrecht, S. 58 f.; o.V.: Novellierungsvorschlag des DGB zum BetrVG, in: HB vom 5.9.85, S. 4; darin wird der Kreis der Leitenden eingeschränkt auf Personen, "die der ersten Führungsebene angehören bzw. der Geschäftsleitung unmittelbar nachgeordnet sind, umfassende Unternehmeraufgaben eigenverantwortlich erfüllen und im Interessengegensatz zu Betriebsrat und Arbeitnehmern stehen." Vgl. weiterhin G. Müller: Begriff des leitenden Angestellten, S. 315-320 mit weiteren Literaturangaben; H.-W. Klein: Leitende Angestellte, S. 158-164, insbesondere S. 163 f.

17) Vgl. Deutscher Bundestag: Entwurf eines Gesetzes zur Änderung des BetrVG, Art. 1, Ziffer 1; siehe auch Anlage I/8.

Die Gruppe der leitenden Angestellten ist grundsätzlich von der Anwendung des BetrVG ausgenommen ist.[18] Allerdings sieht § 32 Abs. 2 Satz 1 Sprecherausschußgesetz (SprAuG) vor, dem Sprecherausschuß als Repräsentanten der leitenden Angestellten Mitwirkungsrechte bei einer geplanten Betriebsänderung im Sinne von § 111 BetrVG, die wesentliche Nachteile für die leitenden Angestellten haben kann, einzuräumen. Der Sprecherausschuß ist - wie der Betriebsrat - rechtzeitig und umfassend zu unterrichten. Eine Beratung über die Betriebsänderung mit dem Ziel eines Interessenausgleichs ist aber ebensowenig vorgesehen, wie die Möglichkeit der Erzwingung eines 'Sozialplans' für leitenden Angestellte über die Einigungsstelle.[19] Beides wäre wegen der engen Bindung zwischen Arbeitgeber und leitenden Angestellten auch wenig praktikabel.[20]
Der Arbeitgeber muß aber zukünftig mit dem Sprecherausschuß Maßnahmen zum Ausgleich oder zur Milderung wirtschaftlicher Nachteile, die leitenden Angestellten durch die Betriebsänderung entstehen, beraten (Vgl. § 32 Abs. 2 Satz 2 SprAuG[21]).[22]

5) Ob ein Informationsrecht über die geplante Betriebsänderung und ein Beratungsrecht über einen 'Sozialplan' für leitenden Angestellte überhaupt sinnvoll ist, kann bezweifelt werden. Zwar haben die leitenden Angestellten wie die Arbeitnehmer im Sinne des BetrVG ein Schutzbedürfnis hinsichtlich ihres Arbeitsplatzes. Aus dem Betriebsverfassungsrecht und damit aus den Sozialplanregelungen sind sie aber deshalb ausgenommen, weil sie aus ihrer Funktion heraus wesentliche wirtschaftliche Entscheidungen, die Gegenstand betrieblicher Mitbe-

---

18) Zum Aufbau der Betriebsgemeinschaft nach dem BetrVG s. Abb. 3.

19) Vgl. Deutscher Bundestag: Entwurf eines Gesetzes zur Änderung des BetrVG, Art. 2: 'Gesetz über Sprecherausschüsse der Leitenden Angestellten'; siehe auch Anlage I/8.

20) Zur Diskussion der Entwürfe zum SprAuG vgl. W. Zöllner: Arbeitsrecht, S. 58 ff. und S. 707 ff.; H.-W. Klein: Leitende Angestellte, S. 161 ff.; W. Hromadka: Sprecherausschüsse, S. 857-862; P. Tenkhoff: Sprecherausschüsse, S. 178-180; M. Löwitsch: Novellierung des Mitbestimmungsrechts, S. 1954 ff.

21) vgl. Fußn. 19.

22) Ein Anspruch leitender Angestellter auf Sozialplanleistungen wurde bereits nach geltendem Recht durch eine frühere Entscheidung des BAG (vom 31.1.79) festgestellt; vgl. dazu kritisch H. Spinti: Leitende Angestellte, S. 1571-1573 sowie die dort angegebene Literatur.

stimmung sind, selbst planen und ihre Durchführung zu überwachen haben. Würden sie in die Mitbestimmung nach dem BetrVG einbezogen, so müßten sie als Arbeitnehmer an einem guten Sozialplan interessiert sein, als leitende Angestellte dagegen im Interesse des Unternehmens auf ein möglichst geringes Sozialplanvolumen hinarbeiten. [23)]
Es wäre daher naheliegend, den Ausgleich von Nachteilen möglicher Betriebsänderungen bei leitenden Angestellten nicht gesetzlich zu regeln, sondern dies einzelvertraglichen Regelungen zwischen dem Arbeitgeber und seinem leitenden Angestellten zu überlassen.

Einige Autoren weisen zudem auf die Möglichkeit hin, daß die einzelnen leitenden Angestellten den Betriebsrat mit der Wahrnehmung ihrer Interessen beauftragen, sofern sie nicht denen der Arbeitnehmer zuwiderlaufen; in diesem Fall müßten sich die leitenden Angestellten an den Vertreter ihrer Gruppe im Aufsichtsrat oder an den Arbeitsdirektor wenden. [24)]

6) Nach Beendigung eines Arbeitsverhältnisses und damit der Zugehörigkeit zur Belegschaft verliert der Arbeitnehmer grundsätzlich auch das Recht auf Beteiligung an der betrieblichen Mitbestimmung und damit auf den Schutz durch die entsprechenden Regelungen im BetrVG. Abweichend von dieser Regel sind ausgeschiedene Arbeitnehmer insoweit in die Sozialplanregelungen miteinzubeziehen, als ihre Entlassung auf die Betriebsänderung zurückgeführt werden kann. Ansonsten könnte der Arbeitgeber durch Verzögerung der Einleitung des Verfahrens zur Herbeiführung eines Sozialplans oder durch Verzögerungen innerhalb des Verfahrens die Zahl der ihn belastenden Ansprüche manipulieren. [25)]

---

23) Zu einer ähnlichen Argumentation vgl. BAG, Urteil vom 16.7.85; kommentiert in: HB, 16.09.85, S. 5.

24) Vgl. o.V.: 'Sprecherausschüsse/DGB Bundesfachtagung: Die Beratung des Gesetzes wird vorangetrieben', HB vom 7./8.9.85, S. 4.

25) Vgl. M. Kaven: Sozialplan, S. 50 mit weiteren Quellen.

Abb. 3: Aufbau der Betriebsgemeinschaft nach dem BetrVG [I)]

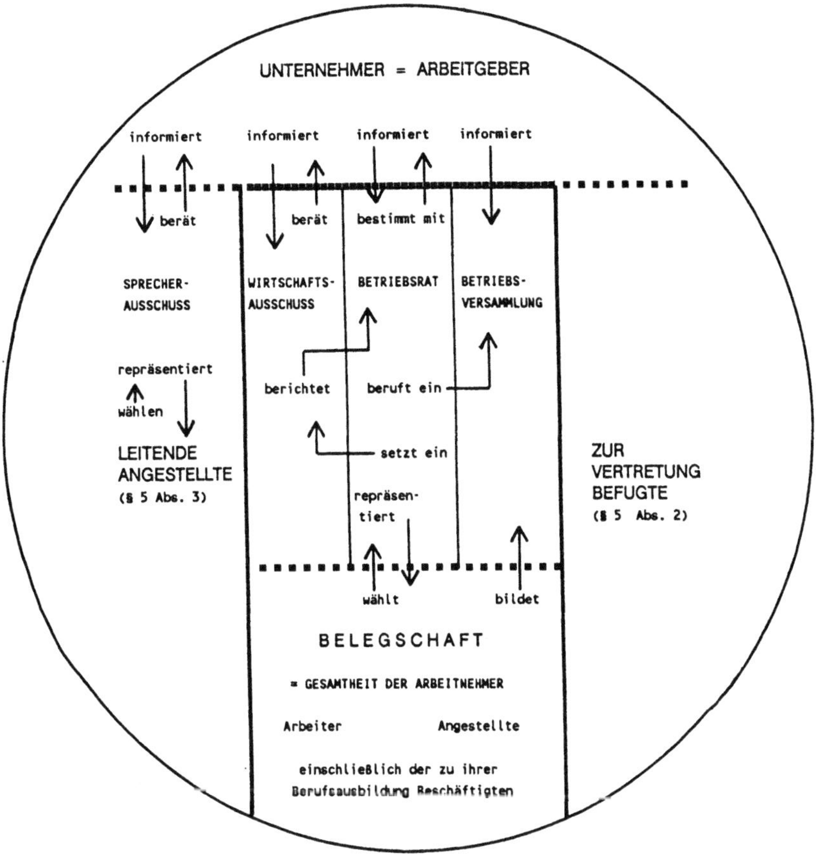

I) Unter Berücksichtigung der im SprAuG vorgesehenen Vertretungsrechte der leitenden Angestellten

2.2.2 Abgrenzung hinsichtlich der Zahl der Arbeitnehmer

2.2.2.1 Bestimmung der Mindestbetriebsgröße

1) Für die Herbeiführung von Interessenausgleich und Sozialplan ist die Betriebsgröße in zweierlei Hinsicht von Bedeutung.

a) Zum einen ist die betriebliche Mitbestimmung nach dem BetrVG nur in betriebsratfähigen Betrieben mit 'in der Regel mindestens fünf ständigen wahlberechtigten Arbeitnehmern, von denen drei wählbar sind', möglich (§§ 1, 7 BetrVG). [26]

b) Zum anderen muß der Arbeitgeber den Betriebsrat nur dann von einer geplanten Betriebsänderung unterrichten, wenn im Betrieb "in der Regel mehr als 20 wahlberechtigte Arbeitnehmer" beschäftigt sind (§ 111 Satz 1 BetrVG). [27]

2) Der Ausschluß der Betriebe mit 20 oder weniger Arbeitnehmern von der Mitbestimmung bei Betriebsänderungen dient offensichtlich dem Zweck, diese Betriebe vor den finanziellen Belastungen eines Sozialplans zu schützen. Sie benachteiligt jedoch die dort beschäftigten Arbeitnehmer, da nicht ersichtlich ist, warum ihrem Anspruch auf Mitwirkung bei Betriebsänderungen sowie auf Sozialplanleistungen ein geringeres Gewicht zukommt als dem der Arbeitnehmer größerer Betriebe. [28]

---

[26] Zur Auslegung der Begriffe 'in der Regel' und 'ständig' vgl. Dietz-Richardi, Bd. 1, § 1 Anm. 123 ff. und 129 ff.; Fitting-Auffarth-Kaiser-Heither, § 1 Anm. 140 ff.; Stege-Weinspach, § 1.

[27] Zum Problem des Unterschreitens der Mindestbetriebsgröße im Vorfeld einer Betriebsänderung vgl. Stege-Weinspach, §§ 111-113 Anm 9.

[28] Vgl. Deutscher Bundestag: Jahresgutachten 1987, S. 195, Tz. 401; zu den Bestrebungen, die restriktiven Wirkungen der Mindestbetriebsgröße abzubauen vgl. Fraktion der SPD im Deutschen Bundestag: Entwurf des Gesetzes zum Ausbau und zur Sicherung der betrieblichen Mitbestimmung, BT-Drucks. 10/3666. Der Entwurf sieht die ersatzlose Streichung der Mindestbetriebsgröße von 20 Arbeitnehmern aus § 111 BetrVG vor. Der Betriebsrat hätte danach unabhängig von der Betriebsgröße Mitwirkungsrechte bei einer Betriebsänderung. Allerdings ist vorgesehen, daß die Einigungsstelle nur bei Betrieben mit mehr als 10 Arbeitnehmern einen Sozialplan und Interessenausgleich (!) verbindlich festlegen kann.

3) Der Kreis der durch die Mindestbetriebsgröße ausgeschlossenen Arbeitnehmer ist erheblich. Ditzen ermittelt auf der Grundlage der zuletzt 1970 durchgeführten Arbeitsstättenzählung, daß ca. 22% der Arbeitnehmer in der Bundesrepublik in Betrieben mit weniger als 20 Arbeitnehmern beschäftigt sind. [29] Immerhin rund 6% der Arbeitnehmer sind nach der gleichen Erhebung in betriebsratslosen Betrieben mit weniger als 5 Belegschaftsmitgliedern beschäftigt. [30] In einigen Wirtschaftszweigen mit kleiner durchschnittlicher Betriebsgröße haben 36% (Einzelhandel) bzw. 67% (Gastgewerbe) der Betriebe weniger als 20 Arbeitnehmer. [31]

4) Problematisch ist die Bedingung der Mindestbetriebsgröße vor allem dann, wenn die Betriebsänderung mehrere Betriebe eines Unternehmens betrifft, entweder alle (a) oder einige dieser Betriebe (b), aber die Mindestgröße von 20 Arbeitnehmern nicht erreichen. Im ersten Fall (a) wäre fraglich, ob überhaupt Mitwirkungsrechte des Betriebsrats gegeben wären[32], im zweiten Fall (b) würden die Arbeitnehmer innerhalb desselben Unternehmens ungleich behandelt, je nach dem, ob sie in einem Betrieb mit mehr oder mit weniger als 20 Arbeitnehmern beschäftigt sind.[33]

5) Die Funktion der Mindestbetriebsgröße, als Schutz kleinerer Betriebe vor den Folgen der Mitbestimmung bei Betriebsänderungen zu wirken, wäre in beiden

---

29) Vgl. U. Ditzen: Sozialpläne, S. 69.

30) Vgl. Statistisches Bundesamt (Hrsg.): Statistisches Jahrbuch 1978, S. 109. Größenklasse 1-4 Arbeitnehmer / Betrieb: 1.310.411 Arbeitnehmer abzüglich 131.777 Auszubildende = 1.178.6416 (= 5,8% der Gesamtzahl von 20.455.447 Arbeitnehmern).

31) Vgl. Statistisches Bundesamt (Hrsg.): Statistisches Jahrbuch 1978, S. 109. Die Summe der Arbeitnehmer in den Größenklassen 1-2/3-5/6-9/10-19 beträgt im
- Einzelhandel 655.000 (= 36% der Gesamtzahl der Arbeitnehmer in Höhe von 1.826.400),
- Gastgewerbe 332.000 (= 67% der Gesamtzahl der Arbeitnehmer in Höhe von 496.000).

32) Siehe dazu Teil II Abschnitt 2.3.2.

33) Der Gleichbehandlungsgrundsatz des § 75 Abs. 1 BetrVG bezieht sich lediglich auf die Arbeitnehmer innerhalb eines Betriebs, nicht innerhalb eines Unternehmens; vgl. dazu kritisch W. Zöllner: Arbeitsrecht, S. 179.

Fällen kaum zu rechtfertigen, da nicht der einzelne Betrieb, sondern das Unternehmen insgesamt die vor allem finanziellen Folgen einer Betriebsänderung zu tragen hätte. Schon an dieser Stelle wird deutlich, daß die Beteiligungsrechte des Betriebsrats bei Betriebsänderungen wesentlich von der Bestimmung bzw. Abgrenzung der Begriffe 'Betrieb' und 'Unternehmung' sowie der Organisation dieser Einheiten abhängt.

2.2.2.2 Bestimmung des 'erheblichen Teils' der Belegschaft

1) Eine Betriebsänderung löst nur dann Mitwirkungsrechte aus, wenn die gesamte Belegschaft oder erhebliche Teile der Belegschaft von ihr betroffen sind (§ 111 Satz 1 BetrVG).

2) Anstatt des unbestimmten Begriffs des 'erheblichen Teils der Belegschaft' war im Regierungsentwurf zum Betriebsverfassungsgesetz von 1972 vorgesehen, die Mindestgrenzen für den Kreis der von der Betriebsänderung Betroffenen stufenförmig in Abhängigkeit von der Zahl der im Betrieb insgesamt beschäftigten Arbeitnehmer im Gesetz festzuschreiben. [34]

3) Da diese Grenzen nicht in das Gesetz übernommen wurden, ging die Rechtsprechung dazu über, die Werte des § 17 Abs. 1 KSchG, die dort die Grenzen der Meldepflicht für 'Massenentlassungen' durch den Arbeitgeber gegenüber dem Arbeitsamt bestimmen, analog anzuwenden.[35]/[36] Danach gelten als 'erhebliche Teile' der von der Betriebsänderung betroffenen Belegschaft [37]

---

[34] Vgl. der Bundesminister für Arbeit und Sozialordnung (Hrsg.): Entwurf des BetrVG 72, S. 50.

[35] Vgl. Fitting-Auffarth-Kaiser-Heither, § 111 Anm. 10; die im KSchG gesetzten Grenzwerte entsprechen im wesentlichen auch den im RegEntW BetrVG 72 vorgesehenen.

[36] Zu davon abweichenden Grenzwerten, die in der Literatur diskutiert werden vgl. H. Ohl: Sozialplan, S. 39 f. sowie A. Voigt: Sozialpläne, S. 45.

[37] Siehe Abbildung 4.

1. in Betrieben mit in der Regel mehr als 20 und weniger als 60 Arbeitnehmern
mehr als 5 Arbeitnehmer,
2. in Betrieben mit in der Regel mindestens 60 und weniger als 500 Arbeitnehmern
10 vom Hundert der im Betrieb regelmäßig beschäftigten Arbeitnehmer oder mehr als 25 Arbeitnehmer,
3. in Betrieben mit in der Regel mindestens 500 Arbeitnehmern
mindestens 30 Arbeitnehmer.

Auffällig ist, daß für Betriebe mit mehr als 500 Arbeitnehmern nur eine absolute, jedoch keine relative Untergrenze angegeben ist. Mit zunehmender Betriebsgröße würde ein immer geringerer Teil der Belegschaft als 'erheblich' angesehen. Um eine Ungleichbehandlung innerhalb dieser Größenklasse zu vermeiden, hat das BAG neben der absoluten Grenze von 30 auch eine relative Grenze von mindestens 5% der im Betrieb regelmäßig beschäftigten Arbeitnehmer vorgesehen.[38] Im übrigen bilden aber die Werte des § 17 KSchG nur einen Orientierungsrahmen, von dem im Einzelfall auch abgewichen werden kann.[39]

4) Um bei der Rechtsanwendung nicht auf andere Gesetze zurückgreifen zu müssen, wäre es besser gewesen, wenn der Gesetzgeber sich zur Festlegung verbindlicher Größenklassen in § 111 BetrVG entschlossen hätte. Die Einführung der an der Betriebsgröße orientierten, gestaffelten Mindestzahlen wurde im RegEntw BetrVG 72 unter anderem damit begründet, daß die alltäglichen personellen Veränderungen innerhalb des Betriebs von der Mitbestimmung des Betriebsrats in wirtschaftlichen Angelegenheiten auszunehmen seien.[40] Gerade diese Trennung der 'alltäglichen personellen Veränderungen' von solchen personellen Maßnahmen, die Ausfluß einer in mehreren Schritten durchgeführten Betriebsänderung sind, kann größere Schwierigkeiten bereiten. So können sich z.B. Entlassungen im Rahmen einer Betriebsänderung über einen längeren Zeitraum erstrecken, ohne zu irgendeinem Zeitpunkt die in § 17 Abs. 1 KSchG festgesetzten Mindestgrenzen zu überschreiten.

---

[38] Vgl. BAG, Urteil vom 2.8.83.

[39] Vgl. Dietz-Richardi, § 111 Anm. 24.

[40] Vgl. Der Bundesminister für Arbeit- und Sozialordnung (Hrsg.): Entwurf des BetrVG 72, S. 108.

Abb. 4: Sozialplanrelevante Betriebsgrößen [41]

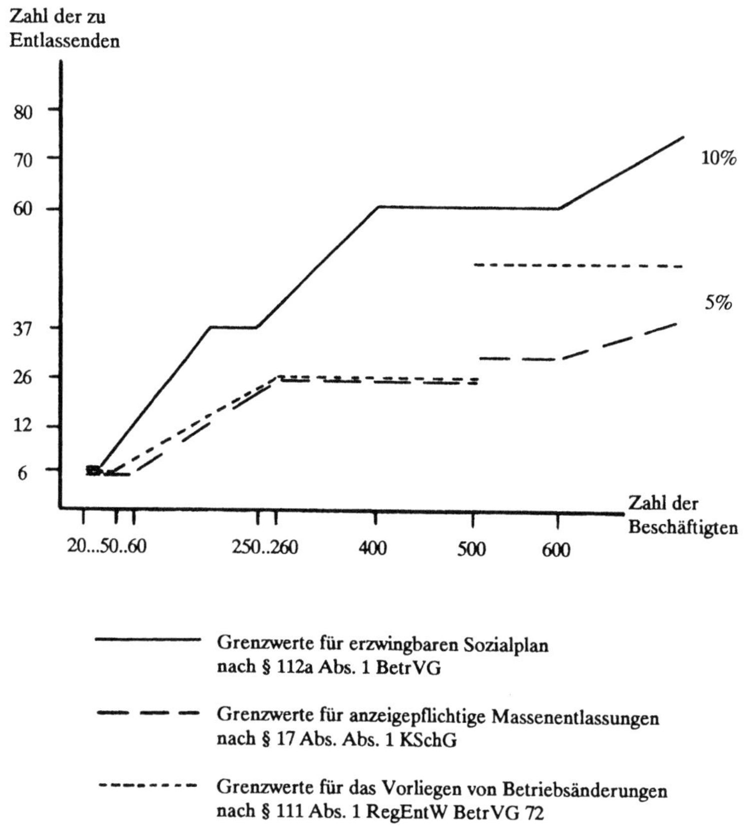

Zwar wird in § 17 Abs. 1 KSchG bestimmt, daß Entlassungen, die sich über einen Zeitraum von bis zu vier Wochen erstrecken, als durch eine einheitliche unternehmerische Maßnahme begründet gelten und, sofern die in Abb. 4 wiedergegebenen Grenzwerte überschritten werden, Massenentlassungen darstellen. Jedoch

---

41) Zu ähnlichen Aufstellungen vgl. W. Scherer: Die neue Sozialplanregelung, S. 765 f.; A. Vogt: Neuregelung des Sozialplanrechts, S. 209; ders.: Personalabbaumaßnahmen, S. 2334; Stege-Weinspach, § 111 bis § 113 Anm. 46.

wird dieser Zeitraum im Zusammenhang mit Betriebsänderungen als zu kurz abgelehnt. [42]

Daraus ergibt sich die Frage, über welchen Zeitraum sich eine Maßnahme erstrecken darf, um noch auf eine 'wirtschaftlich und sozial einheitliche Entscheidung' des Arbeitgebers zurückgeführt werden zu können. Aber nicht nur die Dauer der Durchführung der Betriebsänderung, sondern auch der zeitliche Umfang des Entscheidungsprozesses, der zu einer Betriebsänderung führt, kann die Einheitlichkeit der Entscheidung bestimmen. [43] Eine Antwort auf diese Fragen läßt sich nicht generell, sondern nur für jeden Einzelfall geben.

2.3 Betriebsrat

2.3.1 Aufgaben des Einzelbetriebsrats bei Betriebsänderungen

1) Die Arbeitnehmer wählen - nach Arbeitern und Angestellten getrennt - den Betriebsrat (§§ 7 ff. BetrVG). Dieser repräsentiert die Gesamtheit der Arbeitnehmer, die Belegschaft. Er nimmt die Mitwirkungsrechte der Belegschaft gegenüber dem Arbeitgeber wahr. [44]

2) Hinsichtlich der Qualität der Mitwirkung des Betriebsrats am Betriebsgeschehen lassen sich unterscheiden: [45]

---

[42] Vgl. H. Ohl: Sozialplan, S. 41; H. Fuchs: Sozialplan, S. 80.

[43] Zu Inhalt, Struktur und Ablauf des zu einer Betriebsänderung führenden Entscheidungsprozesses siehe Teil II Abschnitt 4; siehe auch Abb. 10 sowie Anlage III.

[44] Zur Rechtsnatur des Betriebsrats vgl. H. Gramm: Betriebsrat, sowie Dietz-Richardi, Bd. 1, § 1 Anm. 15 ff.; zur Stellung des Betriebsrats in der Betriebsgemeinschaft siehe Abb. 3.

[45] Vgl. W. Eberbach: Arbeitsrecht, S. 58 f.
Zum Verhältnis der Begriffe 'Mitwirkung' und 'Mitbestimmung' bestehen in der Literatur unterschiedliche Auffassungen; vgl. A. Burghardt: Mitbestimmung, Sp. 1373 f.; V. Jahnke: Tarifautonomie, S. 94; K. Wester/ R. Schleipers: Arbeitsrecht, S. 1; W. Zöllner: Arbeitsrecht, S. 428 ff.

a) das Recht auf *Unterrichtung*, z.B. über die Personalplanung (§ 92 BetrVG) oder über geplante Betriebsänderungen (§ 111 BetrVG);

b) das Recht auf *Anhörung*, z.B. zu Kündigungen;

c) das Recht auf *Beratungen mit dem Arbeitgeber*, z.B. über die Personalplanung oder Betriebsänderungen;

d) das Recht auf *Mitbestimmung* (*Mitwirkung i.e.S.*), z.B. über soziale und personelle Angelegenheiten (§ 87, §§ 94 ff. BetrVG) sowie über Interessenausgleich und Sozialplan (§§ 111 ff. BetrVG). Entscheidungen über diese Sachverhalte sind an die Zustimmung des Betriebsrats gebunden. Im Konfliktfall kann er die Einigungsstelle anrufen.

3) Diese Mitwirkungsrechte können nur vom Betriebsrat wahrgenommen werden. Ist kein Betriebsrat vorhanden, sei es, weil nach § 1 BetrVG in Betrieben mit weniger als fünf ständigen wahlberechtigten Arbeitnehmern seine Wahl nicht vorgesehen ist, sei es, weil in einem Betrieb mit fünf oder mehr Arbeitnehmern ein Betriebsrat nicht gewählt wurde, so entfallen diese Mitwirkungsrechte. Ein Interessenausgleich oder Sozialplan kann in diesem Fall nicht herbeigeführt werden, da dem Arbeitgeber kein zuständiger Verhandlungspartner gegenübersteht.[46)]

2.3.2 Aufgaben des Gesamtbetriebsrats bei Betriebsänderungen

1) Sind in einem Unternehmen mehrere Betriebsräte - mithin mehrere Betriebe - vorhanden, so ist ein Gesamtbetriebsrat zu bilden (§ 47 Abs. 1 BetrVG). Dieser ist nach § 50 Abs. 1 BetrVG zuständig für solche Angelegenheiten, die das Gesamtunternehmen *oder* mehrere Betriebe betreffen *und* nicht durch den Betriebsrat innerhalb der einzelnen Betriebe geregelt werden können.

2) Der Gesamtbetriebsrat wird also dann einzuschalten sein, wenn die Betriebsänderung mehrere oder alle Betriebe eines Unternehmens umfaßt, weil

---

46) Vgl. Dietz-Richardi, Bd. 2, § 111 Anm. 11.

a) die gleiche Betriebsänderung in mehreren oder allen Betrieben parallel vorgenommen wird (z.B. gleichzeitige Stillegung mehrerer Betriebe),

b) mehrere oder alle Betriebe von derselben Betriebsänderung betroffen sind (z.B. Zusammenlegung mehrerer Betriebe). [47]

3) In diesem Zusammenhang ist zu klären, ob der Gesamtbetriebsrat bei der Beratung mit dem Arbeitgeber über Interessenausgleich und Sozialplan in gleicher Weise die Funktionen des Einzelbetriebsrats wahrnehmen kann

a) in nicht betriebsratsfähigen Betrieben mit weniger als fünf ständigen wahlberechtigten Mitarbeitern,

b) in betriebsratsfähigen Betrieben mit bis zu 20 Arbeitnehmern, die einen Betriebsrat gewählt haben,

c) in betriebsratsfähigen Betrieben mit bis zu 20 Arbeitnehmern, die keinen Betriebsrat gewählt haben,

d) in betriebsratsfähigen Betrieben mit mehr als 20 Arbeitnehmern, die keinen Betriebsrat gewählt haben.

Fall a) ist in der Regel unproblematisch, da nicht betriebsratsfähige Betriebe in einem Unternehmen mit mehreren Betrieben gemäß § 4 Abs. 2 BetrVG als Betriebsteile dem jeweiligen Hauptbetrieb zugeordnet werden, der seinerseits betriebsratsfähig ist. In den Fällen b), c) und d) kommt nach § 50 Abs. 1 Satz 1 BetrVG die Einschaltung des Gesamtbetriebsrats nur in Betracht, wenn in einem Unternehmen *mehrere* Betriebe von der Betriebseinschränkung betroffen sind. Auch dann ist allerdings die Behandlung dieser Fälle in der Literatur umstritten.

4) Ohl lehnt die Zuständigkeit des Gesamtbetriebsrats für Verhandlungen mit dem Arbeitgeber über einen Interessenausgleich ab, da die Planung und Durchführung einer Betriebsänderung innerhalb des einzelnen Betriebes erfolge. [48] Das erscheint aber dann als wenig plausibel, wenn zwei oder mehrere Betriebe von ein und derselben Maßnahme betroffen sind. Aber auch bei parallelen Betriebsänderungen in mehreren Betrieben eines Unternehmens ist kaum anzunehmen, daß Planung und Durchführung dieser Maßnahmen unabhängig voneinander in jedem Betrieb und nicht auf Unternehmensebene erfolgen. [49]

---

[47] Vgl. H. Mothes: Gesamtbetriebsrat, S. 328.

[48] Vgl. H. Ohl: Sozialplan, S. 57.

[49] Zum Verhältnis vom 'Betrieb' und 'Unternehmen' s. Teil II Abschnitt 3.2.

5) Wenig konsistent ist auch die Aussage, daß der Gesamtbetriebsrat zwar nicht beim Interessenausgleich, wohl aber bei den Verhandlungen über einen 'überbetrieblichen Sozialplan' heranzuziehen sei, da die Leistungen für die Arbeitnehmer der Betriebe von der Finanzkraft des Unternehmens insgesamt abhängen würden, und eine Ungleichbehandlung der Arbeitnehmer unterschiedlicher Betriebe, nämlich solcher mit bis zu 20 und solcher mit mehr als 20 Beschäftigten, ausscheide. [50)]
Der Grundsatz der Gleichbehandlung der Arbeitnehmer unterschiedlicher Betriebe läßt sich jedoch nicht aus dem BetrVG herleiten. Außerdem ist gerade deswegen, weil der Umfang der jeweiligen Sozialpläne von der Finanzkraft des Unternehmens insgesamt abhängt, anzunehmen, daß diese finanzielle Belastung des Unternehmens bei der Planung und Durchführung von Betriebsänderungen auf der Unternehmensebene berücksichtigt wird. Die enge Verbindung zwischen Interessenausgleich und Sozialplan wird schon an dieser Stelle deutlich.

6) Die Anregung von Mothes, die Mindestzahl von 21 Arbeitnehmern in einem Unternehmen mit mehreren Betrieben nicht auf den einzelnen Betrieb, sondern auf das Unternehmen insgesamt zu beziehen, wird durch den Wortlaut des Gesetzes nicht gedeckt. [51)] Außerdem wäre dann konsequenterweise zu prüfen, ob die Betriebsänderung wesentliche Nachteile für die Belegschaft oder Teile der Belegschaft des *gesamten* Unternehmens hat. Das würde jedoch die Aussichten des Betriebsrats auf Mitbestimmung und damit letztlich des Arbeitnehmers auf Sozialplanleistungen erheblich verringern. [52)]

7) Als Lösung würde sich eine Änderung des § 111 Satz 1 BetrVG dahingehend anbieten, daß bei Unternehmen mit mehreren Betrieben und einer Gesamtbelegschaft von mehr als 20 Arbeitnehmern (oder einer höher festzusetzenden Zahl) der Gesamtbetriebsrat dann an der Planung und Durchführung einer Betriebsänderung - und damit an Verhandlungen über Interessenausgleich und Sozialplan - zu beteiligen ist, wenn mehrere Betriebe des Unternehmens von der Betriebsän-

---

50) Vgl. H. Ohl: Sozialplan, S. 57.

51) Vgl. H. Mothes: Gesamtbetriebsrat, S. 329 f.

52) Vgl. H. Ohl: Sozialplan, S. 29 f.

derung betroffen sind. Die Belegschaftsstärke dieser Betriebe ist dabei unerheblich.[53]

8) In betriebsratsfähigen Betrieben, in denen (trotzdem) ein (Einzel-) Betriebsrat nicht gewählt wurde, haben die Arbeitnehmer auch dann keinen Anspruch auf die Mitwirkung an Betriebsänderungen sowie den Ausgleich oder die Milderung möglicher Nachteile, wenn im Unternehmen ein Gesamtbetriebsrat vorhanden ist. Sie haben hier die Folgen der Nichtausschöpfung der ihnen durch das BetrVG eingeräumten Mitwirkungsrechte selbst zu tragen.[54]

9) Zusammenfassend läßt sich sagen, daß in folgenden Fällen eine Mitwirkung der Belegschaft an Betriebsänderungen ausgeschlossen ist:

a) In Unternehmen mit einem Betrieb,
   - aa) in dem weniger als 21 Arbeitnehmer beschäftigt sind;
   - ab) in dem mehr als 20 Arbeitnehmer beschäftigt sind, die jedoch keinen Betriebsrat gewählt haben;

b) in Unternehmen mit mehreren Betrieben, von denen nur ein Betrieb durch die Betriebsänderung betroffen ist,
   - ba) in dem weniger als 21 Arbeitnehmer beschäftigt sind;
   - bb) in dem mehr als 20 Arbeitnehmer beschäftigt sind, die jedoch keinen Betriebsrat gewählt haben;

c) in Unternehmen mit mehreren Betrieben, von denen mehrere Betriebe durch die Betriebsänderung betroffen sind, wobei
   - ca) in keinem Betrieb ein Betriebsrat gewählt wurde, mithin auch kein Gesamtbetriebsrat vorhanden ist;
   - cb) in einem oder mehreren der betroffenen Betriebe kein Betriebsrat gewählt wurde.

---

53) Die von Ohl vorgesehene Bedingung, daß der Gesamtbetriebsrat nur dann zu beteiligen sei, wenn wenigstens einer der Betriebe die Mindestzahl des § 111 Satz 1 BetrVG erfüllt, ist wenig sinnvoll, da die Unternehmensorganisation so gestaltet werden könnte, daß ausschließlich Betriebe mit weniger als 20 Arbeitnehmern bestehen, mit dem Ziel, Mitbestimmungsregelungen der §§ 111 ff. BetrVG auf diese Weise zu umgehen.

54) Vgl. H. Ohl, Sozialplan, S. 58.

3 Anlässe für Interessenausgleich und Sozialplan: Betriebsänderungen

Die Bestimmung des § 112 Abs. 1 BetrVG hinsichtlich der Anlässe für Interessenausgleich und Sozialplan knüpft an die Regelungen des § 111 BetrVG zur Betriebsänderung an. Der Begriff der Betriebsänderung wird jedoch dort nicht definiert. Es findet sich lediglich eine Aufzählung möglicher Formen von Betriebsänderungen (§ 111 Satz 2 Nr. 1-5 BetrVG). Dabei wird auf den Terminus des Betriebs Bezug genommen.

Es ist somit erforderlich, den Begriff des Betriebs zu erläutern und ihn von anderen Rechtsbegriffen (Unternehmen, Arbeitsstätten, Haushalte) abzugrenzen. In einem zweiten Schritt können dann die im BetrVG aufgezählten Betriebsänderungen analysiert werden. Schließlich ist zu untersuchen, ob darüber hinaus weitere Betriebsänderungen in Übereinstimmung mit dem Wortlaut der §§ 111-113 BetrVG, dem Zusammenhang dieser Vorschriften oder ihrem Zweck unterschieden werden können.

3.1 Begriff des Betriebs

3.1.1 Varianten des Betriebsbegriffs

1) Obwohl der Betrieb ein wesentliches Regelungsobjekt des BetrVG darstellt, findet sich dort keine Definition oder Umschreibung dieses Begriffes.[1] In ande-

[1] Eine wenig aussagekräftige Definition des Betriebs fand sich in § 9 Abs. 1 Betriebsrätegesetz (BRG) von 1920; zur Interpretation des Betriebsbegriffs in diesem Gesetz vgl. Mansfeld, Betriebsrätegesetz, § 9, S. 67 ff.; eine Definition des Betriebs war in § 3 Abs. 1 Entwurf eines Gesetzes über die Neuordnung der Beziehungen von Arbeitnehmern und Arbeitgebern in den Betrieben (Betriebsverfassungsgesetz von 1952) [Anlage I/1] vorgesehen, wurde jedoch schließlich weder in das BetrVG 52 noch in das BetrVG 72 übernommen; zu den Gründen vgl. H. Neumann-Duesberg: Betrieb, A.II.; eine ähnlich differenzierte Definition des Betriebs wurde in § 34 Abs. 1 Österreichisches Arbeitsverfassungsgesetz (ArbVG vom 14.12.73) vorgenommen.

ren Rechtsquellen wird der Betrieb zwar z.T. definiert (z.B. in § 4 KStG) [2], eine Übertragung auf das Betriebsverfassungsrecht ist wegen der abweichenden Zwecke und Regelungsbereiche der Gesetze und Rechtsverordnungen sowie der darauf beruhenden Rechtsprechung jedoch nicht zweckmäßig.

2) Die Rechtswissenschaft geht bei der Bestimmung des Betriebsbegriffs von einer Definition von Jacobi aus dem Jahr 1926 aus:

> Der Betrieb ist die "Vereinigung von persönlichen, sächlichen und immateriellen Mitteln zur fortgesetzten Verfolgung eines von einem oder mehreren Rechtssubjekten gemeinsam gesetzten technischen Zweckes" [3].

Diese Definition ist wegen der Aneinanderreihung verschiedener unbestimmter Begriffe äußerst unscharf. Sie trifft gleichermaßen auf eine Wirtschaftseinheit zu, die für den Bedarf Dritter Sach- oder Dienstleistungen erbringt (Betrieb, Unternehmen), wie auf eine Wirtschaftseinheit, deren arbeitstechnischer Zweck sich in der Deckung des Eigenbedarfs erschöpft (Haushalt).[4]

Ähnlich unvollständig beschreibt Hueck den Betrieb als

> "organisatorische Einheit, innerhalb derer ein Unternehmer allein oder in Gemeinschaft mit seinen Mitarbeitern mit Hilfe von sächlichen und immateriellen Mitteln bestimmte arbeitstechnische Zwecke fortgesetzt verfolgt" [5].

5) Auch in der Betriebswirtschaftslehre hat der Betrieb keine eindeutige Abgrenzung erfahren. [6] Jedoch besteht nach Wöhe heute im wesentlichen Einigkeit darüber,

---

2) Zum Inhalt des Betriebsbegriffs in den verschiedenen Einzelgesetzen vgl. H. Neumann-Duesberg: Betrieb, I, C.

3) E. Jacobi: Betrieb und Unternehmen, S. 9.

4) Vgl. Dietz-Richardi, Bd. 1, § 1 Anm. 90.

5) A. Hueck/H.C. Nipperdey: Arbeitsrecht, Bd. 1, S. 93; ähnlich vgl. auch H. Neumann-Duesberg: Betriebsverfassungsrecht, S. 151.

6) Einen Überblick über die vielfältige Literatur zum Begriff des Betriebes sowie seiner Abgrenzung von anderen Wirtschaftseinheiten gibt E. Grochla: Betrieb, Sp. 553-557.

"den Betrieb als planvoll organisierte Wirtschaftseinheit zu umschreiben, in der Sachgüter und Dienstleistungen erstellt und abgesetzt werden". [7]

6) Im Gegensatz zu den beiden der juristischen Literatur entnommenen Definitionen bezeichnet diese Definition den (arbeits-) technischen Zweck, die Erstellung von Sach- oder Dienstleistungen genauer und grenzt damit den Betrieb vom Haushalt ab.

7) Der Betrieb im Sinne von Wöhe kennzeichnet das Erfahrungsobjekt der Betriebswirtschaftslehre. Es ist aber zugleich komplex und unstrukturiert und muß daher auf dem Wege der isolierenden Abstraktion in Teilbereiche zergliedert werden. Diese Teilbereiche bilden das Erkenntnisobjekt von betriebswirtschaftlichen Teildisziplinen (z.B. der Produktions-, der Personal- und der Organisationslehre), aber auch von Teildisziplinen anderer Wissenschaften (Arbeitsrecht, Arbeitsmedizin, Betriebssoziologie usw.). [8]

8) Im Sinne einer Differenzierung nach verschiedenen Erkenntnisobjekten kann der Betrieb verstanden werden als [9]

a) technische Einheit im Sinne der Kombination von Sachmitteln (Gebäuden, maschinellen Anlagen etc.);
b) soziale Einheit im Sinne einer Personengemeinschaft;
c) sozio-technische Einheit im Sinne von (Mensch-Maschine-) Systemen;
d) technisch-wirtschaftliche Einheit im Sinne einer Zweck-Mittel-Relation, bei der ein wirtschaftlicher Zweck (Gewinnerzielung) mittels technischer Prozesse realisiert wird;
e) wirtschaftliche Einheit im Sinne einer Zelle der Gesamtwirtschaft.

Allen Ausprägungsformen des Betriebs gemein ist der Bezug zur Organisation, wobei einzelne Elemente unterschiedlich stark betont werden. [10]

---

[7] G. Wöhe: Allgemeine BWL, S. 2.

[8] Vgl. G. Wöhe: Allgemeine BWL, S. 2 f.

[9] Vgl. E. Grochla: Betrieb, Sp. 544 f.

[10] Zu den verschiedenen Organisationsbegriffen vgl. E. Grochla: Organisation, Sp. 2846-2850 und F. Hoffmann: Organisation, Sp. 1425 bis Sp. 1431 sowie die in beiden Quellen angegebene Literatur.

9) Der Betrieb im Sinne des BetrVG und hier wiederum des Sozialplanrechts stellt vordergründig eine soziale Einheit dar, in der die Rechte und Pflichten der beteiligten Personen, ihre Mitwirkung an der Herbeiführung und dem Vollzug von Entscheidungen (Planung und Durchführung von Betriebsänderungen) sowie der Verteilung der aus ihnen resultierenden wirtschaftlichen Belastungen zu regeln sind. Bei der Beschreibung der Betriebsänderung steht dagegen der Betrieb als technisch-soziale Einheit, als System von Menschen und maschinellen Anlagen im Vordergrund. Weiterhin wird auf den (wirtschaftlichen) Betriebszweck abgestellt (§ 111 Satz 2 BetrVG). Beim Ausgleich der aus der Betriebsänderung resultierenden wirtschaftlichen Belastungen ist darüber hinaus der Betrieb als wirtschaftliche Einheit von Bedeutung (§ 112 Abs. 5 BetrVG).

10) Ausgehend von den wesentlichen Merkmalen einer jeden Organisation gilt damit:

Der Betrieb ist gekennzeichnet durch

- einen abgegrenzten Kreis von Personen,
- einer nach Zahl und Art bestimmten Menge von Sachmitteln,
- einen bestimmten Betriebszweck, der regelmäßig in der Erbringung von Sach- oder Dienstleistungen für Dritte besteht sowie
- Regeln über das Zusammenwirken der Personen und Sachmittel in bezug auf den angestrebten Betriebszweck.

Auf der Grundlage dieser Beschreibung des Betriebs kann die Betriebsänderung allgemein als Änderung eines oder mehrerer dieser Elemente des Betriebs als Organisation aufgefaßt werden. Diese allgemeine Definition soll in Abschnitt 3.2 konkretisiert werden.

3.1.2 Abgrenzung des Begriffs 'Betrieb' vom Begriff 'Unternehmen'

1) Im Rahmen der Regelungen der Betriebsänderungen (§ 111-113 BetrVG) verwendet der Gesetzgeber die Begriffe Betrieb und Unternehmen nebeneinander.[11] Während bei der Beschreibung der Betriebsänderungen auf den Betrieb selbst Bezug genommen wird (§ 111 Abs. 2 BetrVG), steht bei der Regelung der wirtschaftlichen (finanziellen) Folgen der Betriebsänderung im Rahmen des Sozialplans den sozialen Belangen der Arbeitnehmer die wirtschaftliche Belastbarkeit des Unternehmens gegenüber (§ 112 Abs. 5 BetrVG). Der Bezug auf den Betrieb einerseits und das Unternehmen andererseits wird mit dem unterschiedlichen Zweck begründet. So dient der Betrieb regelmäßig einem arbeitstechnischen Zweck, das Unternehmen dem hinter dem arbeitstechnischen Zweck liegenden wirtschaftlichen Zweck.[12]

2) Eine grundsätzliche Bedeutung gewinnt die Unterscheidung zwischen Betrieb und Unternehmen bei der Abgrenzung der Mitbestimmung im *Unternehmen* (Unternehmensverfassung), die durch das Mitbestimmungsgesetz 76 (MitbestG), das Montan-Mitbestimmungsgesetz 51 (MontanMitbestG) sowie den für die Unternehmensebene fortgeltenden §§ 76 bis 77a, 81, 85 und 87 des BetrVG 52 (Siehe § 129 BetrVG 72) geregelt ist, und der Mitbestimmung im *Betrieb* (Betriebsverfassung), die sich im wesentlichen nach dem BetrVG 72 bestimmt.[13]

3) Der Sinn der Unterscheidung zwischen Betrieb und Unternehmen ist dabei ebenso fraglich wie die dafür herangezogenen Kriterien. So läßt sich ein beliebiger arbeitstechnischer Zweck, beispielsweise die Erzeugung eines bestimmten Gutes, gedanklich kaum von dem damit verfolgten wirtschaftlichen Zweck der Gewinnerzielung trennen. Die Verfolgung des arbeitstechnischen Zwecks - z.B.

---

[11] Dagegen wird - mit einer Ausnahme in § 111 Abs. 4 Satz 2 BetrVG - der Begriff des Unternehmers und nicht des Arbeitgebers verwendet; zur Bedeutung der Begriffe siehe Teil II Abschnitt 2.1 dieser Arbeit.

[12] Vgl. Dietz-Richardi, Bd. 1, § 1 Anm. 52 sowie die dort angegebene Literatur.

[13] Vgl. W. Zöllner: Arbeitsrecht, S. 400 ff.

die Kombination bestimmter Produktionsfaktoren - erfolgt immer unter wirtschaftlichen Gesichtspunkten (ökonomisches Prinzip).

4) Es ist aus mitbestimmungsrechtlicher Sicht auch wenig sinnvoll, den Betrieb als arbeitstechnisch selbständig organisierten Teil eines Unternehmens anzusehen. Die Unterscheidung zwischen Betrieb und Unternehmen wäre dann nur zweckmäßig, wenn ein Unternehmen dezentral organisiert wäre und mehrere Betriebe hätte. [14] Das würde nämlich bedeuten, daß der Gesamtbetriebsrat, der bei mehreren Betrieben innerhalb eines Unternehmens zu bilden ist, ein Organ der Unternehmensverfassung wäre. Tatsächlich findet er aber seine Grundlage im Betriebsverfassungsrecht. Für die sogenannte Unternehmensmitbestimmung hat er keine Bedeutung. [15]

5) Die Unterscheidung zwischen Betriebs- und Unternehmensverfassung und damit zwischen den Begriffen des Betriebs und des Unternehmens selbst ist demnach weniger inhaltlich, sondern vielmehr normativ [16] oder gar ideologisch [17] begründet. Die Frage der Reichweite der Mitbestimmung der Arbeitnehmer läßt sich kaum durch die rein terminologische Unterscheidung zwischen Betrieb und Unternehmen beantworten. [18] Der Unterscheidung zwischen Betrieb und Unternehmen soll deshalb im folgenden keine größere Bedeutung beigemessen werden.

---

14) So Dietz-Richardi, Bd. 1, § 1 Anm. 53, die weiterhin darlegen, daß ein Betrieb - wegen der Identität des Inhabers - nie gleichzeitig zu zwei Unternehmen gehören kann (vgl. ebenda, § 1 Anm. 83 ff. mit ausführlicher Darstellung der Literaturdiskussion).

15) Vgl. W. Zöllner: Arbeitsrecht, S. 401.

16) Vgl. ebenda.

17) Vgl. T. Raiser: Unternehmen, S. 128.

18) Ähnlich vgl. T. Raiser: Unternehmen, S. 129

3.2 Begriff und Arten der Betriebsänderung

1) Der Gesetzgeber hätte bei der Bestimmung der auslösenden Tatbestände für einen Sozialplan zumindest drei Möglichkeiten gehabt:

Betriebsänderung

a) als die Änderung eines (oder mehrerer) der definitorischen Bestandteile des Betriebs

oder

b) als jede Maßnahme des Unternehmers, die einen wirtschaftlichen Nachteil für einen Arbeitnehmer oder eine bestimmte (Mindest-) Zahl von Arbeitnehmern zur Folge hat, z.B.
   - Entlassungen,
   - Umsetzungen,
   - verschlechterte Arbeitsbedingungen etc.

oder

c) als definierter Katalog von Maßnahmen des Unternehmers, die Nachteile für die Arbeitnehmer zur Folge haben können.

2) Die Möglichkeit a) wäre die einfachste und folgerichtigste gewesen. Allerdings hätte der Gesetzgeber dazu den Begriff des Betriebs definieren oder doch zumindest seine wichtigsten Bestandteile nennen müssen. [19] Weiterhin hätten jene Änderungen des Betriebs bzw. seiner einzelnen begrifflichen Bestandteile ausgeschlossen werden müssen, die die Interessen der Arbeitnehmer nicht berühren oder wenigstens nicht mit einem wirtschaftlichen Nachteil für die Arbeitnehmer verbunden sind.

3) Die Möglichkeit b) war im § 111 Entwurf zum BetrVG 72 vorgesehen, mit der Begründung, daß es für den Arbeitnehmer gleichgültig sei, aus welchen Gründen für ihn ein Nachteil entstehe. [20] Für sie spricht, daß sie unmittelbar an den Folgen einer unternehmerischen Maßnahme für den Arbeitnehmer orientiert ist und

---

[19] Eine derartige - wenn auch unzulängliche Definition war in § 3 Entwurf zum BetrVG 52 (Siehe Anlage I/1) vorgesehen.

[20] Vgl. Deutsche Bundesregierung: Entwurf eines Betriebsverfassungsgesetzes, BT-Drucksache 6/1786, S. 33.

so einen engen Bezug zum Zweck des Sozialplans - dem Ausgleich der sich für die Arbeitnehmer ergebenden Nachteile - aufweist.

4) Trotzdem hat der Gesetzgeber die dritte Möglichkeit (c) gewählt und (wie auch im BetrVG 52) wieder einen Katalog von Betriebsänderungen aufgestellt. Eine Begründung dafür, daß er nicht unmittelbar auf die den Arbeitnehmern aus einer unternehmerischen Maßnahme entstehenden Nachteile Bezug nimmt, sondern auf einen Katalog von Betriebsänderungen abstellt, könnte darin gesehen werden, daß eine Betriebsänderung vergleichsweise einfach und in einem frühen (Planungs-) Stadium festgestellt werden kann, daß aber nicht von vornherein abzusehen ist, ob sich daraus tatsächlich Nachteile für die Arbeitnehmer ergeben können.

5) Es ist umstritten, ob es sich bei dem Katalog des § 111 Satz 2 BetrVG um eine abschließende oder eine beispielhafte Aufzählung handelt. [21] Dabei geht es im wesentlichen um das Verhältnis von § 111 Satz 2 und Satz 1 BetrVG zueinander. Abbildung 5 gibt drei Interpretationsmöglichkeiten wieder.

6) Die Vertreter der Interpretationsmöglichkeit 1 [22] fassen den Katalog des § 111 Satz 2 BetrVG als abschließend auf und begründen dies

a) mit dem Wortlaut der Vorschrift, die anderenfalls hätte lauten müssen: 'Als Betriebsänderung gelten *insbesondere* ...';
b) mit dem Erfordernis der Rechtssicherheit, da
   ba) nicht jede unternehmerische Maßnahme mit Nachteilen für die Arbeitnehmer als Betriebsänderung gelten könne, um die unternehmerische Dispositionsfreiheit nicht über Gebühr einzuschränken,

---

[21] Die Mehrheit der Autoren ist der Ansicht, daß es sich um eine abschließende Aufzählung handelt, so Dietz-Richardi, Bd. 2, § 111 Anm. 17; Galperin-Löwitsch, § 111 Anm. 19; Stege-Weinspach, § 111 Anm. 20; Hess-Schlochauer-Glaubitz, § 111 Anm. 16, jeweils mit weiteren Quellenangaben; A. Vogt: Sozialpläne, S. 46 f.; M. Kaven: Sozialplan, S. 33; eine Minderzahl hält die Aufzählung für beispielhaft, Fitting-Auffarth-Kaiser-Heiter, § 111, Anm. 15; GK-BetrVG, § 111 Anm. 71 ff.; H. Fuchs: Sozialplan, S. 76; K. Rumpff: Mitbestimmung, S. 229 ff., der einen guten Überblick über die in der Literatur angeführten Argumente gibt.

[22] Vgl. K. Rumpff: Mitbestimmung, S. 230 f.

bb) dem Arbeitgeber aber eine Prüfung, wann eine mitbestimmungspflichtige Betriebsänderung vorliege, nicht zugemutet werden könne und

c) damit, daß über den Katalog des § 111 Satz 2 BetrVG kaum weitere Fälle in der Praxis auftreten würden.

Folgt man diesen Argumenten, wie dies in der älteren Literatur und Rechtsprechung der Fall ist [23], so wäre zunächst zu prüfen, ob eine Änderung des Betriebs nach § 111 Satz 2 BetrVG gegeben ist (notwendige Bedingung), um dann zu untersuchen, ob diese Änderung zu wesentlichen Nachteilen für die Belegschaft oder erhebliche Teile davon führen kann (hinreichende Bedingung). Nur wenn beide Bedingungen erfüllt sind, liegt eine mitbestimmungspflichtige Betriebsänderung vor.

7) Die Vertreter der Möglichkeit 2 sehen den Katalog des § 111 Satz 2 BetrVG deshalb als nicht erschöpfend an, weil den Arbeitnehmern auch bei Änderungen des Betriebs, die aufgrund des technischen Fortschritts zum Zeitpunkt der Entstehung des Gesetzes noch gar nicht vorstellbar waren und deshalb nicht in die Aufzählung des § 111 Satz 2 BetrVG aufgenommen wurden, ein Mitbestimmungsrecht und ggf. ein Ausgleich wirtschaftlicher Nachteile zu verschaffen sei. [24] Aus der Formulierung "Als Betriebsänderung *gelten* ..." wird weiterhin geschlossen, daß die in § 111 Satz 2 BetrVG angeführten Fälle immer als Betriebsänderungen anzusehen sind (Fiktion), d.h. im Zusammenhang mit diesen unternehmerischen Maßnahmen immer wirtschaftliche Nachteile für die Arbeitnehmer vermutet werden. [25]

---

[23] Vgl. Dietz-Richardi, Bd. 2; § 111 Anm. 17 mit weiteren Quellenangaben.

[24] Vgl. K. Rumpff: Mitbestimmung, S. 232 f. mit weiteren in der Literatur diskutierten Argumenten.

[25] Vgl. H. Fuchs: Sozialplan, S. 77; nach Hess-Schlochauer-Glaubitz (§ 111 Anm. 18) handelt es sich nicht um eine Fiktion, sondern um eine (widerlegbare) Vermutung, wobei die Beweislast, ob tatsächlich ein Nachteil für die Arbeitnehmer entstehe, nicht beim Betriebsrat, sondern beim Arbeitgeber liege. Der Betriebsrat kann sich bei seinem Anspruch auf Mitbestimmung auf eine der im Katalog aufgeführten Betriebsänderungen berufen und braucht nicht eine (mögliche) Nachteilsentstehung nachzuweisen.

Abb. 5: Möglichkeiten der Interpretation des Begriffs der Betriebsänderung nach § 111 Satz 1 BetrVG

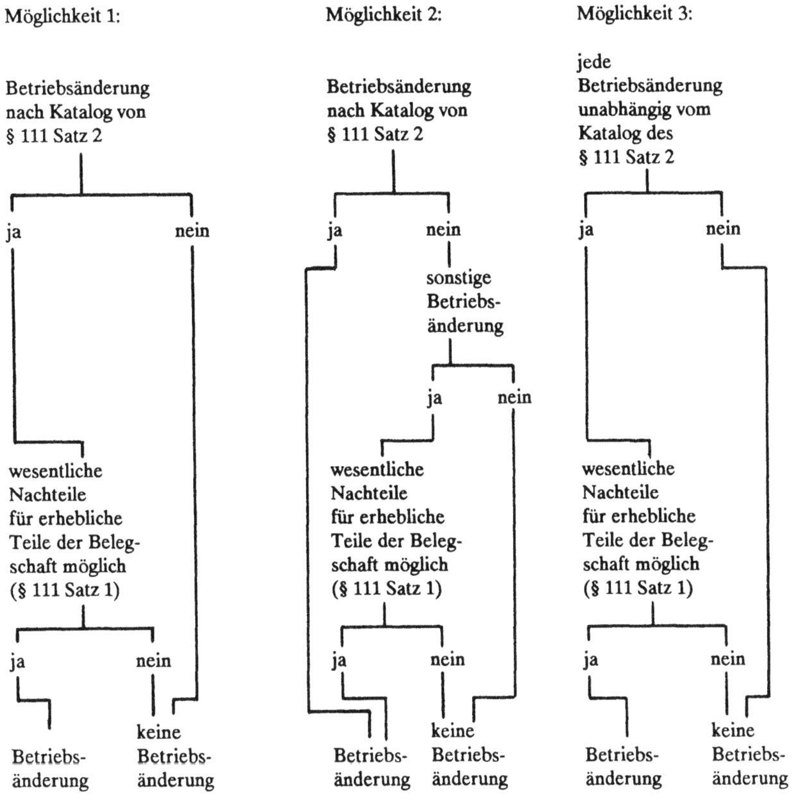

Für die Informations- und Mitwirkungsrechte des Betriebsrats im Vorfeld und im Verlauf des Interessenausgleichs ist daher die Nachteilsvermutung des § 111 Satz 1 BetrVG nicht von Bedeutung. Erst die Aufstellung eines Sozialplans wird von etwaigen oder tatsächlichen wirtschaftlichen Nachteilen dieser Betriebsänderungen für die Arbeitnehmer abhängig gemacht (§ 112 Satz 2 BetrVG). [26] Für die nicht in § 111 Satz 2 BetrVG erfaßten Arten von Betriebsänderungen ist dagegen im Einzelfall zu prüfen, ob wesentliche Nachteile für die Belegschaft aus ihnen zu erwarten sind.

8) Möglichkeit 3 geht von einer allgemeinen, im Gesetz nicht formulierten Definition des Betriebs bzw. der Betriebsänderung aus und mißt dem Katalog des § 111 Satz 2 BetrVG lediglich Beispielcharakter zu. In diesen wie auch in weiteren möglichen Fällen der Änderung des Betriebs oder seiner Elemente liegt nur dann eine Betriebsänderung im Sinne des Gesetzes vor, wenn als Folge der Änderungen wirtschaftliche Nachteile für die Belegschaft zu erwarten sind.

9) Die Klärung der Frage, welche der drei beschriebenen Möglichkeiten dem Zweck des Gesetzes am ehesten entspricht, ist davon abhängig, ob der Katalog des § 111 Satz 2 BetrVG vollständig und überschneidungsfrei ist, d.h. ob er die Änderungen sämtlicher konstitutiver Merkmale des Betriebes [27] erfaßt. Ist dies der Fall, so ist die Frage, ob es sich bei diesem Katalog um Fiktionen oder Beispiele von Betriebsänderungen handelt, hinfällig. Erweist sich der Katalog als unvollständig, so wäre er um die fehlenden Bereiche zu ergänzen. Falls dies abschließend nicht möglich ist, wäre der Begriff der Betriebsänderung im Sinne und im Rahmen der gesetzlichen Vorschriften neu zu beschreiben. Diese Probleme sollen in den folgenden Abschnitten erörtert werden.

10) Über die Häufigkeit der in § 111 Satz 2 BetrVG unterschiedenen Arten von Betriebsänderungen gibt es keine umfassenden statistischen Daten. Nach einer Erhebung von Falke u.a. (1978) fanden rund 8% aller 'betriebsbedingten' Kündigungen im Zusammenhang mit Betriebsänderungen im Sinne des BetrVG statt, wobei die in Abb. 6 wiedergegebene Verteilung auf die einzelnen Arten von Be-

---

[26] Zur unterschiedlich strengen Auslegung (Bedeutung) der wirtschaftlichen Nachteile für die Belegschaft in § 111 BetrVG sowie § 112 Satz 2 BetrVG vgl. K. Rumpff: Mitbestimmung, S. 232 sowie Löwitsch, § 111 Anm. 7, der eine Überprüfung der Nachteilsentstehung erst bei Aufstellung des Sozialplans für erforderlich hält.

[27] Siehe Teil II Abschnitt 3.1.1.

triebsänderungen festgestellt wurde. [28] Die Umfrageergebnisse von Hemmer (1980-85) hinsichtlich der Gründe für den Abschluß von Sozialplänen weisen eine völlig andere Verteilung auf. [29]

Abb. 6: Häufigkeit von betriebsbedingten Kündigungen sowie von Sozialplänen in Abhängigkeit von der Art der Betriebsänderung nach § 111 Satz 2 BetrVG

Art der Maßnahme	Anlässe für Kündigungen (Falke u.a.)	Anlässe für Sozialpläne (Hemmer)
Reine Personalverminderung	nicht gesondert erfaßt	35,4 %
Einschränkung oder Stillegung des ganzen Betriebs oder von wesentlichen Betriebsteilen	34,6 %	45,5 %
Verlegung des ganzen Betriebs oder wesentlicher Betriebsteilen	15,5 %	15,5 %
Zusammenschluß mit anderen Betrieben	7,2 %	1,8 %
Grundlegende Änderungen von Betriebsorganisation, Betriebszweck oder Betriebsanlagen	28,8 %	0,0 %
Einführung grundlegend neuer Arbeitsmethoden und Fertigungsverfahren	13,9 %	1,8 %

[28] Vgl. J. Falke u.a.: Kündigungspraxis, S. 107.

[29] Vgl. E. Hemmer: Sozialplanpraxis, S. 37, Tabelle 5; zu den Erläuterungen dieser Tabelle sowie weiteren Erhebungsergebnissen bezüglich der Verteilung der Sozialpläne auf die einzelnen Arten der Betriebsänderungen vgl. ebenda: S. 34-42.

Vorbehaltlich der nur bedingten Vergleichbarkeit beider Erhebungen kann vermutet werden, daß die weit überwiegende Zahl aller Sozialpläne im Zusammenhang mit Betriebsstillegungen oder -einschränkungen (einschließlich reiner Personalabbaumaßnahmen) abgeschlossen werden, während Kündigungen im Rahmen der übrigen Arten von Betriebsänderungen häufig nicht zu Sozialplänen führen.

3.2.1 Einschränkung oder Stillegung des ganzen Betriebs oder von wesentlichen Betriebsteilen

1) § 111 Satz 2 Nr. 1 BetrVG faßt offensichtlich vier miteinander in Beziehung stehende Arten von Betriebsänderungen zusammen, die sich nach ihrer Bedeutung für die Existenz des Betriebs wie folgt ordnen lassen:

a) Stillegung des ganzen Betriebs,
b) Stillegung von wesentlichen Betriebsteilen,
c) Einschränkung des ganzen Betriebs,
d) Einschränkung von wesentlichen Betriebsteilen.

3.2.1.1 Stillegung des ganzen Betriebs

1) Die Stillegung des ganzen Betriebs wird in der juristischen Literatur beschrieben als die gleichzeitig mit der Einstellung des mit dem Betrieb verfolgten arbeitstechnischen Zwecks vorgenommene Auflösung der die Einheit des Betriebes gestaltenden Organisation. [1] Die Einstellung oder Änderung des Betriebszwecks - z.B. der Erstellung eines bestimmten Produktes - ist damit ein notwendiges,

---

[1] Vgl. Dietz-Richardi, Bd. 2, § 111 Anm. 26 sowie die dort angegebene Literatur; ähnlich Fitting-Auffarth-Kaiser-Heither, § 111 Anm.17; zu Begriff und Arten der Betriebsstillegung in der betriebswirtschaftlichen Literatur vgl. W. Hasenack: Betriebsstillegung; P.M. Rudhardt: Stillegungsplanung, S. 1 ff.; jeweils mit weiteren Quellen.

aber kein hinreichendes Merkmal einer Betriebsstillegung. Wenn unter Beibehaltung der übrigen Strukturmerkmale des Betriebs (Personen, Sachmittel sowie der Regeln über ihr Zusammenwirken) ein anderes Produkt erstellt wird, liegt keine Betriebsstillegung vor. [2] Zu überprüfen wäre aber dann, ob eine Betriebsänderung nach § 111 Satz 2 Nr. 4 BetrVG gegeben ist.

2) Wesentliches Merkmal der Betriebsstillegung ist also die "Auflösung der zwischen Arbeitgeber und Arbeitnehmer bestehenden Betriebs- und Produktionsgemeinschaft" [3], mithin die Auflösung der Arbeitsverhältnisse. [4] Da die Auflösung der betrieblichen Organisation unter Beibehaltung der Arbeitsverhältnisse wenig realistisch ist, hätte die Betriebsstillegung einfacher als 'Auflösung sämtlicher in einem Betrieb vorhandenen Arbeitsverhältnisse' beschrieben werden können.

3) Eine Produktionseinstellung gilt nicht als Betriebsstillegung, wohl aber als erstes Indiz. Die Auflösung der Arbeitsverhältnisse muß für eine regelmäßig unbestimmte, wirtschaftlich erhebliche Dauer erfolgen, so daß saisonbedingte Unterbrechungen der Betriebstätigkeit nicht als Betriebsstillegung gelten. [5] Eine Betriebsstillegung liegt gleichfalls nicht vor bei einer Verlegung, Veräußerung oder Verpachtung des Betriebs oder wenn über das Vermögen des Unternehmens, zu dem der Betrieb gehört, ein Konkurs- oder Vergleichsverfahren eröffnet wurde. [6]

---

[2] Vgl. Dietz-Richardi, Bd. 2, § 111 Anm. 28.

[3] Hess-Schlochauer-Glaubitz, § 111 Anm. 47.

[4] Vgl. ebenda, § 111 Anm. 49.

[5] Vgl. Dietz-Richardi, Bd. 2, § 111 Anm. 35.

[6] Vgl. ebenda, Bd. 2, § 111 Anm. 33 f.

3.2.1.2 Stillegung wesentlicher Betriebsteile

1) Wird ein 'wesentlicher Betriebsteil' stillgelegt, so muß es sich dabei nach juristischer Literatur und Rechtsprechung nicht notwendigerweise um einen abgeschlossenen, selbständig organisierten Teil des Betriebs handeln. [7] Vielmehr gilt im Zweifel ein Betriebsteil als wesentlich, wenn in ihm ein erheblicher Teil der Belegschaft beschäftigt ist. Als Maßstab werden die Größenangaben des § 17 Abs. 1 KSchG herangezogen. [8]

Dagegen läßt sich einwenden, daß die Zahl der betroffenen Arbeitnehmer hier nicht verwendet werden kann, da dieses Merkmal bereits der Klärung der grundsätzlichen Frage, ob eine Betriebsänderung nach § 111 Satz 1 BetrVG - gleich welcher Art - überhaupt vorliegt, dient. [9] Auch erscheint diese Regelung insgesamt als umständlich. Statt von einer Stillegung des ganzen Betriebs oder von wesentlichen Betriebsteilen zu sprechen, hätte der Gesetzgeber besser gleich die Beendigung der Arbeitsverhältnisse sämtlicher Arbeitnehmer eines Betriebes oder zumindest eines erheblichen Teils als Betriebsänderung definieren sollen.

2) Will man die Stillegung eines wesentlichen Betriebsteils als eigenständiges Merkmal beibehalten, so ist es dagegen sinnvoll, den Begriff des wesentlichen Betriebsteils anders als durch Anknüpfung an die Zahl der Arbeitskräfte zu definieren - etwa im Sinne der Aufgabe einer bestimmten Abteilung, eines Fertigungsschritts, einer Produktionsstufe. Dann aber ergäben sich wiederum Abgrenzungsschwierigkeiten zu den in § 111 Satz 2 Nr.4 BetrVG genannten Arten von Betriebsänderungen.

---

7) Vgl. ebenda, Bd. 2, § 111 Anm. 37.

8) Vgl. ebenda, Bd. 2, § 111 Anm. 38.

9) Vgl. M. Kaven: Sozialplan, S. 34 f.

3.2.1.3 Einschränkung des ganzen Betriebs oder von wesentlichen Betriebsteilen

1) Im Gegensatz zur Stillegung ist die Einschränkung des Betriebs oder wesentlicher Betriebsteile nicht mit der Aufgabe des arbeitstechnischen Zwecks der betrachteten Einheit verbunden. Vielmehr handelt es sich um eine Verminderung der Kapazität. [10]

2) Unter Kapazität ist die höchstmögliche Ausbringung (Output, Leistung, Produktion) eines Betriebs oder einer Anlage zu verstehen. [11] Zur Kapazitätsmessung werden in der Regel produktionsergebnisbezogene Mengen- oder Wertgrößen herangezogen, wie [12]

- die Produktionsmenge,
- der Bruttoproduktionswert,
- der Nettoproduktionswert.

Dagegen sind produktionseinsatzbezogene Mengen- oder Wertgrößen, wie [13]

- der mengen- oder wertmäßige Rohstoffverbrauch,
- die Maschinenstunden oder die Abschreibungen auf Maschinen,
- die Beschäftigten oder die Lohn- und Gehaltssumme,

zur Kapazitätsmessung weniger geeignet, da in ihnen lediglich der Einsatz eines Produktionsfaktors zum Ausdruck kommt, während mit Hilfe der produktionsergebnisbezogenen Größen das Zusammenwirken aller Produktionsfaktoren wiedergegeben werden kann. [14]

3) Die Bestimmung der Betriebseinschränkung anhand des Betriebsmittel- oder Personaleinsatzes ist daher problematisch. In der juristischen Literatur und der Rechtsprechung war zudem lange Zeit umstritten, ob reine Personalabbaumaßnahmen ohne Veränderung der Betriebsmittel als Betriebsänderung im Sinne des

---

10) Vgl. A. Vogt: Sozialplan, S. 50.

11) Vgl. H.K. Weber: Industriebetriebslehre, S. 66.

12) Vgl. ebenda, S. 65 f. sowie ders.: Wertschöpfungsrechnung, S.43 f.

13) Vgl. H.K. Weber: Industriebetriebslehre, S. 65 f. sowie derselbe: Wertschöpfungsrechnung, S. 43 f.

14) Vgl. H.K. Weber: Industriebetriebslehre, S. 67.

§ 111 Satz 2 Nr. 1 BetrVG anzusehen sind. [15] Diese Diskussion ist allerdings durch die Neueinfügung des § 112a BetrVG hinfällig geworden, wonach der reine Personalabbau, sofern er bestimmte in Abhängigkeit von der Beschäftigtenzahl variierende Grenzen überschreitet, eine Betriebsänderung darstellt. [16]
Trotz der Schwierigkeiten bei der Messung der Kapazität am Einsatz eines Produktionsfaktors macht die juristische Literatur die Einschränkung des ganzen Betriebs oder von wesentlichen Betriebsteilen an der Verringerung der Betriebsmittel fest. [17]

4) Für ein bestimmtes Betriebsmittel (m^i) läßt sich die Kapazität, d.h. das maximale Produktionsergebnis (x^i_{kap}) als Produkt seiner maximalen Leistung (d^i_{max}) mit seiner maximalen Laufzeit (t^i_{max}) ausdrücken. [18]

$$x^i_{kap} = d^i_{max} \cdot t^i_{max}$$

"Unter Leistung ist eine zielgerichtete Tätigkeit von bestimmter Intensität (Leistungsgeschwindigkeit) in einem determinierten Zeitabschnitt zu verstehen." [19]
Beispiele hierfür sind z.B. Ofendurchsatz pro Stunde, Stanzteile pro Sekunde, Fertigprodukte pro Minute. [20]

Das Verhältnis von tatsächlicher Produktion ($x^i = d^i \cdot t^i$) zur Kapazität (x^i_{kap}) eines Aggregats wird als Kapazitätsausnutzung oder Beschäftigung bezeichnet. [21]
Der Kapazitätsausnutzungsgrad kann mathematisch als Produkt aus Leistungsgrad (d^i/d^i_{max}) und Zeitgrad (t^i/t^i_{max}) dargestellt werden: [22]

---

15) Vgl. F. Heither: Betriebsänderungen, S. 516 ff.; A. Vogt: Sozialpläne, S. 52 ff.; Dietz-Richardi, Bd. 2, § 111 Anm. 44 ff. jeweils mit weiteren Quellen.

16) Siehe Abbildung 4.

17) Vgl. Dietz-Richardi, Bd. 2, § 111 Anm. 42.

18) Vgl. J. Bloech/W. Lücke: Produktionswirtschaft, S. 135.

19) W. Kern: Kapazität, Beschäftigung; S. 2084.

20) Vgl. J. Bloech/W. Lücke: Produktionswirtschaft, S. 135.

21) Vgl. ebenda.

22) Vgl. ebenda.

$$\frac{x^i}{x^i_{kap}} = \frac{d^i}{d^i_{kap}} \cdot \frac{t^i}{t^i_{kap}}$$

Bei mehreren gleichartigen (homogenen) Betriebsmitteln läßt sich das Produktionsergebnis (die Produktionsmenge) wie folgt darstellen: [23]

$$M \cdot x = M \cdot \overline{d} \cdot \overline{t}$$

5) Eine Betriebseinschränkung im Sinne der Verringerung der Betriebsmittel - und Konstanz aller übrigen Faktoren - könnte durch folgende Maßnahmen alternativ oder kombiniert vorgenommen werden: [24]

a) Einschränkung einzelner Betriebsmittel bei konstanter Zahl der Betriebsmittel durch
   - aa) Verringerung der Betriebszeit bei konstanter Leistung (zeitliche Anpassung),
   - ab) Verringerung der Leistung des Betriebsmittels (der gleichartigen Betriebsmittel) bei konstanter Betriebszeit (leistungsmäßige / intensitätsmäßige Anpassung),

b) Einschränkung durch Verringerung der Zahl gleichartiger (homogener) Betriebsmittel (quantitative Anpassung),

c) Einschränkung durch Übergang von einem Betriebsmittel auf ein anderes bzw. von einer Art von Betriebsmitteln auf eine andere mit geringerer Kapazität (qualitative Anpassung, Verfahrenswechsel).

6) Diese Anpassungsformen werden in der Betriebswirtschaftslehre - und hier insbesondere im Rahmen der Produktions- und Kostentheorie - im Zusammenhang mit den Problemen der Beschäftigung, der optimalen Betriebsgröße sowie ihrer Variation behandelt. [25]

---

23) Vgl. E. Gutenberg: Produktion, S. 356; dabei wird davon ausgegangen, daß alle übrigen Einflußfaktoren - z.B. alle übrigen Produktionsfaktoren - konstant gehalten werden (gegebene z-Situation).

24) Vgl. E. Gutenberg: Produktion, S. 354 ff., S. 421 ff.; J. Bloech/ W. Lücke: Produktionswirtschaft, S. 135-137; W. Lücke: Produktions- und Kostentheorie, S. 110 ff. darunter zu kombinierten Anpassungsformen S. 120 ff.

25) Siehe vorhergehende Fußn.; zu den Möglichkeiten der Betriebsgrößenanpassung im Vorfeld des Konkurses vgl. G. Hellge: Konkursvermeidung, S. 89 ff., insb. S. 99 ff.

Abb. 7: Möglichkeiten der Verminderung der Betriebsgröße (Betriebseinschränkung) durch Variation der Betriebsmittel [26]

Menge und Qualität der Betriebsmittel	Anpassungs-form	Verminderung der Betriebs-größe	Betriebsein-schränkung nach BetrVG
Verringerung der Ausbringungsmenge bei unveränderter Menge an Betriebs-mitteln	zeitliche Anpassung leistungs-mäßige Anpassung	keine Änderung keine Änderung	keine Betriebsein-schränkung keine Betriebsein-schränkung
Verringerung der Ausbringungsmenge durch Verringerung der Menge gleich-artiger Betriebs-mittel	quantitative Anpassung	Verminderung (multiple Betriebs-größen-variation)	Betriebsein-schränkung
Verringerung der Ausbringungsmenge durch Veränderung der Menge von Betriebsmitteln unterschiedlicher Qualität (Stille-gung der kosten-ungünstigsten Betriebsmittel)	selektive Anpassung	Verminderung	Betriebsein-schränkung
Verringerung der Ausbringungsmenge durch Ersatz von existierenden Betriebsmitteln durch Betriebs-mittel anderer Art (Qualität, Kapazität)	qualitative Anpassung	Verminderung (mutative Betriebs-größen-variation)	Betriebsein-schränkung

26) Zur Unterscheidung von mutativer und multipler Betriebsgrößenvariation vgl. E. Gutenberg: Produktion, S. 423 f.

Abb. 7 stellt eine Verbindung der verschiedenen Anpassungsformen mit dem betriebsverfassungsrechtlichen Begriff der Betriebseinschränkung (durch Veränderung der Betriebsmittel) im Sinne des BetrVG her. [27]

In Anlehnung an Wöhe [28] lassen sich im Zusammenhang mit der quantitativen bzw. der selektiven Anpassung der Potentialfaktoren unterscheiden die Verringerung der Zahl der Betriebsmittel

a) *ohne Verringerung der Betriebsgröße*, bei der die Betriebsmittel lediglich vorübergehend stillgelegt und die nicht mehr benötigten Arbeitskräfte anderweitig eingesetzt werden; hierbei handelt es sich nicht um eine Betriebsänderung nach § 111 Satz 2 Nr. 1 BetrVG; [29]

b) *mit Verringerung der Betriebsgröße*, bei der die Betriebsmittel dauerhaft stillgelegt bzw. veräußert und die Arbeitnehmer entlassen bzw. dauerhaft umgesetzt werden; hierbei handelt es sich um eine Betriebseinschränkung im Sinne von § 111 Satz 2 Nr. 1 BetrVG. [30]

7) Die Einschränkung eines oder mehrerer Betriebsmittel durch die Herabsetzung der Beschäftigung - mithin durch Verminderung der Leistung und/oder der Maschinenlaufzeit - stellt nach übereinstimmender Ansicht in der juristischen Literatur keine Betriebsänderung im Sinne von § 111 Satz 2 Nr. 1 BetrVG dar. [31]

Problematisch sind jedoch die Fälle, in denen die Verringerung der Beschäftigung der Betriebsmittel, z.B. durch den Übergang vom Zwei- zum Einschichtbetrieb, mit einer Entlassung von Arbeitnehmern verbunden ist. Während Vogt [32] nach dem Wortlaut des Gesetzes lediglich 'Eingriffe in die technische Substanz des Betriebs' - hier im Sinne der Verminderung der Kapazität der Betriebsanla-

---

27) Zur Wirkung der einzelnen Anpassungformen auf die Betriebsgröße vgl. G. Wöhe: Allgemeine BWL, S. 506 ff.

28) Vgl. G. Wöhe: Allgemeine BWL, S. 507 f.

29) Vgl. A. Vogt: Sozialpläne, S. 51.

30) Vgl. ebenda.

31) Vgl. Dietz-Richardi, Bd. 2, § 111 Anm. 43; Fitting-Auffarth-Kaiser-Heither, § 111 Anm. 18 sowie die jeweils angegebene Literatur; in beiden Quellen werden die Begriffe 'Leistung' und 'Ausnutzung' sehr unscharf verwendet; eine Differenzierung nach verschiedenen Anpassungsformen wird nicht vorgenommen.

32) Vgl. A. Vogt: Sozialpläne, S. 51.

gen - als Betriebsänderungen nach § 111 Satz 2 Nr. 1-5 BetrVG anerkennen will, weist Ohl [33] darauf hin, daß es unerheblich ist, ob Arbeitnehmer infolge einer unternehmerischen Maßnahme nach § 111 Satz 2 Nr. 1-5 BetrVG entlassen werden oder einen anderen wirtschaftlichen Nachteil erleiden, oder aber infolge einer verminderten Beschäftigung (Ausnutzung) der Betriebsmittel bei unveränderter Kapazität.

Die Auffassung von Dietz-Richardi zu diesem Problem hat sich offensichtlich geändert. Noch in der 5. Aufl. [34] wurde der Standpunkt vertreten, die unternehmerische Maßnahme der Betriebsänderung und nicht deren Folge - die Entlassung von Arbeitnehmern (oder andere Nachteile) - sei Rechtfertigungsgrundlage der Mitwirkung des Betriebsrats nach § 111 BetrVG. Werde die Kapazität der Betriebsanlagen nicht verringert, sondern lediglich deren Beschäftigung, liege keine Betriebsänderung nach § 111 Satz 2 Nr. 1 BetrVG vor. Diese Argumentation findet sich auch in der 6. Aufl., [35] jedoch wird unter Anknüpfung an den Zweck der Vorschrift (teleologische Auslegung) der angemessenen Berücksichtigung der sozialen Belange der Arbeitnehmer auch eine Personalverminderung ohne Eingriff in die Kapazität der Betriebsanlagen als Betriebsänderung anerkannt.

Aus dem Zusammenhang von § 111 Satz 2 Nr. 1 und § 112a BetrVG ergibt sich, daß auch bei unveränderter Kapazität der Betriebsmittel eine Betriebsänderung vorliegen kann. Damit wird aber der Umweg, die Betriebseinschränkung über eine Verminderung der Betriebsmittel zu deuten, hinfällig. Man hätte von vornherein an den wesentlichen Nachteilen für die Arbeitnehmer anknüpfen können.

8) Gleiches gilt auch für die quantitative Anpassung durch die Verringerung der Zahl gleichartiger Betriebsmittel bei unveränderter Verfahrenstechnik. In diesem Fall liegt nach Vogt eine Betriebsänderung im Sinne von § 111 Satz 2 Nr. 1 dann vor, wenn dadurch die Kapazität des Betriebs erheblich, außergewöhnlich und nicht nur vorübergehend herabgesetzt wird.[36]

---

[33] Vgl. H. Ohl: Sozialplan, S. 44 ff.

[34] München 1973, § 111 Anm. 24.

[35] Vgl. Dietz-Richardi, Bd. 2, § 111 Anm. 44.

[36] Vgl. A. Vogt: Sozialpläne, S. 51; allerdings ist kaum einsichtig, warum eine dauerhafte Außerbetriebsetzung der Anlagen nicht erforderlich sein soll.

Wird die Betriebseinschränkung im Zusammenhang mit einem Verfahrenswechsel vorgenommen, so liegt i.d.R. eine Betriebsänderung nach § 111 Satz 2 Nr. 5 bzw. 4 und nicht nach Nr. 1 BetrVG vor. Dies gilt auch, wenn durch Rationalisierungsmaßnahmen unter Beibehaltung der Kapazität der Betriebsanlagen - d.h. bei einer qualitativen Anpassung der Potentialfaktoren (Betriebsmittel) - die Zahl der Arbeitnehmer verringert wird. [37]

9) Die zusammenfassende, unter Bezug auf die in der juristischen Literatur verwendeten Merkmale vorgenommene, Abgrenzung der in § 111 S. 2 Nr. 1 BetrVG genannten Arten von Betriebsänderungen in Abb. 8 zeigt, daß der Gesetzgeber von vornherein auf die Auflösung der Arbeitsverhältnisse hätte abstellen können.

Abb. 8: Abgrenzung der Arten von Betriebsänderungen nach § 111 Satz 2 Nr. 1 BetrVG

BETRIEBSÄNDERUNG nach § 111 Satz 2 Nr. 1 BetrVG

STILLEGUNG DES GANZEN BETRIEBS	EINSCHRÄNKUNG DES GANZEN BETRIEBS	STILLEGUNG VON WESENTLICHEN BETRIEBSTEILEN	EINSCHRÄNKUNG VON WESENTLICHEN BETRIEBSTEILEN
Aufgabe des mit dem Betrieb verfolgten *Zwecks*	*Beibehaltung* des mit dem Betrieb verfolgten *Zwecks*	*Beibehaltung* des mit dem Betrieb verfolgten *Zwecks*	*Beibehaltung* des mit dem Betrieb verfolgten *Zwecks*
Auflösung der die Einheit des Betriebs gestaltenden *Organisation*	*Beibehaltung* der die Einheit des Betriebs gestaltenden *Organisation*	*Änderung* der die Einheit des Betriebs gestaltenden *Organisation*	*Beibehaltung* der die Einheit des Betriebs gestaltenden *Organisation*
Auflösung der *Arbeitsverhältnisse* der gesamten Belegschaft	*Auflösung* der *Arbeitsverhältnisse* von Teilen der Belegschaft im gesamten Betrieb	*Auflösung* der *Arbeitsverhältnisse* der gesamten Belegschaft eines/mehrerer Betriebsteile	*Auflösung* der *Arbeitsverhältnisse* von Teilen der Belegschaft eines/mehrerer Betriebsteile

---

37) Siehe die nachfolgenden Abschnitte 3.2.4 und 3.2.5.

3.2.2 Verlegung des ganzen Betriebs oder von wesentlichen Betriebsteilen

1) Eine Betriebsänderung im Sinne einer Verlegung des ganzen Betriebs oder von wesentlichen Betriebsteilen liegt nur bei einer 'ins Gewicht fallenden örtlichen Veränderung' vor. [38] Liegt der neue Ort der betrieblichen Leistungserstellung nahe bei dem alten, so liegt eine Betriebsänderung in der Regel nicht vor, da wesentliche Nachteile für die Arbeitnehmer nicht zu erwarten sind. [39]

2) Die Tatsache, daß das Vorliegen einer Betriebsänderung auch hier wiederum davon abhängt, ob wesentliche Nachteile für die Arbeitnehmer zu erwarten sind, läßt die Betriebsverlegung als selbständigen Anlaß einer Betriebsänderung zunächst als überflüssig erscheinen. Allerdings werden die Nachteile, die die Arbeitnehmer hier zu erwarten haben, anderer Natur sein als die mit einer (Teil-) Betriebsstillegung verbundenen Entlassungen. Wesentliche, aus einer Betriebsverlegung resultierende Nachteile können z.B. das Erfordernis eines Wohnortwechsels, längere Anfahrtwege und -zeiten etc. sein. [40]

3) Eine Betriebsverlegung kann mit einer Betriebsstillegung einhergehen, wenn durch die teilweise oder vollständige Entlassung der Belegschaft die Betriebsorganisation aufgelöst wird, um den Betrieb am neuen Standort mit einer neuen oder teilweise neuen Belegschaft wiederaufzubauen. Hinsichtlich der mitbestimmungsrechtlichen Konsequenzen ist die Frage der Identität des Betriebs allerdings unerheblich, da allein schon die Betriebsverlegung als Betriebsänderung im Sinne des § 111 BetrVG anzusehen ist. Es handelt sich daher auch um eine Betriebsänderung, wenn die Verlegung nicht zu einer Kündigung oder Abänderung der Arbeitsverträge führt. [41]

---

38) Vgl. Dietz-Richardi, Bd. 2, § 111 Anm. 49.

39) Vgl. ebenda, § 111 Anm. 50.

40) Vgl. A. Weuster: Sozialplan bei Betriebsverlegung, S. 118-120.

41) Vgl. Dietz-Richardi, Bd. 2, § 111 Anm. 49.

3.2.3 Zusammenschluß mit anderen Betrieben

1) Analog zum Zusammenschluß von Unternehmen (§ 339 AktG) kann der Zusammenschluß von Betrieben dadurch erfolgen, daß ein Betrieb in einen anderen eingegliedert wird oder mehrere Betriebe zu einem neuen zusammengeschlossen werden. [42] Ein Unternehmenszusammenschluß stellt jedoch keine Betriebsänderung im Sinne vom § 111 BetrVG dar, die ein Mitbestimmungsrecht des Betriebsrats begründen würde. Im Rahmen des BetrVG ist hier lediglich eine Informationspflicht seitens des Unternehmers gegenüber dem Wirtschaftsausschuß gegeben (§ 106 BetrVG). Weitere Mitwirkungsrechte der Arbeitnehmer ergeben sich allerdings aus dem Mitbestimmungsgesetz.

Auch eine Unternehmensaufspaltung, z.B. in eine Besitz- und eine Betriebsgesellschaft, stellt ebensowenig eine Betriebsänderung dar wie die Ausgliederung eines Betriebs aus dem einen Unternehmen und seine Eingliederung in ein anderes, ohne daß es dort zu einer Verbindung mit einem anderen Betrieb käme. [43] Der damit verbundene Betriebsinhaberwechsel (Betriebsübergang gem. § 613a BGB) wird nicht als Betriebsänderung anerkannt. [44]

2) Kennzeichnend für den Zusammenschluß von Betrieben ist die Vereinigung der Organisation und damit der Leitungsbefugnis. Fraglich ist, ob damit der Zusammenschluß von Betrieben einen eigenständigen Anlaß für eine Betriebsänderung neben den in § 111 Satz 2 Nr. 2 und 4 BetrVG genannten darstellt, da der Zusammenschluß in jedem Fall mit der Änderung der Betriebsorganisation - zumindest in der obersten Leitungsebene der zusammengeschlossenen Betriebe - einhergehen wird. Bei einer räumlichen Veränderung eines oder mehrerer Betriebe infolge des Zusammenschlusses ergäbe sich zusätzlich ein Beteiligungs-

---

[42] Vgl. Dietz-Richardi, Bd. 2 § 111 Anm. 53.; Fitting-Auffarth-Kaiser-Heiter, § 111 Anm. 27; Hess-Schlochauer-Glaubitz, § 111 Anm. 61.

[43] Vgl. Dietz-Richardi, Bd. 2, § 111 Anm. 58 f.

[44] Vgl. ebenda, § 111 Anm. 59 mit weiteren Quellen; vgl. weiterhin SPD-Fraktion: Entwurf eines Gesetzes zum Ausbau und zur Sicherung der betrieblichen Mitbestimmung, S. 19 u. 52, der in § 111 Satz 2 Nr. 3 als Betriebsänderung vorsieht, den 'Zusammenschluß mit anderen Betrieben oder Unternehmen oder deren Teilung'.

recht aus § 111 Satz 2 Nr. 2 BetrVG. [45] Zudem ist der gegenteilige Fall der Aufspaltung eines Betriebs in mehrere selbständige Betriebe nicht in den Katalog des § 111 Satz 2 BetrVG aufgenommen worden und stellt damit offensichtlich keinen eigenständigen Anlaß zu einer Betriebsänderung dar. [46] Gleiches gilt auch bezüglich des Zusammenschlusses von betriebsverfassungsrechtlich unselbständigen Betriebsteilen zu einem einheitlichen Betrieb. Eine Analogie zu § 111 Satz 1 bzw. 2 BetrVG, die auch wesentliche Betriebsteile erfassen würde, ist bezüglich des Zusammenschlusses nicht vorgesehen. [47]

3.2.4 Grundlegende Änderung der Betriebsorganisation, des Betriebszwecks oder der Betriebsanlagen

3.2.4.1 Grundlegende Änderung der Betriebsorganisation

1) Die Betriebsorganisation ist gekennzeichnet durch die Unterteilung des Betriebs in kleinere Einheiten, denen jeweils bestimmte Teilaufgaben übertragen werden. [48] Die kleinste organisatorische Einheit, die von einer natürlichen Person besetzt werden kann, wird als Stelle bezeichnet. Mehrere Stellen können zu einer Abteilung zusammengefaßt werden. [49]

---

45) Vgl. Dietz-Richardi, Bd. 2, § 111 Anm. 55.

46) Vgl. ebenda, § 111 Anm. 57; vgl. weiterhin SPD-Fraktion: Entwurf eines Gesetzes zum Ausbau und zur Sicherung der betrieblichen Mitbestimmung, S. 19 u. 52 (Begründung) zu § 111 Satz 2 Nr. 3 ('Zusammenschluß mit anderen Betrieben oder Unternehmen oder deren Teilung').

47) Vgl. Dietz-Richardi, Bd. 2 § 111 Anm. 56.

48) Zu den verschiedenen Organisationsbegriffen vgl. E. Grochla: Organisation, Sp. 2846-2850; F. Hoffmann: Organisation, Sp. 1425-1431 sowie die jeweils angegebene Literatur; J. Henze/P. Brose: Organisation, S. 12 f.; E. Frese: Organisation, S. 29 f.; H.K. Weber: Industriebetriebslehre, S. 212 f.

49) Vgl. J. Henze/P. Brose: Organisation, S. 27 ff., S. 40 ff.; H.K. Weber: Industriebetriebslehre, S. 213.

2) Der Begriff der 'Organisation' läßt sich sowohl prozeßbezogen als auch ergebnisbezogen auffassen. [50] In der betriebswirtschaftlichen Literatur wird in Anlehnung an Kosiol zwischen den Begriffen der Aufbauorganisation und der Ablauforganisation unterschieden. [51] Unter Aufbauorganisation (Gliederungsstrukturierung) wird die Gliederung des Betriebs in arbeitsteilige, funktionsfähige Teileinheiten (Stellen, Instanzen, Abteilungen) und deren Koordination verstanden. Die Ablauforganisation (Prozeßstrukturierung) bezieht sich auf die räumlich-zeitliche Strukturierung der zur Erfüllung einer bestimmten Aufgabe erforderlichen Arbeitsprozesse, d.h. die Arbeits- und Bewegungsvorgänge der Aktivitäten der Unternehmensmitglieder. [52] Trotz der begrifflichen Unterscheidung stehen Aufbau- und Ablauforganisation nicht nur in enger Beziehung miteinander, sie beschreiben vielmehr denselben Gegenstand aus zweierlei Blickrichtungen. [53]

Es erscheint daher auf den ersten Blick müßig zu diskutieren, ob sich die Bestimmung des § 111 Satz 2 Nr. 4 BetrVG auf eine Änderung der Aufbauorganisation oder der Ablauforganisation bezieht. [54] Beide Aspekte werden berührt, jedoch in verschiedener Hinsicht. Die *Änderung der Aufbauorganisation*, mithin die veränderte Aufgabenzuweisung zu einem Teilbereich des Betriebs, kann dabei als nach außen sichtbares *Indiz einer Betriebsänderung* gewertet werden. Die *Folge für den Arbeitnehmer* besteht jedoch nicht in der geänderten Betriebs- bzw. Aufgabenstruktur, sondern vielmehr in den in räumlicher und/oder zeitlicher Hinsicht *geänderten Arbeitsabläufen*, aus denen sich Nachteile für ihn ergeben können, die wiederum eine Grundlage für die Beteiligungsrechte des Betriebsrats darstellen können.

---

[50] Vgl. F. Hoffmann: Organisation, Sp. 1425.

[51] Vgl. E. Kosiol: Organisation; derselbe: Aufbauorganisation, Sp. 179 bis Sp. 187; ders.: Ablauforganisation, Sp. 1-8.

[52] Vgl. J. Henze/P. Brose: Organisation, S. 20.

[53] Vgl. ebenda, S. 21.

[54] Vgl. M. Kaven: Sozialplan, S. 39, der die Ansicht von K. Rumpff (Mitbestimmung, S. 256) verwirft, daß sich die Bestimmung des § 111 Satz 2 Nr. 4 BetrVG lediglich auf die Ablauforganisation beziehe.

3) Henze/Brose [55] unterscheiden folgende wesentliche Elemente einer Organisation:

1. *Aufgaben* (als Verpflichtung zur Durchführung einer Handlung) und *Aufgabenträger*;
2. *Stelle* (als kleinste, dauerhafte organisatorische Einheit) und *Stellenbildung* (als Verteilung der Teilaufgaben auf unbenannte Aufgabenträger);
3. *Kompetenz* (als formale Rechte und Befugnisse des Stelleninhabers) und *Verantwortung*;
4. *Instanz* (als leitende Organisationseinheit mit Entscheidungs- und Anordnungsbefugnis und Initiativfunktion) und *Instanzenbildung*;
5. *Abteilung* (als Zusammenfassung mehrerer Stellen unter einer verantwortlichen Instanz [Leitungsstelle]) und *Abteilungsbildung*;
6. *Verkehrswege* (als innerorganisatorische Verbindungen zur Übermittlung von Informationen oder Gegenständen [Informations-, Transportwege]).

4) Bei der Beschreibung dessen, was unter der Änderung der Betriebsorganisation zu verstehen ist, knüpft die juristische Literatur bedauerlicherweise nicht unmittelbar an diesen Elementen des Organisationsbegriffs an. Vielmehr werden lediglich beispielhafte Fälle von Organisationsänderungen angeführt. [56]

5) Unklar bleibt vor allem, wie differenziert die Änderung der Betriebsstruktur betrachtet wird, ob z.B. die Definition einer neuen Teilaufgabe, die Erstellung einer neuen Stellenbeschreibung, die Neubestimmung der Kompetenz eines einzelnen Stelleninhabers schon den Tatbestand der Betriebsänderung erfüllt.

In diesem Zusammenhang wird im BetrVG folgende Unterscheidung getroffen: Der Unternehmer muß *jede Änderung* der Betriebsorganisation dem Wirtschaftsausschuß mitteilen (§ 106 Abs. 3 Nr. 9 BetrVG). [57] Knüpft man an den o.a. Strukturelementen des Organisationsbegriffs an, so fällt darunter auch die Unterrichtung über geänderte Stellenbeschreibungen, Festlegung von Teilaufgaben und individuellen Kompetenzen der Stelleninhaber. Dagegen liegt lediglich bei

[55] Vgl. J. Henze/P. Brose: Organisation, S. 23.

[56] Vgl. Fitting-Auffarth-Kaiser-Heither, § 106 Anm. 23.; ähnlich Dietz-Richardi; § 106 Anm. 41.

[57] Vgl. Fitting-Auffarth-Kaiser-Heither, § 106 Anm. 23.

einer *grundlegenden* Änderung der Betriebsorganisation eine Betriebsänderung im Sinne von § 111 Satz 2 Nr. 4 BetrVG vor. Dabei wird offensichtlich auf die Änderung größerer Organisationseinheiten Bezug genommen. So führt Vogt [58] als Beispiele an, die

- Umorganisation der Betriebsleitung,
- Zentralisation oder Dezentralisation bestimmter Betriebsbereiche (Sparten),
- Änderung der Zuständigkeiten in bestimmten Abteilungsbereichen.

Dietz-Richardi legen den Begriff der grundlegenden Änderung der Organisation noch enger aus, wenn sie hier

- die Aufteilung eines bisher einheitlichen Betriebs in mehrere selbständige Betriebe und
- die Aus- und Eingliederung von Betriebsteilen

als Beispiele anführen. [59]

Von den sechs Strukturmerkmalen der Organisation wird hier lediglich noch das der obersten Leitungsfunktion (Instanz und Instanzenbildung) unmittelbar angesprochen. Schon die Änderung der Beziehung zwischen einzelnen Abteilungen gilt nicht als Betriebsänderung, ganz zu schweigen von einer Änderung der Struktur einer Abteilung (Stellenbeziehungen) oder ihrer Elemente (Stellen) selbst. Allerdings wird die Änderung kleinerer organisatorischer Elemente des Betriebs, wie Stellen oder Abteilungen durch § 111 Satz 2 Nr. 5 BetrVG wenigstens z.T. miterfaßt, da die Einführung grundlegend neuer Arbeits- und Fertigungsmethoden Inhalte und Beziehungen der Stellen bzw. Abteilungen eines Betriebs nicht unberührt lassen wird. [60] Hierbei bezieht sich der restriktive Begriff 'grundlegend' offenbar nicht auf die Größe oder Bedeutung der einer Änderung unterliegenden organisatorischen Einheit, sondern auf Art und Inhalt der Änderung (grundlegend neue Methode).

---

[58] Vgl. A. Vogt: Sozialpläne, S. 61.

[59] Vgl. Dietz-Richardi, Bd. 2, § 111 Anm. 62.

[60] Vgl. Dietz-Richardi, Bd. 2, § 111 Anm. 61; K. Rumpf: Mitbestimmung, S. 256.

6) Fraglich ist, inwieweit sich die Ziffern 4 und 5 des § 111 Satz 2 BetrVG in Bezug auf den organisatorischen Aspekt gedanklich überhaupt voneinander trennen lassen, [61] und ob es nicht sinnvoller gewesen wäre, die Änderungen der einzelnen Elemente einer Organisation als Betriebsänderung zu definieren, statt auf so unscharfe Begriffe wie 'grundlegend' und 'Fertigungs- und Arbeitsmethoden' auszuweichen.

3.2.4.2 Grundlegende Änderung des Betriebszwecks

1) Der Begriff des Betriebszwecks (= arbeitstechnischer Zweck) stellt auf den Gegenstand der betrieblichen Leistungserstellung, das Produkt als materielles Gut oder die Dienstleistung ab. [62]

2) Im Zusammenhang mit der 'grundlegenden' Änderung des Betriebszwecks wird in der Literatur auf einen sehr weiten Leistungs- bzw. Produktbegriff abgestellt. So werden als Beispiele genannt: [63]

- Kunststoff- statt Holz- bzw. Metallverarbeitung,
- Marktforschung statt Unternehmensberatung,
- Herstellung von Maschinen statt Werkzeugen,
- Herstellung von Motorrädern statt Personenkraftwagen,
- Produktion von Küchengeräten statt landwirtschaftlicher Maschinen,
- Fertigung von Elektroporzellan statt von Porzellangeschirr,
- Herstellung von Lastkraftwagen statt Eisenbahngüterwagen oder Lokomotiven,
- Fertigung von Kassettenfenstern statt von Fernsehgeräten.

---

[61] Vgl. K. Rumpff: Mitbestimmung, S. 256.

[62] Vgl. Dietz-Richardi, Bd. 2, § 1 Anm. 59 sowie § 111 Anm. 63.

[63] Vgl. M. Kaven: Sozialplan, S. 40 und A. Vogt: Sozialpläne, S. 61 f. sowie die in beiden Quellen angegebene Literatur.

Die hier angeführten Beispiele sind meist wenig realistisch (Fertigung von Kassettenfenstern statt von Fernsehgeräten), zumindest werden sie während der Lebensdauer eines Betriebs nur sehr selten auftreten.

Dagegen gelten technische Neuerungen an einem Produkt, Wechsel in Ausstattung oder Typ nicht als grundlegende Änderung des Betriebszwecks. [64] Hier gewinnt der Produktbegriff entscheidende Bedeutung. Dabei ist fraglich, ob der ohnehin wenig wahrscheinliche Fall des Wechsels der Herstellung von Personenkraftwagen zu Motorrädern als grundlegende Änderung des Betriebszwecks und damit als Betriebsänderung gelten soll, nicht dagegen die Produktionsaufgabe eines veralteten Typs zugunsten der Herstellung eines in seinen Eigenschaften, materiellen Bestandteilen und der zu seiner Herstellung erforderlichen Fertigungsverfahren völlig neu konzipierten Typs - z.B. bei der Volkswagen AG Mitte der 70-iger Jahre durch den Wechsel von der Modellreihe des 'Käfer' auf die des 'Golf'. Auch ist es wenig plausibel, daß für den Arbeiter an einer Fräsmaschine die Umstellung eines Werkstoffes, z.B. der Wechsel von Metall zu Kunststoff, in jedem Fall eine Betriebsänderung darstellt, von der mögliche Nachteile für ihn zu vermuten sind.

3) Das Merkmal der 'grundlegenden Änderung des Betriebszwecks' ist in der engen Auslegung, die es in der Literatur gefunden hat, wenig operational. Eine weitere Begriffsbestimmung des Betriebszwecks würde andererseits dazu führen, daß eine inhaltliche Trennung zwischen der Änderung des Betriebszwecks und der Einführung neuer Arbeits- und Fertigungsmethoden (§ 111 Satz 2 Nr. 5) BetrVG kaum noch möglich wäre. Die grundlegende Änderung des Betriebszwecks erscheint daher als eigenständiger Anlaß einer Betriebsänderung überflüssig.

---

[64] Vgl. Dietz-Richardi, Bd. 2, § 111 Anm. 64 mit weiteren Literaturangaben.

3.2.4.3 Grundlegende Änderung der Betriebsanlagen

1) Dietz-Richardi beschreiben Betriebsanlagen als 'Gegenstände, die nicht zur Veräußerung bestimmt sind, sondern den technischen Produktions- und Leistungsprozeß gestalten'. [65] Ähnlich unscharf kennzeichnet Rumpff die Betriebsanlagen als 'technische Hilfsmittel' - im Gegensatz zu den Arbeitsmethoden (§ 111 Satz 2 Nr. 5 BetrVG). [66]

2) Im betriebswirtschaftlichen Rechnungswesen werden unter den Anlagen sämtliche langfristig investierten, dauerhaft dem Geschäftsbetrieb dienenden materiellen und immateriellen (Vermögens-) Gegenstände verstanden.[67] Gegenstand der betriebswirtschaftlichen Produktionstheorie sind im wesentlichen Sachanlagen, die als dauerhafte Potentialfaktoren der Leistungserstellung dienen, dabei abgenutzt bzw. entwertet werden, ohne in das Produkt selbst einzugehen. Sie sind gekennzeichnet durch eine bestimmte Kapazität (Leistungspotential), Elastizität (Anpassungsfähigkeit an qualitativ, quantitativ, zeitlich oder räumlich veränderliche Produktionsaufgaben) sowie eine Verbrauchs- oder Ausbringungsfunktion, die den für die jeweilige Anlage charakteristischen Zusammenhang zwischen unterschiedlichen Leistungsmengen (Ausbringungsniveaus) und den zu ihrer Erstellung notwendigen Verbrauchsmengen an Einsatzgütern (Roh-, Hilfs- und Betriebsstoffe, Arbeitskräfte etc.) abbildet. [68]

3) Der Begriff der Betriebsanlagen wird häufig mit dem der Betriebsmittel gleichgesetzt. [69]

---

[65] Vgl. Dietz-Richardi, Bd. 2, § 111 Anm. 65; ähnlich Stege-Weinspach, §§ 111-113 Anm. 59.

[66] Vgl. K. Rumpff: Mitbestimmung, S. 256.

[67] Vgl. Abgrenzung des Anlagevermögens in § 247 Abs. 2 HGB.

[68] Vgl. W. Männel: Anlagenwirtschaft, Sp. 139 f.

[69] Vgl. Fitting-Auffarth-Kaiser-Heither, § 111 Anm. 32, die die Betriebsanlagen den Betriebsmitteln i.w.S. gleichsetzen und sich dabei auf eine Definition nach REFA stützen: "Als Betriebsmittel im weitesten Sinne gelten Geräte oder Maschinen, die in irgendeiner Weise in einem Arbeitssystem daran beteiligt sind, die Arbeitsaufgabe zu erfüllen" (REFA Verband für Arbeitsstudien: Methodenlehre 1, S. 72).

In der betriebswirtschaftlichen Literatur werden dabei unter den Anlagen bzw. Betriebsmitteln erfaßt [70])

- Grundstücke,
- Gebäude,
- maschinelle Anlagen
  - -- Antriebs- bzw. Arbeitsmaschinen (Betriebsmittel i.e.S. als Gegenstände, die unter Ausnutzung physikalischer, chemischer, biologischer oder sonstiger Naturgesetze technische Arbeit verrichten [71]),
  - -- Maschinen zur Informationsverarbeitung (EDV-Anlagen, Personalcomputer etc.)
- Werkzeuge und Vorrichtungen,
- Transport- und Lagereinrichtungen sowie Verkehrsmittel,
- Büroeinrichtungen.

4) Die 'grundlegende Änderung der Betriebsanlagen' kann verbunden sein mit einer Änderung des Betriebszwecks, d.h. mit der Hervorbringung einer völlig neuen Leistung, oder bei unveränderter oder nur geringfügig geänderter Leistung mit einer Rationalisierung der Leistungserstellung (im Sinne einer höheren Wirtschaftlichkeit). [72])

5) Um als Betriebsänderung anerkannt zu werden, muß es sich um die Einführung von für den Betrieb [73]) völlig neuen Anlagen handeln. Der Ersatz von abgenutzten Anlagen durch identische oder ähnliche neue Anlagen zur Kapazitätser-

---

70) Vgl. E. Gutenberg: Produktion, S. 4; G. Wöhe: Allgemeine BWL, S. 246; zur Unterscheidung der Betriebsmittel nach produktionstechnischen Merkmalen vgl. E. Schäfer: Industriebetrieb, S. 138 ff., H.K. Weber: Industriebetriebslehre, S. 156; W. Männel: Anlagenwirtschaft, Sp. 140 bis Sp. 142.

71) Vgl. REFA Verband für Arbeitsstudien: Methodenlehre. 1, S. 72.

72) Vgl. M. Kaven: Sozialplan, S. 41.

73) Zum Problem der Bedeutung der Änderung der Betriebsanlagen für den Betrieb vgl. Stege-Weinspach, § 111-113 Anm. 59 ff.

haltung [74] (Ersatzinvestition [75]) scheidet ebenso aus, wie die Kapazitätserweiterung (Erweiterungsinvestition) durch identische oder ähnliche Anlagen. Als Beispiele für völlig neuartige Anlagen werden genannt: NC-/CNC-Maschinen [76], CAD-Anlagen [77], Datensichtgeräte und Bildschirmarbeitsplätze. [78]

6) Bei der Klärung der Frage, ob die Änderung der Betriebsanlagen 'grundlegend' ist, kommt es auf den Grad der technischen Neuerung an. Im Zweifelsfall ist zur Qualifikation als Betriebsänderung die Zahl der von der Änderung betroffenen Arbeitnehmer maßgeblich. [79] Dies und die Überlegung, daß eine Änderung der Betriebsanlagen in einem kaum zu trennenden Zusammenhang mit einer Änderung der Betriebsorganisation bzw. der Einführung (grundlegend) neuer Arbeitsmethoden und Fertigungsverfahren (§ 111 Satz 2 Nr. 5) steht, läßt die Änderung der Betriebsanlagen als eigenständigen Anlaß einer Betriebsänderung überflüssig erscheinen.

Auffällig ist weiterhin, daß im Gegensatz zu den Betriebsanlagen die im betrieblichen Leistungsprozeß zum Einsatz kommenden Roh-, Hilfs- und Betriebsstoffe nicht im Katalog des § 111 Satz 2 BetrVG erscheinen, obwohl auch bei deren Neueinführung erhebliche gesundheitliche Auswirkungen auf die Arbeitnehmer gegeben sein können. Eine diesbezügliche Erweiterung des Katalogs der Betriebsänderungen wäre daher bei einer Revision der §§ 111 ff. BetrVG sinnvoll.

---

[74] Vgl. Fitting-Auffarth-Kaiser-Heither, § 111 Anm. 32; Dietz-Richardi, Bd. 2, § 111 Anm. 67.

[75] Zu den Arten von Investitionen vgl. H.K. Weber: Industriebetriebslehre, S. 158.

[76] NC/CNC : (Computerized) Numerical Control.

[77] CAD : Computer Aided Design.

[78] Vgl. Fitting-Auffarth-Kaiser-Heither, § 111 Anm. 32;
zum Spezialproblem der Telearbeit als Arbeitsmethode, die räumlich dezentrale Arbeitsplätze durch elektronische Kommunikationsmittel verbindet (Stichworte: Heimarbeit, Regional- und Satellitenbüros etc.), vgl. J. Simon/H. Kühne: Telearbeit, S. 201-208, insbes. zur Einführung der Telearbeit als Betriebsänderung, S. 205 f.

[79] Vgl. BAG-Beschluß vom 26.10.82; kritisch dazu Stege-Weinspach, § 111 bis 113 Anm. 61 f.

3.2.5 Einführung grundlegend neuer Arbeitsmethoden und Fertigungsverfahren

1) Die Einführung grundlegend neuer Arbeitsmethoden und Fertigungsverfahren steht in engem Zusammenhang zu den in § 111 Satz 2 Nr. 4 BetrVG genannten Kriterien der 'grundlegenden Änderung der Betriebsorganisation, des Betriebszwecks und der Betriebsanlagen'. Dabei ist es unerheblich, ob man die neuen Arbeits- und Fertigungsmethoden als Ursachen der Änderung von Betriebsorganisation, Betriebszweck oder Betriebsanlagen ansieht oder umgekehrt die neuen Arbeits- und Fertigungsmethoden als Folge einer Änderung von Betriebsorganisation, Betriebszweck oder Betriebsanlagen. [1]

2) Die Begriffe der Arbeitsmethode und des Fertigungsverfahrens werden in der kommentierenden juristischen Literatur nicht eindeutig voneinander getrennt. Sie werden teils nebeneinander [2], teils in einem hierarchischen Verhältnis stehend [3] behandelt.

Nach dem Wortlaut der Vorschrift des § 111 Satz 2 Nr. 5 BetrVG ist die Subsumtion des Begriffs der Arbeitsmethode (in Verbindung mit dem der Fabrikations- bzw. Fertigungsmethode) unter dem Begriff des Fertigungsverfahrens wenig sinnvoll. Dagegen ist kaum anzunehmen, daß der Gesetzgeber einen Unterschied zwischen den Begriffen der Fabrikationsmethode (im Sinne von § 106 Abs. 3 Nr.5 BetrVG) und des Fertigungsverfahrens (im Sinne von § 111 Satz 2 Nr. 5 BetrVG)

---

1) Vgl. Weiss, § 111 Anm. 20.

2) Vgl. Weiss, § 111 Anm. 20.; ähnlich auch Dietz-Richardi, Bd. 2, § 111 Anm. 72, die sich zwar auf Rumpff beziehen (s. folgende Fußnote), andererseits die Begriffe Fertigungsverfahren und Fertigungsmethode in ihrer Bedeutung gleichsetzen.

3) Vgl. K. Rumpff: Mitbestimmung, der das 'Fertigungsverfahren' als Oberbegriff ansieht (S. 258) und darunter die Begriffe der 'Arbeitsmethode', als 'Art und Weise des Einsatzes menschlicher Arbeitskraft in der Produktion', sowie der 'Fabrikationsmethode', als 'technisches Verfahren zur Herstellung der betrieblichen Erzeugnisse bzw. zur Erzielung der betrieblichen Leistung' (S. 136 f.) subsumieren will.

macht. [4] Im folgenden sollen deshalb die Begriffe der Fabrikationsmethode (= Fertigungsmethode) und der Arbeitsmethode unterschieden werden.

3) Die *Arbeitsmethode* besteht in den Regeln zur Ausführung des Arbeitsablaufs durch den Menschen bei einer bestimmten Fabrikationsmethode (Fertigungsmethode, Technologie). [5] Darunter fallen [6]

- die Strukturierung des Arbeitsablaufs des einzelnen Arbeitnehmers (Handgriffe, Bewegungsabläufe),
- die Strukturierung des Arbeitsablaufs zwischen den Arbeitnehmern (Einzel-, Gruppenarbeit),
- der Einsatz technischer Hilfsmittel (Maschinen, Werkzeuge und Vorrichtungen).

4) Unter *Fabrikations- bzw. Fertigungsmethode* soll die technologische und organisatorische Bestimmung der Fertigungsprozesse verstanden werden.[7]

a) Die Technologie ist die Lehre oder Wissenschaft von der Technik. Der Begriff der Technik wiederum umfaßt alle Prozesse und Ausrüstungen, die geeignet sind, die Natur den Menschen nutzbar zu machen. [8] Bezüglich der technologischen Prozesse lassen sich nach Riebel [9] in Anlehnung an die Gliederung der Naturwissenschaften unterscheiden [10]

---

4) Vgl. Löwitsch, § 111 Anm. 14; Dietz-Richardi, Bd. 2, § 111 Anm. 72.

5) Vgl. REFA-Verband für Arbeitsstudien: Methodenlehre 1, S. 80.; in der juristischen Literatur etwas unscharf beschrieben als 'Art der Verwertung der menschlichen Arbeitskraft' (Vgl. Fitting-Auffarth-Kaiser-Heither, § 111 Anm. 33) oder 'Art und Weise, wie die menschliche Arbeit zur Erfüllung des Betriebszwecks arbeitstechnisch eingesetzt wird' (Vgl. Dietz-Richardi, Bd. 2, § 111 Anm. 71; Kammann-Hess-Schlochauer, § 111 Anm. 72).

6) Vgl. Weiss, § 111 Anm. 20.

7) Vgl. Fitting-Auffarth-Kaiser-Heither, § 106 Anm. 18.

8) Vgl. F. Steffens: Technologie, Sp. 3853.

9) Vgl. P. Riebel: Erzeugungsverfahren, S. 62 ff.

10) Vgl. H.K. Weber: Industriebetriebslehre, S. 98; zu weiteren Unterscheidungen vgl. ebenda, S. 95 f.; P. Riebel: Erzeugungsverfahren, S. 37 ff.; E. Schäfer: Industriebetrieb, S. 46 ff.; D. Hahn: Produktionsverfahren, Sp. 3156-3164; H.-U. Küpper: Produktionstypen, Sp. 1636-1647.

- biologische Technologien,
- chemische Technologien, darunter
  -- elektrochemische Verfahren,
  -- elektrothermische Verfahren,

- physikalische Technologien, darunter
  -- mechanische Verfahren (Teilen, Mischen),
  -- thermische Verfahren (Erwärmen, Kühlen),
  -- elektrische und magnetische Verfahren.

Diese Technologien erfassen jedoch lediglich den Bereich der Veränderung materieller Güter. [11] Die Informationsgewinnung und -verarbeitung, z.B. im Rahmen der EDV, stellt damit einen weiteren Technologiebereich dar. [12]

b) Die Organisation der Fertigung betrifft die räumliche und zeitliche Kombination von technischen Einrichtungen und Arbeitskräften zum Zwecke des Fertigungsprozesses. [13] Je nach dem zugrundegelegten Ordnungsprinzip sind verschiedene Ordnungstypen der Fertigung abgrenzbar. In bezug auf die räumliche Anordnung der Aktionsträger (Betriebsmittel, Arbeitskräfte) können folgende gegensätzliche Typen unterschieden werden: [14]

1. *Fließfertigung*,

   Anordnung der Maschinen bzw. Anlagen entsprechend der zur Herstellung eines Produkts erforderlichen Abfolge der Tätigkeiten nach dem Objektprinzip;

   Kennzeichen:
   - lange, sich überschneidende Transportwege,
   - Reihenfolgeproblem bei Beanspruchung einzelner Anlagen durch mehrere Produkte und beschränkter Kapazität,
   - Notwendigkeit von Pufferlagern,
   - vergleichsweise flexibel bei Änderungen des Leistungsprogramms;

2. *Werkstattfertigung*,

   Zusammenfassung funktionsgleicher oder funktionsähnlicher Maschinen und Anlagen zu Gruppen (Werkstätten) nach dem Verrichtungsprinzip.

---

[11] Vgl. H.K. Weber: Industriebetriebslehre, S. 98.

[12] Vgl. F. Steffens: Technologie, Sp. 3855.

[13] Vgl. H. Kreikebaum: Organisationstypen, Sp. 1392.

[14] Vgl. H.-U. Küpper: Produktionstypen, Sp.1640; H. Kreikebaum: Organisationstypen, Sp. 1392 f.; W. F. Grosse-Oetringhaus: Fertigungstypologie, S. 269 ff; A. Kieser/K. Kurbel: Fertigungsorganisation, Sp. 588.

Kennzeichen:
- vergleichsweise geringe Durchlaufzeiten durch kurze Transportwege und kein Bedarf an Pufferlagern,
- genaue zeitliche Abstimmung der Arbeitsgänge erforderlich,
- vergleichsweise inflexibel bei Änderungen des Leistungsprogramms. [15]

Auch hier wird die enge Verbindung zwischen der Bestimmung der technischen Verfahren, die sich in Art und Anordnung (Organisation) der Betriebsmittel niederschlägt und den Arbeitsmethoden, d.h. der Organisation der Arbeit deutlich.

5) Die in der kommentierenden Literatur angeführten Beispiele zu grundlegend neuen Arbeits- und Fabrikationsmethoden knüpfen überwiegend an organisatorischen Aspekten an, ohne hinsichtlich möglicher nachteiliger Folgen für die betroffenen Arbeitnehmer einem eindeutigen Kriterium zu folgen. So gelten in der Literatur als grundlegend neue Arbeits- bzw. Fabrikationsmethoden

- Übergang von der Hand- zur Maschinenarbeit und weiter zur Fließbandarbeit [16],
- Übergang von der Fließbandarbeit zur Gruppenarbeit [17],
- Einführung des Einmannbetriebs in Omnibussen oder Straßenbahnen [18],
- Einsatz von Automaten (z.B. von Schweißrobotern) in der Fertigung [19],
- Einführung der EDV in der Buchhaltung [20],

---

15) Als Übergangstypen werden die 'Werkstattfließfertigung', bei der die Werkstätten (als Gruppen funktionsgleicher Anlagen) nach dem Fließprinzip angeordnet sind, und die 'Fließinselfertigung', bei der ein Teil der Anlagen nach dem Objektprinzip und ein Teil nach dem Verrichtungsprinzip angeordnet sind, angeführt; vgl. vorhergehende Fußnote.

16) Vgl. K. Rumpff: Mitbestimmung, S. 259; A. Vogt: Sozialpläne, S. 62.

17) Vgl. Löwitsch, § 111 Anm. 14; A. Vogt: Sozialpläne, S. 62.

18) Vgl. K. Rumpff: Mitbestimmung, S. 259; A. Vogt: Sozialpläne, S. 62.

19) Vgl. Löwitsch, § 111 Anm. 14; Stege-Weinspach, § 111-113 Anm. 67.

20) Vgl. Löwitsch, § 111 Anm. 14.

nicht dagegen

- die Verwendung elektrischer statt mechanischer Schreibmaschinen [21],
- Einsatz von Datensichtgeräten [22],
- der Übergang von der geteilten zur durchgehenden Arbeitszeit [23].

6) Die Bestimmung des Vorliegens einer grundlegend neuen Arbeits- oder Fabrikationsmethode stößt im wesentlichen auf drei Probleme:

1. Die Abgrenzung der laufenden arbeits- und fertigungstechnischen Verbesserung bereits angewendeter Methoden, die nicht als Betriebsänderung im Sinne von § 111 Satz 2 Nr. 5 BetrVG gilt [24], von der Einführung völlig neuer Methoden, wobei sich die Neuheit auf den Betrieb bezieht, unabhängig davon, ob diese Methode andernorts schon eingeführt ist [25];
2. die Frage, ob die Einführung einer neuen Arbeits- oder Fabrikationsmethode dann nicht als Betriebsänderung im Sinne von § 111 Satz 2 Nr. 5 BetrVG gilt, wenn ihr bereits eine Änderung der Betriebsanlagen nach § 111 Satz 2 Nr. 4 zugrundeliegt;
3. der Fall, in dem die Einführung einer grundlegend neuen Arbeits- oder Fabrikationsmethode, z.B. durch Einführung von Datensichtgeräten, mit dem Ziel der Erleichterung der Arbeitsabläufe vorgenommen wurde, weshalb Nachteile für die Belegschaft nicht angenommen werden können und daher eine Betriebsänderung nicht vorliegt. [26]

Während das erste Problem im wesentlichen eine in der Realität zu treffende Tatsachenentscheidung darstellt, für die sich kaum einheitliche, generell gültige Kriterien entwickeln lassen, macht das zweite Problem erneut deutlich, daß sich sämtliche in § 111 Satz 2 BetrVG angeführten Fälle von Betriebsänderungen auf

---

21) Vgl. Löwitsch, § 111 Anm. 14, der sich auf den Ersatz elektrischer durch mechanische Schreibmaschinen bezieht, was aber offensichtlich auf einer Verwechslung beruht.

22) Stege-Weinspach, § 111-113 Anm. 67;
dagegen wird die Einführung von Telearbeit, soweit sie für den Betrieb grundlegend neu ist, als Betriebsänderung nach § 111 Satz 2 Nr. 4 bzw. 5 (Arbeitsmethode) angesehen, vgl. J. Simon/H. Kühne: Telearbeit, S. 205f.

23) Vgl. K. Rumpff: Mitbestimmung, S. 259 mit weiteren, z.T. von dieser Ansicht abweichenden Quellen.

24) Vgl. Stege-Weinspach, § 111-113 Anm. 68; Dietz-Richardi, Bd. 2, § 111 Anm. 73; Fitting-Auffarth-Kaiser-Heither, § 111 Anm. 14.

25) Vgl. Stege-Weinspach, § 111-113 Anm. 68; Dietz-Richardi, Bd. 2, § 111 Anm. 73; Fitting-Auffarth-Kaiser-Heither, § 111 Anm. 14.

26) Vgl. Stege-Weinspach, § 111-113 Anm. 67.

die Änderung der Betriebsorganisation beziehen und daher eine Trennung der Sachverhalte in § 111 Satz 2 Nr. 4 und Nr. 5 BetrVG kaum möglich und darüber hinaus kaum erforderlich erscheint.

Der dritte Problempunkt läßt erneut erkennen, daß die Bestimmung dessen, was grundlegend neu ist, nicht unabhängig von den zu erwartenden Nachteilen für die Arbeitnehmer erfolgen kann. Damit tritt jedoch die Bestimmung der Art der Änderung hinter der Frage des Vorliegens zurück. Der Sachverhalt wird noch dadurch verschärft, daß möglicherweise schon die Formulierung einer entsprechenden Absicht, z.B. der Erleichterung des Arbeitsablaufs, ausreicht, mögliche Nachteile für die Arbeitnehmer und damit das Bestehen einer Betriebsänderung von vornherein auszuschließen.

3.2.6 Sonstige Arten von Betriebsänderungen

1) Als Ergebnis der vorausgegangenen Abschnitte 3.1. und 3.2.1 bis 3.2.5 läßt sich festhalten, daß der vom Gesetzgeber in § 111 Satz 2 BetrVG aufgeführte Katalog von Betriebsänderungen weder überschneidungsfrei noch vollständig ist.

Die Überschneidungsfreiheit ist nicht gewahrt, weil alle in § 111 Satz 2 BetrVG aufgeführten Betriebsänderungen einen Eingriff in die Organisation des Betriebs darstellen, die Änderung der Betriebsorganisation aber gesondert in § 111 Satz 2 Nr. 4 BetrVG erwähnt wird. Dadurch lassen sich insbesondere Anlässe nach § 111 Satz 2 Nr. 4 und Nr. 5 BetrVG nur schwer voneinander trennen.
Die Vollständigkeit ist nicht gegeben, weil - geht man von einer allgemeinen Begriffsbeschreibung des Betriebs aus - nicht sämtliche Änderungen sämtlicher Merkmale des Betriebes[27)] als Betriebsänderung aufgeführt sind. Insbesondere fehlt das Element des Personalabbaus.

[27)] Siehe Teil II Abschnitt 3.1.1 dieser Arbeit.

2) Betrachtet man die Aufzählung von Betriebsänderungen in § 111 Satz 2 BetrVG nicht als abschließend, sondern nur als beispielhaft, so ist zu klären, welche sonstigen Arten von Betriebsänderungen über den Katalog des Gesetzgebers hinaus denkbar sind. In diesem Zusammenhang sollen folgende unternehmerische Maßnahmen betrachtet werden:

1. Personalentlassungen sowie Versetzungen oder Umsetzungen ohne Änderung von Betriebszweck oder Betriebsanlagen;
2. sonstige Maßnahmen im Personalbereich
   a) Veränderung der Arbeitszeit durch
      - Kurzarbeit,
      - Veränderung der Schichtenzahl, Arbeitszeitverkürzung,
      - Arbeitszeitflexibilisierung,
      - Vorruhestandsregelungen,
   b) Kürzung finanzieller (sozialer) Leistungen;
3. Arbeitskampfbedingte Maßnahmen;
4. Maßnahmen infolge technischen Fortschritts, die nicht durch § 111 Satz 2 Nr. 4 und 5 BetrVG erfaßt werden;
5. Maßnahmen infolge von Veränderungen in der Unternehmenssphäre:
   - Konkurs, Vergleich, Liquidation,
   - Betriebsinhaberwechsel.

3) In Literatur und Rechtsprechung war seit Inkrafttreten des BetrVG 72 strittig, ob reine Personalabbaumaßnahmen ohne Veränderung der Betriebsanlagen als Betriebsänderung anzusehen sind oder nicht. [28] Im Regierungsentwurf zum BetrVG 72 [29] wurde das Vorliegen einer Betriebsänderung danach bestimmt, ob sich als Folge einer unternehmerischen Maßnahme ein Personalabbau oder Personalumsetzungen in bestimmten Größenordnungen vollzog. Nach dem Wortlaut des § 111 RegEntw zum BetrVG 72 stellten diese personellen Maßnahmen allerdings lediglich die Folge von Betriebsänderungen, nicht jedoch eine Betriebsänderung selbst dar. Die Trennung von Ursache, z.B. der Änderung der Betriebsmittel, und Wirkung, z.B. der Entlassung von Arbeitnehmern, erscheint jedoch willkürlich. Zudem ist kaum einzusehen, warum ein isolierter Personalab-

---

28) Vgl. H. Ohl: Sozialplan, S. 41 ff.; A. Vogt: Sozialpläne, S. 52 ff. sowie die dort angegebene Literatur; zur Rechtsprechung des BAG, das durchgängig auch reine Personalreduzierungen als Betriebsänderung anerkannte, vgl. Stege-Weinspach, § 111-113 Anm. 34.

29) Vgl. Der Bundesminister für Arbeit und Sozialordnung: Entwurf des BetrVG 72, S. 50.

bau einem geringeren Mitbestimmungsschutz unterliegt als ein Personalabbau im Zusammenhang mit einer Betriebsänderung nach § 111 Satz 2 BetrVG. [30]

Die Rechtslage ist seit der Änderung des BetrVG durch das BeschFG insoweit geklärt, als nach § 112a BetrVG bei Betriebsstillegungen oder -einschränkungen nach § 111 Satz 2 Nr. 1 BetrVG, die allein in der Entlassung von Arbeitnehmern bestehen, ein Sozialplan durch die Einigungsstelle nur noch dann erzwingbar ist, wenn in Abhängigkeit von der Größe des Betriebs eine bestimmte Mindestzahl von Arbeitnehmern entlassen wird. Daraus läßt sich ableiten, daß Betriebsänderungen, insbesondere Betriebsstilllegungen und -einschränkungen, auch ohne Veränderungen der sächlichen Betriebsmittel vorliegen können. [31] Ein Mitbestimmungsrecht des Betriebsrats im Sinne von §§ 111 und 112 BetrVG ergibt sich dann unabhängig von der in § 112a Abs. 1 BetrVG festgelegten Größenstaffel, die sich nur auf die Erzwingbarkeit des Sozialplans bezieht. [32] Da § 112a BetrVG nur auf den vergleichsweise gravierendsten Fall personeller Maßnahmen hinsichtlich der Mitbestimmungsrechte des Betriebsrats beschränkt ist, könnte weiter vermutet werden, daß Versetzungen oder Umbesetzungen von Arbeitnehmern in jedem Fall, d.h. auch ohne Änderung von Betriebsmitteln oder Arbeits- und Fertigungsmethoden, jedoch unter Beachtung von § 111 Satz 1 (wesentliche Nachteile für erhebliche Teile der Belegschaft), als Betriebsänderung gelten. Es wäre allerdings auch im Hinblick auf den Zweck der §§ 111-113 BetrVG vorteilhaft gewesen, diese hinsichtlich ihrer Wirkungen für die Arbeitnehmer unmittelbar wirksamen Fälle von Betriebsänderungen in den Katalog des § 111 Satz 2 BetrVG aufzunehmen.

---

30) Vgl. H. Ohl: Sozialplan, S. 45.

31) Beispiele für einen (nicht) außergewöhnlichen Personalabbau, der damit (nicht) als Betriebsänderung gilt, nennen Stege-Weinspach, § 111-113 Anm. 36a-c und 47.

32) Vgl. Fitting-Auffarth-Kaiser-Heither, § 111 Anm. 19; allerdings wird das Vorliegen einer Betriebsänderung nach § 111 Satz 1 BetrVG (erheblicher Teil der Belegschaft) durch die Rechtsprechung von der Erfüllung der gestaffelten Mindestgrößen des § 17 Abs. 1 KSchG abhängig gemacht, siehe dazu Teil II Abschn. 2.2.2.2; die gestaffelten Mindestzahlen des § 112a Abs. 1 BetrVG liegen durchgängig und z.T. erheblich über denen des § 17 Abs. 1 KSchG, so daß beim reinen Personalabbau strengere Anforderungen als bei den übrigen Betriebsänderungen gestellt werden (Siehe Abb. 4).

4) Im Bereich der sonstigen personellen Maßnahmen stellt die Einführung von Kurzarbeit keine Betriebsänderung dar, da es sich nicht um eine dauerhafte unternehmerische Maßnahme handelt. [33] Bei den übrigen Maßnahmen, die die Änderung der Arbeitszeit betreffen (Arbeitszeitverkürzung, -flexibilisierung) liegt in aller Regel keine Betriebsänderung vor, da der Betriebsrat ohnehin ein Mitbestimmungsrecht nach § 87 BetrVG (Soziale Angelegenheiten) hat, das in seiner Bedeutung dem Mitwirkungsrecht in Wirtschaftlichen Angelegenheiten nach §§ 111 BetrVG vorgeht. [34] Ergeben sich allerdings aus diesen Maßnahmen wesentliche wirtschaftliche Nachteile für die betroffenen Arbeitnehmer, so wäre dann ggf. zu prüfen, ob diese im Rahmen eines Sozialplans auszugleichen wären. [35]

5) Arbeitskampfbedingte Einschränkungen oder Stillegungen des Betriebs oder von Betriebsteilen stellen keine Betriebsänderungen dar, da sie nur vorübergehender Natur sind [36] und im übrigen nach § 2 Abs. 3 BetrVG die Tarifautonomie sowie das Arbeitskampfrecht durch das BetrVG nicht berührt werden sollen. [37]

6) Bei Betriebsänderungen infolge des technischen Fortschritts, die sich nach Art und Umfang von den in § 111 Satz 2 BetrVG genannten Anlässen unterscheiden, müßte es sich vor allem um solche unternehmerischen Maßnahmen handeln, die nicht schon durch die Begriffe der 'grundlegend neuen Arbeitsmethoden oder Fertigungsverfahren' abgedeckt sind, beispielsweise die Einführung von Personal-

---

[33] Vgl. H. Ohl: Sozialplan, S. 47.

[34] Vgl. H. Ohl: Sozialplan, S. 47; weniger gravierende Maßnahmen zur Arbeitszeitverkürzung (z.B. Übergang vom Mehr- zum Einschichtbetrieb oder die Verkürzung der Arbeitszeit um eine Stunde pro Monat) werden schon deshalb nicht als Betriebsänderung angesehen, weil sie die organisatorische Einheit und den arbeitstechnischen Zweck unberührt lassen (Vgl. Stege-Weinspach, § 111-113 Anm. 37 mit Bezug auf die Rechtsprechung).

[35] Vgl. H. Ohl: Sozialplan, S. 47.

[36] Vgl. Dietz-Richardi, 1973, § 111 Anm. 31.

[37] Vgl. P. Hanau: Mitbestimmung über Sozialplan, S. 99; H. Ohl: Sozialplan, S. 47; zur Beeinflussung der Mitbestimmungsrechte des Betriebsrats im Arbeitskampf vgl. D. Reuter: Betriebsrat im Arbeitskampf, S. 1 ff.

informationssystemen. [38] Die sinnvolle Ergänzung der Aufzählung des § 111 Satz 2 BetrVG um einen oder mehrere weitere(n) Punkt(e), der (die) - auch für die Zukunft - alle denkbaren technischen Neuerungen erfassen könnte(n), ist jedoch kaum möglich. [39]

7) Die Eröffnung von Konkurs- oder Vergleichsverfahren selbst stellt keine Betriebsänderung im Sinne von § 111 BetrVG dar. Der Betriebsrat hat also kein Mitbestimmungsrecht hinsichtlich der Entscheidung über die Verfahrensbeantragung oder -eröffnung, wohl aber bei allen Maßnahmen, die der Konkurs- oder Vergleichsverwalter trifft, soweit sie als Betriebsänderungen im Sinne von § 111 BetrVG gelten. [40]

Auch der Betriebsinhaberwechsel stellt keine Betriebsänderung dar [41], obwohl mit der personellen Zusammensetzung und den Leitungsbefugnissen zwei wesentliche Merkmale des Betriebes verändert werden. Allerdings tritt nach § 613 BGB der neue Inhaber beim Betriebsübergang in sämtliche bestehende Arbeitsverhältnisse ein, so daß Nachteile für die Arbeitnehmer aus diesem Wechsel nicht zu erwarten sind. Betriebsänderungen, die der neue Inhaber nach § 111

---

[38] Vgl. U. Wegener: Bildschirmtechnologien; DAG (Hrsg.): Neue Technologien, Heft 2, 1986, insbesondere S. 18;
grundsätzlich zu den Folgen des Einsatzes neuer Technologien für das Arbeitsrecht vgl. W. Zöllner: Neue Technologien, dabei kritisch zu Abfindungsregelungen im Zusammenhang mit der Einführung neuer Technologien, S. 7.

[39] Vgl. SPD Fraktion des Deutschen Bundestages: Entwurf, S. 19, § 111 Satz 3: "Als Betriebsänderungen im Sinne des Satzes 1 gelten, ... 6.: Rationalisierungsmaßnahmen und -systeme, auch wenn diese schritt- oder versuchsweise eingeführt werden sollen." Einerseits bedürfen hier die Begriffe der 'Rationalisierungsmaßnahmen und -systeme' einer Erläuterung und Abgrenzung (von laufend durchgeführten betrieblichen Anpassungsmaßnahmen), andererseits sind in vielen Fällen Rationalisierungsmaßnahmen mit der Änderung von Betriebsorganisation, Betriebsanlagen, Arbeits- oder Fertigungsverfahren verbunden, so daß sich eine Überschneidung mit § 111 Satz 2 Nr. 4, 5 BetrVG ergeben würde. Der Vorschlag der SPD-Fraktion fand möglicherweise auch aus diesen Gründen im Entwurf zur Reform des BetrVG (BT-Drucks. 11/2503) keine Berücksichtigung.

[40] Vgl. Dietz-Richardi, Bd. 2, § 111 Anm. 76 ff. sowie die dort angegebene Literatur.

[41] Vgl. ebenda, § 111 Anm. 84 ff.

BetrVG vornimmt, unterliegen dagegen uneingeschränkt der Mitbestimmung des Betriebsrats. [42]

3.2.7 Versuch einer abschließenden Begriffsbestimmung der Betriebsänderung

1) Aus den bisherigen Ausführungen in Abschnitt 3.2 ergibt sich, daß die in § 111 Satz 2 BetrVG genannten Fälle keine eigenständigen Anlässe von Betriebsänderungen sind, sondern lediglich Beispielcharakter haben und sich über diesen Katalog hinaus auch kaum weitere eigenständige Anlässe unterscheiden lassen. Dafür gibt es im wesentlichen folgende zwei Gründe:

1. Ausgehend von den bestimmenden Merkmalen des Betriebs als Organisation kann als Betriebsänderung jede Maßnahme verstanden werden, die ein oder mehrere der eine Organisation bestimmenden Elemente verändert. Die Diskussion über Inhalt und Vollständigkeit des in § 111 Satz 2 BetrVG angeführten Katalogs wird damit hinfällig.
2. Im Zweifel liegt eine Betriebsänderung nur dann vor, wenn wesentliche Nachteile für die Belegschaft zu erwarten sind (Vgl. § 111 Satz 1 BetrVG). Sind diese Nachteile aufgrund irgendeiner Maßnahme, die die betriebliche Organisation verändert, zu erwarten, so ist die Erörterung der Art der Änderung ebensowenig erforderlich wie in dem Fall, in dem Nachteile nicht zu erwarten sind. In diesem Fall ergeben sich allenfalls Mitwirkungsrechte des Betriebsrats nach §§ 87 ff., §§ 90 ff., §§ 92 ff. oder des Wirtschaftsausschusses nach § 106 BetrVG.

2) Es erscheint daher als sinnvoll, auf die Bestimmung der Arten von Betriebsänderungen zu verzichten und als Betriebsänderung jede Maßnahme des Unternehmers anzusehen, aus der sich - in Abhängigkeit von der Betriebsgröße - für eine bestimmte Zahl von Arbeitnehmern wesentliche Nachteile ergeben können. Art (finanzielle, nicht finanzielle) und Ursachen (Entlassung, Umsetzung, Herabgruppierung etc.) dieser Nachteile wären dann näher zu beschreiben.

---

[42] Zu den Problemen, die sich dadurch bei einer beabsichtigten Betriebsübernahme zur Reorganisation eines in wirtschaftliche Schwierigkeiten geratenen Betriebes ergeben vgl. H.J. Willhelmsen: Rechtsprechung, S. 482 f. (Abgrenzung zwischen Betriebsstillegung und Betriebsübergang).

In Anlehnung an den Wortlaut des § 111 RegEntw BetrVG 72, aber durchaus im Sinne von § 111 BetrVG ließe sich formulieren:

Eine Betriebsänderung liegt vor, wenn

1. durch eine Maßnahme des Unternehmers einzelne oder alle organisatorischen Merkmale des Betriebs erheblich und andauernd geändert werden und
2. sich infolge dieser Maßnahme für die Belegschaft oder erhebliche Teile der Belegschaft
   - Entlassungen,
   - Umbesetzungen,
   - Einkommenseinbußen oder
   - sonstige wesentliche Nachteile

ergeben können.

Als erheblicher Teile der Belegschaft gelten

a) bei Betrieben mit ... wenigstens ...
b) bei Betrieben mit ... wenigstens ...
c) bei Betrieben mit ... wenigstens ...

4 Zwecke von Interessenausgleich und Sozialplan

4.1 Zwecke des Interessenausgleichs

1) Im Falle einer durch den Unternehmer geplanten Betriebsänderung sehen die §§ 111 und 112 BetrVG für den Unternehmer die Pflicht zur Unterrichtung des Betriebsrats und zur anschließenden Beratung mit ihm vor.

Ist der Betriebsrat mit der geplanten Betriebsänderung nicht einverstanden, so werden die Beratungen mit dem Ziel geführt, die divergierenden Interessen von Unternehmer und Betriebsrat über die Notwendigkeit, die Art und den zeitlichen Ablauf - "das *ob*, *wann* und *wie*" [1] - der Betriebsänderung zu einem Ausgleich zu bringen. Der 'Interessenausgleich' stellt damit das Ziel der Beratungen zwischen Unternehmer und Betriebsrat über eine geplante Betriebsänderung dar. [2]

---

[1] A. Vogt: Sozialpläne, S. 71.

[2] Vgl. Dietz-Richardi, Bd. 2, § 112 Anm. 9.

2) Der Zweck des Interessenausgleichs besteht darin, die Interessen der Arbeitnehmer zu schützen, indem

a) die Notwendigkeit der unternehmerischen Maßnahme der Betriebsänderung nochmals überprüft und nach eventuellen Alternativen gesucht wird, um Nachteile für die Belegschaft gar nicht erst entstehen zu lassen; [3]
b) der Inhalt (die Maßnahmen) und der zeitliche Ablauf einer unabwendbaren Betriebsänderung so gestaltet werden, daß die Nachteile für die Belegschaft möglichst gering bleiben; [4]
c) durch die Festlegung der im Rahmen der Betriebsänderung erforderlichen Maßnahmen und der für die Arbeitnehmer aus diesen folgenden Nachteilen zugleich eine Anspruchsgrundlage für einen Sozialplan geschaffen wird. [5]

3) Der Interessenausgleich stellt grundsätzlich eine notwendige Voraussetzung für den Sozialplan dar, da die dort festgelegten Maßnahmen zugleich die im Sozialplan auszugleichenden oder zu mildernden Nachteile für die Arbeitnehmer bestimmen.

Ein Sozialplan kann aber auch ohne den Abschluß eines Interessenausgleiches zustande kommen, wenn

a) Unternehmer und Betriebsrat sich nicht über einen Interessenausgleich, wohl aber über einen Sozialplan einigen können,
b) Unternehmer und Betriebsrat sich weder über einen Interessenausgleich noch über einen Sozialplan einigen können, der Sozialplan aber durch Vermittlung oder Schiedsspruch der Einigungsstelle herbeigeführt wird,
c) der Unternehmer eine Betriebsänderung durchführt, ohne den Betriebsrat davon zu unterrichten oder sich mit ihm in dem vorgeschriebenen Verfahren auseinandergesetzt zu haben (Pflicht zum Nachteilsausgleich gemäß § 113 BetrVG). [6]

---

[3] Vgl. A. Vogt: Sozialpläne, S. 72.

[4] Vgl. ebenda, S. 72 f.

[5] Vgl. Dietz-Richardi, Bd. 2, § 113 Anm. 43, die den Interessenausgleich als 'Geschäftsgrundlage' des Sozialplans bezeichnen.

[6] Siehe Abschnitt 5.3.

Der Sozialplan ist in diesen Fällen losgelöst vom Interessenausgleich zu sehen, da der Unternehmer ansonsten den Sozialplan dadurch verhindern könnte, daß er seine Zustimmung zu einem Interessenausgleich verweigert. [7]

4) Wesentliche Regelungsbereiche eines Interessenausgleichs sind: [8]

a) Beschreibung der Art der Betriebsänderung und der Gründe, die zu der Betriebsänderung geführt haben;

b) Beschreibung technisch-organisatorischer Maßnahmen (Festlegung von Zeitpunkt und Reihenfolge);

c) Beschreibung des betroffenen Personenkreises;

d) Beschreibung personeller Maßnahmen (Festlegung von Zeitpunkt und Reihenfolge):

   da) Personalabbau durch
   - Entlassungen (Auflösungsverträge, Kündigungen),
   - Nichtersatz von Abgängen durch Fluktuation,
   - Vorruhestandsregelungen;

   db) Umsetzungen;

   dc) Verkürzung der Arbeitszeit (Abbau von Schichten, Sonn- und Feiertagsarbeit, Ausweitung des Betriebsurlaubs etc.);

   dd) Einführung von Teilzeitarbeit.

4.2 Zwecke des Sozialplans

4.2.1 Erörterung der gesetzlichen Zwecke des Sozialplans

1) Nach § 112 Abs. 1 Satz 2 BetrVG besteht der

> *Zweck des Sozialplans*
> im Ausgleich oder der Milderung der sich aus einer Betriebsänderung für den Arbeitnehmer ergebenden wirtschaftlichen Nachteile.

2) Dabei wird nicht allgemeinverbindlich festgelegt, worin derartige wirtschaftliche Nachteile bestehen und in welcher Form bzw. bis zu welchem Umfang diese

---

7) Vgl. M. Kaven: Sozialplan, S. 61.

8) Vgl. A. Vogt: Sozialpläne, S. 71; DAG (Hrsg): Interessenausgleich und Sozialplan, S. 47; siehe auch Teil III Abschnitt 1.1.

Nachteile auszugleichen oder zu mildern sind. Lediglich in den Fällen, in denen die Einigungsstelle über die Aufstellung des Sozialplans entscheidet, sind nach § 112 Abs. 5 BetrVG [9] folgende Grundsätze zu beachten:

1. Bei der Entscheidung sind die
   - *sozialen Belange* der *Arbeitnehmer* sowie
   - die *wirtschaftliche Vertretbarkeit* für das *Unternehmen* zu berücksichtigen.
2. Als *wirtschaftliche Nachteile* gelten insbesondere:
   - Einkommensminderung,
   - Wegfall von Sonderleistungen,
   - Verlust von Anwartschaften auf betriebliche Altersversorgung,
   - Umzugs- oder erhöhte Fahrtkosten.
3. In der Regel ist den Gegebenheiten des *Einzelfalls* Rechnung zu tragen.
4. Die *Aussichten der betroffenen Arbeitnehmer am Arbeitsmarkt* sind zu berücksichtigen. Eine zumutbare Weiterbeschäftigung innerhalb desselben Unternehmens bzw. Konzerns macht Sozialplanleistungen hinfällig; eine Beschäftigung an einem anderen Ort gilt allein nicht als unzumutbar.
5. Der Sozialplan ist insgesamt so zu bemessen, daß
   - der *Fortbestand des Unternehmens* insgesamt oder
   - die nach Durchführung der Betriebsänderung *verbleibenden Arbeitsplätze* nicht gefährdet werden.

3) Der 1. Grundsatz läßt sich als Generalnorm für alle weiteren Grundsätze auffassen. Er ist aber wenig operational, da er

- zwei nicht kompatible Kriterien 'soziale' Belange und 'wirtschaftliche' Vertretbarkeit gegenüberstellt und
- offenläßt, ob beide Interessen gleichberechtigt sind oder das eine dem anderen vorgeht. [10]

Es hätte zumindest nahe gelegen, die wirtschaftlichen Belange beider Seiten gegenüberzustellen, da ohnehin nur wirtschaftliche Nachteile der Arbeitnehmer ausgleichsfähig sind.

---

9) § 112 Abs. 4 BetrVG neu gefaßt und § 112 Abs. 5 BetrVG eingefügt durch das BeschFG vom 26.4.85.

10) Der von Vogt (Sozialpläne, S. 104) als 'Einigungsmaßstab' hilfsweise herangezogene § 2 Abs. 1 BetrVG, der die vertrauensvolle Zusammenarbeit von Gewerkschaften und Arbeitgebervereinigungen zum Wohle der Arbeitnehmer und des Betriebs vorsieht, leistet in diesem Zusammenhang keine Entscheidungshilfe.

4) Immerhin ist dem Sozialplanvolumen insofern eine Obergrenze gezogen, als der Fortbestand des Unternehmens nicht gefährdet werden darf. [11] Diese Vorschrift kann so interpretiert werden, daß durch den Sozialplan allein ein Unternehmenskonkurs nicht herbeigeführt werden darf, mit anderen Worten die finanziellen Belastungen aus einem Sozialplan neben anderen Konkursursachen keine wesentliche Bedeutung haben dürfen. Allerdings wird diese Vorschrift dann obsolet, wenn der Konkurs auch ohne Sozialplan eintreten würde oder bereits eingetreten ist. Eine Abwägung zwischen den Interessen der Konkursgläubiger und ggf. des Gemeinschuldners auf der einen Seite und der Arbeitnehmer auf der anderen Seite wird nicht vorgenommen. [12]

5) Die mit dem BeschFG durch § 112 Abs. 5 BetrVG eingeführten Kriterien können - trotz ihrer Mängel - dazu dienen, Sozialpläne in ihrem Umfang zu begrenzen. Einer Konkretisierung des eigentlichen Zwecks des Sozialplans dienen sie dagegen - wenn überhaupt - nur unzureichend. Zudem sind diese Kriterien zumindest nach dem Wortlaut des Gesetzes auf die durch die Einigungsstelle festzulegenden Sozialpläne beschränkt. Es erscheint daher sinnvoll, die in der Literatur bisher genannten Zwecke zu erörtern.

4.2.2 Erörterung der in der Literatur genannten Zwecke des Sozialplans

1) Die Klärung dessen, was unter den sich aus einer Betriebsänderung für den Arbeitnehmer ergebenden wirtschaftlichen Nachteilen zu verstehen ist, ist gleichbedeutend mit der Begründung oder Rechtfertigung der Ausgleichsverpflichtung des Arbeitgebers gegenüber dem Arbeitnehmer.

---

[11] Vgl. Fitting-Auffarth-Kaiser-Heither, §§ 112, 112a Anm. 37, die diese Vorschrift allerdings für selbstverständlich halten.
Gleiches gilt auch für die nach der Betriebsänderung im Betrieb verbleibenden Arbeitsplätze; hier wäre es aber u.U. sinnvoll gewesen, die beiden Bestandteile des § 112 Abs. 5 Satz 2 Nr. 3 BetrVG mit 'und' statt 'oder' zu verbinden.

[12] Vgl. aber die doppelte Begrenzung des Sozialplans im Konkurs nach §§ 3 und 4 SPG.

2) Der dem Arbeitnehmer durch den Sozialplan zuwachsende Abfindungsanspruch ist nach Zöllner keine "aus jahrhundertealter Tradition, aus der Natur der Sache oder aus dem Wesen des Arbeitsvertrags selbständig fließende Rechtsfolge (...), sondern etwas Neues, Traditionswidriges und dem Wesen des Austauschvertrages Konträres, dessen Etablierung einer positiven Sinngebung bedarf, kürzer: Der Sinn der Abfindung muß nicht widerlegt werden, sondern er bedarf einer Begründung". [13]

3) Die Zweckdiskussion in der Literatur [14] konzentriert sich weitgehend auf den gravierendsten Fall des Arbeitsplatzverlusts und des Ausscheidens des Arbeitnehmers aus dem Betrieb infolge einer Betriebsänderung. Die anderen Möglichkeiten der Umsetzung auf einen anderen Arbeitsplatz, der Verlegung des Arbeitsplatzes an einen anderen Ort etc. werden selten betrachtet.

4) In der Literatur werden folgende Zwecke des Sozialplans unterschieden:

a) Der Sozialplan stellt eine *Entschädigung* für einen Verlust des (Eigentums-) Rechts am Arbeitsplatz dar. [15]

b) Der Sozialplan stellt eine *Beteiligung an dem* sich aus der Betriebsänderung ergebenden zukünftigen *Erfolg* des Betriebs dar. [16]

c) Der Sozialplan stellt einen *betriebsinternen Lastenausgleich* zwischen den Arbeitnehmern, die infolge der Betriebsänderung Nachteile erleiden (i.d.R. Verlust des Arbeitsplatzes), damit der Betrieb und mit ihm die übrigen Arbeitsplätze erhalten bleiben können, und den nicht betroffenen Arbeitnehmern dar. [17]

d) Der Sozialplan ist als *Sanktion für eine schlechte Unternehmerleistung*, als deren Folge sich eine Betriebsänderung ergibt, aufzufassen. Das Arbeitsplatzrisiko ist daher zumindest z.T. durch den Arbeitgeber mitzuübernehmen. [18]

---

13) W. Zöllner: Neue Technologien, S. 7.

14) Vgl. ebenda, S. 7, insb. Fußn. 55).

15) Vgl. R. Richardi: Sozialplan und Konkurs, S. 14 f.

16) Vgl. H. Ohl: Sozialplan, S. 7 f.

17) Vgl. V. Beuthin: Interessenausgleich und Sozialplan im Konkurs, hier S. 154, der in diesem Zusammenhang von einem 'Sonderopfer' der im Betrieb verbleibenden zugunsten der ausscheidenden Arbeitnehmer spricht.

18) Vgl. H. Ohl: Sozialplan, S. 5 f.

e) Der Sozialplan dient dem *Ausgleich sozialer Nachteile*, die sich vor allem nach längerer Betriebszugehörigkeit ergeben können (Kündigungsfristen, Anspruch auf verlängerten Urlaub, Gratifikationen etc., aber auch Verlust des sozialen Umfelds). [19]

f) Der Sozialplan dient der *Vorsorge und Überbrückung* von finanziellen Belastungen der Arbeitnehmer infolge der Betriebsänderung und ist damit auch Ausdruck der Fürsorgepflicht des Arbeitgebers für den Arbeitnehmer [20].

g) Der Sozialplan dient der *Entlastung der Allgemeinheit*, insbesondere der Arbeitslosenversicherung, von bestimmten finanziellen Ansprüchen (Einkommenssicherung, Umzugsbeihilfen, Fahrtkostenerstattungen, Überbrückungszahlungen etc.) der von der Betriebsänderung betroffenen Arbeitnehmer. [21]

5) Die wohl weitreichendste Rechtfertigung des Sozialplans als Entschädigung für einen Rechtsverlust am Arbeitsplatz (These a) wurde bis zur Einführung des § 112 Abs. 5 BetrVG nicht nur von einem erheblichen Teil der Literatur [22], sondern auch durch das Bundesarbeitsgericht [23] vertreten.

Ihr liegt die Überlegung zugrunde, daß der Arbeitnehmer mit seiner Arbeitsleistung einen Beitrag zum wirtschaftlichen Erfolg des Unternehmens geleistet habe, der nicht mit seinem Arbeitsentgelt abgegolten wurde. [24] Dieser Beitrag und damit das Interesse am Arbeitsplatz wachse mit der Dauer der Betriebszugehö-

---

19) Vgl. ebenda, S. 6 f.

20) Vgl. P. Hanau: Mitbestimmung über Sozialplan, S. 102 f.

21) Vgl. D. Reuter: Sozialplan, S. 17 f.; W. Zöllner: Neue Technologien, S. 7, der (Sozialplan-) Abfindungen als 'eine die Arbeitslosenversicherung ergänzende Leistung' verstanden wissen will; ähnlich auch V. Beuthin: Sozialauftrag, S. 202, der gleichfalls eine Abstimmung der Sozialplanleistungen mit den Arbeitslosenbezügen für sinnvoll hält.

22) Vgl. Dietz-Richardi, Bd. 2, § 112 Anm. 27 mit weiteren Quellen.

23) Vgl. BAG-Urteil vom 13.12.78.

24) Vgl. R. Richardi: Betriebsverfassung, S. 45; derselbe: Sozialplan und Konkurs, S. 13 f., der es als 'planwidrige Unvollständigkeit' der Rechtsordnung bezeichnet, dem Arbeitnehmer das Risiko einer nicht in seinen, sondern in den Herrschaftsbereich des Arbeitgebers fallenden Maßnahme aufzuerlegen (vgl. ebenda, S. 14). Ein Bestandsschutz des Arbeitsplatzes bestehe nur dann nicht, wenn die Kündigung durch die Person oder das Verhalten des Arbeitnehmers begründet sei oder infolge eines Arbeitskampfes erfolge. Richardi zieht eine Parallele zum Eigentumsschutz durch die Verpflichtung zur Entschädigungsleistung bei Enteignung im Sinne von Art. 14 GG (vgl. ebenda, S. 15); kritisch dazu H. Ohl: Sozialplan, S. 9.

rigkeit, was sich schon aus der an der Dauer des Arbeitsverhältnisses orientierten Abfindungsregelung bei sozial ungerechtfertigter Kündigung ergebe. [25] Daß der Verlust des Arbeitsplatzes an sich einen wirtschaftlichen Nachteil darstelle, ergebe sich auch aus § 113 Abs. 3 BetrVG, wonach der Arbeitgeber einen Nachteilsausgleich zu leisten hat, wenn er ohne Versuch eines Interessenausgleichs eine Betriebsänderung durchführt, infolge derer Arbeitnehmer 'entlassen werden oder andere wirtschaftliche Nachteile erleiden'. [26]

Gegen diese vergangenheitsorientierte Entschädigungsfunktion des Sozialplans können u.a. folgende Gründe angeführt werden:

a) Die Vertreter dieser Auffassung führen keine überzeugende Begründung oder Erläuterung dafür an, worin der durch das Arbeitsentgelt nicht abgegoltene Beitrag des Arbeitnehmers zum wirtschaftlichen Erfolg des Unternehmens bestehen könnte, wie er von der unternehmerischen Leistung abzugrenzen und schließlich im Rahmen einer Sozialplanabfindung zu bemessen wäre. [27]

b) Der Arbeitnehmer hätte konsequenterweise nicht nur bei einer Betriebsänderung, sondern bei jeder betriebsbedingten Kündigung einen Abfindungsanspruch, da nicht einsichtig ist, warum ein entschädigungswürdiger Nachteil erst bei der Entlassung einer großen Zahl von Arbeitnehmern, nicht jedoch bei der Entlassung eines Einzelnen oder aber einer geringeren als der durch § 111 Satz 1, 2 BetrVG i.V.m. § 17 KSchG festgelegten Zahl entsteht. Abgesehen von der Entschädigung für eine sozial nicht gerechtfertigte Kündigung nach § 9 KSchG sowie der Entschädigung für ein rechtswidriges Verhalten des Unternehmers bei einer Betriebsänderung durch den Nachteilsausgleich nach § 113 BetrVG kennt das Arbeitsrecht einen derartigen individuellen Besitzstandsschutz nicht. [28]

c) Die Verpflichtung des Arbeitgebers würde nicht erst durch die Betriebsänderung, sondern durch die Begründung des Arbeitsverhältnisses entstehen, so daß die finanzielle Vorsorge - beispielsweise durch Bildung von Rückstellungen -

---

[25] Vgl. R. Richardi: Sozialplan und Konkurs, S. 21.

[26] Vgl. ebenda, S. 21 mit Hinweis auf die Kritik Hanaus in Fußn. 34.

[27] Vgl. A.M. Berges: Know-how, S. 274.

[28] Vgl. D. Reuter: Sozialplan, S. 19.

nicht erst mit der Planung der Betriebsänderung, sondern mit der Einstellung des Arbeitnehmers zu beginnen hätte. [29] Insofern würde eine Parallele zu den Pensionsverpflichtungen bestehen, die gleichfalls nicht erst im Zeitpunkt des Ausscheidens des Arbeitnehmers aus dem Betrieb, sondern ab dem Zeitpunkt der Pensionszusagen entstehen und über die Beschäftigungszeit des Arbeitnehmers anwachsen. In der Literatur ist allerdings strittig, ob die Pensionszahlungen ein nachträgliches Arbeitsentgelt für geleistete Dienste darstellen oder aber auf der Fürsorgepflicht des Arbeitgebers beruhen.
Im übrigen ist eine derartige Sichtweise mit dem Steuerrecht nicht vereinbar [30], das die Bildung von Rückstellungen für Sozialplanverpflichtungen erst im Planungsstadium der Betriebsänderung zuläßt. [31]

6) Die Sozialplanleistung als Beteiligung der (entlassenen) Arbeitnehmer an dem sich aus der Betriebsänderung ergebenden *zukünftigen* wirtschaftlichen Erfolg des Betriebs (These b) stellt das gedankliche Gegenstück zur Entschädigungsfunktion des Sozialplans für eine in der *Vergangenheit* erbrachte und noch nicht abgegoltene Leistung (These a) dar.

Eine pauschale Beteiligung der Arbeitnehmer am wirtschaftlichen Erfolg der Betriebsänderung ist mit der in § 112 BetrVG festgeschriebenen unternehmerischen Entscheidungsfreiheit, die Betriebsänderung auch gegen den Willen des Betriebsrats durchzuführen, kaum vereinbar. Der Unternehmer muß sich konsequenterweise den Erfolg oder Mißerfolg seiner Entscheidung vollständig selbst zurechnen lassen. Es kann sich also lediglich um eine Begrenzung des Sozialplanvolumens auf einen die Existenz des Unternehmens nicht gefährdenden Anteil am zukünftigen wirtschaftlichen Erfolg der Betriebsänderung handeln. Der maximale Umfang des Sozialplans könnte - außer im Konkursfall - durch die Differenz zwischen dem (Kapital-) Wert des Unternehmens vor der Betriebsänderung

---

[29] Vgl. dazu F.W. Busch: Pensionsverpflichtungen, S. 31 ff.

[30] Vgl. D. Reuter: Sozialplan, S. 26, zum Problem der 'Fernwirkung' anderer Rechtsgebiete,

[31] Vgl. Abschn. 31a Abs. 9 EStR; BMF-Schreiben vom 2.5.77: Rückstellungen für Sozialpläne nach dem Betriebsverfassungsgesetz; kommentiert durch A. Bordewin: Anmerkung, S. 682 f.
Zum Problem der Bilanzierung von Sozialplanverpflichtungen s. Teil IV.

und dem (höheren) (Kapital-) Wert nach der Betriebsänderung bestimmt werden.[32] Eine Begründung dafür, warum die Sozialplanleistungen durch den Arbeitgeber zu tragen sind, ist damit allerdings noch nicht gegeben.

7) Anders als im Fall b) findet bei Fall c) der durch den Sozialplan bewirkte Ausgleich nicht zwischen Unternehmer und Arbeitnehmer statt, sondern zwischen den Arbeitnehmern, die infolge der Betriebsänderung ihren Arbeitsplatz verlieren und durch einen Sozialplan entschädigt werden, und denjenigen, die wegen der durch die Betriebsänderung gesicherten Fortführung des Betriebs ihren Arbeitsplatz behalten können.
Ohl weist jedoch in diesem Zusammenhang zu Recht darauf hin, daß auch hier unklar bleibt, warum die wirtschaftlichen Nachteile des Arbeitsplatzverlustes gerade vom Unternehmer auszugleichen sind. [33] Konsequenterweise hätte ein finanzieller Ausgleich zulasten der verbleibenden Arbeitnehmer und zugunsten der ausscheidenden Arbeitnehmer erfolgen müssen.[34] Im Konkurs würde kein Sozialplan aufgestellt, da alle Arbeitnehmer ihren Arbeitsplatz verlieren und ein Ausgleich daher sinnlos würde. [35]

8) Für die These d) der Sanktionsfunktion des Sozialplans findet sich im Gesetz kein Hinweis. Zweck der betriebsverfassungsrechtlichen Regelungen ist der Schutz der Interessen der Arbeitnehmer, nicht die Bestrafung des Unternehmers, der für seine wirtschaftlichen Fehlentscheidungen mit dem Verlust seines oder des ihm anvertrauten Vermögens haftet. Im übrigen wäre im Einzelfall kaum überprüfbar, ob eine Betriebsänderung auf eine schlechte Unternehmerleistung zurückzuführen ist. Es wäre auch umgekehrt denkbar, daß infolge der finanziellen Belastungen durch einen Sozialplan eine ansonsten notwendige technische

[32] Zur Bestimmung des Sozialplanvolumens siehe Teil III Abschnitt 2.

[33] Vgl. H. Ohl: Sozialplan, S. 9.

[34] Kritisch zur Sonderopfertheorie vgl. auch D. Reuter: Sozialplan, S. 21 f.

[35] Was allerdings auch im Einklang mit dem Vertreter dieser 'Sonderopfertheorie' steht, der die Gültigkeit der betriebsverfassungsrechtlichen Sozialplanregelungen im Konkursfall verneint; vgl. V. Beuthin: Interessenausgleich und Sozialplan im Konkurs, S. 154.

oder wirtschaftliche Anpassungsmaßnahme in Form einer Betriebsänderung unterbleibt und damit unternehmerisches Fehlverhalten erst bewirkt wird. [36]

9) Die These e), nach der der Sozialplan in erster Linie dem Ausgleich sozialer Nachteile [37] der Arbeitnehmer dient, geht offensichtlich von der Wortbedeutung des Sozialplans selbst aus. Dadurch entsteht aber ein Widerspruch zum Wortlaut von § 112 Abs. 1 Satz 2 und Abs. 2, 3 BetrVG, der sich auf den Ausgleich wirtschaftlicher Nachteile bezieht.

In der Literatur wird der Begriff des 'wirtschaftlichen' Nachteils überwiegend mit dem des materiellen Nachteils gleichgesetzt. [38]

Abb. 9: Abgrenzung des durch den Sozialplan auszugleichenden oder zu mildernden 'wirtschaftlichen' Nachteils

wirtschaftlicher Nachteil materieller Nachteil		sozialer Nachteil immaterieller Nachteil
Vermögens- schaden	vermögenswerter Nachteil Ausfall oder Minderung von Einkommen Mehrausgaben (Umzugs-, Fahrt-, Umschulungs- kosten etc.) Staub etc.)	Verlust des Arbeits- umfelds (Arbeitsplatz, Mitarbeiter etc.) Verschlechterung der Arbeitsbedingungen (körperliche Belastung, Nachtarbeit, Umgebungs- einflüsse durch Lärm,
	Sozialplan nach § 112 BetrVG	Ausgleich nach § 91 BetrVG

36) Vgl. Deutscher Bundestag: Jahresgutachten 1987, S. 195, Tz. 401.

37) Zu Beispielen dafür vgl. H. Ohl: Sozialplan, S. 6 f.

38) Vgl. Dietz-Richardi, Bd. 2, § 112 Anm. 46 f. mit weiteren Quellen;

Da durch die Betriebsänderung ein unmittelbarer Eingriff in das Vermögen des Arbeitnehmers nicht vorliegt, kann es sich bei dem Sozialplan immer nur um den Ausgleich von zukünftigen Einnahmeminderungen (Verminderung oder Wegfall von Lohn und Gehalt, Zulagen, Gratifikationen etc.) oder finanziellen Mehrbelastungen (Fahrtkosten, Umschulung etc.) handeln. [39] Immaterielle Beeinträchtigungen, insbesondere in Form von verschlechterten Arbeitsbedingungen, sind nicht Gegenstand eines Sozialplans. Sie sind grundsätzlich vom Arbeitnehmer selbst zu tragen. [40] Der Betriebsrat kann allerdings nach § 91 BetrVG bei Änderungen der Arbeitsplätze, des Arbeitsablaufs oder der Arbeitsumgebung angemessene Maßnahmen zur Abwendung oder zur Milderung der daraus entstehenden Belastungen, die z.T. auch immaterieller Art sind, verlangen. Ist dies nicht möglich, so muß den Arbeitern ein materieller Ausgleich geleistet werden. [41]

10) Verschiedene Autoren sehen in den Sozialplanleistungen weder eine Entschädigung für einen Rechtsverlust der Arbeitnehmer an ihrem Arbeitsplatz noch einen wie auch immer gearteten und begründeten Ausgleich zwischen Arbeitgeber und Arbeitnehmer. Vielmehr wird der Sozialplan als Ausgleich oder Milderung wirtschaftlicher Nachteile, die als *Folge* der Betriebsänderung für die Arbeitnehmer entstehen (Einkommensausfälle, zusätzliche finanzielle Belastungen) und die der Arbeitgeber im Rahmen seiner Fürsorgepflicht für den Arbeitnehmer zu tragen habe, gesehen.

Dagegen läßt sich wie gegen die Entschädigungsfunktion einwenden, daß die Fürsorgepflicht des Arbeitgebers, wenn sie überhaupt so extensiv ausgelegt werden kann, für jeden einzelnen Arbeitnehmer gelten müßte und insofern die Begrenzungen des § 111 Satz 1 und 2 BetrVG i.V.m. § 17 KSchG hinfällig wären. [42]

---

[39] Zu den auszugleichenden Nachteilen im einzelnen s. Teil III Abschnitt 1.

[40] Vgl. H. Ohl: Sozialplan, S. 7.

[41] Vgl. Fitting-Auffarth-Kaiser-Heither, § 91 Anm. 9, 9a,b; dabei sind finanzielle Ausgleichsmaßnahmen, wie Erschwerniszulagen in der Literatur (vgl. Dietz-Richardi, Bd. 2, § 91 Anm. 18, 26) umstritten; vielmehr kommen als arbeitswissenschaftlich sinnvolle Ausgleichsmaßnahmen die zusätzliche Gewähr von Freizeit und Urlaub, verbesserte Sozialeinrichtungen (Ruheräume, Duschen etc.) oder die Stellung von Getränken, Schutzbekleidung etc. in Betracht.

[42] Vgl. D. Reuter: Sozialplan, S. 20.

11) Eine Reihe weiterer Autoren behält zwar den Vorsorgegedanken des Sozialplans bei, rechtfertigt aber die Übernahme der Sozialplanleistungen durch den Arbeitgeber mit der Notwendigkeit, die Allgemeinheit vor den finanziellen Belastungen durch die Entlassung von Arbeitnehmern im Rahmen von Betriebsänderungen - Beuthin [43] spricht in diesem Zusammenhang von einer 'eigennützigen Eigentumsverwirklichung des Arbeitgebers' - zu schützen. [44] Neben der unmittelbaren Einflußnahme des Betriebsrats auf die unternehmerische Entscheidung zur Betriebsänderung im Rahmen des Interessenausgleichs kommt dem Sozialplan eine mittelbare *Steuerungsfunktion* durch die Internalisierung der sozialen Folgekosten in das Entscheidungskalkül des Unternehmers zu. [45] Der Sozialplan umfaßt danach im wesentlichen zweckgebundene Aufwandsbeteiligungen des Arbeitgebers für Umschulungsmaßnahmen, Fahrten zur neuen Arbeitsstätte, Umzüge etc., die nicht pauschal und in einem Betrag, sondern fortlaufend und nur solange gezahlt werden, wie der wirtschaftliche Nachteil tatsächlich besteht, bis z.B. der betroffene Arbeitnehmer einen neuen Arbeitsplatz gefunden hat. [46]

12) Mißt man die hier in der Literatur angeführten Zwecke des Sozialplans an den Kriterien des § 112 Abs. 5 BetrVG, so wird deutlich, daß es beim Sozialplan weder um eine Entschädigung für den Rechtsverlust am Arbeitsplatz noch um einen Ausgleich sozialer Nachteile, sondern allein um eine zukunftsbezogene Überbrückung wirtschaftlicher Belastungen, die dem Arbeitnehmer bis zu einer adäquaten Wiedereingliederung in den Arbeitsprozeß entstehen, gehen kann.
Die These (g), daß die Sozialplanlasten durch den Arbeitgeber zu tragen seien, weil durch eine Internalisierung der sozialen Folgelasten einer Betriebsänderung

---

[43] Vgl. V. Beuthin: Sozialauftrag, S. 203.

[44] Vgl. W. Zöllner: Neue Technologien, S. 7 sowie V. Beuthin: Sozialauftrag, S. 202.

[45] Vgl. D. Reuter: Sozialplan, S. 17 f.; ähnlich auch E. Dorndorf (Sozialplan im Konkurs, S. 60), der von einer Einbeziehung der Sozialplanleistungen als 'rechnerische Größe in die Wirtschaftsrechnung des Unternehmens' spricht.

[46] Vgl. V. Beuthin: Sozialauftrag, S. 202.
Dies spricht nicht gegen eine pauschalierende Ermittlung des (vorläufigen) Sozialplanvolumens, da zum Zeitpunkt der Planung der Betriebsänderung die individuellen Nachteile kaum mit hinreichender Sicherheit gemessen werden können; zur Messung der sozialen Belange der Arbeitnehmer siehe Teil III, Abschnitt 2.1.

in sein Entscheidungskalkül eine Belastung der Allgemeinheit vermieden werden soll, läßt sich weder durch den Wortlaut noch durch den Zusammenhang der §§ 111-113 BetrVG widerlegen. Sie soll als plausible Rechtfertigung für einen Sozialplan den folgenden Ausführungen zugrundegelegt werden.

5 Verfahren zur Herbeiführung des Interessenausgleichs und der Aufstellung und Durchführung des Sozialplans

5.1 Einleitung des Verfahrens: Unterrichtung des Betriebsrats von einer geplanten Betriebsänderung durch den Unternehmer

5.1.1 Bestimmung des Zeitpunkts der 'rechtzeitigen' Unterrichtung

1) Der Unternehmer muß, sofern die Voraussetzungen nach § 111 Satz 1 BetrVG gegeben sind, den Betriebsrat von der geplanten Betriebsänderung rechtzeitig und umfassend unterrichten und sich mit diesem beraten. [1] Erstes Ziel dieser Beratungen ist der 'Interessenausgleich' als Einigung darüber, ob und wenn ja, in welcher Form die unternehmerische Entscheidung einer Betriebsänderung durchgeführt werden soll. Das zweite Ziel der Beratungen besteht darin, im Rahmen eines 'Sozialplans' Auswirkungen der Betriebsänderungen auf die Arbeitnehmer festzustellen und ggf. Ausgleichsleistungen des Unternehmens gegenüber den Arbeitnehmern zu bestimmen.

2) Aus der Sicht des Unternehmers ist die rechtzeitige und umfassende Unterrichtung und Beratung mit dem Betriebsrat von Bedeutung, da er

---

[1] Die gleichen Unterrichtungs- und Beratungspflichten hat der Unternehmer auch gegenüber dem Wirtschaftsausschuß (§ 106 BetrVG; vgl. insbesondere den in Abs. 3 angeführten Katalog wirtschaftlicher Angelegenheiten, die eine Mitwirkung des Wirtschaftsausschusses begründen) sowie zukünftig voraussichtlich mit dem Sprecherausschuß für leitende Angestellte (Vgl. Deutscher Bundestag: Entwurf eines Gesetzes zur Änderung des BetrVG, BT-Drucks. 11/2503 vom 16.6.88, Art.2 § 32 Abs. 2 SprAuG).

a) bei einem Verstoß gegen diese Pflichten
   - zur Zahlung von Abfindungen gegenüber den Arbeitnehmern verurteilt werden kann (Nachteilsausgleich gem. § 113 BetrVG);
   - mit einer Ordnungswidrigkeitsstrafe nach § 121 BetrVG rechnen muß;[2]

b) spätestens ab dem Zeitpunkt der Unterrichtung des Betriebsrats (finanzielle) Vorsorgemaßnahmen für einen möglichen Sozialplan treffen muß[3].

Andererseits ist eine frühzeitige Einschaltung des Betriebsrats in den Entscheidungsprozeß für den Unternehmer deshalb nicht wünschenswert, weil die Einflußmöglichkeiten der Arbeitnehmervertretung in einem frühen Planungsstadium größer sind als in einem Stadium, in dem die wesentlichen Inhalte und Maßnahmen der Betriebsänderung bereits festgelegt sind.[4] Darüber hinaus führt eine frühzeitige Unterrichtung möglicherweise zu einer Verlängerung des ohnehin schon beträchtlichen Informations- und Beratungszeitraums, der die betriebswirtschaftlich gebotene Anpassungsmaßnahme über Gebühr verzögert. Ohnehin wird für den Zeitraum zwischen der Unterrichtung des Betriebsrats von der Planung der Betriebsänderung bis zum Ende der Beratungen und damit bis zum Beginn der Durchführung eine Dauer von mindestens 3-4 Monaten angesetzt.[5] Bei Sozialplänen in Konkursunternehmen ist eine durchschnittliche Beratungsdauer von 12,5 Monaten ermittelt worden.[6]

---

[2] Siehe Teil II Abschnitt 5.3.

[3] Vgl. u.a. E. Scheffler: Rückstellungen, Tz. 201; zum grundsätzlichen Problem der Bestimmung des Zeitpunkts der Bildung von Sozialplanrückstellungen siehe Teil IV Abschnitt 3.

[4] Vgl. DAG (Hrsg): Interessenausgleich und Sozialplan, S. 24 f.

[5] Vgl. K. Rumpff: Mitbestimmung, S. 270 f.; in einer Umfrage des Instituts der deutschen Wirtschaft gaben 25% der befragten Unternehmen an, die Dauer der Verhandlungen mit dem Betriebsrat bzw. vor der Einigungsstelle habe dazu geführt, daß die geplante Betriebsänderung nur verzögert oder eingeschränkt durchgeführt werden konnte. In 22% der Fälle sei dieser Effekt unmittelbar auf die Verhandlungen über den Sozialplan zurückzuführen gewesen (Vgl. o.V.: Abfindungen, HB vom 10.3.87, sowie mit ähnlichen Werten: E. Hemmer: Sozialplanpraxis, S. 45 ff.); vgl. auch Deutscher Bundestag: Jahresgutachten 1987/88, S. 195, Tz. 401 (Drohkosten).

[6] V. Gessner/K. Plett: Sozialplan im Konkursunternehmen, S. 60 ff.

3) Für den Betriebsrat ist die rechtzeitige und umfassende Unterrichtung und die Beratung mit dem Unternehmer unerläßlich, um einen maßgeblichen Einfluß auf die Entscheidung über Art und Umfang der Betriebsänderung und damit auch auf die Gründe eines möglichen Sozialplans nehmen zu können. [7)]

4) Weder in § 111 BetrVG noch in anderen Vorschriften, die eine rechtzeitige Unterrichtung des Betriebsrats bzw. des Wirtschaftsausschusses fordern (§ 80 Abs. 2, § 90, § 106 Abs. 2 BetrVG), werden Kriterien zur Bestimmung dieses Zeitpunkts aufgestellt. [8)] Dies ist auch deshalb kaum möglich, weil die einzelnen Informationstatbestände auf ganz unterschiedlichen Ebenen (strategisch, taktisch, operativ) angesiedelt sind. [9)]

5) Die Frage der Bestimmung des Zeitpunkts der rechtzeitigen Unterrichtung wird in der Literatur kontrovers diskutiert. [10)] Übereinstimmung besteht darüber, daß die Unterrichtung zu erfolgen hat, bevor die Betriebsänderung durchgeführt, d.h. die Planung ganz oder auch nur zum Teil umgesetzt wird. [11)]

Aus dem Partizip 'geplant' könnte abgeleitet werden, daß die Unterrichtung erst dann vorzunehmen ist, "wenn der Arbeitgeber seine unternehmerischen Vorüberlegungen abgeschlossen hat, Planziel und Durchführungsmethoden bereits konkretisiert sind, also ein Plan besteht, aus dem sich ergibt, welche arbeitstechnische Änderung der Arbeitgeber beabsichtigt und wie er sie durchführen will" [12)]. Die Unterrichtung wäre dann auf den Zeitpunkt unmittelbar nach der unterneh-

---

7) Vgl. Dietz-Richardi, Bd. 2, § 113 Anm. 4 f.; M. Osterloh: Rechtzeitige Information, S. 333 f.

8) Zur geplanten Ergänzung des § 90 BetrVG s.u. Textziffer 6).

9) M. Osterloh: Rechtzeitige Information, S. 335.

10) Vgl. Dietz-Richardi, Bd. 2, § 111 Anm. 104 ff. mit weiteren Quellen; Fitting-Auffarth-Kaiser-Heither, § 111 Anm. 35 ff.; A. Vogt: Sozialpläne, S. 35 ff.; K. Rumpff: Mitbestimmung, S. 269 ff.; M. Osterloh: Rechtzeitige Information, S. 333-336 mit weiteren Quellen;

11) Vgl. Dietz-Richardi, Bd. 2, § 111 Anm. 105.

12) Dietz-Richardi (1973), § 90 Anm. 2; ähnlich Hess-Schlochauer-Glaubitz, § 90 Anm. 3.

merischen Entscheidung über eine Betriebsänderung fixiert. Allerdings wäre dann die Forderung nach der 'rechtzeitigen' Unterrichtung bedeutungslos. [13]

Es liegt daher nahe, die Planung [14] einer Betriebsänderung als Prozeß aufzufassen und den Unterrichtungszeitpunkt an einer bestimmten Prozeßphase oder -stufe zu orientieren. Die in diesem Zusammenhang in der juristischen Literatur getroffenen Aussagen sind sehr offen und unspezifisch formuliert und daher wenig operational. [15] So müsse die Planung schon 'bis zu einer gewissen Reife gediehen' und der Unternehmer 'im Prinzip' entschlossen sein, eine bestimmte Betriebsänderung durchzuführen. [16]

6) In der Betriebswirtschaftslehre sind verschiedene Phasenmodelle des Planungs-, Entscheidungs- und Kontrollprozesses entwickelt worden. [17] Für die Bestimmung des Unterrichtungszeitpunkts im Rahmen einer Betriebsänderung soll von einem vom REFA-Verband entwickelten Flußdiagramm, das die Stufen eines Entscheidungsprozesses abbildet, ausgegangen werden (s. Abb. 10 [18]).

---

[13] Vgl. A. Vogt: Sozialpläne, S. 38; zur Bedeutung der Begriffe 'geplant' und 'rechtzeitig' sowie ihrer Beziehung zueinander vgl. weiterhin H. Fuchs: Sozialplan, S. 81 ff.; K. Rumpff: Mitbestimmung, S. 269 sowie die jeweils angegebene Literatur.

[14] Zur Unterscheidung von Plan und Planung in diesem Zusammenhang vgl. M. Osterloh: Rechtzeitige Information, S. 334.

[15] Vgl. M. Osterloh: Rechtzeitige Information, S. 334 mit Hinweisen auf Kommentarliteratur.

[16] Vgl. Dietz-Richardi, Bd. 2, § 111 Anm. 106.

[17] Vgl. E. Heinen: Grundlagen, S. 26 f.; J. Henze/P. Brose: Unternehmungsplanung, S.57; H.-Chr. Pfohl: Planung und Kontrolle, S. 61 ff.; H. Weber: Planung, S. 58 ff. (mit einem Überblick über die ältere Planungsliteratur); REFA: Methodenlehre Arbeitsstudium 3, S. 78 ff.; REFA: Methodenlehre Planung 1, S. 33 ff.; D. Hahn: PuK, S. 29 ff. sowie die jeweils angegebene Literatur; zum Verhältnis von (langfristiger) Unternehmensplanung und Mitbestimmung vgl. D. Hahn: Mitbestimmung, S. 354-378.

[18] Fitting-Auffarth-Kaiser-Heither, § 80 Anm. 28 (S. 886) nach REFA: Methodenlehre Arbeitsstudium 3, S.79; ähnlich auch REFA: Methodenlehre Planung 1, S. 34; ähnliche Phasenschemata finden sich bei Stege-Weinspach, § 111-113 S. 68 ff.; M. Osterloh: Rechtzeitige Information, S. 334 ff.

Abb. 10: **Stufen des Planungs-, Entscheidungs- und Kontrollprozesses nach REFA**

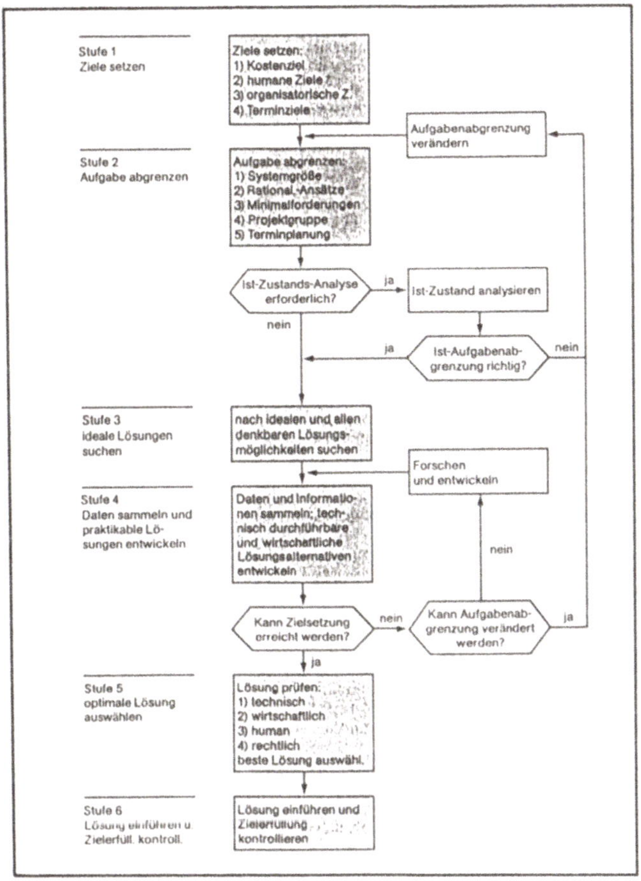

Fitting-Auffarth-Kaiser-Heither halten die Information des Betriebsrats über geplante Maßnahmen, die Beteiligungsrechte auslösen, grundsätzlich für rechtzeitig, wenn sie unmittelbar *nach Abschluß der 5. Stufe* des REFA-Schemas erfolgt.[19] Nur wenn das Gesetz die Beteiligung des Betriebsrats bereits in der Ein-

[19] Vgl. Fitting-Auffarth-Kaiser-Heither, § 80 Anm. 30; im Ergebnis ähnlich dem Ablaufschema der Chemischen Industrie (Vgl. Stege-Weinspach §§ 111-113, S. 68 ff.).

führungsphase verlange - z.B. bei der Anwendung neuer Entlohnungsformen oder von Überwachungseinrichtungen (§ 87 Abs. 1 Nr. 10 und 6 BetrVG) - müsse die Information innerhalb der Stufe 5 erfolgen. [20] Dies ist aber bezüglich einer Betriebsänderung nicht der Fall.

Nach Fuchs soll der Betriebsrat schon in einem 'vorbereitenden' Stadium der Planung eingeschaltet werden, um Gegenvorschläge und Alternativen erarbeiten zu können. Der Unterrichtungszeitpunkt sei gekommen, wenn sich die Betriebsänderung als eine der möglichen unternehmerischen Entscheidungsalternativen abzeichne und daher auch noch darüber verhandelt werden könne, ob sie überhaupt durchgeführt werden muß. [21] Danach wäre der Betriebsrat spätestens nach Abschluß der Stufe 3 des REFA-Schemas zu informieren.

Diese Auffassung könnte sich auch mit dem Wortlaut des Entwurfs eines neu einzuführenden § 90 Abs. 2 BetrVG [22] decken, wonach der Arbeitgeber mit dem Betriebsrat Maßnahmen im Zusammenhang, die sich aus der Planung von Gebäuden, technischen Anlagen, Arbeitsverfahren und - abläufen sowie Arbeitsplätzen nach § 90 Abs. 1 BetrVG ergeben, *so rechtzeitig zu beraten hat, daß dessen Vorschläge und Bedenken bei der Planung noch berücksichtigt werden können.* Löwitsch bezweifelt allerdings, daß damit eine wesentliche Erweiterung gegenüber der bisher geübten Rechtspraxis beabsichtigt ist. [23]
Da der Gesetzgeber zudem auf eine analoge Übertragung der Formulierung des § 90 Abs. 2 auf auf § 111 BetrVG verzichtet, scheint auch zukünftig die Unterrichtung des Betriebsrats von einer geplanten Betriebsänderung erst nach Abschluß der 5. Stufe des REFA-Schemas ausreichend zu sein.

7) Eine vor Stufe 3 des REFA-Schemas erfolgende Einschaltung des Betriebsrats halten dagegen Gaitanides/Gottschalk aus zwei Gründen für sinnvoll: [24]

---

[20] Vgl. Fitting-Auffarth-Kaiser-Heither, § 80 Anm. 31.

[21] Vgl. H. Fuchs: Sozialplan, S. 82.

[22] Vgl. Deutscher Bundestag: Entwurf eines Gesetzes zur Änderung des BetrVG, BT-Drucks. 11/2503 vom 16.6.88, Art. 1, Ziffer 19.

[23] Vgl. M. Löwitsch: Novellierung des Mitbestimmungsrechts, S. 1954.

[24] Vgl. M. Gaitanides/B. Gottschalk: Rechtzeitige Unterrichtung, S. 23; vgl. auch M. Osterloh: Rechtzeitige Information, S. 334., insb. Fußn. 26, 27.

1. Die intensiven Informationstätigkeiten am Anfang des Planungs- und Informationsprozesses, also u.U. schon in der Zielfindungsphase, führen zu Vorentscheidungen, die später nicht mehr revidiert werden. Die Informationsaktivitäten in späteren Prozeßstufen dienen lediglich der Bestätigung dieser Vorentscheidung bzw. der Ablehnung nichtgewählter Alternativen. Daher muß in diesem Fall der Zeitpunkt der 'rechtzeitigen' Unterrichtung mit dem Start des Entscheidungsprozesses angesetzt werden.
2. Die in Phasen abgrenzbare Planungs- und Entscheidungsstruktur läßt sich lediglich bei Entscheidungsproblemen mit geringer Komplexität und geringem Konfliktpotential durchhalten. Gerade diese Voraussetzung wird jedoch bei geplanten Betriebsänderungen in der Regel nicht gegeben sein. Das Problem des *rechtzeitigen* Unterrichtungszeitpunkts ist daher nicht so sehr im Sinne von *frühzeitig*, sondern von *permanent*, das heißt als zeitraumbezogene Aktivität zu interpretieren.

In diesem Sinne plädieren Gewerkschaften dafür, sich hinsichtlich der Informationsrechte des Betriebsrats im Falle einer geplanten Betriebsänderung nicht ausschließlich auf § 111 BetrVG zu stützen, sondern zu versuchen, frühzeitige Informationen schon im Wirtschaftsausschuß (nach § 92 BetrVG) oder im Rahmen der Unterrichtungs- und Beratungsrechte des Betriebsrats über bestimmte Bereiche der Unternehmensplanung (§§ 90, 92 BetrVG) zu erhalten. [25] Durch rechtzeitige Wahrnehmung sämtlicher Informationsrechte, die sich für Betriebsrat und Wirtschaftsausschuß aus dem BetrVG ergäben, sei ein eigenes 'Frühwarnsystem' für eventuelle Betriebsänderungen aufzubauen. [26]

8) Die Festlegung des Unterrichtungszeitpunkts des Betriebsrats wird u.a. bestimmt durch die Planungsstruktur, die wiederum durch die Art des Programms determiniert wird. In diesem Zusammenhang unterscheiden Gaitanides/Gottschalk [27]

---

25) Vgl. DAG (Hrsg.): Interessenausgleich und Sozialplan, S. 24; zu den formellen und informellen 'Durchsetzungsstrategien' zur Verwirklichung der Informations-, Beratungs- und Mitbestimmungsrechte bei der Einführung neuer Technologien vgl. DAG (Hrsg.): Neue Technologien, S. 18 ff.; allerdings belegen nach M. Osterloh (Rechtzeitige Information, S. 333) empirische Untersuchungen die geringe Bedeutung des Wirtschaftsausschusses in der Praxis.

26) Vgl. DAG (Hrsg.): Interessenausgleich und Sozialplan, S. 24.

27) Vgl. M. Gaitanides/B. Gottschalk: Rechtzeitige Unterrichtung, S. 24 f.

1. Konditionalprogramme, die
   - Empfehlungen für eine bestimmte Klasse möglicher Situationen geben,
   - durch bestimmte - genau zu definierende - Umweltbedingungen ausgelöst werden (z.B.: 'Bei einer Lärmbelastung von 90 Dezibel sind Lärmschutzvorrichtungen zu installieren!'),
   - in ihrem Ablauf kausalanalytisch, d.h. nach dem Wenn-dann-Schema strukturiert sind

sowie

2. Zweckprogramme, die
   einen gewünschten Zweck durch disponible Mittel zu erreichen suchen, wobei eine Symmetrie zwischen Mitteln und Zweck dergestalt besteht, daß das zu erreichende Ziel in Abhängigkeit von den zur Verfügung stehenden Mitteln formuliert wird, wobei die Wertvorstellungen der Entscheidungsträger die Problembewertung und Alternativensuche bestimmen.

Während bei Konditionalprogrammen der Eintritt der die Planungsaktivitäten auslösenden Umweltbedingung gleichzeitig den Unterrichtungszeitpunkt determiniert, ist eine derartig genaue Festlegung bei Zweckprogrammen nicht möglich, da der Zweck - in diesem Fall die durch die Betriebsänderung angestrebten wirtschaftlich-technischen Vorteile - durch die Mittel - in diesem Fall die zwischen Betriebsrat und Unternehmer zu beratenden Maßnahmen - bestimmt wird.[28)]

9) Es erweist sich, daß eine generelle Festlegung des Zeitpunkts der *rechtzeitigen* Unterrichtung des Betriebsrats von einer geplanten Betriebsänderung, z.B. durch Orientierung an einer bestimmten Planungsstufe oder -phase, nicht möglich ist.[29)] Vielmehr muß der Betriebsrat versuchen, vornehmlich durch Informationen, die ihm nach §§ 80, 87 und 90 BetrVG zustehen, sich abzeichnende Fakto-

---

28) Vgl. ebenda, S. 25; siehe dazu auch das in Teil III Abschnitt 2 diskutierte Problem der Einbeziehung der Sozialplanleistungen in die Berechnung der Vorteilhaftigkeit einer Betriebsänderung.

29) Vgl. dazu auch die von M. Gaitanides/B. Gottschalk (Rechtzeitige Unterrichtung, S. 25 ff., insb. S. 27) angeführten Ergebnise einer empirischen Untersuchung, nach denen mit zunehmender Komplexität der Planungssituation das Ausmaß der Unterrichtung des Betriebsrats über geplante Maßnahmen abnimmt.

ren, die zu einer Betriebsänderung führen können, zu erkennen, um frühzeitig auf die Entscheidungsfindung Einfluß nehmen zu können. [30]

In diesem Sinne sind in jüngster Zeit neue Formen der Zusammenarbeit zwischen Unternehmensleitung und Betriebsrat in der Praxis institutionalisiert worden. So wurde bei der Klöckner-Humboldt-Deutz AG eine durch beide Gruppen gleichmäßig besetzte 'Paritätische Kommission' gebildet, die fortlaufend über wichtige unternehmenspolitische Entscheidungen (Personalplanung, Produktionsprogramm, insbesondere Make-or-buy-Entscheidungen) berät und die bei Betriebsänderungen als Einigungsstelle fungiert. [31] Die ständige Information des Betriebsrats soll der "Rationalisierung des Verfahrens nach § 111 ff. BetrVG, nicht aber der Ausweitung der Mitbestimmung des Betriebsrats" [32] dienen.

Darüberhinausgehend wird verschiedentlich gefordert, das betriebsverfassungsrechtliche Instrumentarium dahingehend zu erweitern, daß den Betriebsräten grundsätzlich ein qualifiziertes Mitbestimmungsrecht schon in der 'Entwicklungsphase technischer Neuerungen' [33] bzw. vom 'Beginn der Vorbereitung bestimmter betrieblicher Entscheidungen an' [34] eingeräumt wird. Dies erscheint im Hinblick auf die unternehmerische Dispositionsfreiheit bezüglich grundsätzlicher Entscheidungen, die das Unternehmen betreffen, fragwürdig.

---

[30] Allerdings hat der Betriebsrat kein Antrags- oder Initiativrecht bezüglich der Planung oder Vorbereitung von Betriebsänderungen gegenüber dem Unternehmer, vgl. dazu K. Rumpff: Mitbestimmung, S. 266 f.

[31] Vgl. H. Mundorf: Paritätische Kommission, HB vom 3.2.88, S. 2; ders.: Das Beispiel KHD, HB vom 8.2.88, S. 2; ders.: Keine paritätische Mitbestimmung, HB vom 8.2.88, S. 3.

[32] H. Mundorf: Keine paritätische Mitbestimmung, HB vom 8.2.88, S. 3.

[33] Vgl. o.V.: Sozialpflichtigkeit neuer Techniken, HB vom 26.9.85; o.V.: Planung neuer Technik, HB vom 13.2.86

[34] Vgl. SPD-Fraktion des Deutschen Bundestages: Entwurf, Neuformulierung von § 80 Abs. 2 BetrVG: "Zur Durchführung seiner Aufgaben nach dem Gesetz ist der Betriebsrat *vom Beginn der Entscheidungsvorbereitung an* fortlaufend anhand der Unterlagen vom Arbeitgeber zu unterrichten." Konsequenterweise entfällt im Neuentwurf von § 111 Satz 1 BetrVG der Begriff 'rechtzeitig'.

5.1.2 Bestimmung von Umfang und Inhalt der Unterrichtung

1) Nach § 111 S. 1 BetrVG ist der Betriebsrat *umfassend* über die vom Unternehmer geplante Betriebsänderung zu unterrichten. Dabei lassen sich unterscheiden:

Informationen über

- die wirtschaftlichen *Gründe* und *Ursachen* der geplanten Betriebsänderung,
- die im Rahmen der Betriebsänderung beabsichtigten *Maßnahmen* seitens des Unternehmers - nach Inhalt, Umfang und zeitlicher Abwicklung - sowie mögliche Alternativen,
- die sozialen und personellen *Folgen* dieser Maßnahmen *für die Belegschaft*,
- beabsichtigte *Maßnahmen zum Ausgleich oder zur Milderung der Folgen* der Betriebsänderung für die Belegschaft. [35]

2) Zwar sieht § 111 Satz 1 BetrVG anders als § 106 Abs. 2 BetrVG keine Pflicht zur Vorlage von Unterlagen vor, jedoch hat der Betriebsrat nach § 80 Abs. 2 Satz 2 BetrVG auch hier das Recht, sämtliche relevanten Unterlagen zur Verfügung gestellt zu bekommen. [36] Dazu zählen nach Fuchs insbesondere: [37]

- Handels- und steuerrechtliche Jahresabschlüsse (Bilanz und Gewinn- und Verlustrechnung) der letzten Jahre,
- Unterlagen der Kostenrechnung,
- Aufzeichnungen über die Entwicklung von Auftragseingängen und -beständen der letzten Jahre,
- Unterlagen über die Bestandsentwicklung im Vorratsvermögen der letzten Jahre,
- Personalplanungsdaten,
- Unterlagen über die Investitionsplanung (insbesondere im Zusammenhang mit der Einführung neuer Technologien),
- Organisations- und Rationalisierungspläne,
- Gutachten von Unternehmensberatern.

---

[35] Ähnlich vgl. Dietz-Richardi, Bd. 2, § 111 Anm. 110; Fitting-Auffarth-Kaiser-Heither, § 111 Anm. 35; K. Rumpff: Mitbestimmung, S. 276 ff.

[36] Vgl Dietz-Richardi, Bd. 2, § 111 Anm. 111.

[37] Vgl. H. Fuchs: Sozialplan, S. 85 f.; ähnlich DAG (Hrsg.): Interessenausgleich und Sozialplan S. 26;

3) Diese u.a. Unterlagen sind dem Betriebsrat auszuhändigen, der sie - nach Vereinbarung mit dem Arbeitgeber - auch unter Heranziehung betriebsfremder Sachverständiger überprüfen und auswerten darf (§ 80 Abs. 3 BetrVG).[38]

5.2 Weiterführung des Verfahrens: Verhandlungen über Interessenausgleich und Sozialplan

1) Nach der rechtzeitigen und umfassenden Information des Betriebsrats durch den Unternehmer über die von ihm geplante Betriebsänderung ist der Unternehmer weiterhin verpflichtet, mit dem Betriebsrat innerhalb einer bestimmten Frist Beratungen über die Betriebsänderung mit dem Ziel der Herbeiführung einer Einigung über Art und Umfang der Maßnahmen (Interessenausgleich) sowie über eventuell auszugleichende oder zu mildernde Nachteile für die Arbeitnehmer (Sozialplan) aufzunehmen.

2) Kommt eine Einigung über Interessenausgleich bzw. Sozialplan nicht zustande, so ist sowohl der Unternehmer als auch der Betriebsrat berechtigt, aber nicht verpflichtet, das Landesarbeitsamt, vertreten durch seinen Präsidenten, um Vermittlung zu ersuchen.[39]

3) Wird das Landesarbeitsamt nicht angerufen oder bleibt es bei seinen Bemühungen erfolglos, so hat der Betriebsrat die Möglichkeit, der Unternehmer die Pflicht, die Einigungsstelle anzurufen.[40]
Diese besteht nach § 76 BetrVG zu gleichen Teilen aus durch Arbeitgeber und Betriebsrat zu bestellenden Beisitzern sowie einem unparteiischen Vorsitzenden, der im Konfliktfall durch das Arbeitsgericht bestimmt wird.

---

[38] Vgl. H. Fuchs: Sozialplan, S. 86; vgl. dort auch zum Problem der Geheimhaltung.

[39] Vgl. Dietz-Richardi, Bd. 2, § 112, Anm. 148 ff.; zu den negativen Erfahrungen in der Praxis vgl. E. Hemmer: Sozialplanpraxis, S. 126.

[40] Vgl. Dietz-Richardi, Bd. 2, § 113, Anm. 19 ff.

Die Einigungsstelle soll versuchen, zwischen den Vorschlägen von Betriebsrat und Unternehmer bezüglich Interessenausgleich und Sozialplan zu vermitteln.

4) Kommt der Interessenausgleich vor der Einigungsstelle nicht zustande, so kann der Unternehmer, nachdem er nun alle Möglichkeiten, mit dem Betriebsrat zu einer Verständigung zu kommen, ausgeschöpft hat, die Betriebsänderung in der von ihm beabsichtigten Form durchführen. Der Betriebsrat hat insofern keine Mitwirkungsmöglichkeit mehr. Das schließt jedoch nicht aus, daß im Zuge der Betriebsänderung andere, nicht im BetrVG im Zusammenhang mit dem Interessenausgleich geregelte Mitbestimmungs- bzw. Mitwirkungsrechte des Betriebsrats berührt werden, so z.B. bei personellen Einzelmaßnahmen (Einstellungen, Versetzungen, Kündigungen) nach § 99 ff. BetrVG. [41]

5) Erzielen die beteiligten Parteien über einen Sozialplan keine Einigung, so entscheidet die Einigungsstelle bindend über seine Aufstellung. Dabei hat sie sowohl die sozialen Belange der Arbeitnehmer als auch die wirtschaftliche Vertretbarkeit ihrer Entscheidung für das Unternehmen zu berücksichtigen (§ 112 Abs.4 sowie Abs. 5 BetrVG). [42] Der Betriebsrat kann also grundsätzlich die Aufstellung des Sozialplans zu erzwingen. Zwei Ausnahmen sind aber zu beachten.
Der verbindliche Schiedsspruch der Einigungsstelle - und damit die zwangsweise Aufstellung eines Sozialplans - entfällt, wenn nach § 112a BetrVG alternativ folgende Bedingungen erfüllt sind:

a) Die geplante Betriebsänderung
   - findet in Form einer 'Einschränkung oder Stillegung des ganzen Betriebs oder von wesentlichen Betriebsteilen' (gemäß § 111 Satz 2 Nr. 1 BetrVG) statt *und*
   - besteht allein in der Entlassung von Arbeitnehmern (aus betriebsbedingten Gründen) *und*

---

41) Vgl. ebenda, § 112, Anm. 24 f.; weitere Mitbestimmungs- bzw. Mitwirkungsrechte können sich aus §§ 87 ff BetrVG (Soziale Angelegenheiten), §§ 90 ff. BetrVG (Gestaltung von Arbeitsplatz, Arbeitsablauf und Arbeitsumgebung), §§ 92 ff. BetrVG (Personelle Angelegenheiten) ergeben; zu weiteren durch den Arbeitgeber zu beachtenden Rechtsvorschriften vgl. Autorengemeinschaft: Sozialplanpolitik, S. 240.

42) Zur Bestimmung und Abwägung der 'sozialen Belange der Arbeitnehmer' sowie der 'wirtschaftlichen Vertretbarkeit für das Unternehmen' siehe Teil III Abschnitt 2.

- betrifft weniger als eine im Gesetz - in Abhängigkeit von der Zahl der insgesamt im Betrieb Beschäftigten - festgelegte Mindestzahl von Arbeitnehmern;

oder

b) Die geplante Betriebsänderung findet in einem Unternehmen innerhalb der ersten vier Jahre nach seiner Gründung statt [43].

§ 112a BetrVG wurde im Rahmen des Beschäftigungsförderungsgesetzes von 1985 [44] neu in das BetrVG aufgenommen. Der Gesetzgeber beabsichtigt, durch die Einschränkung der Erzwingbarkeit von Sozialplänen bei Betriebseinschränkungen in Form des bloßen Personalabbaus sowie bei Neugründungen besonders mittelständischen Unternehmen einen Anreiz zu bieten, zusätzliche Arbeitsplätze zu schaffen. [45] Dabei wird offensichtlich unterstellt, daß bislang im mittelständischen Bereich neue Arbeitsplätze, die u.U. mit einem hohen Bestandsrisiko behaftet sind, vielfach nicht eingerichtet wurden, weil die Gefahr, durch einen relativ geringen Abbau der Arbeitsplätze in den Regelungsbereich eines erzwingbaren Sozialplans zu kommen, latent war.
Die ohnehin durch § 111 Satz 1 BetrVG hervorgerufene Ungleichbehandlung von Unternehmen unterschiedlicher Größe sowie den jeweils in ihnen beschäftigten Arbeitnehmern [46] wird auf diese Art und Weise allerdings noch verstärkt, da durch die Regelungen des § 112a BetrVG ein zusätzlicher Teil von Unternehmen bzw. Arbeitnehmern von den Sozialplanbestimmungen ausgenommen wird.

6) Die Einigungsstelle beschließt nach mündlicher Beratung über den Sozialplan mit Stimmenmehrheit, ggf. unter Einbeziehung des neutralen Vorsitzenden (Vgl. § 76 Abs. 3 und 4 BetrVG). [47] Besteht der Verdacht, daß die Einigungsstelle die ihr durch das Gesetz zugebilligten Ermessensgrenzen, hier insbesondere die Kri-

[43] Von dieser Erleichterung sind Betriebsänderungen im Rahmen von rechtlichen Umstrukturierungsmaßnahmen innerhalb eines Konzerns ausgenommen (§ 112a Abs. 2 Satz 2 BetrVG).

[44] Beschäftigungsförderungsgesetz 1985 (BeschFG 85) vom 26. April 1985, BGBl. I, Nr. 21, 30.04.85; Art. 2: Änderung des BetrVG.

[45] Vgl. Deutsche Bundesregierung: Entwurf eines Beschäftigungsförderungsgesetzes, S. 17 f. und S. 27 f.

[46] Vgl. Deutscher Bundestag: Jahresgutachten 1987/88, S. 193 f. (Tz. 396 bis Tz. 398), S. 195, Tz. 401.

[47] Vgl. Dietz-Richardi (1973), § 76 Anm. 26 ff.

terien des § 112 Abs. 5 BetrVG, überschritten hat, so können Arbeitgeber oder Betriebsrat binnen zwei Wochen seit der Beschlußfassung die Anfechtung vor dem Arbeitsgericht betreiben (§ 76 Abs.5 Satz 4 BetrVG).

7) Das durch eine Betriebsänderung ausgelöste Verfahren wird in Anlage III im Überblick dargestellt. [48] Dabei wird der realistische Fall angenommen, daß die Beratungen über Interessenausgleich und Sozialplan gleichzeitig bzw. parallel vonstatten gehen. Zwar bestimmt der Interessenausgleich das *Ob*, *Wann* und *Wie* der Betriebsänderung [49] und damit auch das Bestehen und den Inhalt des Sozialplans [50]. Es ist jedoch schon aus zeitlichen Gründen wenig sinnvoll, zunächst das Verfahren zur Herstellung eines Interessenausgleichs bis zum Ende durchzuführen, um erst danach das Verfahren zur Herbeiführung eines Sozialplans zu beginnen. [51]
Weiterhin bestehen zahlreiche Wechselwirkungen zwischen Interessenausgleich und Sozialplan. [52] So kann der Unternehmer versuchen, durch ein Entgegenkommen bei der Dotierung des Sozialplans die Zustimmung des Betriebsrats zu bestimmten Maßnahmen im Rahmen der Betriebsänderung zu erhalten, um nicht in ein Einigungsstellenverfahren eintreten zu müssen. Allerdings ist strittig, ob der Betriebsrat die Durchführung einer Betriebsänderung dadurch verhindern oder zumindest verzögern kann, daß er seine Zustimmung zur Betriebsänderung von der Aufstellung eines Sozialplans abhängig macht. [53]

---

48) Vgl. auch ähnliche Darstellungen bei Autorengemeinschaft: Sozialplanpolitik, S. 239 f.; Stege-Weinspach, § 111-113, S. 68 ff.

49) Vgl. K. Rumpff: Mitbestimmung, S. 285.

50) Dietz-Richardi, Bd. 2, § 113 Anm. 4.

51) Vgl. auch DAG (Hrsg.): Interessenausgleich und Sozialplan S. 10 f., in dem dort angegebenen Ablaufschema wird in einem Stufenverfahren erst über den Interessenausgleich und danach über den Sozialplan verhandelt; zum parallelen Ablauf der Verhandlungen über Interessenausgleich und Sozialplan vgl. Autorengemeinschaft: Sozialplanpolitik, S. 239 f.

52) Vgl. M. Kaven: Sozialplan, S. 60 f.

53) Vgl. Dietz-Richardi, Bd. 2, § 112 Anm. 14 f. (mit weiteren Quellen), die dies für möglich halten; Stege-Weinspach, § 111-113 Anm. 110, wonach das Einigungsstellenverfahren zum Interessenausgleich bei einem derartigen Junktim des Betriebsrats auf Antrag des Unternehmers sofort beendet werden muß, so daß der Unternehmer die Betriebsänderung unabhängig von einer späteren Entscheidung über einen Sozialplan durchführen kann.

8) Zur Beschleunigung des Verfahrens und um etwaigen Verzögerungsmaßnahmen des Betriebsrats Grenzen zu setzen, wurde seitens der Unternehmen vorgeschlagen, bestimmte Fristen für die Verhandlungen über Interessenausgleich und Sozialplan gesetzlich festzusetzen. Eine entsprechende Regelung könnte in etwa wie folgt formuliert sein: [54]

a) 2 Wochen nach Information des Betriebsrats sind die Verhandlungen über Interessenausgleich und Sozialplan aufzunehmen;

b) 3 Wochen nach Aufnahme der Verhandlungen ist die Einigungsstelle anzurufen, falls bis zu diesem Zeitpunkt keine Einigung erzielt wurde;

c) die Einigungsstelle hat spätestens 3 Wochen nach Anrufung zu tagen.

9) Eine Verzögerung des Verfahrens hätte zukünftig dann eintreten können, wenn - wie nach § 33 Entw SprAuG vorgesehen [55] - eine Vereinbarung zwischen Arbeitgeber und Betriebsrat über den Interessenausgleich oder den Sozialplan nach Ansicht des Sprecherausschusses die Interessen der leitenden Angestellten beeinträchtigt hätte. Die Vereinbarung wäre dann auf Antrag des Sprecherausschusses für zwei Wochen auszusetzen gewesen, in denen dieser die Möglichkeit gehabt hätte, mit dem Arbeitgeber und dem Betriebsrat eine Verständigung zu suchen. Wäre diese Frist ohne Einigung abgelaufen, so hätte die Betriebsänderung bzw. der Sozialplan wie ursprünglich zwischen Betriebsrat und Arbeitgeber vereinbart abgewickelt werden können, es sei denn, der Sprecherausschuß hätte beim Arbeitsgericht eine Aufhebung der Vereinbarung erreicht, weil diese gegen die Interessen der leitenden Angestellten gerichtet und unbillig gewesen wäre. Der geplante § 33 Entw SprAuG wird jedoch voraussichtlich nicht umgesetzt. [56] Ein derartiger Interessenkonflikt dürfte zudem ohnehin wegen der Stellung der leitenden Angestellten und ihrer Funktion bei der Planung und Durchführung einer Betriebsänderung in der Praxis selten vorkommen. [57]

---

54) Vgl. E. Hemmer: Sozialplanpraxis, S. 125 f., mit Hinweis auf mögl. Probleme mit derartig starren Regelungen bei Sozialplänen größeren Umfangs.

55) Vgl. Deutscher Bundestag: Entwurf eines Gesetzes zur Änderung des BetrVG, BT-Drucks. 11/2503 vom 16.6.88, Art. 2; siehe auch Anlage I/8.

56) Vgl. o.V.: Die Montan-Mitbestimmung wird zementiert. Sprecherausschüsse für leitende Angestellte, FAZ vom 2.12.88, S. 13 f.

57) Vgl. M. Löwitsch: Novellierung des Mitbestimmungsrechts, S. 1956.

10) Bei der Durchführung der Betriebsänderung hat der Unternehmer eine Reihe gesetzlicher und vertraglicher Bestimmungen zu beachten, darunter die [58]

- Pflicht zur Beratung mit dem Betriebsrat über personelle Einzelmaßnahmen (§ 99 BetrVG),
- Pflicht zur Anhörung des Betriebsrats vor jeder Kündigung (§ 102 BetrVG),
- Pflicht zur Beachtung der Vorschriften zur Beendigung von Dienst- bzw. Arbeitsverträgen (§§ 620 ff. BGB, § 17 TVG, Manteltarifvertrag),
- Antrags- und Meldepflichten gegenüber dem Arbeitsamt bei Massenentlassungen (§ 8 AFG und § 17 KSchG),
- Schutzvorschriften für besond. Personen (MutterSchG,SchwerbG etc.).

11) Der Unternehmer darf bei der Durchführung der Betriebsänderung nicht ohne zwingenden Grund von einer Betriebsvereinbarung über den Interessenausgleich abweichen, da er sonst zum Nachteilsausgleichs gegenüber den Arbeitnehmern durch das Arbeitsgericht verpflichtet werden kann (§ 113 Abs. 1,2 BetrVG).

5.3 Abwicklung des Sozialplans

1) Nach § 112 Abs. 1 Satz 3 BetrVG hat der Sozialplan die Wirkung einer Betriebsvereinbarung. [59] Bei seiner Abwicklung sind die für die Durchführung einer Betriebsvereinbarung geltenden Vorschriften (§ 77 BetrVG) anzuwenden.

2) Die Vornahme von Maßnahmen im Betrieb ist grundsätzlich alleinige Aufgabe des Arbeitgebers. Der Betriebsrat hat insofern kein Mitwirkungsrecht. Dies gilt auch für die Abwicklung des Sozialplans. Allerdings können abweichende Regelungen zwischen beiden Parteien vereinbart werden. [60] So ist vorstellbar, daß der Sozialplan mit einer Höchstsumme festgelegt wird, deren Verteilung

---

[58] Vgl. Autorengemeinschaft: Sozialplanpolitik, S. 240.

[59] Zur Rechtsnatur des Sozialplans vgl. Fitting-Auffarth-Kaiser-Heither, § 112, 112a Anm. 27 ff.; Dietz-Richardi, Bd. 2, § 112 Anm. 80 ff., Hess-Schlochauer-Glaubitz, § 112 Anm. 42 ff.

[60] Vgl. Fitting-Auffarth-Kaiser-Heither, § 77 Anm. 4.

durch den Betriebsrat in Abhängigkeit vom tatsächlichen individuellen wirtschaftlichen Nachteil erfolgt. Eine derartige treuhänderische Verwaltung und Verteilung des Sozialplans durch den Betriebsrat wird allerdings durch seine fehlende Rechtsfähigkeit [61] sowie die Tatsache, daß nicht der Betriebsrat, sondern der einzelne Arbeitnehmer Inhaber der Ansprüche aus einem Sozialplan ist, begrenzt.

3) Der Betriebsrat hat, sofern er nicht unmittelbar an der Abwicklung des Sozialplans beteiligt ist, diese zu überwachen (§ 80 Abs. 1 Nr. 1 BetrVG). Er kann dabei die richtige Durchführung des Sozialplans im arbeitsgerichtlichen Beschlußverfahren erzwingen. [62]

4) Ein Sozialplan läuft regelmäßig in dem Zeitpunkt aus, in dem der Zweck - der Ausgleich der aus einer bestimmten Betriebsänderung für die Arbeitnehmer resultierenden wirtschaftlichen Nachteile - erreicht ist. Er endet damit ohne besondere Vereinbarung mit der letzten Leistung, die aus ihm an die betroffenen Arbeitnehmer gewährt werden muß. [63]
Für vorsorglich per Betriebsvereinbarung oder Tarifvertrag abgeschlossene 'Rahmensozialpläne', die einen Sozialplan nach §§ 111 ff. BetrVG nicht berühren, gelten dagegen die vereinbarten Laufzeiten bzw. Kündigungsfristen.

Ob ein nach §§ 111 ff. BetrVG abgeschlossener Sozialplan auf dem Weg der ordentlichen Kündigung beendet werden kann, ist strittig. Allerdings wird in der Literatur diese Möglichkeit mehrheitlich auf Dauerregelungen (z.B. über den Rationalisierungsschutz von Arbeitnehmern), die sich aus dem Sozialplan ergeben, beschränkt. [64]

---

61) Zu weiteren damit verbundenen Problemen, die sich aus der fehlenden Rechtsfähigkeit des Betriebsrats ergeben, vgl. H. Fuchs: Sozialplan, S. 66 f. sowie Teil V Abschnitt 1 dieser Arbeit.

62) Vgl. Fitting-Auffarth-Kaiser-Heither, § 77 Anm. 8, 70.

63) Vgl. H. Fuchs: Sozialplan, S. 117.

64) Vgl. Fitting-Auffarth-Kaiser-Heither, § 112, 112a Anm. 31; Dietz-Richardi, Bd. 2.. § 112 Anm. 90; Hess-Schlochauer-Glaubitz, § 112 Anm. 95; a.A. H. Fuchs: Sozialplan, S. 117 f.

Eine außerordentliche Kündigung kommt wegen Wegfalls der Geschäftsgrundlage in Betracht, wenn z.B. die Betriebsänderung nicht in der vereinbarten Form durchgeführt wird [65] oder aber vor der Abwicklung des Sozialplans das Konkursverfahren eröffnet wird [66].

5.4 Sanktionen bei Verletzung von gesetzlichen Vorschriften oder von Vereinbarungen mit dem Betriebsrat

1) Führt der Unternehmer eine Betriebsänderung durch ohne den Versuch, mit dem Betriebsrat zu einem Interessenausgleich zu kommen, sei es, weil er die rechtzeitige und umfassende Unterrichtung des Betriebsrats unterlassen oder aber die Durchführung des Verfahrens nicht bis zum Ende, d.h. bis zur Entscheidung der Einigungsstelle, betrieben hat, so kann er nach § 113 Abs. 3 BetrVG vom Arbeitsgericht verpflichtet werden, Arbeitnehmern, die im Zuge dieser Maßnahmen entlassen werden oder andere wirtschaftliche Nachteile erleiden, eine Abfindung zu zahlen oder einen sonstigen Ausgleich zu leisten. [67]

Die Betriebsänderung selbst wird durch den Nachteilsausgleich nicht berührt. [68] Der Betriebsrat hat anders als beim Sozialplan keine Möglichkeit, Art und Umfang der Betriebsänderung als unternehmerische Maßnahme mitzubestimmen.

---

[65] Vgl. M. Kaven: Recht des Sozialplans, S. 137, der auch die Frage diskutiert, ob der Betriebsrat die Aufstellung eines neuen Sozialplans verlangen kann.

[66] Vgl. Fitting-Auffarth-Kaiser-Heither, SozplKonkG § 3 Anm. 18, § 4 Anm. 21 mit weiteren Quellen.

[67] Dabei ist strittig, ob der Unternehmer das Verfahren aus eigener Initiative bis zum Spruch der Einigungsstelle vorantreiben muß (vgl. Dietz-Richardi, Bd. 2, § 113 Anm. 20 mit weiteren Quellen; siehe auch Anlage III) oder ob es ausreicht, wenn er seinen Unterrichtungs- und Beratungspflichten nachkommt und darauf vertraut, daß der Betriebsrat, wenn er die Einigungsstelle nicht anruft, mit der Betriebsänderung einverstanden ist; vgl. dazu Löwitsch, § 113 Anm. 9 mit weiteren Quellen.

[68] Die Verpflichtung zum Nachteilsausgleich "führt ... nicht zu einer Schranke des Unternehmens in seinem rechtlichen 'Können', sondern nur in seinem rechtlichen 'Dürfen'". (Dietz-Richardi, Bd. 2, § 113 Anm. 8).

2) Der Zweck des Nachteilsausgleichs besteht nicht darin, die Betriebsänderung an die Zustimmung des Betriebsrats zu binden, sondern den Unternehmer zu einer Beteiligung des Betriebsrats am Entscheidungsprozeß über die Betriebsänderung zu zwingen, da der Betriebsrat anderenfalls vor der Durchführung der unternehmerischen Maßnahme keine Möglichkeit hätte, einen Sozialplan zu verlangen. [69)] Der Nachteilsausgleich erfüllt damit zugleich eine Sanktionsfunktion gegenüber dem Unternehmer wegen der Verfahrensverletzung sowie eine Kompensationsfunktion gegenüber den betroffenen Arbeitnehmern, die infolge des Fehlverhaltens des Unternehmers nicht in den Genuß von Sozialplanleistungen kommen. [70)]

3) Es wäre jedoch zu eng, den Zweck des Nachteilsausgleichs allein unter Bezug auf den Sozialplan zu sehen. Vielmehr muß sich der gesetzeswidrig handelnde Unternehmer so behandeln lassen, als ob eine Einigung mit dem Betriebsrat vorliegt, derzufolge die geplante Betriebsänderung gänzlich unterbleibt. [71)] Dies ergibt sich aus dem Zweck des Interessenausgleichs, der zunächst darin liegt, eine Betriebsänderung zu verhindern, hinauszuschieben oder durch andere Maßnahmen zu ersetzen und erst in zweiter Linie darin, eine unabwendbare Betriebsänderung so zu gestalten, daß die nachteiligen Auswirkungen für die Arbeitnehmer möglichst gering bleiben. [72)] Daraus folgt, daß ein Anspruch auf Nachteilsausgleich auch dann besteht, wenn der Unternehmer das Beteiligungsverfahren in den in § 112a genannten Fällen, in denen ein Sozialplan ohnehin nicht erzwingbar ist, verletzt. [73)]

---

69) Vgl. Dietz-Richardi, Bd. 2, § 113 Anm. 3.

70) Vgl. H. Ohl: Sozialplan, S. 154 ff.

71) Vgl. Hess-Schlochauer-Glaubitz, § 113 Anm. 15.

72) Vgl. A. Vogt: Sozialpläne, S. 73; siehe auch Teil II Abschnitt 4.1.

73) Vgl. Stege-Weinspach, § 111-113 Anm. 162.

4) Der Unternehmer kann vom Arbeitsgericht auch verpflichtet werden, einen Nachteilsausgleich zu leisten, wenn er ohne zwingenden Grund [74] von einem vereinbarten Interessenausgleich abweicht und einzelne Arbeitnehmer infolgedessen ihren Arbeitsplatz verlieren oder andere wirtschaftliche Nachteile erleiden (§ 113 Abs. 1 und 2 BetrVG). [75]

5) Das Verhältnis von Sozialplan und Nachteilsausgleich wird in der Literatur kontrovers diskutiert. [76] Dabei wird, wenn auch mit unterschiedlichen Begründungen, ein doppelter Ausgleich aus einem Sozialplan und einem Nachteilsausgleich abgelehnt. [77] Wird ein Sozialplan erst nach Beginn der Betriebsänderung aufgestellt, so sind eventuelle Leistungen aus einem Nachteilsausgleich anzurechnen. [78]

6) Ein Wahlrecht für den Unternehmer zwischen der Einhaltung des Verfahrens zu Interessenausgleich und Sozialplan oder Leistung von Abfindungen aus einem Nachteilsausgleich ist mit Zweck und dem Zusammenhang der §§ 111 - 113

---

[74] Vgl. dazu Dietz-Richardi, Bd. 2, § 113 Anm. 4, die die Tatsache, daß der Unternehmer bei einem zwingenden Grund von einem einmal vereinbarten Interessenausgleich abweichen darf, ohne einen Nachteilsausgleich leisten zu müssen, deshalb für inkonsequent halten, weil die Mitbestimmung über einen Sozialplan im Gegensatz dazu nicht davon abhängig ist, ob die Maßnahme aus einem zwingenden Grund getroffen werden muß.

[75] Über die Art der Abfindungen bei Nachteilen nach § 113 Abs. 1 BetrVG (Verlust des Arbeitsplatzes) sowie § 113 Abs. 2 BetrVG (andere wirtschaftliche Nachteile) vgl. H. Ohl: Sozialplan, S. 155 ff.

[76] Vgl. Dietz-Richardi, Bd. 2, § 112 Anm. 140 ff.; H. Ohl: Sozialplan, S. 154 ff.; M. Kaven: Sozialplan, S. 65 ff.; H. Ehmann: Betriebsstillegung, S. 70 ff. Eine vergleichbare Konkurrenz kann sich auch aus Abfindungsansprüchen nach § 113 BetrVG und §§ 9 f. KSchG (sozial ungerechtfertigte Kündigung, z.B. durch Verstoß gegen die soziale Auswahlpflicht) oder zwischen Ansprüchen aus Sozialplänen und aus Tarifverträgen (Rationalisierungsschutzabkommen) ergeben; vgl. H. Ohl: Sozialplan, S. 163 ff.

[77] Führt der Unternehmer eine Betriebsänderung ohne den Versuch eines Interessenausgleichs mit dem Betriebsrat durch (§ 113 Abs. 3 BetrVG), dann kann eine derartige Konkurrenz nur durch die nachträgliche Aufstellung eines Sozialplans entstehen; vgl. Dietz-Richardi, Bd. 2, § 113 Anm.55.

[78] Vgl. Dietz-R., Bd. 2, § 112 Anm. 140 ff.; H. Ohl: Sozialplan, S. 154 ff.; M. Kaven: Sozialplan, S. 65 ff.; H. Ehmann: Betriebsstillegung, S. 70 ff.

BetrVG kaum vereinbar. [79] Eine bewußte Verfahrensverletzung und damit die Vermeidung eines Sozialplans könnte u.U. für den Unternehmer vorteilhaft sein, da das Volumen des Nachteilsausgleichs sowohl in der Höhe durch die Orientierung an den Abfindungen nach § 10 KSchG als auch zeitlich (§ 113 Abs. 2 BetrVG) begrenzt ist, während derartige Begrenzungen bei einem frei auszuhandelnden Sozialplan nicht bestehen. [80] Zudem könnte der Unternehmer ohne Zeitverlust durch Beratung mit dem Betriebsrat und Einigungsstellenverfahren die Betriebsänderung sofort durchführen. Der Betriebsrat kann zwar auch dann die Aufstellung eines Sozialplans verlangen, wenn infolge einer Verfahrensverletzung der Unternehmer zu einem Nachteilsausgleich verpflichtet wurde. [81] Dies ist jedoch wenig erfolgversprechend, da die Ansprüche aus Sozialplan und Interessenausgleich gegeneinander aufgerechnet werden.

Die so gegebene faktische Wahlfreiheit des Unternehmers zwischen Nachteilsausgleich und Sozialplan ließe sich nur durch eine erhebliche Erhöhung der in § 121 BetrVG vorgesehenen Geldbußen sowie eine Erweiterung des Tatbestands der Ordnungswidrigkeit über die Verletzung der Auskunftspflichten hinaus auf die Pflichten des Unternehmers während des gesamten Verfahrens erreichen. [82]

---

79) Vgl. Dietz-Richardi, Bd. 2, § 112 Anm. 40 mit weiteren Quellen.

80) Vgl. H. Ohl: Sozialplan, S. 160 f., der allerdings auch darauf hinweist, daß ein Nachteilsausgleich im Einzelfall ein höheres Volumen als ein Sozialplan aufweisen kann, da vor Gericht die betriebsindividuellen Gegebenheiten schwerer zu berücksichtigen sind als bei internen Verhandlungen zwischen den Betriebspartnern. Darauf deutet auch die Untersuchung von A. Vogt hin (HB vom 3.7. 1986, Anlage II/3 dieser Arbeit), in der bei frei ausgehandelten Sozialplänen ein durchschnittlicher Pro-Kopf-Betrag von ca. 17.500 DM, bei durch die Einigungsstelle festgelegten Sozialplänen von ca. 24.000 DM ermittelt wurde.

81) Vgl. Dietz-Richardi, Bd. 2, § 112 Anm. 40.

82) Vgl. ähnlich H. Ohl: Sozialplan, S., 162 f.

DRITTER TEIL: INHALT VON SOZIALPLÄNEN SOWIE BEMESSUNG UND VERTEILUNG DES SOZIALPLANVOLUMENS

1 Überblick über Inhalt und Umfang von Sozialplänen in der Praxis

1.1 Systematisierung der Bestandteile von Sozialplänen

1) Die Inhalte von Sozialplänen werden über die Rahmenbedingungen des § 112 Abs. 5 Nr. 1 BetrVG hinaus nicht detailliert gesetzlich geregelt. [1] Allein für die Unternehmen des Steinkohlebergbaus wurde eine befristete Anpassungsregelung geschaffen, in der auch Sozialplaninhalte gesetzlich geregelt sind. Danach müssen Bergbauunternehmen, die bei einer Stillegung oder Teilstillegung eines Steinkohlewerks eine Stillegungsprämie der öffentlichen Hand erhalten wollen, einen Gesamtsozialplan aufstellen (§ 7), der für einen bestimmten Personenkreis (§ 24) unter bestimmten Voraussetzungen (§§ 25 f.) eine in Abhängigkeit von der Dauer der Betriebszugehörigkeit gestaffelte, maximal 5.000 DM betragende Mindestabfindung je Arbeitnehmer vorsehen muß (§ 27). [2]

2) Sozialpläne werden nur in seltenen Fällen vollständig veröffentlicht. Der Tagespresse sind lediglich die wichtigsten Eckdaten, wie Zahl der Betroffenen und Sozialplanvolumen insgesamt, zu entnehmen. [3] Eine zentrale Statistik, die sämtliche innerhalb eines Jahres in der Bundesrepublik Deutschland aufgestellten Sozialpläne erfaßt, existiert nicht. [4] Sofern Sozialpläne in ihren Bestandteilen un-

---

[1] 'Gesetz zur Anpassung und Gesundung des deutschen Steinkohlebergbaus und der deutschen Steinkohlebergbaugebiete' von 1968 (Siehe Anl. I/3). Weitere Abfindungsregelungen für den Montanbereich vgl. § 56 Abs. 2 Montanunionvertrag vom 18.4.1951 (Siehe Anlage I/2).

[2] Zu den freiwillig und aufgrund gesetzlicher Bestimmungen im Montanbereich abgeschlossenen Sozialplänen vgl. W. Langemeyer: Wirkungen des Sozialplans, S. 9 ff., mit weiteren Quellen.

[3] Siehe Quellen zu Anlage II/2.

[4] Vgl. A. Vogt: Belastungen aus Sozialplänen; die Bundesanstalt für Arbeit veröffentlicht in unregelmäßigen Abständen eine Statistik über die nach Altersklassen gegliederte Zahl der Arbeitslosen, die Leistungen aus Sozialplänen beziehen, 'soweit diese den Arbeitsämtern bekannt geworden sind'; vgl. ANA, Heft 3, 1985, S. 197.

ter Bezug auf die namentlich genannten Unternehmen wiedergegeben und diskutiert werden, stammen die entsprechenden Veröffentlichungen häufig von Gewerkschaften oder den Gewerkschaften nahestehenden Organisationen. [5] Darüber hinaus werden in verschiedenen Veröffentlichungen zur Sozialplanproblematik Beispiele für die Ausgestaltung von Sozialplänen angeführt. [6]

3) Die Inhalte von Sozialplänen lassen sich in etwa wie folgt systematisieren: [7]

1. Geltungsbereich:
   - Grundsatz: Alle von den im Interessenausgleich festgelegten Maßnahmen betroffenen Arbeitnehmer nehmen am Sozialplan teil;
   - Regelung zu ausgeschiedenen Arbeitnehmern;

2. Kompensationsmöglichkeiten bei Versetzungen:
   a) Einkommenssicherung bei Versetzungen auf einen geringer bezahlten Arbeitsplatz:
      - zeitlich begrenzte Garantie des Durchschnittseinkommens der letzten Monate einschließlich Zuschlägen, Festlegung des Anpassungszeitraums (Rückführung auf niedrigeren Durchschnittsverdienst);
      - anteilige Abfindungen bei Einrichtung von Teilzeitarbeitsplätzen;
      - Regelung für ältere Arbeitnehmer;

   b) Finanzierung von Umschulungen:
      - Art, Träger der Umschulung (in Zusammenarbeit mit der Arbeitsverwaltung);

---

[5] Vgl. DAG: Interessenausgleich und Sozialpläne in der Praxis; Autorengemeinschaft: Sozialplanpolitik.

[6] Zu empirischen Untersuchungen über Sozialplänen vgl.: E. Hemmer: Sozialplanpraxis; A. Vogt: Sozialpläne, S. 174 ff.; A. Vogt: Maßstäbe, S. 235 bis S. 239; A. Vogt: Folgelasten, S. 212-215; B. v. Bieler: Die wirtschaftliche Vertretbarkeit von Sozialplänen, S. 115 ff.; zu einzelnen Beispielen für Sozialpläne in der Praxis vgl. E. Hemmer: Sozialplanpraxis, S. 171 ff.; H. Ohl: Sozialplan, S. 222 ff.; zu verschiedenen Varianten von Sozialplänen in Abhängigkeit von der Art der Betriebsänderung oder der Größe des Unternehmens vgl. G. Schaub: Formularsammlung, S. 210-229; zu Erhebungen über Sozialpläne im Konkurs- und Vergleichsverfahren vgl. V. Gessner/ K. Plett: Sozialplan im Konkursunternehmen; dabei Beispiele von Sozialplänen auf S. 139 ff.

[7] Vgl. Autorengemeinschaft: Sozialplanpolitik, S. 69; ähnlich H. Ohl: Sozialplan, S. 81-121.

- Verdienstsicherung durch Unternehmen (z.B. Zahlung der Differenz zwischen Leistungen nach AFG und bisherigem Nettoeinkommen);
- Regelung der Weiterbeschäftigung nach Umschulung;
- Regelung einer möglichen Rückzahlungsverpflichung des Arbeitnehmers;

c) Übernahme zusätzlicher finanzieller Belastungen des Arbeitnehmers (z.B. bei Versetzungen an einen anderen Ort):
   - Fahrt-/Reisekostenersatz (befristet);
   - Trennungsentschädigungen (befristet);
   - Beihilfen für Kosten des Umzugs und der Einrichtung der neuen Wohnung;
   - Mietkostenzuschüsse, Ausgleich von Mietpreisdifferenzen (befristet);

3. Kompensationsmöglichkeiten bei Beendigungen der Arbeitsverhältnisse:

3.1 Beendigung der Arbeitsverhältnisse durch Kündigungen/Aufhebungsverträge:

a) Abfindungen: Bestimmung der Art der Kündigung sowie der Berechnungsmodalitäten (Mindestbetriebszugehörigkeit etc.);

b) Fortgewährung sonstiger finanzieller Leistungen:
   - Weihnachtsgeld (des lfd. Jahres);
   - vermögenswirksame Leistungen (befristet);
   - Jubiläumszuwendungen (anteilig, befristet);
   - Werksdarlehen (Beibehaltung, Neuregelung der Zins- und Tilgungsmodalitäten);

c) Fortgewährung sonstiger nicht-finanzieller Leistungen:
   - Wohnrecht in Werkswohnungen (befristet);
   - Jahresurlaub (ganz oder anteilig);
   - Freistellung für Stellensuche;
   - Belassung von Einkaufsmöglichkeiten im Unternehmen, Weitergewähr von Deputaten;
   - Beibehaltung des Nutzungsrechts betrieblicher Sozialeinrichtungen;

3.2 Beendigung der Arbeitsverhältnisse durch vorzeitige Pensionierungen:

- Ausgleichszahlungen bis zum Renteneintritt (Vorruhestandsregelungen);
- Ausgleichszahlungen für Minderung der gesetzlichen (Alters-) Rente;
- Bemessung der betrieblichen Altersversorgung;

4. Sonstige Regelungen, Schlußbestimmungen:
   - Ausbildungsverhältnisse;
     (Fortführung im selben Betrieb [Unternehmen], Vermittlung eines anderen Ausbildungsplatzes [Übernahme zusätzlicher Kosten]);
   - Einrichtung von Härtefonds für Notfälle;
   - Günstigkeitsklauseln gegenüber Gesetzen, Tarifverträgen, Rationalisierungsschutzabkommen, sonstigen Betriebsvereinbarungen oder Einzelverträgen;
   - Anrechnung anderer Abfindungsleistungen (Nachteilsausgl. etc.);
   - Regelungen über die (Nicht-) Anrechnung von Leistungen der Arbeitslosenversicherung, der Arbeitslosenhilfe oder der Sozialhilfe;
   - steuerliche Regelungen;
   - Inkrafttreten, Laufzeit des Sozialplans.

1.2 Finanzieller Umfang von Sozialplänen in der Praxis

1) Ebenso wie die inhaltlichen Bestandteile kann der finanzielle Umfang von in der Praxis abgeschlossenen Sozialplänen wegen der lückenhaften Publizität nur global angegeben werden. Als aussagekräftige Kennziffern wären denkbar: [8]

a) das Volumen sämtlicher in der Bundesrepublik Deutschland erfaßten Sozialpläne,

b) das Volumen sämtlicher für eine Branche erfaßten Sozialpläne,

c) das Volumen sämtlicher erfaßten Sozialpläne, gegliedert nach Größenklassen von Betrieben/Unternehmen,

d) das Volumen sämtlicher erfaßten Sozialpläne, gegliedert nach Rechtsformen von Unternehmen,

e) das Volumen sämtlicher erfaßten Sozialpläne bei Unternehmensfortführung,

f) das Volumen sämtlicher erfaßten Sozialpläne im Insolvenzverfahren (Konkurs/Vergleich),

g) das Volumen sämtlicher durch Beratungen zwischen Betriebsrat und Arbeitgeber abgeschlossenen Sozialpläne,

h) das Volumen sämtlicher durch den Spruch einer Einigungsstelle zustandegekommenen Sozialpläne,

jeweils
- insgesamt,
- pro betroffenen Betrieb/Unternehmen,
- pro betroffenen Arbeitnehmer.

---

[8] Vgl. A. Vogt: Belastungen aus Sozialplänen.

2) Die für die jeweiligen Kennziffern geltenden Gesamtwerte lassen sich am einfachsten ermitteln, haben jedoch den geringsten Aussagewert, da sie weder die Größe der Betriebe noch die spezifischen Gegebenheiten der Branchen, sowohl aus der Sicht der Unternehmen, als auch aus der Sicht der Arbeitnehmer (Beschäftigungsaussichten), berücksichtigen. Bei den für unterschiedliche Branchen ermittelten Werten ist zu berücksichtigen, daß durch die Subventionierung von Sozialplänen durch die öffentliche Hand vor allem im Steinkohlebergbau, aber auch in anderen Bereichen der Montanindustrie [9] Verzerrungen auftreten können.
Bezieht man die einzelnen Kennziffern auf die betroffenen Betriebe bzw. Arbeitnehmer, so ergeben sich Durchschnittswerte, die die individuellen Gegebenheiten der einzelnen Sozialpläne nicht widerspiegeln können.

3) Wegen der beschränkten Verfügbarkeit der Daten [10] und der Unsicherheit, ob die im folgenden ausgewertete Erhebung Vogts (Siehe Abb. 12) tatsächlich repräsentativ für die Gesamtheit der zustandegekommenen Sozialpläne ist, sollen die Kennziffern vorrangig im Zeitvergleich interpretiert werden, um zumindest Tendenzaussagen treffen zu können.

---

9) Vgl. Förderungen nach dem 'Gesetz zur Gesundung des deutschen Steinkohlebergbaus und der deutschen Steinkohlegebiete' sowie nach dem 'Montanunionvertrag' (Siehe Anlage I/3 und 2); zu Inhalt und Bedeutung der Sozialplanregelungen im Montanbereich im einzelnen vgl. W. Langemeyer: Wirkungen des Sozialplans, S. 9 ff.

10) So sind z.B. Untersuchungen über das Volumen von Sozialplänen, die sich an der Größe von Unternehmen orientieren, bisher nur in geringer Zahl und mit kaum repräsentativen Ergebnissen veröffentlicht worden; vgl. V. Gessner/K. Plett: Sozialplan im Konkursunternehmen, S. 77, die für den Bereich der Sozialpläne bei Konkursunternehmen als Größenmerkmale die Lohnsumme, die Bilanzsumme und den Umsatz verwenden; lediglich Vermutungen ohne konkrete Zahlenangaben vgl. G. von Hoyningen-Huene: Vertretbarkeit von Sozialplänen, S. 102; Deutscher Bundestag: Jahresgutachten 1987/88, S. 194 Tz. 396.

Abb. 11: **Entwicklung der Sozialplanvolumina in der Bundesrepublik Deutschland von 1970 - 1986** [11)]

Zeitraum / Merkmal	1970 - 1979		1980 - 1986		Veränd.
Gesamtvolumen aller erfaßten Sozialpläne		254.000.000 DM		3.470.000 DM	+ 1266%
Zahl der erfaßten Betriebe		46		123	+ 167%
Zahl der erfaßten Arbeitnehmer		25.787		198.302	+ 669%
durchschnittliches Sozialplanvolumen - pro Betrieb		5.500.000 DM		26.500.000 DM	+ 382%
- pro Arbeitnehmer		9.853 DM		17.502 DM	+ 78%
Preisindex der Lebenshaltung	für 1974	77,9	für 1983	115,6	+ 48%
Index der-Bruttowochen-verdienste der Industrie-arbeiter	für 1974	69,5	für 1983	111,0	+ 60%
Index der Bruttomonats-verdienste der Angestellten	für 1974	67,7	für 1983	113,7	+ 68%
Index der Arbeitspro-duktivität je Beschäftigtem	für 1974	81,7	für 1983	105,0	+ 29%

11) Vgl. A. Vogt: Belastungen aus Sozialplänen (vollständige Wiedergabe der Erhebung siehe Anlage III/3); Lebenshaltungskostenindex aus: Statistisches Bundesamt (Hrsg.): Statistisches Jahrbuch 1986, S. 510; Bruttoverdienste: ebenda, S. 466 und 474; Produktivitätsindex: ebenda, S. 189 sowie Statistisches Jahrbuch 1976, S. 486 (umbasiert auf 1980 = 100).

Im Zeitablauf sind das erfaßte Sozialplanvolumen, die Zahl der Betriebe sowie der Arbeitnehmer insgesamt, für die ein Sozialplan abgeschlossen wurde, wie auch die durchschnittlichen Volumina pro Betrieb bzw. pro Arbeitnehmer angewachsen. Das Instrument des Sozialplans ist demnach, geht man von einem unveränderten Publizitätsverhalten aus, in den letzten 17 Jahren in zunehmendem Maße in Anspruch genommen worden. Auch die finanziellen Belastungen pro Betrieb sowie die Höhe der Abfindungen pro Kopf sind erheblich gestiegen. [12)] Berücksichtigt man allerdings den im gleichen Zeitraum angewachsenen Lebenshaltungskostenindex, so verbleibt ein wesentlich geringerer realer Anstieg des Sozialplanvolumens pro Kopf um ca. 30%. Dieser Anstieg könnte mit einer längeren durchschnittlichen Arbeitslosigkeit nach der Entlassung infolge einer Betriebsänderung oder einem über der Steigerungsrate der allgemeinen Lebenshaltungskosten liegenden Anstieg der Kosten für Umschulungs- und Weiterqualifikationsmaßnahmen erklärt werden.
Gemessen an der Erhöhung der Bruttoverdienste von Arbeitern und Angestellten für den gleichen Zeitraum liegt die Steigerungsrate des Pro-Kopf-Volumens der Sozialpläne nur unwesentlich höher [13)], was jedoch auch nicht verwunderlich ist, da sich die Abfindungen in der Regel an der Höhe der zuletzt erhaltenen Bruttoverdienste orientieren.

4) Innerhalb einzelner Branchen ergeben sich deutliche Unterschiede bezüglich der Höhe der abgeschlossenen Sozialpläne. So lag das durchschnittliche Pro-Kopf-Volumen in der Textilindustrie zuletzt bei 4.100 DM, das der Stahlindustrie bei 14.100 DM, das der chemischen Industrie bei 16.000 DM und das der metallverarbeitenden Industrie bei 20.200 DM. [14)] Daß auch darüber hinaus noch weit

---

[12)] Gleichzeitig hat die Zahl der durchschnittlich von einem Sozialplan in einem Betrieb betroffenen Arbeitnehmer von 560 (für 1970-79) auf 1612 (für 1980 bis 1986) und damit um 187% zugenommen.

[13)] Zu einem ähnlichen Ergebnis kommt man, wenn man zusätzlich zur Steigerung des Lebenshaltungskostenindexes die Erhöhung der Arbeitsproduktivität einbezieht.

[14)] Vgl. A. Vogt: Belastungen aus Sozialplänen; zu etwas abweichenden Werten vgl. Befragung des Instituts der deutschen Wirtsch., o.V.: Abfindungen, HB vom 10.3.87, S. 3 sowie E. Hemmer: Sozialplanpraxis, S. 62 ff.

höhere Pro-Kopf-Abfindungen gezahlt werden, beweisen die Ergebnisse einer Erhebung des Instituts der Deutschen Wirtschaft: [15]

Abb. 12: Verteilung der Pro-Kopf-Abfindungen aus Sozialplänen nach dem BetrVG

Abfindungen pro Kopf	Betroffene Arbeitnehmer
bis 5.000 DM	17,2 %
5.000 DM bis 9.999 DM	25,2 %
10.000 DM bis 14.999 DM	18,4 %
15.000 DM bis 19.999 DM	13,1 %
20.000 DM bis 29.999 DM	12,5 %
30.000 DM bis 39.999 DM	7,5 %
über 40.000 DM	6,0 %

5) Insgesamt sind wohl auch für die Zukunft steigende Sozialplanvolumina zu erwarten. So wird für die in der Ruhr-Stahlindustrie in den nächsten Jahren freizusetzenden rund 20.000 Arbeitnehmer mit Sozialplänen von zusammen weit über 1 Mrd. DM und damit einem durchschnittlichen Pro-Kopf-Anteil von über 50.000 DM gerechnet. [16]

6) Über die Bedeutung der finanziellen Belastung durch Sozialpläne für die betroffenen Unternehmen in Relation zu den mit der zugrundeliegenden Betriebsänderung angestrebten ergebnisverbessernden Wirkungen gibt es keine verläßlichen Informationen. Aus einer Erhebung des Instituts der deutschen Wirtschaft ergibt sich, daß vor allem mittelständische Unternehmen zur Finanzierung von Sozialplänen in erheblichem Umfang Kredite aufnehmen oder Vermögenswerte liquidieren mußten. Weiterhin belasteten die Aufwendungen für Sozialplanleistungen bzw. -rückstellungen nicht nur das Jahresergebnis, sie führten vielfach sogar zu einer teilweisen oder vollständigen Aufzehrung des Eigenkapitals. In einigen Fällen lagen die Sozialplanaufwendungen über der Nettoinvestitionssumme.[17]

---

[15] Vgl. o.V.: Sozialpläne: Pro-Kopf-Abfindungen, HB vom 3./4.4.87, S. 7.

[16] Vgl. o.V.: Stahlstiftung an der Ruhr ? HB vom 6./7.3.87, S. 1.

[17] Vgl. E. Hemmer: Sozialplanpraxis S. 43 ff.; o.V.: Abfindungen, HB vom 10.3.87, S. 3.

7) Die sich durchschnittlich im Rahmen von Insolvenzverfahren ergebende Pro-Kopf-Quote von Sozialplanleistungen beträgt nach der Erhebung Vogts rund ein Drittel der Quote von Sozialplänen bei fortgeführten Unternehmen [18]. Dabei ist zu berücksichtigen, daß nur bei einem geringen Teil der Konkursunternehmen ein Sozialplan überhaupt zustande kommt. In einer Untersuchung für das Jahr 1980 wurde ein Anteil von 2,6% ermittelt. [19]

8) Die durch die Einigungsstelle bestimmten Sozialplanvolumina lagen bezüglich des durchschnittlichen Pro-Kopf-Anteils mit rund 21.400 DM um ca. 20% über den in den Verhandlungen zwischen Unternehmer und Betriebsrat ohne Einschaltung der Einigungsstelle durchschnittlich erreichten Pro-Kopf-Quoten von 17.000 DM. [20] Neben einer eventuellen Verzögerung der beabsichtigten Betriebsänderung sowie den zusätzlichen Kosten der Einigungsstelle [21] muß der Unternehmer auch noch mit vergleichsweise höheren Belastungen aus dem Sozialplan rechnen, wenn er den Verfahrensweg ausschöpft, statt in den Verhandlungen mit dem Betriebsrat zu einer einvernehmlichen Lösung zu kommen. [22]

---

[18] Vgl. A. Vogt: Belastungen aus Sozialplänen; diese Quote wird möglicherweise noch geringer ausfallen, da die im Erhebungszeitraum 1980-86 abgeschlossenen Sozialpläne mehrheitlich noch nicht unter die Begrenzungen des SPG gefallen sein dürften.

[19] Vgl. V. Gessner/K. Plett: Sozialplan im Konkurs, S. 35.

[20] Vgl. A. Vogt: Belastungen aus Sozialplänen.

[21] Vgl. V. Gessner/K. Plett: Sozialplan im Konkurs, S. 70 ff.; o.V.: Einigungsstellen / Oft zu hohe Vergütungen in der Vergangenheit, HB vom 28.3.88, S. 1.

[22] Vgl. Deutscher Bundestag: Jahresgutachten 1987/88, S. 195, Tz. 401 ('Drohkosten'); vgl. auch W. Glaubitz: Kosten des Einigungsstellenverfahrens S. 555 ff.

2 Bemessung des Sozialplanvolumens bei Unternehmensfortführung

2.1 Bestimmung der sozialen Belange der Arbeitnehmer

1) Bei der Bemessung des Sozialplanvolumens sind nach der Generalklausel des § 112 Abs. 5 BetrVG neben der wirtschaftlichen Vertretbarkeit des Sozialplans für das Unternehmen die sozialen Belange der Arbeitnehmer zu beachten. Zwar gilt diese Regelung zunächst nur bei der Festlegung des Sozialplans durch die Einigungsstelle, sie wird aber auch für die vorgelagerten Beratungen zwischen Arbeitgeber und Betriebsrat eine Rolle spielen, nicht zuletzt deshalb, weil der Schiedsspruch mit Ausnahme der in § 112 a BetrVG genannten Fälle erzwungen werden kann.

2) Die Einigungsstelle hat die sozialen Belange der Arbeitnehmer und die wirtschaftlichen Interessen des Unternehmens 'im Rahmen des billigen Ermessens' abzuwägen. Vor der Änderung des BetrVG durch das BeschFG bestanden hinsichtlich der Ausfüllung dieses unbestimmten Rechtsbegriffs keine gesetzlichen Normen. Die Einigungsstelle konnte nach eigenem Ermessen entscheiden, welche Nachteile den Arbeitnehmern durch die Betriebsänderung entstehen und wie diese auszugleichen oder zu mildern waren. [1]

3) Seit der Einfügung des § 112 Abs. 5 BetrVG hat die Einigungsstelle ihre Entscheidung an folgenden drei Kriterien zu orientieren: [2]

1. Individuelle wirtschaftliche Nachteile des einzelnen Arbeitnehmers (*Einzelfallorientierung*);
2. Weitere *Beschäftigungsaussichten der Arbeitnehmer* im selben Unternehmen und am Arbeitsmarkt;
3. *Vermeidung einer Gefährdung des Unternehmens* bzw. der nach der Betriebsänderung im Unternehmen *verbleibenden Arbeitsplätze*.

---

1) Vgl. Stege-Weinspach, § 111-113 Anm. 128 mit Verweis auf die Rechtsprechung.

2) Zum Problem der Einschränkung des 'billigen Ermessens' durch diese Kriterien vgl. Fitting-Auffarth-Kaiser-Heither, § 112, 112a Anm. 33 sowie Stege-Weinspach, § 111-113 Anm. 128.

4) *Einzelfallorientierung* bedeutet, daß in der Regel bei der Bestimmung des Sozialplanvolumens auf den einzelnen Arbeitnehmer Bezug zu nehmen ist, indem die wahrscheinlichen Nachteile des einzelnen Arbeitnehmers oder einer Gruppe von Arbeitnehmern [3] festgestellt und einzeln bewertet werden. Ein Ausdruck der Einzelfallorientierung des Sozialplans ist auch das Gebot, solche Arbeitnehmer von Leistungen auszuschließen, die einen zumutbaren Arbeitsplatz im selben Betrieb bzw. im selben Unternehmen bzw. im selben Konzern ablehnen (§ 112 Abs. 5 Satz 2 BetrVG). [4] Konsequenterweise müßte dieser Ausschluß auch für Arbeitnehmer gelten, die einen zumutbaren Arbeitsplatz bei einem anderen Unternehmen ablehnen, obwohl dies das Gesetz nicht ausdrücklich vorsieht. [5]

Kriterien oder Grenzen der Zumutbarkeit eines neuen Arbeitsplatzes sind im Sozialplan festzulegen. Zumutbar können z.B. sein

- ein Arbeitplatz an einem anderen Ort, auch wenn damit persönliche Härten (Beruf des Ehepartners, schulpflichtige Kinder, Eigenheim etc.) verbunden sind;
- der Wegfall von Überstunden;
- eine niedrigere Einstufung in der betrieblichen Hierarchie.

Als unzumutbar gilt dagegen die Herabstufung des Arbeitnehmers in eine niedrigere Tarifgruppe, auch wenn ein (vorübergehender) Lohnausgleich gewährt wird, oder die Umsetzung auf einen Arbeitsplatz mit geringerer beruflicher Qualifikation. [6]

---

3) Vgl. Stege-Weinspach, § 111-113 Anm. 130.

4) Vgl. BAG-Beschluß vom 27.10.87, in dem die Kürzung der Sozialplanleistungen in diesem Fall für zulässig erklärt wird.

5) Allerdings dürften wegen § 112 Abs. 5 Satz 1 BetrVG (Berücksichtigung der Aussichten der betroffenen Arbeitnehmer am Arbeitsmarkt) Arbeitnehmer, die sofort oder nach kurzer Unterbrechung wieder einen Arbeitsplatz finden, kaum in den Genuß umfangreicher Leistungen kommen, sofern die Sozialplanleistungen nicht in einem Betrag, sondern fortlaufend gezahlt werden (Vgl. Fitting-Auffarth-Kaiser-H., §§ 112, 112a Anm. 35).

6) Vgl. Fitting-Auffarth-Kaiser-Heither, §§ 112, 112a Anm. 35; Stege-Weinspach, § 111-113 Anm. 138 f. (mit Beispielen); im Gegensatz zu Fitting u.a. halten Stege-Weinspach (§ 111-113 Anm. 138) eine erheblich geringere Bezahlung für in der Regel zumutbar, "da sie im Verhältnis zur sonst notwendig werdenden Entlassung als das geringere Übel angesehen und vom Arbeitnehmer hingenommen werden muß".

5) In aller Regel ist die Feststellung der dem einzelnen Arbeitnehmer entstehenden Nachteile entweder nur mit großem Zeitaufwand oder aufgrund der Prognoseschwierigkeiten überhaupt nicht möglich. Um die Aufstellung und Abwicklung von Sozialplänen nicht unnötig zu verzögern, wird auch nach neuem Recht eine pauschalierende Vorgehensweise für zulässig gehalten. [7]

Die pauschale Bestimmung des Sozialplanbedarfs kann anhand verschiedener in der Literatur beschriebener Berechnungsverfahren erfolgen, in die eines oder mehrere der folgenden Kriterien eingehen:

a) Lebensalter,
b) Arbeitslosigkeit (voraussichtliche Dauer),
c) Betriebszugehörigkeit,
d) (Brutto-) Verdienst,
e) Familienstand,
f) Zahl der Kinder,
g) Behinderteneigenschaft

des jeweiligen Arbeitnehmers. [8]

Diese Verfahren werden meist unter dem Gesichtspunkt der *Verteilung* des Sozialplans als Entschädigung für den Verlust des Arbeitsplatzes erörtert. [9] Abgesehen davon, daß den Sozialplanleistungen keine Abfindungs-, sondern eine Überbrückungsfunktion zukommt, geht es hier nicht um die Verteilung des Sozialplans, sondern um die Ermittlung (Prognose, Schätzung) des Sozialplanbedarfs entsprechend der sozialen Belange der Arbeitnehmer. Die Verteilung eines ausgehandelten Sozialplans sollte entsprechend dem tatsächlichen individuellen Bedarf der Arbeitnehmer erfolgen, bis die verfügbaren Mittel erschöpft sind.

---

[7] Vgl. Begründung zu § 112 Abs. 5 BetrVG, in: Deutsche Bundesregierung: Entwurf eines Beschäftigungsförderungsgesetzes, BT-Drucks. 10/2102, S.27; BAG-Beschluß vom 27.10.87; zur Zulässigkeit von Pauschalierungen nach der Rechtsprechung zum bisherigen § 112 BetrVG und nach neuem Recht vgl. Fitting-Auffarth-Kaiser-Heither, §§ 112, 112a Anm. 22, 34; Stege-Weinspach, § 111-113 Anm. 135; D. Reuter: Sozialplan, S. 28, mit Kritik an den 'gängigen' Verfahren.

[8] Zu den *Kriterien* vgl. V. Gessner/K. Plett: Sozialplan im Konkursunternehmen, S. 86; A. Vogt: Sozialpläne, S. 115; D. Reuter: Sozialplan, S. 28; H. Ohl: Sozialplan, S. 138 ff.; zu den *Verfahren* vgl. V. Gessner/K. Plett: Sozialplan im Konkursunternehmen, S. 90 ff.; H. Ohl: Sozialplan, S. 85 ff.; A. Vogt: Sozialpläne, S. 120 ff.; E. Hemmer: Sozialplanpraxis, S. 78 ff.

[9] Vgl. stellvertretend V. Gessner/K. Plett: Sozialplan im Konkursunternehmen, S. 82 ff.; A. Buchner: Sozialplanverpflichtungen, S. 65-72.

Bei der pauschalen Ermittlung der Abfindungsbeträge nach § 10 KSchG werden die Kriterien des Lebensalters und der Betriebszugehörigkeit so miteinander verknüpft, daß der Abfindungsanspruch mit dem Lebensalter und der Dauer der Betriebszugehörigkeit anwächst: [10]

Abb. 13/1: **Abfindungsbeträge nach § 10 KSchG in Abhängigkeit von Dienstalter und Lebensjahren**

Nach Beschäftigungsjahren \ Im Alter von	20	25	30	35	40	45	50	55	60	64
1	1	1	1	1	1	1	1	1	1	1
5		5	5	5	5	5	5	5	5	5
10			10	10	10	10	10	10	10	10
15				12	12	12	15	15	15	15
20					12	12	15	18	18	18
25						12	15	18	18	18
30							15	18	18	18
35								18	18	18
40									18	18
44										18

Auch bei der Berechnung des Sozialplanvolumens in der Praxis werden diese beiden Kriterien mit weitem Abstand vor allen anderen am häufigsten berücksichtigt, [11] was jedoch nur zum Teil gerechtfertigt ist.

6) Das Lebensalter beeinflußt den Abfindungsbedarf in zweierlei Hinsicht:

a) Zum einen nehmen mit zunehmendem Alter die Aussichten auf Eingliederung in einen neuen Arbeitsplatz ab [12], wodurch der Überbrückungsbedarf tendenziell mit dem Alter des Arbeitnehmers ansteigt.

---

[10] Vgl. J. Hesse: Abfindungsregelungen, S. 223, Abb. 1.

[11] Vgl. V. Gessner/K. Plett: Sozialplan im Konkursunternehmen, S. 86.

[12] Vgl. D. Reuter: Sozialplan, S. 28.

Abb. 13/2: **Entwicklung des individuellen Sozialplanbedarfs in Abhängigkeit von der Wahrscheinlichkeit, keinen neuen Arbeitsplatz zu finden (Wiedereingliederungsrisiko)** [13)]

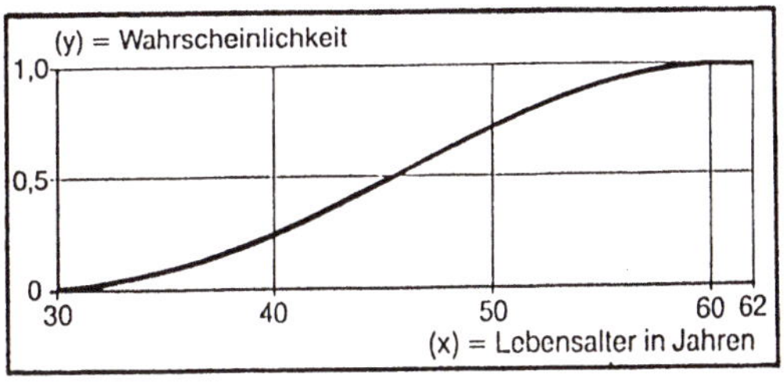

b) Zum anderen wird mit zunehmendem Alter der Überbrückungszeitraum und damit auch der Sozialplanbedarf bis zur Altersrente bei steigenden Rentenansprüchen kleiner (Vgl. Abb. 13/3 [14)]). [15)]

Abb. 13/3: **Entwicklung des individuellen Sozialplanbedarfs in Abhängigkeit von der zeitlichen Nähe zum Eintritt in das Rentenalter**

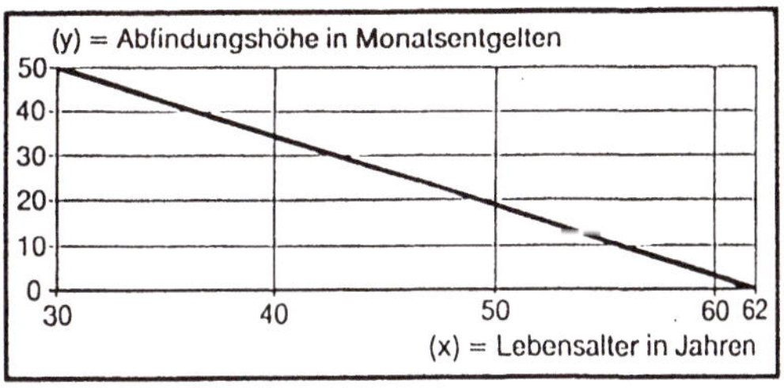

Kombiniert man beide Merkmale, so ergibt sich in Abhängigkeit vom Lebensalter in etwa folgende Entwicklung des individuellen Sozialplanbedarfs: [16)]

---

13) Vgl. J. Hesse: Abfindungsregelungen, S. 225.

14) Vgl. ebenda, S. 224; zu den darin enthaltenen Annahmen vgl. ebenda.

15) Vgl. D. Reuter: Sozialplan, S. 29.

16) Vgl. J. Hesse: Abfindungsregelungen, S. 225; zu den darin enthaltenen Annahmen vgl. ebenda.

Abb. 13/4: **Entwicklung des individuellen Sozialplanbedarfs in Abhängigkeit vom Lebensalter**

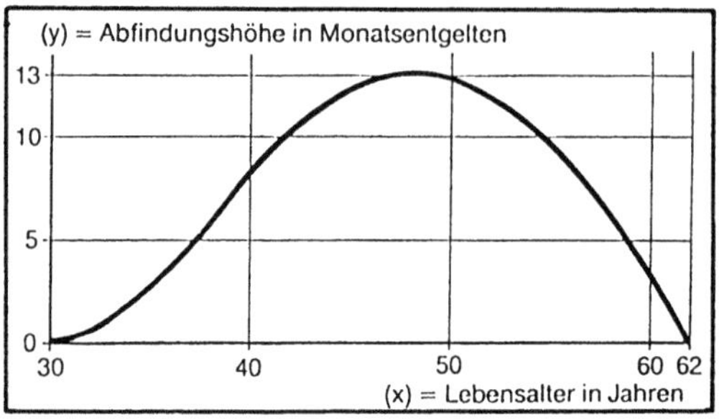

7) Berücksichtigt man zusätzlich das Kriterium der Betriebszugehörigkeit durch Erhöhung des Abfindungsbetrags um eine mit dem Dienstalter steigende 'Treueprämie' (Abb. 13/5 [17]), so ergibt sich unter Zugrundelegung einer Höchstgrenze von 18 Monatsgehältern in etwa die in Abb. 13/6 [18] dargestellte Verteilung des individuellen Sozialplanbedarfs:

Abb. 13/5: **Entwicklung des individuellen Sozialplanbedarfs in Abhängigkeit von der Betriebszugehörigkeit**

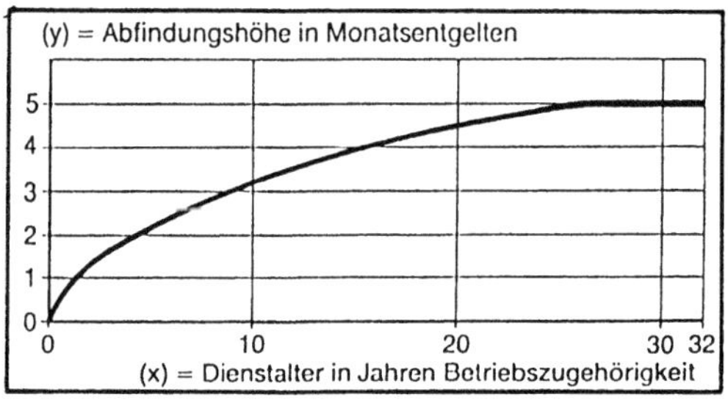

---

[17] Vgl. ebenda, S. 225, Abb. 5

[18] Vgl. ebenda, S. 226, Abb. 7

Abb. 13/6: **Individueller Sozialplanbedarf in Abhängigkeit vom Lebensalter und der Betriebszugehörigkeit**

Nach Beschäftigungsjahren \ Im Alter von	20	25	30	35	40	45	48	50	55	60	62
1	1,0	1,0	1,0	1,6	2,6	3,4	3,6	3,6	2,9	1,6	1,0
5		2,2	2,2	3,5	5,8	7,7	8,1	8,0	6,5	3,6	2,2
10			3,2	4,9	8,2	10,8	11,4	11,3	9,2	5,1	3,2
15				6,0	10,0	13,2	13,9	13,8	11,2	6,2	3,9
20					11,6	15,2	16,0	15,9	13,0	7,2	4,5
25						17,1	18,0	17,9	14,6	8,1	5,0
30								17,9	14,6	8,1	5,0
35									14,6	8,1	5,0
40										8,1	5,0
42											5,0

Verglichen mit der Staffelung des Abfindungsbedarfs nach § 10 KSchG (Abb. 13/1) steigt hier der Sozialplanbedarf nicht bis zum Rentenalter an. Vielmehr wird das Maximum bei einem Lebensalter von 48 und einer Beschäftigungsdauer von mindestens 25 Jahren erreicht, um danach wegen des geringeren Überbrükkungsbedarfs bis zum Eintritt in das Rentenalter wieder abzunehmen.

Das vergangenheitsbezogene Kriterium der Dauer der Betriebszugehörigkeit ist allerdings ohne Bedeutung, wenn man den Zweck des Sozialplans in einer zukunftsorientierten Überbrückung wirtschaftlicher Belastungen aufgrund einer Betriebsänderung sieht. [19] Ein mit steigender Dauer der Betriebszugehörigkeit anwachsender Sozialplananspruch würde außerdem diejenigen Arbeitnehmer, die in der Vergangenheit eine geringe Mobilität gezeigt haben, gegenüber anderen Arbeitnehmern nachträglich bevorteilen. [20]

19) Die Betriebszugehörigkeit wäre nur dann relevant, wenn man von einer Entschädigungsfunktion des Sozialplans ausgeht. Der Abfindungsbedarf des Arbeitnehmers würde dann mit der Betriebszugehörigkeit anwachsen. Zur Abfindungshöhe in Abhängigkeit vom Lebensalter (Wiederbeschäftigungsrisiko, Rentennähe) und der Beschäftigungsdauer vgl. J. Hesse: Abfindungsregelungen, S. 225.

20) Vgl. D. Reuter: Sozialplan, S. 28 f.; ähnlich vgl. A. Vogt: Sozialpläne, S. 116, dessen Kritik insofern fehlgeht, als der Sozialplan keinen Ausgleich für in der Vergangenheit aufgrund einer höheren Mobilität realisierte Einkommensvorteile darstellt.

Eliminiert man den Einfluß der Beschäftigungsdauer aus der Abb. 13/6, so ergibt sich die folgende Verteilung des voraussichtlichen individuellen Sozialplanbedarfs: [21]

Abb. 13/7: Individueller Sozialplanbedarf in Abhängigkeit vom Lebensalter

Lebensjahr	30	35	40	45	48	50	55	60	62
Sozialplan-bedarf *)	0,0	2,8	8,0	12,1	13,0	12,9	9,6	4,1	0,0

*) als x-faches Monatsgehalt

Dabei wurde als Obergrenze des individuellen Sozialplanbedarfs das 13-fache Monatsgehalt [22] angenommen, das bei einem Lebensalter von 48 Jahren erreicht wird.

8) Wie bei der Dauer der Betriebszugehörigkeit, so handelt es sich auch bei dem (zuletzt erzielten) (Brutto-) Einkommen um eine vergangenheitsbezogene Größe, die nach Reuter bei der Berechnung des Sozialplanbedarfs entweder gar nicht oder aber als negative Korrekturkomponente zu berücksichtigen sei, da mit wachsendem in der Vergangenheit erzieltem Einkommen auch die Bildung wachsender finanzieller Reserven bei dem Arbeitnehmer möglich wäre, die die Sozialplanbedürftigkeit tendenziell verminderten. [23]
Dagegen spricht, daß nach § 112 Abs. 5 Nr. 1 BetrVG im Sozialplan u.a. auch ein Ausgleich von Einkommensverlusten und anderer Sonderleistungen erfolgen soll, die letztlich nur nach dem bisherigen Einkommen bemessen werden können. Da-

[21] Vgl. J. Hesse: Abfindungsregelungen, S. 226, Abb. 6 (Zeile 1 unter Abzug der 'Treuekomponente'); diese Werte liegen auch Abb. 13/7 zugrunde.

[22] Dabei kann man sich an dem in § 10 KSchG als höchstmögliche Abfindung vorgesehenen 18-fachen Monatsverdienst als maximale Abfindung bei rechtswidrigen Kündigungen orientieren und unter Berücksichtigung eines rechtskonformen Verhaltens des Arbeitgebers eine Reduzierung der Obergrenze des individuellen Sozialplanbedarfs auf das 13-fache Monatsgehalt annehmen; vgl. G. v. Hoyningen-Huene: Vertretbarkeit von Sozialplänen, S. 107.

[23] Vgl. D. Reuter: Sozialplan, S. 29.

bei ließe sich argumentieren, daß bei einem Arbeitsplatzverlust der Überbrükkungsbedarf um so höher ist, je höher das zuletzt erzielte Einkommen war, da dem Arbeitnehmer erhebliche Einkommensverluste bei der Übernahme eines neuen Arbeitsplatzes nicht zugemutet werden können. Der Verzicht auf das Kriterium des Einkommens ist auch deshalb kaum möglich, weil eine sinnvolle Ersatzgröße zur Quantifizierung des zukünftigen Sozialplanbedarfs nicht zur Verfügung steht. Es bietet sich allenfalls an, das Einkommen um soziale Komponenten zu modifizieren. So können infolge des Familienstandes, der Zahl der Kinder, einer etwaigen Behinderung etc. Mobilitätsverluste der Arbeitskraft auftreten, die einen höheren Anpassungsbedarf (für Umschulungen, Fahrtkosten usw.) erwarten lassen. Liegen diese Merkmale nicht vor, so ist der ermittelte Sozialplanbedarf zu kürzen.

9) Durch Addition des für jeden einzelnen Arbeitnehmer individuell bestimmten Sozialplanbedarfs ergibt sich der Gesamtbedarf der von der Betriebsänderung betroffenen Arbeitnehmer. Ergibt die anschließende Prüfung der wirtschaftlichen Vertretbarkeit für das Unternehmen, daß das endgültige Sozialplanvolumen unter dem Gesamtbedarf liegt, so ist die Sozialplanleistung für jeden Arbeitnehmer linear oder nach einer anderen Regel zu kürzen.[24]
Nimmt der Arbeitnehmer nur einen Teil der für ihn vorgesehenen Sozialplanleistungen in Anspruch, so kann die Differenz zur Deckung der Sozialplanansprüche anderer Arbeitnehmer - die aufgrund des ursprüglichen Sozialplanvolumens nicht hätten befriedigt werden können - verwendet werden. Anderenfalls fällt sie an das Unternehmen zurück
Diese Überlegungen setzen allerdings voraus, daß, sollen Rückzahlungen durch die Arbeitnehmer vermieden werden, die Sozialplanleistungen nicht vorab in einem Betrag, sondern fortlaufend entsprechend der tatsächlichen Bedürftigkeit der Arbeitnehmer gezahlt werden.[25] Daraus können sich im Konkursfall Schwierigkeiten ergeben, da das Verfahrensende u.U. durch eine lange Laufzeit des Sozialplans verzögert wird.

---

[24] Vgl. P. Hanau: Mitbestimmung über Sozialplan, S. 103.

[25] So schlägt Hanau (vgl. ebenda) vor, zunächst erst (pauschale) Überbrükkungsleistungen zu zahlen und eine endgültige Regelung erst vorzunehmen, wenn sich die wirtschaftlichen Nachteile konkretisieren.

2.2 Bestimmung der wirtschaftlichen Vertretbarkeit des Sozialplans für das Unternehmen

2.2.1 Begriff und Inhalt der 'wirtschaftlichen Vertretbarkeit'

1) Der Sozialplan soll nach § 112 Abs. 5 Satz 1 BetrVG für das Unternehmen *wirtschaftlich vertretbar* sein, was offensichtlich dann nicht mehr gegeben ist, wenn der Sozialplan den *Fortbestand des Unternehmens* gefährdet (§ 112 Abs. 5 Nr. 3 BetrVG). Die in § 112 Abs. 5 Nr. 1 und 2 BetrVG aufgeführten Kriterien dienen der Konkretisierung der zu mildernden oder auszugleichenden Nachteile der Arbeitnehmer und begrenzen dadurch die Sozialplanansprüche der Arbeitnehmer. Inwieweit die innerhalb dieser Grenzen angemessenen Ansprüche aber aus der Sicht des Unternehmens wirtschaftlich vertretbar sind, bleibt unklar.

2) Im Fall des Konkurses ist das Sozialplanvolumen per Gesetz zweifach begrenzt: Sozialplanleistungen können nur dann als bevorrechtigte Konkursforderungen geltend gemacht werden, wenn je Arbeitnehmer das 2,5-fache des jeweiligen Monatsverdienstes geltend gemacht wird und die Ansprüche insgesamt nicht mehr als ein Drittel der Konkursmasse betragen (§§ 2, 4 SPG).

Da diese Regelungen außerhalb der Insolvenz nicht zum tragen kommen, könnte eine konkrete Beschränkung des Sozialplanvolumens nur über eine systematische Auslegung[1] der Vorschriften zum Sozialplan und zum Nachteilsausgleich im BetrVG erfolgen. Danach können im Sozialplan die Abfindungsgrenzen des § 10 KSchG, die nach § 113 Abs. 1, 2. Halbsatz BetrVG für den Nachteilsausgleich anzusetzen sind, nicht überschritten werden, da der Unternehmer bei gesetzeskonformem Verhalten keinesfalls schlechter zu stellen ist als bei der Sanktion gesetzeswidriger Maßnahmen.[2] Vielmehr wird verschiedentlich ein deutliches Unterschreiten dieser Grenzen zur Bestimmung des Höchstsatzes des Sozialplanvolu-

---

1) Zu den Methoden der Gesetzesauslegung vgl. K. Larenz: Methodenlehre, S. 298 ff.

2) Vgl. Dietz-Richardi, Bd. 2, § 112 Anm. 62; zu weiteren Autoren, die die begrenzende Wirkung des § 113 BetrVG auch vertreten vgl. ebenda Anm. 61 sowie G. v. Hoyningen-Huene: Vertretbarkeit von Sozialplänen, S. 106, Fußn. 42.

mens gefordert, da bei einem ordnungsgemäßen Verhalten des Unternehmers der Strafcharakter der Abfindungen - wie er im Nachteilsausgleich oder bei sozial ungerechtfertigten Kündigungen nach § 10 KSchG gegeben sei - entfalle. Dabei bleibt allerdings unklar, warum in diesen Fällen die Arbeitnehmer in den Genuß der Strafzahlung des Unternehmers gelangen sollen. [3]

Die Orientierung des Sozialplanvolumens an den Grenzen des § 10 KSchG bzw. des § 113 BetrVG ist jedoch nicht unumstritten [4], zumal der Gesetzgeber eine entsprechende, im Gesetzgebungsverfahren vorgeschlagene Norm [5] nicht in § 112 BetrVG aufgenommen hat. [6]

3) In der juristischen Kommentarliteratur [7] wird die wirtschaftliche Vertretbarkeit von Sozialplänen wenig erschöpfend behandelt. [8] Die Diskussion dieses Problems aus betriebswirtschaftlicher Sicht hat erst in jüngster Zeit eingesetzt, beschränkt sich aber überwiegend auf die Sozialpläne im Insolvenzfall. [9]

4) Eine Konkretisierung des unbestimmten Begriffs der *wirtschaftlichen Vertretbarkeit* ist aus Gründen der rechtlichen und wirtschaftlichen Sicherheit für die Unternehmen erforderlich, da sie zur Beurteilung der Vorteilhaftigkeit einer Be-

---

3) Vgl. G. v. Hoyningen-Huene: Vertretbarkeit von Sozialplänen, S. 107.

4) Die Begrenzung durch § 113 BetrVG erkennen z.B. nicht an: H. Fuchs: Sozialplan, S. 31 ff.; Glaperin-Löwitsch, § 112 Anm. 24 ff.; zu weiteren Quellen vgl. G. v. H.-Huene: Vertretbarkeit von Sozialplänen, S. 106, Fußn. 42; vgl. auch LAG Hamm, Beschluß vom 13.11.85.

5) Vgl. Deutsche Bundesregierung: Entwurf eines Betriebsverfassungsgesetzes, BT-Drucksache 6/1786, S. 66.

6) Vgl. Dietz-Richardi, Bd. 2, § 112 Anm. 62, die die fehlende Übernahme in das Gesetz jedoch nicht als Argument anerkennen wollen.

7) Vgl. u.a. Stege-Weinspach, § 111-113 Anm. 140-141; Fitting-Auffarth-Kaiser-Heither, §§ 112, 112a Anm. 37; Dietz-Richardi, Bd. 2, § 112 Anm. 61-63.

8) So auch G. von Hoyningen-Huene: Vertretbarkeit von Sozialplänen, S. 102; E. Hemme: Sozialplanpraxis, S. 129.

9) Vgl. R. Haje: Sozialplaneinfluß auf Insolvenzentscheidungen; H.-J. Marschdorf: Unternehmensverwertung und Personalabbau; J. Drukarczyk: Unternehmen und Insolvenz, Kap. 9, (Sozialplan und Insolvenz), S. 321; Ausnahmen stellen dar B. v. Bieler: Die wirtschaftliche Vertretbarkeit von Sozialplänen; W. Langemeyer: Wirkungen des Sozialplans.

triebsänderung die ihnen im ungünstigsten Fall erwachsenden Belastungen aus einem Sozialplan abschätzen können müssen. [10]
In diesem Zusammenhang sind folgende drei Fragen zu klären:

1. Für wen muß der Sozialplan wirtschaftlich vertretbar sein, da das Unternehmen 'an sich' kein eigenständiges Interesse aufweist?
2. Anhand welcher (Rechen-) Größen ist die wirtschaftliche Vertretbarkeit des Sozialplans zu bestimmen, und mittels welcher Informationsinstrumente lassen sich diese Größen gewinnen?
3. Lassen sich (Ober-) Grenzen der wirtschaftlichen Vertretbarkeit von Sozialplänen bestimmen?

5) Da das Unternehmen selbst entgegen dem Wortlaut des Gesetzes kein bestimmbares Interesse hat, läßt sich die wirtschaftliche Vertretbarkeit des Sozialplans nur in bezug auf die wirtschaftlichen Interessen der Teilnehmer an einem Unternehmen bestimmen. [11]

a) Aus der Sicht der nach der Betriebsänderung verbleibenden Arbeitnehmer ist ein Sozialplan dann nicht vertretbar, wenn er ihre Arbeitsplätze gefährdet. Diese vordergründig einleuchtende Bestimmung des § 112 Abs. 5 Nr. 3 BetrVG ist aber insofern problematisch, als daraus ein Austauschverhältnis abgeleitet werden könnte zwischen der Höhe des Sozialplans und der Zahl der verbleibenden Arbeitsplätze. [12] Das würde bedeuten, daß mit zunehmenden Sozialplanleistungen immer weniger Arbeitsplätze erhalten werden können und umgekehrt bei einen völligen Verzicht auf einen Sozialplan die wenigsten Arbeitsplätze abgebaut werden müßten. Dieser Konflikt zwischen ausscheidenden und im Betrieb verbleibenden Arbeitskräften läßt sich ohne eine Verteilungsregel nicht lösen. [13]

b) Aus der Sicht der Gläubiger des Unternehmens ist der Sozialplan unvertretbar, wenn ihre Forderungen auf Zins und Tilgung infolge der Bedienung des So-

---

[10] Zur Einbeziehung der Sozialplanleistungen in die *Wirtschaftlichkeitsrechnung* des Unternehmens vgl. E. Dorndorf: Sozialplan im Konkurs, S. 60; D. Reuter/J. Körnig: Mitbestimmung bei Betriebsänderungen, S. 334.

[11] Vgl. J. Drukarczyk: Vertretbarkeit von Sozialplänen, S. 117;

[12] Vgl. ebenda, S. 117 f.

[13] Auch dadurch erweist sich die Unhaltbarkeit der These vom Sozialplan als betriebsinternem Lastenausgleich ('Sonderopfertheorie' nach Beuthin; siehe Teil II Abschnitt 4.2.2).

zialplans nicht oder nicht fristgerecht erfüllt werden können. Daraus läßt sich allgemein ableiten, daß ein Sozialplan dann nicht vertretbar ist, wenn er die Liquidität bzw. die Schuldendeckungsfähigkeit des Unternehmens gefährdet.

c) Aus der Sicht der Eigentümer ist der Sozialplan nach v.Hoyningen-Huene grundsätzlich unvertretbar, weil durch ihn eine wirtschaftliche Belastung des Unternehmens stattfindet, ohne daß eine entsprechende Gegenleistung erbracht wird, und sich der Wert des Unternehmens und damit der Wert des Vermögens der Eigenkapitalgeber dadurch vermindert. [14]

Dieser Auffassung ist insofern nicht zuzustimmen, als der Sozialplan eine Folge einer unternehmerischen Maßnahme darstellt, die letztlich auf eine Verbesserung der Vermögenssituation der Eigenkapitalgeber abzielt. Es wurde bereits dargelegt, daß der Zweck des Sozialplans sinnvollerweise darin besteht, die wirtschaftlichen Folgen der Betriebsänderung für die Arbeitnehmer nicht auf die Allgemeinheit abzuwälzen, sondern zumindest z.T. in die Entscheidung des Unternehmers über die Vorteilhaftigkeit einer Betriebsänderung einzubeziehen, d.h. eine Internalisierung der sozialen Folgelasten der Betriebsänderung zu erreichen. [15]

6) Für die Berücksichtigung der Sozialplanansprüche der Arbeitnehmer im Entscheidungskalkül des Unternehmers lassen sich drei Möglichkeiten unterscheiden.

a) Man ermittelt die Summe der Sozialplanansprüche aller von der Betriebsänderung betroffenen Arbeitnehmer und bezieht diese als feste Größe in das Entscheidungskalkül des Unternehmers über die Betriebsänderung bzw. den Sozialplan mit ein;

---

[14] Vgl. G. v. Hoyningen-Huene: Vertretbarkeit von Sozialplänen, S. 102 f.; abweichend davon J. Drukarczyk (Vertretbarkeit von Sozialplänen, S. 117), der lediglich feststellt, daß es nicht im Sinne des Gesetzgebers sein kann, "wenn die Interessen der Eigentümer durch Sozialplanleistungen zugunsten betroffener Arbeitnehmer beliebig zurückgedrängt werden könnten". Die Interdependenzbeziehungen zwischen Sozialplan, Betriebsänderung und personellen Anpassungsmaßnahmen werden von L. Langemeyer (Wirkungen des Sozialplans, S. 74 ff.) detailliert dargestellt.

[15] Vgl. J. Drukarczyk: Vertretbarkeit von Sozialplänen, S. 117; siehe auch Teil II Abschnitt 4.2.2.

b) man ermittelt die Summe der Sozialplanansprüche der Arbeitnehmer sowie den wirtschaftlichen Vorteil des Unternehmers aus der Betriebsänderung und versucht zwischen beiden Größen eine Abwägung vorzunehmen.

Als Kompromiß wäre vorstellbar:

c) Man geht wie bei b) vor, bezieht jedoch in die Rechnung zur Ermittlung der Vorteilhaftigkeit der Betriebsänderung eine Mindestsozialplanleistung mit ein.

7) [zu 6 a] In der Literatur wird nahezu ausschließlich die erste Möglichkeit erörtert. [16] Die Auswirkungen der vollständigen Einbeziehung der Sozialplanleistungen in das Kalkül des Unternehmers (= Eigenkapitalgebers) seien in Anlehnung an Drukarczyk anhand folgender Überlegungen dargestellt. [17] In einem Unternehmen ohne persönlich haftende Gesellschafter, das eine im Vergleich zu einer Alternativanlage ungenügende Rentabilität aufweist, sehen sich die Eigenkapitalgeber vor folgende Entscheidungsalternativen gestellt: [18]

- Sanierung des Unternehmens durch Betriebsänderung und Sozialplan;
- Liquidation des Unternehmens unter Aufstellung eines Sozialplans;
- unveränderte Fortführung des Unternehmens ohne Sozialplan.

Bei einer *Sanierung* des Unternehmens (I) gilt für die Eigentümer:

$$EK_S = V_S - GA_S - SP_S$$

$$EK_S = EK_{S/vSP} - SP_S$$

EK_S: Eigenkapital nach Sanierung einschließlich Sozialplan
$EK_{S/vSP}$: Eigenkapital nach Sanierung vor Sozialplan
V_S: Bruttovermögen im Sanierungsfall (zu Fortführungswerten)
SP_S: Sozialplan im Sanierungsfall
GA_S: Ansprüche der übrigen Gläubiger im Sanierungsfall

---

16) Soweit ersichtlich stellt hier lediglich v. Hoyningen-Huene (Vertretbarkeit von Sozialplänen) eine Ausnahme dar, der entsprechend der Möglichkeit 6 b) die Bildung eines arithmetischen Mittels zwischen den Sozialplanansprüchen der Arbeitnehmer und dem wirtschaftlichen Vorteil aus der Betriebsänderung vorschlägt (s.u. in diesem Abschnitt).

17) Vgl. dazu J. Drukarczyk: Unternehmen und Insolvenz, S. 331 ff.

18) Die Möglichkeit der Veräußerung des Unternehmens als Ganzes wird wegen der mit einem Betriebsübergang nach § 613a BGB verbundenen Probleme hier nicht behandelt; vgl. dazu Drukarczyk: Unternehmen und Insolvenz, S. 353 ff.

Bei einer *Unternehmensliquidation* (II) gilt:

$$EK_L = V_L - GA_L - SP_L$$

$$EK_L = EK_{L/vSP} - SP_L$$

EK_L: Eigenkapital nach Liquidation einschließlich Sozialplan
$EK_{L/vSP}$: Eigenkapital nach Liquidation vor Sozialplan
V_L: Bruttovermögen im Liquidationsfall (zu Zerschlagungswerten)
SP_L: Sozialplan im Liquidationsfall
GA_L: Ansprüche der übrigen Gläubiger im Liquidationsfall

Bei einer *unveränderten Fortführung* des Unternehmens (III) gilt:

$$EK_F = V_F - GA_F$$

EK_F: Eigenkapital bei Fortführung
V_F: Bruttovermögen im Fortführungsfall (zu Fortführungswerten)
GA_F: Ansprüche der übrigen Gläubiger im Fortführungsfall

Vergleicht man zunächst die ersten beiden Fälle, so ergibt sich, daß der Sozialplan bei Sanierung (I) in der Regel günstiger ist als bei einer Liquidation (II), da

- der Betriebsrat bei einer Sanierung im Interesse der verbleibenden Arbeitnehmer eher geneigt ist, eine niedrige Sozialplanleistung pro Kopf zu vereinbaren und
- bei einer Liquidation alle, bei einer Sanierung dagegen nur ein Teil der Arbeitnehmer Sozialplanleistungen erhalten.

Könnten die Gesellschafter in einer Welt ohne Sozialplan durch die Liquidation des Unternehmens ein höheres Vermögen erzielen als bei einer Sanierung, [19] so würde der Zwang, einen Sozialplan aufstellen zu müssen, zu einer Umkehr der Vorteilhaftigkeit dieser Alternativen führen, und zwar dann, wenn der Vermögensvorteil der Liquidation durch den höheren Sozialplan übertroffen wird. [20] Es gilt dann:

$$EK_{L/oSP} - EK_{S/vSP} < SP_L - SP_S$$

[19] Was eher unwahrscheinlich ist, da in der Regel die Fortführungswerte über den Liquidationswerten des Vermögens liegen und im Liquidationsfall die Schulden sofort und in voller Höhe (Rückstellungen wären auf ihren Erfüllungsbetrag zu bringen) anzusetzen sind.

[20] Vgl. dazu J. Drukarczyk: Unternehmen und Insolvenz, S. 335.

Bezieht man die Summe der individuellen Sozialplanansprüche der Arbeitnehmer als feste Größe in das Entscheidungskalkül des Eigentümers mit ein, so kann die Sozialplanregelung bewirken, "daß Unternehmen, die in einer Welt ohne §§ 111-113 BetrVG liquidiert würden, de lege lata fortgeführt werden" [21].

Dieses im Sinne der Arbeitnehmer begrüßenswerte Ergebnis kommt aber nur deshalb zustande, weil die Eigentümer sämtliche sozialen Folgelasten der Betriebsänderung zu tragen haben und eine Abwägung zwischen den Interessen der Arbeitnehmer und des 'Unternehmens' nicht stattfindet. Die allein wirtschaftlich begründete Entscheidung der Eigentümer wird davon abhängig gemacht, in welchem Maße die Arbeitnehmer ihre Ansprüche bei den Verhandlungen über den Sozialplan oder vor der Einigungsstelle durchsetzen können.

In Fortsetzung dieser Überlegungen könnten die Eigentümer auf eine Betriebsänderung gänzlich verzichten, um so einen Sozialplan zu vermeiden. Auf diese Weise würde verhindert, daß das Kapital außerhalb oder innerhalb des Unternehmens eine effizientere Anlage findet. Mittelfristig wird durch die Verzögerung oder Verhinderung der Betriebsänderung die Konkurswahrscheinlichkeit erhöht. Im Falle der Insolvenz können die im Unternehmen verbliebenen Arbeitnehmer - die in der Zwischenzeit ausgeschiedenen erhalten ohnehin keine Leistungen aus einem Sozialplan - nur mit einer geringen Befriedigung ihrer Sozialplanansprüche rechnen. [22]

8) Geht man davon aus, daß es dem Eigentümer nicht gelingt, die Belastungen aus dem Sozialplan auf andere Gruppen abzuwälzen, indem er Gläubiger zum Forderungsverzicht, verbleibende Arbeitnehmer zum Einkommensverzicht oder ausscheidende Arbeitnehmer zum Verzicht auf Sozialplanleistungen veranlaßt [23], so wird er nur noch solche Betriebsänderungen planen, die unter Einbeziehung der Sozialplanleistungen vorteilhaft sind. [24] Mit dieser vollständigen In-

---

21) Ebenda, S. 336.

22) Zu den Sozialplanansprüchen im Konkurs siehe Teil III Abschnitt 3.2.

23) Zum Problem des 'Weiterwälzens' vgl. J. Drukarczyk: Vertretbarkeit von Sozialplänen, S. 117 f.

24) Siehe Teil III Abschnitt 2.2.2 zur Bestimmung des Sozialplanvolumens mittels der Investitionsrechnung.

ternalisierung verschwindet aber auch das Problem der Bestimmung der wirtschaftlichen Vertretbarkeit von Sozialplänen. [25]

Allerdings ergibt sich auf diese Weise nur eine Scheinlösung des Problems, da die wirtschaftliche Vertretbarkeit völlig von den Ansprüchen einer Seite abhängig gemacht wird, mit anderen Worten, in vielen Fällen die Höhe der im vorhinein festgelegten Sozialplanleistungen bestimmt, ob eine Betriebsänderung wirtschaftlich vorteilhaft ist und damit durchgeführt wird oder nicht. [26] Der wirtschaftlichen Vertretbarkeit kommt dann nicht einmal mehr eine 'Korrekturfunktion' [27] zu.

9) Werden die Sozialplanaufwendungen von vornherein als gegebene Größe in die Vorteilhaftigkeitsbetrachtung einbezogen, so könnte eine Betriebsänderung, die - ohne Berücksichtigung eines Sozialplans - wirtschaftlich geboten ist, um das Unternehmen und damit auch einen Teil der Arbeitsplätze zu erhalten, durch den Ansatz von Sozialplanleistungen, die sich ausschließlich an den wirtschaftlichen Nachteilen der betroffenen Arbeitnehmer orientieren, verhindert werden.

Der Fall, in dem die Sozialplanaufwendungen die Wahl zwischen zwei Alternativen - beispielsweise zwischen der Fortführung und der Liquidation des Unternehmens - so bestimmen, daß ohne Sozialplan eine andere Alternative gewählt wird als mit Sozialplan, wird in der Literatur auch als 'Entscheidungsumkehrung' oder 'Präferenzkonsequenz' bezeichnet. [28]

10) [zu 6 b] Die Alternative zur vollständigen Internalisierung der Sozialplanleistungen in das Entscheidungskalkül des Unternehmers besteht darin, die Vorteilhaftigkeit der Betriebsänderung zunächst unabhängig von möglichen Sozialplanleistungen zu bestimmen.

---

25) Vgl. J. Drukarczyk: Vertretbarkeit von Sozialplänen, S. 117.

26) G. von Hoyningen-Huene (Vertretbarkeit von Sozialplänen, S. 103): "Infolgedessen kann auch die wirtschaftliche Vertretbarkeit eines Sozialplans nur bestimmt werden, wenn der (maximale) Abfindungsbedarf feststeht."

27) Vgl. G. von Hoyningen-Huene: Vertretbarkeit von Sozialplänen, S. 104.

28) Vgl. R. Haje: Sozialplaneinfluß auf Insolvenzentscheidungen, S. 161 f.; H.-J. Marschdorf: Unternehmensverwertung und Personalabbau, S. 130.

Führt die Betriebsänderung überhaupt zu einer Verbesserung der wirtschaftlichen Situation des Unternehmens - weist die Investition 'Betriebsänderung' einen positiven Kapitalwert auf - so sind die Arbeitnehmer an diesem Vorteil zum Ausgleich ihrer Nachteile zu beteiligen. Der Umfang der Beteiligung könnte in Verhandlungen zwischen der Unternehmensleitung und dem Betriebsrat festgelegt werden. Allerdings hat diese Vorgehensweise für die Unternehmensleitung den Nachteil, daß sie sämtliche Daten der Betriebsänderung offenzulegen hat und zudem den letztendlich nach Dotierung des Sozialplans verbleibenden Vorteil aus der Betriebsänderung nicht kennt. Ist der Sozialplan über die Einigungsstelle erzwingbar, treten zusätzliche Risiken für die Unternehmensleitung auf.

11) Es erscheint daher zweckmäßig, den unter 6 c skizzierten Kompromiß zu wählen, wonach in die Vorteilhaftigkeitsberechnung für die Betriebsänderung ein Mindestsozialplan einbezogen wird. Der Umfang sollte zweckmäßigerweise gesetzlich festgelegt werden. Dabei könnte der Gesamtbetrag von 2,5 Monatsverdiensten pro Arbeitnehmer angesetzt werden. Diese Summe hätten die Arbeitnehmer ohnehin im Konkurs des Unternehmens bestenfalls zu erwarten.
Erweist sich die Betriebsänderung unter Einbeziehung eines gesetzlich fixierten Mindestsozialplans als nicht vorteilhaft, so wird sie von der Unternehmensleitung nicht durchgeführt. Der Anpassungsprozeß des Unternehmens muß also unter Verzicht auf die gravierende Form der Betriebsänderung versucht werden. Ist dies nicht möglich, so bleibt nur die Liquidation des Unternehmens.
Ist die Betriebsänderung unter Einbeziehung des Mindestsozialplans vorteilhaft, so können die Arbeitnehmer an diesem Vorteil beteiligt werden, sofern ein über den Mindestsozialplan hinausgehender Überbrückungs- und Vorsorgebedarf besteht. Der Umfang der Beteiligung wäre zwischen Unternehmensleitung und Betriebsrat auszuhandeln. Eine Einschaltung der Einigungsstelle wäre hier ebensowenig sinnvoll wie eine pauschalierende Verteilungsregel im Gesetz. [29)]

[29)] Vgl. das von v. Hoyningen-Huene (Vertretbarkeit von Sozialplänen) vorgeschlagene Verfahren zur Bestimmung des arithmetischen Mittels zwischen den Ansprüchen der Arbeitnehmer und dem aus Sicht des Unternehmens wirtschaftlich vertretbaren Sozialplanvolumen. Abgesehen davon, daß diese pauschalierende Vorgehensweise wenig flexibel ist, bestimmt v. Hoyningen-Huene den für das Unternehmen wirtschaftlich vertretbaren Sozialplan nicht unabhängig von den Sozialplanansprüchen der Arbeitnehmer, so daß eine echte Abwägung ohnehin nicht gegeben ist.

2.2.2 Methoden zur Bestimmung der 'wirtschaftlichen Vertretbarkeit'

1) Der Begriff der wirtschaftlichen Vertretbarkeit wird in ähnlicher Form in § 16 BetrAVG verwendet, wonach die Anpassung der betrieblichen Altersversorgung an die Preisentwertung von der 'wirtschaftlichen Lage' des Arbeitgebers abhängig gemacht wird. Wie dessen 'wirtschaftliche Lage' gemessen und gegenüber dem Anpassungsbedarf der Rentenempfänger berücksichtigt werden soll, ist in der Literatur umstritten. [30] Dabei erweist sich insbesondere die Objektivierbarkeit von Prognosen über die künftige wirtschaftliche Belastbarkeit des Arbeitgebers als problematisch [31], und dies, obwohl der Prognosezeitraum wegen der alle drei Jahre gebotenen Anpassungsprüfung nur zwei oder drei Jahre beträgt.

2) Von Hoyningen-Huene weist darauf hin, daß es sich bei § 16 BetrAVG um eine vergangenheitsorientierte Inflationsanpassung handele, die Prüfung der 'wirtschaftlichen Vertretbarkeit' nach § 112 Abs. 5 Satz 1 und Satz 2 Nr. 3 BetrVG dagegen das Weiterbestehen des Unternehmens sichern soll und damit zukunftsorientiert ist. Während im einen Fall schon bestehende Ansprüche lediglich angepaßt würden, stellten Sozialpläne Ausnahmetatbestände dar, bei denen es um die Begründung möglicher Ansprüche gehe. Zudem finde die Anpassung von Betriebsrenten regelmäßig bei wirtschaftlich gesunden Unternehmen statt, während Sozialpläne häufig bei in wirtschaftliche Schwierigkeiten geratenen Unternehmen relevant seien. [32]

Diese Argumente vermögen nicht zu überzeugen, da die wirtschaftliche 'Belastbarkeit' oder 'Vertretbarkeit' sich nur darauf beziehen kann, ob die Unternehmung in der Lage ist, ihre Aufgaben in der Zukunft zu erfüllen. [33] Während die Ursachen der Berechnung sowohl bei der Betriebsrentenerhöhung als auch beim

---

[30] Vgl. K. Heubeck u.a.: Wirtschaftliche Lage; W. Blomeyer: Unternehmensbewertung; G. Sieben/R. Becker: Wirtschaftliche Lage; H. Strohauer: Wirtschaftliche Belastbarkeit (jeweils mit weiteren Quellen); H. Borrmann: Diskussionsbericht.

[31] Vgl. K. Heubeck u.a.: Wirtschaftliche Lage, S. 8 f. (Kritik am Modell von Sieben); H. Borrmann: Diskussionsbericht, S. 101.

[32] Vgl. G. von Hoyningen-Huene: Vertretbarkeit von Sozialplänen, S. 105.

[33] Vgl. G. Sieben/R. Becker: Wirtschaftliche Lage, S. 87 f.

Sozialplan in der Vergangenheit liegen, ist die Frage der wirtschaftlichen Tragbarkeit in beiden Fällen zukunftsbezogen. Daher können möglicherweise die bei der Bestimmung der 'wirtschaftlichen Lage' des Unternehmens im Zusammenhang mit einer Betriebsrentenerhöhung verwendeten Informationsinstrumente auch zur Klärung der Frage der 'wirtschaftlichen Vertretbarkeit' von Sozialplänen herangezogen werden.

3) Ein wichtiges Informationsmittel für Unternehmensexterne stellt der Jahresabschluß dar, der nach § 264 Abs. 2 HGB 'ein den tatsächlichen Verhältnissen entsprechendes Bild der Vermögens-, Finanz- und Ertragslage der Kapitalgesellschaft' vermitteln soll.[34] Allerdings lassen sich aus den vergangenheitsorientierten und stichtagsbezogenen Daten von Bilanz und Gewinn- und Verlustrechnung mittels der Bilanzanalyse kaum aussagefähige Daten zur Bestimmung der Vertretbarkeit von Sozialplänen gewinnen.[35] Auch die im Lagebericht enthaltenen Angaben über die voraussichtliche Entwicklung der Kapitalgesellschaft nach § 289 Abs. 2 HGB (sog. Prognosebericht) sind zu allgemein gehalten, um daraus Informationen über die Vertretbarkeit von Sozialplänen ableiten zu können.[36]

4) Als Alternative zu vergangenheitsbezogenen Jahresabschlußinformationen bietet sich die Aufstellung einer Planbilanz und Planerfolgsrechnung[37] an, um

---

34) Zur Bestimmung der wirtschaftlichen Lage des Unternehmens anhand des Jahresabschlusses aus betriebswirtschaftl. Sicht vgl. G. Sieben/ R. Becker: Wirtschaftliche Lage, S. 87 f. (mit weiteren Quellen).

35) Vgl. J. Drukarczyk: Vertretbarkeit von Sozialplänen, S. 118, der auch auf den geringen Nutzen der im Zusammenhang mit § 16 BetrAVG entwikkelten Kennzahlensysteme hinweist; ähnlich G. Sieben/R. Becker: Wirtschaftliche Lage, S. 87.

36) Über zu berichtende Sachverhalte vgl. H.-J. Hohmeier: Lagebericht, S. 269; verbale Aussagen über wichtige Eckdaten ohne zahlenmäßige Angaben über einen Zeitraum von zwei Jahren werden als ausreichend erachtet vgl. Clemm/Ellrott (Beck Bil-Komm.), § 289 Anm. 26; Lück (Küting/Weber), § 289 Anm. 23-27; Krawitz (Bonner Handb. Rechnungsleg.), § 289 Anm. 21-26; zur Problematik des Umfangs und der Prüfung von Prognoseangaben im Lagebericht vgl. G. Emmerich/M. Künnemann: Lagebericht, S. 149 ff.; zur Berichterstattung über Sozialplanverpflichtungen im Lagebericht siehe Teil IV Abschnitt 6.2.

37) Zu Begriff und Arten von Planbilanz sowie Planerfolgsrechnung vgl. R. Neumann: Prognoserechnung, S. 2-14.

zu bestimmen, ob die Sozialplanleistungen überhaupt durch zukünftige Erträge gedeckt werden, sowie eines Finanzplans, der die Finanzierungsmöglichkeiten der Sozialplanleistungen darstellen soll.[38)]

2.3 Verfahren zur Bestimmung des Sozialplanvolumens

1) Die Bestimmung des Sozialplanvolumens bei Unternehmensfortführung sollte zweckmäßigerweise in folgenden Phasen ablaufen:

Phase 1:
Der gesamte Sozialplanbedarf der von der Betriebsänderung betroffenen Arbeitnehmer wird durch Addition der individuellen Bedarfe, die sich aufgrund individueller Kriterien (Lebensalter, sozialer Status) ergeben, ermittelt.

Phase 2:
Der wirtschaftliche Vorteil der Betriebsänderung wird nach den gängigen Verfahren der Investitionsrechnung - etwa in Form eines Kapitalwerts - ermittelt.
Dabei werden Auszahlungen für einen Mindestsozialplan - z.B in Höhe des im Konkurs vorgesehenen Betrages (2,5-facher Monatsverdienst) - in die Rechnung einbezogen.

Phase 3:
Zur Sicherstellung der zukünftigen Zahlungsfähigkeit des Unternehmens wird ein Finanzplan aufgestellt, der die laufenden Ein- und Auszahlungen sowie die durch die Betriebsänderung bewirkten Auszahlungen umfaßt.
Ist die Finanzierung des Sozialplans nicht aus eigenen Mitteln des Unternehmens oder durch Aufnahme von Eigen- bzw. Fremdkapital zu sichern, so müssen die Sozialplanleistungen ggf. über einen längeren Zeitraum verteilt werden.

Die Phasen 1 bis 3 können für mehrere mögliche Betriebsänderungen (Alternativen) durchgespielt werden.

Phase 4:
Steht die Betriebsänderung nach Art und Umfang fest, so können die Arbeitnehmer - über den Mindestsozialplan hinaus - an einem positiven Kapitalwert der Betriebsänderung beteiligt werden, sofern der Sozialplanbedarf (Phase 1) den Mindestsozialplan übersteigt.

---

38) Vgl. G. Sieben/R. Becker: Wirtschaftliche Lage, S. 89 f.

Der Umfang der Beteiligung sollte zwischen Betriebsrat und Unternehmensleitung ausgehandelt werden. Eine Regelungsbefugnis der Einigungsstelle erscheint nicht erforderlich.

2) Die Bestimmung des Sozialplanbedarfs der Arbeitnehmer (Phase 1) wurde bereits in Abschnitt 2.1 dargestellt.
Es erscheint naheliegend, das 'aus der Sicht des Unternehmens wirtschaftlich vertretbare' Sozialplanvolumen (Phase 2) mittels der Verfahren der Investitionsrechnung zu bestimmen, weil die dem Sozialplan zugrundeliegende Betriebsänderung aus der Sicht des Unternehmens eine Investition darstellt, deren Wirtschaftlichkeit zu überprüfen und ggf. mit Alternativen zu vergleichen ist. [39)]
Allerdings ist es dabei nicht möglich, sich auf den Betrieb als Bewertungsobjekt und damit als Gegenstand der Investitionsrechnung zu beschränken, da für die Vertretbarkeit des Sozialplans nicht die Sicht des Betriebes, sondern die des Unternehmens insgesamt ausschlaggebend ist (§ 112 Abs. 5 BetrVG). [40)] Die Bestimmung des Sozialplanvolumens wird damit zur Unternehmensbewertung schlechthin.

3) Drukarczyk lehnt die Bewertung des gesamten Unternehmens in diesem Zusammenhang deshalb ab, weil sie zu aufwendig und zudem nicht immer zweckkonform sei, da der Barwert der Sozialplanleistungen in jedem Fall den Unternehmenswert schmälere, diese Reduktion aber nur dann entscheidungsrelevant sei, wenn dem Eigentümer nach der Liquidation des Unternehmensvermögens eine bessere Alternativanlage zur Verfügung stehe. [41)]

Die Frage der Aufwendigkeit ist im Einzelfall abzuwägen. Bei den erheblichen finanziellen Belastungen, die sich aus einem Sozialplan ergeben können, wird jedoch der mit einer Bewertung des Unternehmens verbundene Aufwand häufig

---

39) Der Gedanke der Betriebsänderung als Investition wurde - soweit ersichtlich - erstmalig von A.O. Inhoffen/F. Müller-Dahl (Rückstellungen für Abfindungen, S. 1473) vertreten; neuerdings auch von W. Langemeyer: Wirkungen des Sozialplans, S.144 ff.;

40) Zur Gefahr der Verkürzung von Arbeitnehmeransprüchen bei der Beschränkung der Berechnungen auf den Betrieb vgl. J. Drukarczyk: Vertretbarkeit von Sozialplänen, S. 118.

41) Vgl. J. Drukarczyk: Vertretbarkeit von Sozialplänen, S. 118.

vertretbar sein. Eine durch sachverständige Dritte (Wirtschaftsprüfer) durchgeführte Unternehmensbewertung ist u.U. darüber hinaus geeignet, die Verhandlungsposition der Unternehmensleitung gegenüber dem Betriebsrat glaubwürdiger erscheinen zu lassen. [42)]

Der zweite Einwand Drukarczyks zielt insofern ins Leere, als es zunächst nicht darum geht, den Wert des Unternehmens unter Einschluß der Sozialplanleistungen mit dem Wert einer Alternativanlage zu vergleichen. [43)] Zur Bestimmung des überhaupt zur Verteilung zur Verfügung stehenden Sozialplanvolumens wäre es sinnvoll, dem (Fortführungs-) Wert des Unternehmens ohne Betriebsänderung - und damit auch unter Beibehaltung der Arbeitsplätze - den Wert des Unternehmens bei Vornahme der Betriebsänderung, aber ohne Einbeziehung der Sozialplanleistungen, gegenüberzustellen. Die verbleibende positive Differenz stände dann in den Verhandlungen zwischen Betriebsrat und Unternehmer zur Disposition. Würde der Sozialplan diese Differenz (Barwert) überschreiten, so wäre die Betriebsänderung insgesamt gegenüber der Beibehaltung des Status quo nicht vorteilhaft.
Ähnlich wie bei den modernen Verfahren der Unternehmensbewertung geht es auch hier nicht um die rechnerisch genaue Bestimmung des Verhandlungspreises[44)], sondern um die Bestimmung der Grenzpreise der beiden Parteien. [45)]

Um einerseits die Arbeitnehmer nicht gänzlich von der Bereitschaft des Arbeitgebers abhängig zu machen, den Ausgleich ihrer wirtschaftlichen Nachteile aus dem (positiven) Kapitalwert der Investition zu bestreiten und andererseits der Einigungsstelle keine Entscheidungsbefugnis bei der 'Verteilung' des Kapitalwerts einzuräumen, soll - wie in Abschnitt 2.2 erläutert - ein an den konkursrecht-

---

42) Einen ähnlichen Effekt sieht W. Hartung (Verpflichtungen im Personalbereich, S. 542) hinsichtlich der Wirkung *testierter* Sozialplanrückstellungen als *Beweismittel* zur Durchsetzung einer geplanten Betriebsänderung gegenüber dem Betriebsrat.

43) Zum Vergleich zwischen Fortführungs- und Liquidationswert s.u.

44) So z.B. mittels der 'Rahmenformel' von G. v. Hoyningen-Huene (Vertretbarkeit von Sozialplänen, S. 115).

45) Zum Begriff des Grenzpreises vgl. A. Moxter: Grundsätze ordnungsmäßiger Unternehmensbewertung, 1. Aufl., S. 28 f. sowie 2. Aufl., S. 9 ff.; zur Auffassung des Unternehmenswerts als 'subjektiver Grenzpreis' vgl. ders.: Unternehmensbewertung, S. 41 ff. (1. Aufl.), S. 23 f. (2. Aufl.).

lichen Vorschriften orientierter Mindestsozialplan in das Entscheidungskalkül des Unternehmers einbezogen werden. Weitergehende Sozialplanleistungen können nur auf freiwilliger Basis durch Verhandlungen zwischen Betriebsrat und Unternehmensleitung zustandekommen.

4) Die Vorgehensweise bei der Bestimmung des zur Verteilung zusätzlicher Sozialplanleistungen überhaupt zur Verfügung stehenden Betrags soll anhand der Kapitalwertmethode verdeutlicht werden.[46] Der Kapitalwert (K_0) stellt den Gegenwartswert einer eine Investition verkörpernden Zahlungsreihe dar. Er ergibt sich durch Diskontierung der Einzahlungen (ENZ_t) sowie der Auszahlungen (ASZ_t) jeder Periode ($t = 0, 1, ..., n$) mit einem Zinssatz i auf einen Zeitpunkt t_0 vor der ersten Zahlung:[47]

$$K_0 = ENZ_0 + \frac{ENZ_1}{1+i} + \frac{ENZ_2}{(1+i)^2} + \ldots + \frac{ENZ_n}{(1+i)^n}$$

$$- ASZ_0 - \frac{ASZ_1}{1+i} - \frac{ASZ_2}{(1+i)^2} - \ldots - \frac{ASZ_n}{(1+i)^n}$$

oder vereinfacht

$$K_0 = \sum_{t=0}^{n} \frac{ENZ_t}{(1+i)^t} - \sum_{t=0}^{n} \frac{ASZ_t}{(1+i)^t}$$

Die Normalform einer Investition beginnt mit einer Auszahlung in t_0, der die zu diskontierenden (Netto-) Einzahlungen späterer Perioden (ENZ_t - ASZ_t) folgen:

$$K_0 = - ASZ_0 + \sum_{t=1}^{n} \frac{(ENZ_t - ASZ_t)}{(1+i)^t}$$

---

46) Zu den Grundlagen der Kapitalwertmethode vgl. H. Blohm/K. Lüder: Investition, S. 56 ff.; D. Schneider: Investition und Finanzierung, S. 179 ff.; R.H. Schmidt: Investitions- u. Finanzierungsth., S. 64 ff.
Eine formal gleiche Vorgehensweise, wenn auch unter vollständiger Einbeziehung des Sozialplanvolumens (= Bedarfs) in die Vorteilhaftigkeitsberechnung der Betriebsänderung findet sich bei W. Langemeyer: Wirkungen des Sozialplans, S. 144 ff.

47) R.H. Schmidt (Investitions- und Finanzierungstheorie, S. 68) bezeichnet den Kapitalwert auch als 'Grenzpreis' der Investitionsmöglichkeit.

5) Im folgenden Beispiel werden die Alternativen des (Kapital-) Werts des Unternehmens mit Vornahme der Betriebsänderung (K_I) und ohne Vornahme der Betriebsänderung (K_{II}) verglichen.

$ENZ = 300$ $ASZ^A = 250$ $ASZ_0 = 300$ $SP^M = 200$ $ASZ^N = 100$ $i = 10\%$

ENZ:	zeitlich konstanter Einzahlungsstrom aus dem Verkauf der Leistungen des Unternehmens, d.h. die Betriebsänderung berührt seine Kapazität nicht
ASZ^A:	zeitlich konstanter Auszahlungsstrom ohne Vornahme der Betriebsänderung
ASZ^N:	zeitlich konstanter Auszahlungsstrom bei Vornahme der Betriebsänderung
ASZ_0:	einmalige Auszahlungen für Betriebsänderung (Investition)
SP^M:	Mindestsozialplanvolumen
i:	Diskontierungszinssatz

$$K_0^{I} = - ASZ_0 - SP^M + \frac{ENZ - ASZ^N}{1,1^1} + \ldots + \frac{ENZ - ASZ^N}{1,1^n}$$

$$K_0^{I} = - 500 + \frac{300 - 100}{1,1^1} + \frac{200}{1,1^2} + \ldots + \frac{200}{1,1^n}$$

$$K_0^{II} = \frac{ENZ - ASZ^A}{1,1^1} + \ldots + \frac{ENZ - ASZ^A}{1,1^n}$$

$$K_0^{II} = \frac{300 - 250}{1,1^1} + \frac{50}{1,1^2} + \ldots + \frac{50}{1,1^n}$$

Unterstellt man vereinfachend eine unendliche Laufzeit der Investition sowie des Vergleichsfalles K^{II} (Status quo), so verkürzt sich die Kapitalwertformel auf die Formel für die ewige Rente

$$K_0 = - ASZ_0 + \frac{(ENZ - ASZ)}{i}$$

und man erhält

$$K_0^{I} = -500 + \frac{200}{0,1} = 1.500$$

$$K_0^{II} = \frac{50}{0,1} = 500$$

Zur Verteilung über den Mindestsozialplan hinaus stehen also Mittel in Höhe von 1.500 - 500 = 1.000 zur Verfügung.

Als Variante dieser Berechnung könnte man von vornherein auf den Barwert der durch die Betriebsänderung eingesparten Auszahlungen für Löhne und Gehälter der freigesetzten Arbeitnehmer abzüglich der Auszahlungen für die Betriebsänderung selbst und des Mindestsozialplans abstellen. [48] Diese Vorgehensweise ist aber nicht zweckmäßig, da nicht - wie nach § 112 Abs. 5 BetrVG gefordert - die Leistungsfähigkeit des Unternehmens insgesamt berücksichtigt wird und es zu einer unzulässigen Verkürzung der Arbeitnehmeransprüche kommen kann, [49] wenn z.B. positive (oder negative) Synergieeffekte - vor allem bei der Stillegung von Betrieben oder Betriebsteilen - innerhalb eines Unternehmens nicht erfaßt werden.

Ist der nach Berücksichtigung des Mindestsozialplans verbleibende Überbrükkungsbedarf der Arbeitnehmer niedriger als die Differenz zwischen beiden Kapitalwerten, so könnte eine Aufteilung zwischen Arbeitnehmern und Unternehmer erfolgen. Ob dies geschieht, hängt von den Verhandlungen zwischen Unternehmer und Betriebsrat ab sowie davon, ob die dem Sozialplan zugrundegelegten Anspruchsvoraussetzungen tatsächlich und in der prognostizierten Dauer (z.B. der Arbeitslosigkeit entlassener Arbeitnehmer) eintreten. Wird das vereinbarte Sozialplanvolumen nicht voll ausgeschöpft, so wäre auch der verbleibende Rest dem Unternehmer zuzurechnen.

Übersteigt der Sozialplanbedarf der Arbeitnehmer den ermittelten Differenzbetrag zwischen dem Kapitalwert der Unternehmung ohne Betriebsänderung und dem mit Betriebsänderung, so steht als Abfindungsbetrag nur die geringere Dif-

---

48) Vgl. J. Drukarczyk: Vertretbarkeit von Sozialplänen, S. 119.

49) Vgl. ebenda, S. 119.

ferenz zur Verfügung. Eine Befriedigung daraus ist allerdings ebenfalls den Verhandlungen zwischen Betriebsrat und Unternehmensleitung vorbehalten. Wäre die Einigungsstelle befugt, einen höheren Betrag festzusetzen, so stände der Unternehmer vor der Alternative,

a) die Betriebsänderung zu unterlassen und den Betrieb unverändert fortzuführen;

b) das Unternehmen insgesamt zu liquidieren, sofern die Verzinsung des Liquidationserlöses höher ist als die Eigenkapitalrendite des Unternehmens ohne Vornahme der Betriebsänderung.

Die zweite Möglichkeit wird in der Regel schon deshalb unvorteilhaft sein, weil die bei einer Liquidation des gesamten Unternehmens zu erwartenden Sozialplanleistungen erheblich über denen einer Betriebsänderung liegen dürften, da dann alle Arbeitnehmer in den Sozialplan einzubeziehen wären.[50] Außerdem liegen die Liquidationswerte des Vermögens in Abhängigkeit von der Zerschlagungsdauer und -intensität i.d.R. erheblich unter den Fortführungswerten.[51] Ein potentieller Käufer des gesamten Unternehmens wird bestenfalls bereit sein, den Kapitalwert bei Fortführung ohne Betriebsänderung abzugelten, es sei denn, er könnte durch den Unternehmenskauf entstehende Synergieeffekte nutzen. Eine Regelungsbefugnis der Einigungsstelle wäre hier demnach wenig sinnvoll.

6) Eine anders gelagerte Entscheidungsalternative ergibt sich, wenn ohne Vornahme der Betriebsänderung langfristig ein Verlust und damit ein negativer Kapitalwert des Betriebes erwartet wird:

$$ENZ = 300 \quad ASZ^A = 325 \quad ASZ_0 = 300 \quad SP^M = 200 \quad ASZ^N = 150 \quad i = 10\%$$

$$K_0^{\,I} = -500 + \frac{300 - 150}{1,1^1} + \frac{150}{1,1^2} + \ldots + \frac{150}{1,1^n}$$

$$K_0^{\,II} = \frac{300 - 325}{1,1^1} - \frac{25}{1,1^2} - \ldots - \frac{25}{1,1^n}$$

50) Siehe auch Teil III Abschnitt 2.2.1.

51) Zum Begriff der Zerschlagungsdauer und -intensität vgl. A. Moxter: Unternehmensbewertung, (1. Aufl.), S. 50 f.

Unterstellt man wiederum vereinfachend eine unendliche Laufzeit, so erhält man

$$K_0^{I} = -500 + \frac{150}{0{,}1} = 1.000$$

$$K_0^{II} = - \frac{25}{0{,}1} = -250$$

Der Differenzbetrag der Barwerte beider Alternativen beträgt in diesem Fall 1.250. Geht man davon aus, daß der Unternehmer langfristig zumindest keine Vermögensminderung realisieren will, so stehen davon allenfalls 1.000 für zusätzliche Sozialplanleistungen zur Verfügung. Könnte von der Einigungsstelle ein höherer Betrag festgelegt werden, so stände der Unternehmer vor der Wahl,

a) die Betriebsänderung zu unterlassen und den Betrieb unverändert fortzuführen;

b) die Betriebsänderung durchzuführen und den aus seiner Sicht zu hohen Sozialplan zu akzeptieren, um kurzfristig eine geringere Vermögensminderung als ohne Betriebsänderung (Möglichkeit a) zu erleiden;

c) das Unternehmen insgesamt zu liquidieren.

Von diesen drei Möglichkeiten ist für den Unternehmer lediglich die dritte langfristig vorteilhaft.

7) Die wesentliche Kritik aus dieser Art der Bestimmung des maximal verfügbaren Sozialplanvolumens ergibt sich aus den vereinfachenden Annahmen des Beispiels sowie den der Kapitalwertrechnung zugrundeliegenden Prämissen: [52]

a) Annahme rein finanzieller Ziele der Beteiligten;

b) Annahme einwertiger (uniformer), d.h. im Zeitablauf unveränderlicher Zahlungsströme;

c) Annahme einer unendlichen Betrachtungsdauer (ewigen Rente);

d) Annahme eines vollkommenen Kapitalmarkts;

e) Annahme sicherer Erwartungen über die Zukunft.

---

[52] Zu den Annahmen der dynamischen Investitionsrechnungsmethoden (finanzmathematischen Methoden) im einzelnen vgl. R.H. Schmidt: Investitions- und Finanzierungstheorie, S. 58 ff.

zu a) Die Annahme rein finanzieller Ziele der Beteiligten - beispielsweise der Maximierung des Kapitalwerts einer Mittelanlage für den Unternehmer - geht von der Überlegung aus, daß sich allgemeine Aussagen über stark subjektiv geprägte nicht-finanzielle Ziele (z.B. Macht, Prestige, soziale Verantwortung, Unabhängigkeit, Selbstverwirklichung, Pflichterfüllung) [53] nicht treffen lassen. [54] Sie können daher nicht Gegenstand der Grenzpreisbestimmung im Rahmen der Unternehmensbewertung sein.

Nach Moxter sind die nicht-finanziellen Faktoren in einem Bewertungsgutachten verbal zu würdigen und stellen aus der Sicht der Beteiligten Korrektur- oder Gewichtungsfaktoren des Grenzpreises dar. Ein Abweichen vom rein finanziell geprägten Grenzpreis bei den Verhandlungen mit der anderen Partei zeigt dem Bewertenden (Eigentümer) an, in welchem Maße er finanzielle Vorteile (als Teil der Differenz zwischen K_0^I und K_0^{II}) aufgeben muß, wenn er seine nicht-finanziellen Ziele - hier z.B. die soziale Verantwortung gegenüber den Arbeitnehmern, die infolge der Betriebsänderung ihren Arbeitsplatz verlieren - realisieren will. [55]

Die Annahmen b) und c) dienen lediglich der vereinfachten Darstellung des hier zu lösenden Problems. Sie können aufgegeben werden, ohne den Aussagewert der Ergebnisse zu schmälern. Wegen der großen Bedeutung der ersten Perioden für den Kapitalwert ist es i.d.R. sinnvoll, die Ein- und Auszahlungsströme für diese Perioden individuell zu bestimmen, während für spätere Perioden die Annahme eines durchschnittlichen uniformen Zahlungsstroms ausreicht.

Anders als die zuvor genannten schränken die Annahmen d) und e) die Aussagefähigkeit der gewonnenen Ergebnisse stark ein. So kann bezweifelt werden, ob es einen vollkommenen Kapitalmarkt gibt, auf dem - bei sicheren Erwartungen - beliebige Beträge zu einem einheitlichen Zinssatz angelegt oder aufgenommen werden können. Ist dies nicht der Fall, weil z.B. die Finanzierungskosten mit steigendem Verschuldungsgrad wachsen, läßt sich der 'richtige' Kalkulationszinsfuß

---

[53] Vgl. E. Heinen: Grundlagen betriebswirtschaftlicher Entscheidungen. S. 59 ff.; D. Schneider: Investition und Finanzierung, S. 50.

[54] Vgl. A. Moxter: Unternehmensbewertung (1. Aufl.), S. 121 f.; R.H. Schmidt: Investitions- und Finanzierungstheorie, S. 32.

[55] Vgl. A. Moxter: Unternehmensbewertung (1. Aufl.), S. 122.

nicht mehr ohne weiteres bestimmen, so daß der Übergang zu einer simultanen Investitions- und Finanzierungsplanung erforderlich wird. [56]

8) Das Problem der Unsicherheit bezüglich der Zahlungsreihen für die Investitions- und Finanzierungsmöglichkeiten kann dadurch berücksichtigt werden, daß die möglichen Ausprägungsformen eines Ereignisses (z.B. Netto-Zahlungsüberschuß einer Periode) mit ihren subjektiven Eintrittswahrscheinlichkeiten gewichtet werden, um durch Summation den Erwartungswert zu bestimmen. [57] Der Unternehmenswert ergibt sich dann als Kapitalwert der Erwartungswerte der Netto-Zahlungsüberschüsse sämtlicher Perioden. Allerdings wird dabei von einem risikoindifferenten Investor ausgegangen, da der Erwartungswert nichts anderes als den gewogenen Durchschnitt aller möglichen Ergebnisse darstellt. Eine Investition, die einen sicheren Entnahmestrom von 1000 verspricht, ist danach einer Investition gleichwertig, die mit gleicher Wahrscheinlichkeit ($p = 0{,}5$) einen Entnahmestrom von 2000 und von 0 erwarten läßt.
Eine Entscheidungsregel, die die Risikoeinstellung des Investors berücksichtigt, stellt das Bernoulli-Kriterium dar. Danach ist die Handlungsmöglichkeit mit dem höchsten Erwartungswert des Nutzens möglicher Ereignisse zu wählen. [58]
Das Problem besteht hier jedoch darin, die Nutzenfunktion zu bestimmen, die die individuelle Risikoeinstellung des Investors ausdrückt und mit der er sämtliche möglichen Ergebnisse der Handlungsalternative bewertet. [59] Das Bernoulli-Kriterium bezieht sich aber als Entscheidungsregel auf einzelne Ergebnisse (von Handlungsalternativen), während Investitionen als Folgen von Zahlungen zu verschiedenen Zeitpunkten abgebildet werden. Eine Bewertung von derartigen Zahlungsströmen durch die Zuordnung von Nutzenziffern ist aber kaum möglich. [60]

---

[56] Zu den Formen unvollkommener Kapitalmärkten vgl. R.H. Schmidt: Investitions- und Finanzierungstheorie, S. 104, der auch darstellt, warum die verschiedenen Modelle zur simultanen Planung von Investitions- und Finanzierungsprogrammen bei unvollkommenem Kapitalmarkt, aber sicheren Erwartungen wenig aussagekräftig sind (vgl. ebenda S. 105-117).

[57] Vgl. R.H. Schmidt: Investitions- und Finanzierungstheorie, S. 122 ff.; A. Moxter: Unternehmensbewertung (1. Aufl.), S. 137 ff.

[58] Vgl. R.H. Schmidt: Investitions- und Finanzierungstheorie, S. 129 f.

[59] Vgl. ebenda, S. 129 f.

[60] Vgl. ebenda, S. 135; H.-J. Marschdorf: Unternehmensverwertung und Personalabbau, S. 16 mit weiteren Quellen.

Als Ausweg bieten sich hier Marktbewertungstheorien unter Unsicherheit an und hier insbesondere das Capital-Asset-Pricing-Model (CAPM), [61] das jedoch bei mehrperiodischen Bewertungsproblemen in seinem Aussagewert und seiner Praktikabilität (Probleme der Datenbeschaffung) umstritten ist. Zudem impliziert das CAPM einen vollkommenen Kapitalmarkt. [62]

9) Zusammenfassend kann festgestellt werden, daß die für den Sozialplan zur Verfügung stehende Verteilungsmasse mittels der Methoden der Investitionsrechnung bzw. Unternehmensbewertung nur näherungsweise bestimmt werden kann. Insbesondere die Annahmen über die Vollständigkeit des Kapitalmarktes lassen es geboten erscheinen, zu überprüfen, ob das errechnete (maximale) Sozialplanvolumen - als Grenzpreis des Unternehmers - bzw. das in den Verhandlungen zwischen Unternehmer und Betriebsrat vereinbarte oder das durch die Einigungsstelle festgelegte [63] Volumen überhaupt durch das Unternehmen finanziert werden kann (Phase 3).

10) In den Finanzplan [64] sind neben den nach der Betriebsänderung fortdauernden laufenden Ein- und Auszahlungen im leistungswirtschaftlichen Bereich (Umsatzeinzahlungen, Auszahlungen für Material, fortbestehende Arbeitsverhältnisse, Fremdleistungen, Zinsen, Steuern) Auszahlungen für bereits begonnene Investitionsvorhaben wie auch für im Zusammenhang mit der eigentlichen Betriebsänderung stehende Investitionen aufzunehmen. [65]

---

[61] Vgl. R.H. Schmidt: Investitions- und Finanzierungstheorie, S. 247 bis S. 264; H.-J. Marschdorf: Unternehmensverwertung und Personalabbau, S. 18 ff., der das CAPM zur Grundlage seiner Untersuchung über die Unternehmensverwertung im Insolvenzfall macht.

[62] Vgl. R.H. Schmidt: Investitions- und Finanzierungstheorie, S. 260-264.

[63] Als gesetzlich vorgesehene, aber hier als nicht sinnvoll angesehene Möglichkeit.

[64] Zu Begriff und Inhalt des Finanzplans vgl. E. Witte: Finanzrechnung, Sp. 544-557; D. Hahn: Finanz- und Erfolgsplanung, integrierte, Sp. 557 bis Sp. 568; W. Lücke: Finanzplan, Sp. 539-558; K. Chmielewicz: Finanz- und Erfolgsplanung; Sp. 616-630; H.K. Weber: Rechnungswesen, S. 31 f.; R. Neumann: Planbilanz, S. 162 ff.; jeweils mit weiteren Quellen.

[65] Vgl. J. Drukarczyk: Vertretbarkeit von Sozialplänen, S. 118.

Die Betriebsänderung und die mit ihr in Zusammenhang stehenden Sozialplanleistungen können nur über die Liquidierung nicht betriebsnotwendigen Vermögens oder die Zuführung zusätzlichen Eigenkapitals (Bareinlagen) oder Fremdkapitals finanziert werden. Daraus erwachsende zusätzliche Zinsauszahlungen sind ebenfalls in den Finanzplan einzubeziehen. [66)]

Leistungen aus dem 'Mindestsozialplan' sollten sofort mit Eintritt der wirtschaftlichen Nachteile für die Betroffenen zur Auszahlung bereitstehen. Über diesen - gesetzlich zu fixierenden - Rahmen hinausgehende freiwillige Sozialplanleistungen können dagegen über einen längeren Zeitraum (von 2 bis 3 Jahren [67)]) verteilt werden, sofern eine sofortige Finanzierung nicht gewährleistet werden kann. Dabei könnten vorläufige Überbrückungsleistungen von Dritten (Bundesanstalt für Arbeit, Sozialversicherung, Gewerkschaften) übernommen werden, die später durch das Unternehmen in der vorher vereinbarten Höhe auszugleichen wären. [68)]

11) Die Darstellung des Weges zur Ermittlung eines wirtschaftlich vertretbaren Sozialplanvolumens erfolgte bisher global, unabhängig von der speziellen Situation des Unternehmens. In Fortsetzung dieser Überlegungen kann danach unterschieden werden, [69)] ob die Entscheidung zu Betriebsänderung und Sozialplan

a) in einem wirtschaftlich gesunden Unternehmen mit befriedigender Rentabilität und Liquidität zur Erhöhung des Gewinns bzw. der Rentabilität getroffen werden soll

b) in einem krisenbedrohten Unternehmen mit gefährdeter Rentabilität bzw. Liquidität oder Schuldendeckungsfähigkeit getroffen werden muß und dabei
   - ba) ein reiner Personalabbau erforderlich ist
   - bb) neben dem Personalabbau auch leistungswirtschaftliche Maßnahmen erforderlich sind

---

66) Vgl. ebenda, S. 118.

67) Über diesen Zeitraum sollte sich nach J. Drukarczyk (Vertretbarkeit von Sozialplänen, S. 118) auch die Laufzeit des Finanzplans erstrecken.

68) Ähnlich dem Vorschlag der Insolvenzrechtskommission für Sozialpläne bei Liquidation, vgl. BMJ (Hrsg.): IRK 1, S. 367 f.

69) Vgl. die ausführliche Erörterung dieser Fälle bei W. Langemeyer: Wirkungen des Sozialplans, S. 176 ff. und S. 186 ff.

bc) der Personalabbau oder die leistungswirtschaftlichen Maßnahmen zusätzliche finanzwirtschaftliche Maßnahmen (Kapitalzuführung von außen) erforderlich machen.

Die grundsätzlichen Überlegungen zur Ermittlung des wirtschaftlich vertretbaren Sozialplanvolumens werden durch diese Differenzierungen jedoch nicht berührt. Sie erhöhen lediglich die in die Vorteilhaftigkeitsberechnung eingehende Zahl an Daten (Restriktionen).

3 Bemessung des Sozialplanvolumens im Konkurs des Unternehmens

3.1 Bestimmung der sozialen Lage der Arbeitnehmer sowie der Interessen der anderen Unternehmensbeteiligten

1) Unter Konkurs ist das gerichtliche Verfahren zur Aufteilung des zur Begleichung sämtlicher Schulden nicht ausreichenden Vermögens des Gemeinschuldners (Konkursmasse) unter seine Gläubiger zu verstehen.

Konkursgründe [1] sind

a) *Zahlungsunfähigkeit*,
als das auf einem Mangel an Zahlungsmitteln beruhende andauernde Unvermögen des Schuldners, seine fälligen Schulden im wesentlichen zu begleichen, bei natürlichen Personen (§§ 102, 209 KO) und bei juristischen Personen (§§ 207, 209 KO, § 63 Abs. 1 GmbHG);

b) *Überschuldung*,
als fehlende Deckung der Schulden durch das Vermögen des Schuldners; bei juristischen Personen (§ 92 Abs. 2 S. 2 AktG, § 63 Abs. 1 GmbHG).

---

[1] Zu den Begriffen der Zahlungsunfähigkeit sowie der Überschuldung und ihrer Messung vgl. J. Drukarczyk: Unternehmen und Insolvenz, S. 74 ff. mit weiteren Quellen; zur Kritik an diesen Begriffen vgl. H.K. Weber: Rentabilität, S. 67 ff., 144 ff.; zum Vorschlag einer geänderten Fassung der Begriffe im neuen Insolvenzrecht vgl. BMJ (Hrsg.): IRK 1, S. 109 f., S. 111 ff.; kritisch dazu vgl. J. Drukarczyk: Unternehmen und Insolvenz, S. 74 ff. mit weiteren Quellen.

2) Die Eröffnung des Konkursverfahrens führt zur Auflösung des Unternehmens (§ 131 HGB, § 262 Abs. 1 Nr 3 AktG, § 60 Abs. 1 Nr. 4 GmbHG). Das Arbeitsverhältnis zwischen dem Arbeitgeber - vertreten durch den Konkursverwalter - und dem Arbeitnehmer besteht auch nach Verfahrenseröffnung fort. Beide Seiten können das Arbeitsverhältnis kündigen, wobei allerdings die gesetzliche und nicht eine ggf. vereinbarte längere Kündigungsfrist einzuhalten ist (§ 22 KO). [2] Da der Verwalter in die Rechte und Pflichten des Arbeitgebers eintritt, muß er sämtliche Mitbestimmungs- und Mitwirkungsrechte des Betriebsrats beachten. [3] Die Ansprüche des Arbeitnehmers sind in der Insolvenz des Arbeitgebers - wie in Abb. 14 im Überblick dargestellt - gesichert. Die rechtlichen Grundlagen der Ansprüche auf Leistungen aus einem Sozialplan sollen in Abschnitt 3.2 genauer dargestellt und erörtert werden.

3) Als übrige Beteiligte, deren Interessen im Konkurs des Unternehmens zu beachten sind, kommen im wesentlichen die Gläubiger (Geldkreditgeber, Warenkreditgeber, Fiskus) sowie die Gesellschafter in Betracht. Die Zugriffsrechte der Gläubiger auf das Vermögen des Unternehmens und ggf. auch auf das der Gesellschafter sind hauptsächlich in der KO geregelt. Dies gilt auch für die Rechte und Pflichten der Gesellschafter. Auf diese Regelungen und die anstehenden Reformüberlegungen [4] soll im folgenden nur insoweit eingegangen werden, als sie unmittelbar für den Sozialplan im Konkurs von Bedeutung sind.

4) Für die Bemessung der individuellen Sozialplanansprüche der Arbeitnehmer gilt grundsätzlich dasselbe wie außerhalb des Konkurses. [5] Die Prüfung der wirtschaftlichen Vertretbarkeit des Sozialplans gem. § 112 Abs. 5 BetrVG kommt im Konkurs des Unternehmens nicht in Betracht. Vielmehr wird das Volumen des Sozialplans im Konkurs durch gesetzliche Obergrenzen fixiert, die in den folgenden Abschnitten erörtert werden sollen.

---

[2] Zu den gesetzlichen Kündigungsfristen siehe §§ 621 ff. BGB.

[3] Vgl. Kuhn-Uhlenbruck, § 22 Anm. 12.

[4] Vgl. BMJ (Hrsg.): IRK 1; kritisch dazu J. Drukarczyk: Unternehmen und Insolvenz, mit weiteren Quellen.

[5] Vgl. Teil III Abschnitt 2.1.

Abb. 14: Gesetzliche Sicherung der Ansprüche von Arbeitnehmern in der Insolvenz des Arbeitgebers [6]

Art des Anspruchs	Konkursrechtliche Einordnung des Anspruchs
1) Lohnzahlung	
a) vor Konkurseröffnung erworben	
mehr als 1 Jahr vor Konkurseröffnung	einfache Konkursforderung im Rang 6 nach § 61 Abs. 1 KO
7 bis 12 Monate vor Konkurseröffnung	bevorrechtigte Konkursforderung im Rang 1 nach § 61 Abs. 1 KO
4 bis 6 Monate vor Konkurseröffnung	Masseschuld im Sinne von § 59 Abs. 1 Nr. 3 KO (nachrangige Befriedigung gem. § 60 KO)
0 bis 3 Monate vor Konkurseröffnung	Anspruch des Arbeitnehmers auf Konkursausfallgeld nach §§ 141 a-n AFG
b) nach Konkurseröffnung erworben	
bei Neueinstellungen durch Konkursverwalter	Masseschuld im Sinne von § 59 Abs. 1 Nr. 1 KO
bei Erfüllungsverlangen des Konkursverwalters	Masseschuld im Sinne von § 59 Abs. 1 Nr. 2 KO
bis zum Ablauf der gesetzlichen Kündigungsfrist	Masseschuld im Sinne von § 59 Abs. 1 Nr. 2 KO
2) Leistungen aus der betrieblichen Altersversorgung	Anspruch des Arbeitnehmers gegenüber dem Pensionssicherungsverein entsprechend der Versorgungszusage des Arbeitgebers (§§ 7-15 BetrAVG)
3) Leistungen aus einem Sozialplan	**bevorrechtigte Konkursforderung im Rang 1 nach § 61 Abs. 1 KO innerhalb der Grenzen von §§ 2,4 SPG**

6) Vgl. die ähnliche Abbildung von J. Drukarczyk: Unternehmen und Insolvenz, S. 295.

3.2 Rechtliche Begrenzungen des Sozialplanvolumens im Konkurs

3.2.1 Begrenzung des Sozialplanvolumens durch BetrVG und KO

1) Die Bestimmung des Sozialplanvolumens im Konkurs ist im BetrVG nicht gesondert geregelt. Die Vorschrift des § 112 Abs. 5 Nr. 3 BetrVG, wonach der Sozialplan den Fortbestand des Unternehmens nicht gefährden dürfe, ist im Konkurs ohne Bedeutung. [7] Es wäre allenfalls möglich, § 112 Abs. 5 Nr. 3 BetrVG dahingehend zu interpretieren, daß der Sozialplan diejenige Verwertung des Unternehmens oder von Unternehmensteilen durch den Konkursverwalter sicherstellen soll, die die Erhaltung einer möglichst großen Zahl von Arbeitsplätzen verspricht. [8] Auf der anderen Seite könnte aus dem Fehlen einer Vorschrift über die Berücksichtigung der Interessen anderer Unternehmensgläubiger im Konkurs geschlossen werden, daß der Sozialplan im Konkurs überhaupt keiner Begrenzung unterliegt.

2) Im Gegensatz zum Sozialplan bei Unternehmensfortführung, bei dem die Ansprüche der Arbeitnehmer der ertragsmäßigen und finanziellen Leistungsfähigkeit des Unternehmens gegenübergestellt werden, wird der Umfang der Sozialplanleistungen im Konkurs wesentlich durch die Einordnung der Sozialplanforderungen in die Rangfolge der übrigen Konkursforderungen bestimmt.

3) In Literatur und Rechtsprechung war lange Zeit umstritten, ob im Konkurs Ansprüche aus einem Sozialplan überhaupt bestehen [9], wie sie zu bemessen

---

[7] Gerade wegen der Nichtanwendbarkeit dieses Maßstabes und einer fehlenden Alternative wird die Wirkung der §§ 111 ff. BetrVG im Konkurs von einigen Autoren angezweifelt; vgl. M. Balz: Das neue SPG, S. 2.

[8] Vgl. V. Gessner/K. Plett: Sozialplan im Konkursunternehmen, S. 39, die ermittelten, daß bei immerhin 22% der Konkursunternehmen, bei denen ein Sozialplan zustandekam, eine Fortführung von Betrieben oder Betriebsteilen möglich war.

[9] Während sich die Mehrheit von Autoren für eine Anwendung der § 111-§ 113 BetrVG auch im Konkurs aussprachen (z.B. Richardi, Heinze), wurden von einer Minderheit Bedenken dagegen geltend gemacht (z.B. von Beuthin, Henckel, Berges); vgl. diese und weitere Quellen in: M. Balz: Das neue SPG, S. 1 f.

(begrenzen) sind und mit welchem Rang sie im Konkursverfahren zu befriedigen sind. [10] Dabei wurden Ansprüche aus Sozialplänen, ohne Kriterien zur Begrenzung des Sozialplanvolumens anzugeben, in der höchstrichterlichen Rechtsprechung sowohl als Masseschulden gem. § 59 Abs. 1 Nr. 1 KO [11], als vorrangige Konkursschulden mit einer Rangstelle vor Nr. 1 des § 60 Abs. 1 KO [12] sowie zuletzt als einfache Konkursforderung gemäß § 60 Abs. 1 Nr. 6 KO [13] eingeordnet. [14]

4) Der Stellenwert der Sozialplanansprüche im Konkursverfahren ist deshalb von großer Bedeutung, weil aufgrund der durchschnittlich geringen zur Befriedigung der Konkursforderungen zur Verfügung stehenden Teilungsmassen nicht bevorrechtigte Gläubiger häufig leer ausgehen. [15] So waren 1986 von den 18.793 beantragten Konkursverfahren nur bei 4.098 Fällen (22%) die Kosten des Verfahrens gedeckt, so daß eine Eröffnung erfolgen konnte. [16]
Gessner/Plett haben ermittelt, daß nur bei rund 15% der eröffneten Konkursverfahren und rund 3% der insgesamt insolventen Unternehmen ein Sozialplan zustandegekommen ist, wobei die Mehrzahl der Unternehmen allerdings schon we-

---

[10] Zur historischen Entwicklung der Rechtsprechung zum Sozialplan im Konkurs vgl. M. Balz: Das neue SPG, S. 3 ff.; H. Otto: Sozialplan, S. 84 bis S. 88; W. Uhlenbruck: Das SPG, S. 712.

[11] Vgl. BAG-Urteil vom 17.9.1974, bezüglich Ansprüchen aus Sozialplänen, die nach Konkurseröffnung abgeschlossen wurden sowie Ansprüchen aus § 113 BetrVG gegen den Konkursverwalter.

[12] Vgl. BAG-Beschluß vom 13.12.1978 bezüglich Ansprüchen aus Sozialplänen sowie aus einem Nachteilsausgleich vor und nach Konkurseröffnung; vgl. dazu R. Richardi: Mitbestimmung über den Sozialplan im Konkurs.

[13] Vgl. BAG-Urteil vom 30.4.84.

[14] Zum Einfluß der Qualifizierung von Sozialplanaufwendungen als Masse schulden, bevorrechtigte oder einfache Konkursforderungen auf Insolvenzentscheidungen (Fortführung/Liquidation) sowie die Quoten der (anderen) Konkursgläubiger vgl. R. Haje: Sozialplaneinfluß auf Insolvenzentscheidungen, S. 207-285.

[15] Zu den Ergebnissen empirischer Erhebungen über Sozialpläne im Konkurs vgl. K. Plett: Soziallastigkeit von Insolvenzverfahren; V. Gessner/ K. Plett: Sozialplan im Konkursunternehmen; Deutscher Bundestag, Rechtsausschuß, Protokoll der 19. Sitzung vom 4.4.84 (K. Plett), S. 2 ff., S. 137 ff. sowie Anlage.

[16] Vgl. J. Angele: Finanzielle Ergebnisse (1986), S. 462, bei gegenüber 1985 leicht abnehmender Zahl der Insolvenzen.

gen einer Belegschaftszahl von weniger als 20 Mitarbeitern oder wegen fehlendem Betriebsrat ausgeschlossen sind. [17])
Den bei den 1984 eröffneten und bis Ende 1985 abgewickelten Konkurs- und Vergleichsverfahren nach Berücksichtigung der Aus- und Absonderungsrechte gemäß §§ 43 ff. und 47 ff. KO sowie der Massekosten und Masseschulden gemäß §§ 58 ff. KO verbleibenden Konkursforderungen von 7,95 Mrd. DM standen Vermögenswerte der Gemeinschuldner (Konkursmasse, freie Teilungsmasse) von 0,52 Mrd. DM (6,5%) gegenüber. Während die mit der Rangstufe 1-5 nach § 61 KO bevorrechtigten Gläubiger noch eine durchschnittliche Deckungsquote von 31,3% erzielen konnten, wurden nur noch durchschnittlich 3,8% der Forderungen nicht bevorrechtigter Gläubiger erfüllt. [18]) In der wesentliche Arbeitnehmeransprüche enthaltenden Rangstufe 1 konnte einer älteren Untersuchung zufolge immerhin eine durchschnittliche Deckungsquote von 42% erreicht werden. [19])
Unter Berücksichtigung dieser Werte ist das Interesse der Arbeitnehmer an einer Einordnung der Sozialplanansprüche als bevorrechtigte Konkursforderungen, wenn nicht sogar - soweit es die nach Verfahrenseröffnung vereinbarten Sozialpläne betrifft - als Masseschulden verständlich. Allerdings werden die Ansprüche der übrigen Gläubiger erheblich beeinträchtigt.

3.2.2 Begrenzung des Sozialplanvolumens durch das Gesetz über den Sozialplan im Konkurs- und Vergleichsverfahren

1) Wegen der unklaren Rechtslage [20]) und um den Zeitraum bis zu einer umfassenden Reform des Insolvenzrechts zu überbrücken, hat der Gesetzgeber im 'Ge-

---

17) Vgl. V. Gessner/K. Plett: Sozialplan im Konkursunternehmen, S. 35; zum Problem der Betriebsgröße siehe Teil II, Abschnitt 2.2.2.

18) Vgl. J. Angele: Finanzielle Ergebnisse (1986), S. 464, bei von 1970 bis 1986 abnehmenden Deckungsquoten.

19) Vgl. V. Gessner u.a.: Praxis der Konkursabwicklung, S. 163; für die Ränge 1-6 wurden festgestellt: Rang 1: 42%; Rang 2: 23%; Rang 3: 16%; Rang 4: 14%; Rang 5: gering; Rang 6: 8%.

20) Vgl. die o.a. Urteile (Abschnitt 3.2.1) sowie Urteil des BVerfG vom 19.10.83 zur Rechtsfortbildung durch das BAG.

setz über den Sozialplan im Konkurs- und Vergleichsverfahren' (SPG) [21] den Sozialplan im Konkurs [22] vorläufig geregelt.

Danach gilt im Konkurs für

a) Forderungen aus Sozialplänen, die nach der Eröffnung des Konkursverfahrens vereinbart wurden

   aa) die Beschränkung der individuellen Ansprüche auf das 2,5-fache des Monatsverdienstes eines Arbeitnehmers (§ 2 SPG); weitergehende Ansprüche führen zur Nichtigkeit des Sozialplans; [23]

   ab) die Einordnung der gem. § 2 SPG ermittelten Sozialplanforderungen in den Rang des § 61 Abs. 1 Nr. 1 KO, soweit sie nicht mehr als ein Drittel der gesamten Konkursforderungen ausmachen (§ 4 SPG);

   ac) die Einordnung der Sozialplanforderungen, soweit sie ein Drittel der Konkursforderungen überschreiten, anteilig in den Rang des § 61 Abs. 1 Nr. 6 KO [24];

b) Forderungen aus Sozialplänen, die binnen drei Monaten vor Eröffnung des Konkursverfahrens vereinbart wurden

   ba) die Beschränkung der individuellen Ansprüche auf das 2,5-fache des Monatsverdienstes eines Arbeitnehmers (§§ 2, 3 SPG); weitergehende Ansprüche können nicht im Konkursverfahren gegenüber den Konkursgläubigern geltend gemacht werden; die Befriedigung kann nur nach Abschluß des Verfahrens aus dem konkursfreien Vermögen des Gemeinschuldners erfolgen (§ 3 Satz 1 SPG); [25]

---

[21] Vom 20.2.85; das Gesetz tritt nach § 9 SPG am 31.12.88 außer Kraft.

[22] Zur Behandlung von Forderungen aus Sozialplänen im Vergleichsverfahren siehe § 5 SPG, vgl. dazu M. Balz: Das neue SPG, S. 89 ff; ders.: Sozialplan im Konkurs- und Vergleichsverfahren, S. 694; zu Übergangsregelungen für Sozialpläne innerhalb von Konkurs- und Vergleichsverfahren, die bei Inkrafttreten des SPG anhängig waren, siehe § 6 SPG, vgl. dazu M. Balz: Das neue SPG, S. 93 ff.; ders.: Sozialplan im Konkurs- und Vergleichsverfahren, S. 694 f.

[23] Vgl. M. Balz: Das neue SPG, S. 62, der allerdings darauf hinweist, daß der Sozialplan u.U. nur mit dem Betrag teilnichtig ist, der die Grenzen des § 2 SPG überschreitet; weitergehende Ansprüche können auch nicht außerhalb des Konkursverfahrens gegen den Gemeinschuldner geltend gemacht werden.

[24] Dies läßt sich mangels gesetzlicher Regelung nur aus der auch nach Inkrafttreten des SPG fortgeltenden Rechtsprechung des BAG (Vgl. Urteil vom 30.4.84) ableiten.

[25] Vgl. M. Balz: Das neue SPG, S. 64 f. mit Bezug auf LAG Hamm Urteil vom 20.1.80; allerdings dürften derartige Versuche in der Praxis nur geringe Aussicht auf Erfolg haben; zur Anrechnung von bereits geleisteten Abschlagszahlungen aus Sozialplänen vgl. M. Balz: Das neue SPG, S. 66 f.

bb) die Einordnung der gem. §§ 2, 3 SPG ermittelten Sozialplanforderungen in den Rang des § 61 Abs. 1 Nr. 1 KO, soweit sie nicht mehr als ein Drittel der gesamten Konkursforderungen ausmachen (§ 4 SPG);

bc) die Einordnung der Sozialplanforderungen, soweit sie ein Drittel der Konkursforderungen überschreiten, anteilig in den Rang des § 61 Abs. 1 Nr. 6 KO (§ 4 SPG);

c) Forderungen aus Sozialplänen, die mehr als drei Monate vor Eröffnung des Konkursverfahrens vereinbart wurden

die Einordnung als einfache, nicht bevorrechtigte Konkursforderungen im Rang des § 61 Abs. 1 Nr. 6 KO (§ 3 SPG) [26];
die Begrenzung des § 4 Satz 2 SPG gilt hier nicht.

Die rechtlichen Zusammenhänge verdeutlicht Abb. 15.

2) In § 2 SPG wird der Kreis der Anspruchsberechtigten aus einem Sozialplan auf die infolge einer Betriebsänderung entlassenen Arbeitnehmer beschränkt. Andere mögliche Ursachen wirtschaftlicher Nachteile, wie Umsetzungen, die im Rahmen des § 111 BetrVG erfaßt werden können, scheiden hier aus. Ob sich aus dieser Eingrenzung zukünftig auch eine konkretere Schadensberechnung ergibt, ist zweifelhaft. [27]

3) Neben der absoluten Begrenzung der individuellen Ansprüche auf das 2,5-fache des Monatsverdienstes sowie der relativen Beschränkung des Gesamtvolumens auf $^1/_3$ der Teilungsmasse können die Arbeitnehmeransprüche durch die Konkurrenz der bevorrechtigten Sozialplanforderungen mit anderen bevorrechtigten Forderungen aus der Rangklasse 1 des § 61 Abs. 1 KO [28] beeinträchtigt werden, und zwar dann, wenn die Teilungsmasse nicht zur vollständigen Befriedigung der gesamten bevorrechtigten Forderungen ausreicht.

---

26) Dies läßt sich mangels ausdrücklicher Regelung im SPG nur aus der höchstrichterlichen Rechtsprechung ableiten (Vgl. BAG-Urteil vom 30.4.84).

27) So W. Uhlenbruck: Das SPG, S. 713.

28) Dies ergibt sich aus § 4 Satz 2, 2. Halbsatz SPG i.V.m. § 61 Abs. 2 S. 2 KO.

Abb. 15: **Behandlung der Forderungen aus Sozialplänen im Konkursverfahren nach §§ 2-4 SPG**

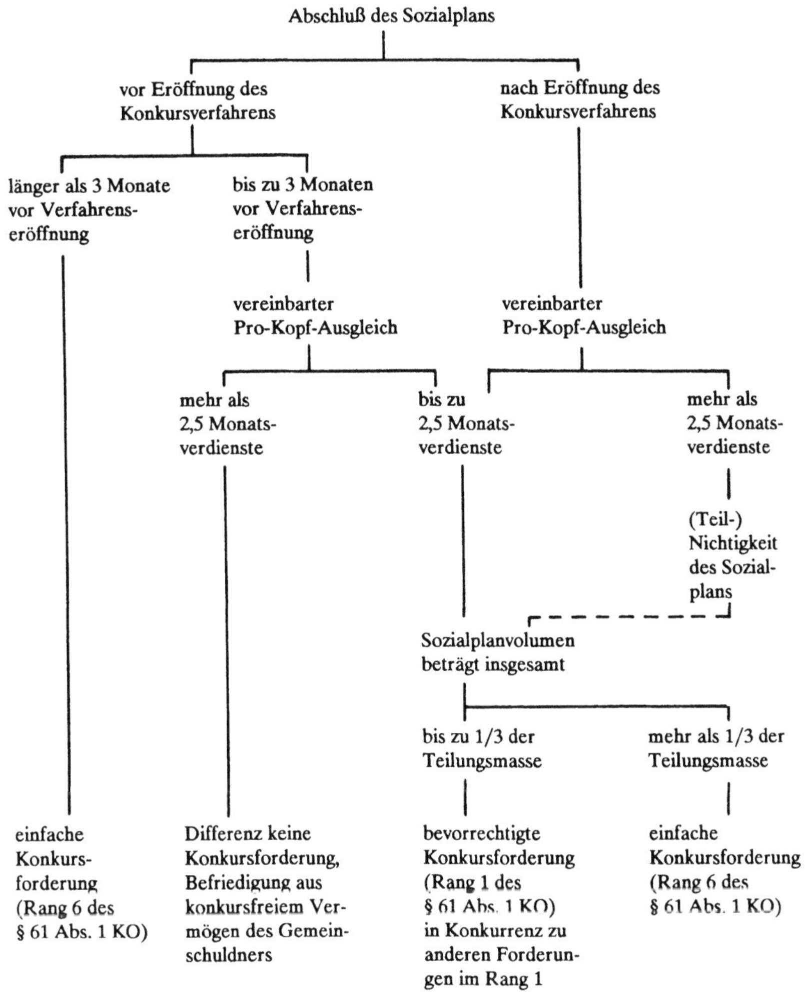

4) Die absolute (statische) Obergrenze liegt mit dem 2,5-fachen Monatsverdienst [29] deutlich unter den Grenzen des § 10 KSchG, die Abfindungen bis zum 18-fachen Monatsverdienst zulassen. Allerdings ermittelten Gessner/Plett für in der Vergangenheit abgeschlossene Konkurssozialpläne Ansprüche, die *im Durchschnitt* lediglich beim 2-fachen Monatsverdienst lagen [30], so daß hier lediglich in Einzelfällen eine Beschränkung durch das Gesetz zu erwarten ist.

Nachteilig kann dagegen gewertet werden, daß der Faktor 2,5 pauschal für jeden der von einer Entlassung betroffenen Arbeitnehmer als Beschränkung vorgesehen ist. Eine Differenzierung nach den Merkmalen Alter, Familienstand, Unterhaltsberechtigte etc. wäre auch hier sinnvoll. [31] Fitting u.a. weisen jedoch darauf hin, daß sich § 2 SPG lediglich mit der Errechnung, nicht aber mit der Verteilung des Sozialplanvolumens beschäftigt. So könne der Konkursverwalter entsprechend der Ermessensrichtlinien des § 112 Abs. 5 Satz 2 Nr. 1 und 2 BetrVG das gemäß § 2 SPG errechnete Volumen nach Art und Ausmaß der individuellen wirtschaftlichen Nachteile verteilen. [32]

Insbesondere dann, wenn bei geringer Teilungsmasse durch die relative Begrenzung des § 4 SPG das Sozialplanvolumen in starkem Maße beschnitten wird, erscheint es sinnvoll, Arbeitnehmer mit erheblichen Nachteilen vorrangig und ggf. über das 2,5-fache ihres Monatsverdienstes hinaus zu unterstützen, während weniger hart getroffene Arbeitnehmer unberücksichtigt bleiben. Dazu werden in der Praxis häufig Sockelbeträge vereinbart. Liegen die Pro-Kopf-Anteile niedri-

---

29) Zur Bestimmung des Monatsverdienstes, des maßgeblichen Zeitpunkts sowie des berechtigten Personenkreises vgl. Fitting-Auffarth-Kaiser-Heither, SPG § 2 Anm. 8 ff.; M. Balz: Das neue SPG, S. 53 ff.

30) Vgl. V. Gessner/K. Plett: Sozialplan im Konkursunternehmen, S. 99 ff.; K. Plett: Soziallastigkeit von Insolvenzverfahren, S. 913; bei einer Durchschnittsabfindung von 4.928 DM und einem Durchschnittsbruttomonatsverdienst in 1982 von 2.396 DM für Arbeiter und 2.965 DM für Angestellte (Vgl. Statistisches Jahrbuch 1982, S. 468 f, 473 f.); die Durchschnittsabfindung wird allerdings durch einige wenige Sozialpläne, die Abfindungen von über 30.000 DM pro Arbeitnehmer vorsahen, nach oben verzerrt; so erhielten 52% der Arbeitnehmer weniger als 2.000 DM und 65% weniger als 3.000 DM.

31) Zu den von der Insolvenzrechtskommission vorgeschlagenen Kriterien siehe den nachfolgenden Abschnitt 3.2.3

32) Vgl. Fitting-Auffarth-Kaiser-Heither, § 2 SPG Anm. 9.

ger, so erhalten Arbeitnehmer mit geringeren Nachteilen keine Leistungen, so daß das Volumen unter die geringere Zahl der stärker betroffenen aufgeteilt werden kann. [33]

5) Für die Befriedigung des Sozialplanvolumens als bevorrechtigte Konkursforderung im Rang 1 des § 61 Abs. 1 KO steht maximal ein Drittel der freien Teilungsmasse (Konkursmasse) zur Verfügung. Weiterhin konkurrieren die Sozialplanforderungen mit anderen Ansprüchen der Rangklasse 1. Reicht die Teilungsmasse zur Befriedigung des Ranges 1 nicht aus, so werden die Sozialplanforderungen - wie alle anderen gleichrangigen auch - gemäß § 61 Abs. 2 Satz 2 KO anteilig gekürzt.
Zur Verdeutlichung sollen die folgenden Fälle dienen: [34]

Fall 1:

Teilungsmasse	1.500.000 DM
Sozialplanvolumen gem. §§ 2,3 SPG	400.000 DM
sonstige Forderungen in Rang 1	900.000 DM

Die Forderungen mit dem Rang 1 können vollständig befriedigt werden.
§ 4 Satz 2 SPG kommt nicht zur Anwendung.

Fall 2:

Teilungsmasse	1.500.000 DM
Sozialplanvolumen gem. §§ 2,3 SPG	400.000 DM
sonstige Forderungen in Rang 1	2.100.000 DM

Die Forderungen mit dem Rang 1 können insgesamt nur zu 60% befriedigt werden.
Die Sozialplanforderungen werden gemäß § 61 Abs. 2 Satz 2 KO auf 240.000 DM, die anderen Forderungen des Ranges 1 auf 1.260.000 DM gekürzt. § 4 Satz 2 SPG kommt nicht zur Anwendung.

33) Vgl. M. Balz: Das neue SPG, S. 70; Deutscher Bundestag, Rechtsausschuß, Anhörung vom 24.10.84 (K. Plett), S. 35/44, Übersicht 2, Fall 12 sowie S. 35/47.

34) Vgl. M. Balz: Das neue SPG, S. 73 ff.; Deutscher Bundestag, Rechtsausschuß, Anhörung vom 24.10.84, S. 35/59 f. (M. Balz); Fitting-Auffarth-Kaiser-Heither, § 4 SozplKonkG Anm. 14 ff.

Fall 3:

Teilungsmasse	1.500.000 DM
Sozialplanvolumen gem. §§ 2,3 SPG	900.000 DM
sonstige Forderungen in Rang 1	2.100.000 DM

Die Forderungen des Ranges 1 können insgesamt nur zu 50% befriedigt werden. Obwohl das Sozialplanvolumen mehr als ein Drittel der Teilungsmasse ausmacht, kommt wegen der anteiligen Kürzungen der Sozialplanforderungen auf 450.000 DM § 4 Satz 2 SPG nicht zur Anwendung.

Fall 4:

Teilungsmasse	1.500.000 DM
Sozialplanvolumen gem. §§ 2,3 SPG	900.000 DM
sonstige Forderungen in Rang 1	500.000 DM
Forderungen in Rang 2	2.000.000 DM

Hier könnte Rang 1 vollständig befriedigt werden, während die nachrangigen Gläubiger nur 100.000 DM erhalten würden.
Da jedoch nach § 4 Satz 2 SPG die bevorrechtigten Sozialplanforderungen auf ein Drittel der Teilungsmasse - in diesem Fall 500.000 DM - zu beschränken sind, kommen die freiwerdenden 400.000 DM den Gläubigern im Rang 2 zugute, die damit eine Deckungsquote von 25% ihrer Forderungen erzielen.

Fall 5:

Teilungsmasse	1.200.000 DM
Sozialplanvolumen gem. §§ 2,3 SPG	900.000 DM
sonstige Forderungen in Rang 1	600.000 DM
Forderungen in Rang 2	2.000.000 DM

In diesem Fall könnten die Gläubiger im Rang 1 eine Quote von 80% erreichen, wovon 720.000 DM auf die Sozialplangläubiger und 480.000 DM auf die anderen Gläubiger im Rang 1 entfallen würden. Rang 2 würde nicht bedient.
Da jedoch die Sozialplanforderungen gem. § 4 Satz 2 SPG auf ein Drittel der Teilungsmasse - hier 400.000 DM - beschränkt sind, können von den freiwerdenden 320.000 DM die Restforderungen der anderen Gläubiger im Rang 1 und mit den verbleibenden 200.000 DM die Gläubiger im Rang 2 abgefunden werden, die so zumindest auf eine Quote von 10% kommen.
Gäbe es außer den Sozialplanansprüchen keine weiteren Forderungen im Rang 1, so kämen die freiwerdenden Mittel vollständig nachrangig zu befriedigenden Gläubigern zugute.

6) Geht man davon aus, daß das Sozialplanvolumen entsprechend der Art der Ermittlung gem. §§ 2,3 SPG auch verteilt würde, d.h. ohne Berücksichtigung der individuellen Bedürfnisse, allein am Monatseinkommen des einzelnen Arbeitnehmers orientiert, so würde eine Kürzung der Sozialplanansprüche durch § 4

Satz 2 SPG auf ein Drittel der Teilungsmasse eine proportionale Kürzung der individuellen Ansprüche bewirken.[35] Legt man den Fall 5 zugrunde, so würden die Arbeitnehmer statt des 2,5-fachen lediglich den 1,1-fachen Monatsverdienst erhalten ($^{4}/_{9}$ x 2,5 = 1,1). Ein Arbeitnehmer mit einem Bedarf von 6.500 DM könnte mit einer Sozialplanleistung von 2.889 DM rechnen.

7) Während die Einführung einer absoluten Obergrenze von Sozialplänen im Konkurs im Durchschnitt aller Fälle der vorherigen Sozialplanpraxis kaum zu einer Kürzung individueller Ansprüche führen dürfte (s.o.), wird die relative Obergrenze voraussichtlich bei einer Reihe von Unternehmen zu einer erheblichen Kürzung der Sozialplanforderungen zugunsten der übrigen Konkursgläubiger beitragen.[36] Allerdings ist dabei zu berücksichtigen, daß nach der bisherigen Rechtslage wegen fehlender gesetzlicher Normierungen auch im Konkurs oft überzogene Sozialpläne abgeschlossen wurden, die mehr als 50%, ja sogar bis zu 100% der Teilungsmasse aufzehrten.[37] Dem wird durch die Einführung einer absoluten Beschränkung der individuellen Sozialplanleistungen auf das 2,5-fache Monatsgehalt vorgebeugt.
Sofern nach der neuen Rechtslage Konkurssozialpläne durch den § 4 Satz 2 SPG beschnitten werden, dürfte es sich vor allem um Unternehmen mit geringer Teilungsmasse handeln.[38] Ob hier neben der ohnehin schon bestehenden Konkurrenz zu anderen Forderungen der Rangklasse 1 eine weitere Beschränkung der Sozialplanforderungen möglich ist, ohne die Überbrückungsfunktion dieser Leistungen grundsätzlich zu beeinträchtigen, erscheint zweifelhaft.

8) Gegen die relative Obergrenze bezüglich der bevorrechtigten Sozialplanforderungen läßt sich weiterhin einwenden, daß eine Konkurrenz zu Forderungen der

---

[35] Vgl. Fitting-Auffarth-Kaiser-Heither, § 4 SozplKonkG Anm. 17.

[36] Vgl. Deutscher Bundestag, Rechtsausschuß, Anhörung vom 24.10.84, Anlage, Übersicht 3, Spalte 6 (K. Plett).

[37] Vgl. Deutscher Bundestag, Rechtsausschuß, Anhörung vom 24.10.84, Anlage, Tabelle 3 (K. Plett); V. Gessner/K. Plett: Sozialplan im Konkursunternehmen, S. 80.

[38] Vgl. Deutscher Bundestag, Rechtsausschuß, Anhörung vom 24.10.84, S. 35/55 f. (Bachmeier) sowie Anlage, Übersicht 1 und 4 (K. Plett).

Bundesanstalt für Arbeit wegen gezahlter Konkursausfallgelder [39] oder zu Steuern und Abgaben [40] wenig sinnvoll erscheint. So können indirekt die Sozialplananspüche durch Ansprüche auf Konkursausfallgeld, das gleichfalls eine soziale Überbrückungs- und Sicherungsfunktion erfüllt, beeinträchtigt werden. [41] Eine derartige Konkurrenz ließe sich bei einer Überarbeitung des in § 61 KO festgeschriebenen Katalogs im Rahmen der Reform des Insolvenzrechts beseitigen. [42] Die Einführung einer relativen Obergrenze kann weiterhin zu einer erheblichen Verzögerung der Auszahlung von Sozialplanleistungen führen, da die Feststellung der verteilungsfähigen Konkursmasse häufig erhebliche Zeit in Anspruch nimmt und der Konkursverwalter aus Haftungsgründen Abschlagszahlungen nur in beschränktem Umfang leisten wird. [43]

9) Die Regelung des § 3 SPG, nach der Sozialpläne, die innerhalb von 3 Monaten vor Konkurseröffnung aufgestellt wurden, nachkonkurslichen Sozialplänen gleichgestellt werden, stellt insofern ein Novum dar, als für die bevorrechtigten Konkursforderungen grundsätzlich eine Frist von einem Jahr vor der Konkurseröffnung vorgesehen ist (§ 61 Abs. 1 Nr. 1). Selbst diese Frist wäre jedoch äußerst kurz bemessen, wenn man berücksichtigt, daß Sozialplanabfindungen durchschnittlich erst 2 Jahre nach Konkurseröffnung ausbezahlt werden und dieser Zeitraum auch bei vorkonkurslichen Sozialplänen nicht erheblich kürzer sein dürfte. [44]

10) Insgesamt besteht die Gefahr, daß die komplexen Vorschriften des SPG zu einer Verzögerung der Abwicklung von Sozialplänen im Konkurs führen und so-

---

39) Gemäß § 59 Abs. 2 KO i.V.m. § 141 Abs. 1 AFG als Konkursforderungen im Rang 1 des § 61 Abs. 1 KO.

40) Konkursforderungen im Rang 2 des § 61 Abs. 1 KO.

41) Vgl. H. Otto: Sozialplan, S. 90 f.

42) Vgl. BMJ (Hrsg.): IRK 1, S. 342 ff.

43) Vgl. W. Uhlenbruck: Das SPG, S. 713; M. Balz: Das neue SPG, S. 84ff., mit Hinweis auf die im Gesetzgebungsverfahren diskutierten möglichen Modalitäten von Abschlagszahlungen sowie einer Zwischenfinanzierung der Sozialplanleistungen durch die Bundesanstalt für Arbeit.

44) Vgl. Deutscher Bundestag, Rechtsausschuß, Anhörung vom 24.10.84, S. 35/58 (K. Plett).

mit einerseits den Sozialplan in seiner Überbrückungsfunktion entwerten und andererseits die Abwicklung des Insolvenzverfahrens, insbesondere unter dem Gesichtspunkt einer möglichen Erhaltung des Unternehmens oder von Unternehmensteilen, erschweren. [45]

Es wäre daher sinnvoll, im Zuge einer Insolvenzrechtsreform den individuellen Sozialplanbedarf absolut nach oben zu begrenzen, ggf. mit einem geringeren Betrag als dem 2,5-fachen Monatsgehalt, darüber hinaus aber die gesamten Sozialplanforderungen als bevorrechtigte Konkursforderungen im Rang 1 des § 61 Abs. 1 KO zu berücksichtigen. Eine stärkere Befriedigung der einfachen Konkursgläubiger läßt sich ohnehin kaum über die Beschneidung der Sozialplanansprüche [46], sondern nur durch eine Vergrößerung der Teilungsmasse insgesamt, etwa durch einen Verfahrensbeitrag der Aus- bzw. Absonderungsberechtigten erreichen. [47]

3.2.3 Vorschläge für eine Begrenzung des Sozialplanvolumens im Rahmen einer Reform des Insolvenzrechts

1) Das geltende Insolvenzrecht stammt in seinen wesentlichen Teilen noch aus dem vorigen Jahrhundert. [48] Seit mehr als zehn Jahren wird darüber diskutiert, ob es in einer veränderten Wirtschafts- und Rechtsordnung noch zweckentsprechend ist oder ob eine Reform geboten ist. [49] Die 1978 vom Bundesjustizmini-

---

[45] Vgl. Deutscher Bundestag, Rechtsausschuß, Anhörung vom 24.10.84, S. 35/61 f. (Bachmeier); W. Uhlenbruck: Das SPG, S. 713 und 714.

[46] Vgl. Deutscher Bundestag, Rechtsausschuß, Anhörung vom 24.10.84, Anlage, Übersicht 4 (Plett), Vergleich der Spalten 7 und 9; danach geht im Durchschnitt bei vollständiger Ausschöpfung von einem Drittel der Teilungsmassen durch die Sozialpläne die Quote der einfachen Konkursgläubiger sogar von 8% auf 2% zurück.

[47] Vgl. Vorschläge der IRK; siehe auch den nachfolgenden Abschn. 3.2.3.

[48] Konkursordnung vom 10.2.1877; Vergleichsordnung vom 26.5.1935.

[49] Zur Geschichte des Insolvenzrechts sowie der Insolvenzrechtsreform vgl. F. Binz/H. Hess: Konkurs der Insolvenzrechtsreform, S. 2 ff.; zur Frage, ob eine Reform überhaupt notwendig ist vgl. ebenda S. 6 ff.

ster eingesetzte Insolvenzrechtskommission hat dazu in ihren 1985 [50] und 1986 [51] erschienenen Berichten Vorschläge gemacht. Dort - wie in dem durch den Bundesjustizminister im August 1988 veröffentlichten 'Diskussionsentwurf' für ein 'Gesetz zu Reform des Insolvenzrechts' (EntwInsO) [52] - sind u.a. auch Vorschläge für die Bemessung des Sozialplanvolumens im Insolvenzverfahren vorgelegt worden, die im folgenden kurz diskutiert werden sollen.

2) Nach den Vorschlägen der Insolvenzrechtskommission ist nach Eintritt der Insolvenz und Eröffnung des Insolvenzverfahrens in einem Vorverfahren zu entscheiden, ob ein Reorganisationsverfahren mit dem Ziel, den Fortbestand des Unternehmens zu sichern und seine Ertragskraft wiederherzustellen (Leitsatz 2.1.2), oder ein Liquidationsverfahren mit dem Ziel der Verwertung der Insolvenzmasse zugunsten der Gläubiger eingeleitet (Leitsatz 3.1.1) werden soll. [53] Dementsprechend ist zwischen den *Sozialplanregelungen* bei *Reorganisation* und bei *Liquidation* des Unternehmens zu unterscheiden.

2) Im *Reorganisationsverfahren* gelten die §§ 111 - 113 BetrVG fort. In Ergänzung von § 112 Abs. 5 Nr. 3 BetrVG wird betont, daß sich der Sozialplan am Verfahrenszweck der Unternehmenserhaltung zu orientieren habe. Da die Annahme des Reorganisationsplans durch die Gläubiger u.a. vom Volumen des Sozialplans abhängt, werden gesetzliche Begrenzungen für überflüssig erachtet. [54]

Ob diese selbstregulierende, am Verfahrenszweck orientierte Limitierung des Sozialplanvolumens tatsächlich erreicht werden kann, ist zweifelhaft. Schon vor der Neufassung des § 112 Abs. 4 BetrVG war die wirtschaftliche Vertretbarkeit des Sozialplans für das Unternehmen zu beachten, ohne daß dieser Vorschrift in der Praxis größere Bedeutung zugekommen wäre, und selbst von der differenzierte-

---

[50] Vgl. BMJ (Hrsg.): IRK 1; zum Interessenausgleich und Sozialplan vgl. ebenda S. 232 ff. (bei Reorganisation), S. 350 ff. (bei Liquidation).

[51] Vgl. BMJ (Hrsg.): IRK 2.

[52] Vgl. BMJ (Hrsg).: Diskussionsentwurf; zum Interessenausgleich und Sozialplan vgl. ebenda S. 64 ff. (§§ 130-133) sowie S. 77 ff., 106 ff.

[53] Vgl. BMJ (Hrsg.): IRK 1; zu den Grundzügen des Verfahrens vgl. dort S. 14 ff. sowie J. Drukarczyk: Unternehmen und Insolvenz, S. 245 ff.

[54] Vgl. auch M. Löwitsch: Arbeitnehmer im Insolvenzrecht, 240.

ren Bestimmung der wirtschaftlichen Vertretbarkeit des Sozialplans nach § 112 Abs. 5 BetrVG werden keine gravierenden Änderungen erwartet.[55]

Interessant ist dagegen die ausdrückliche Trennung von Ermittlung und Verteilung des Sozialplanvolumens. Vor Einreichung des Reorganisationsplanes muß das insgesamt zu Verfügung stehende Volumen zwischen Insolvenzverwalter und Betriebsrat ausgehandelt oder durch die Einigungsstelle verbindlich festgelegt worden sein.

3) Auch im *Liquidationsverfahren* wird zwischen der Ermittlung und der Verteilung des Sozialplanvolumens unterschieden. Anders als im Reorganisationsverfahren sieht die Insolvenzrechtskommission bei der Ermittlung des Sozialplans im Liquidationsverfahren gesetzliche Grenzen vor. Dabei wird - wie nach dem SPG - eine absolute und eine relative Obergrenze gezogen, jedoch jeweils auf niedrigerem Niveau. Zusätzlich wird nur ein Teil der Beschäftigten im Sozialplan berücksichtigt. Im einzelnen gelten folgende Regelungen:[56]

a) Arbeitnehmer unter 45 Jahren werden erst nach 5 Jahren, Arbeitnehmer über 45 Jahren erst nach 2 Jahren Unternehmenszugehörigkeit im Sozialplan berücksichtigt (Leitsatz 4.1.3);
b) der individuelle Sozialplananspruch darf nicht mehr als 1,5 Monatsgehälter betragen (Leitsatz 4.1.3);
c) das Sozialplanvolumen darf 25% der Teilungsmasse nicht überschreiten (Leitsatz 4.1.4).[57]

Während die ersten beiden Bestimmungen aus Sicht der Arbeitnehmer eine Verschlechterung gegenüber der Übergangsregelung des § 2 SPG darstellen, liegt die relative Grenze des Sozialplanvolumens mit 25% der Teilungsmasse zwar auch niedriger als die in § 4 SPG vorgesehene von 33 $^1/_3$%. Insgesamt könnte aber das Sozialplanvolumen höher ausfallen als nach dem bisherigen Recht, da die übri-

55) Vgl. J. Drukarczyk: Unternehmen und Insolvenz, S. 346.

56) Vgl. BMJ (Hrsg.): IRK 1, S. 356 ff.

57) Von einer Minderheit der Kommissionsmitglieder wird eine Grenze von 3 Monatsverdiensten und 50% der Teilungsmasse für sinnvoll gehalten (vgl. ebenda, S. 356 f.).

gen Vorschläge der Insolvenzrechtskommission darauf abzielen, die freie Teilungsmasse zu erhöhen. [58]

Für die Bestimmung des höchstzulässigen Sozialplanvolumens ist der Nachweis eines konkreten individuellen Nachteils zunächst nicht erforderlich (Leitsatz 4.1.3 Abs. 1).

Die Verteilung des Sozialplanvolumens ist nach Ansicht der Insolvenzrechtskommission im Gegensatz zu seiner Ermittlung im Rahmen des Insolvenzrechts nicht normierungsbedüftig, sondern allenfalls im Betriebsverfassungsrecht. Allerdings werden mehrere Vorschläge entwickelt, die an der sozialen Bedürftigkeit und dem konkreten Nachteil der von der Betriebsänderung betroffenen Arbeitnehmer anknüpfen. [59]
Da die Feststellung des Sozialplanvolumens durch die langwierige Ermittlung der freien Teilungsmasse verzögert werden kann, schlägt die Insolvenzrechtskommission Abschlagszahlungen durch den Insolvenzverwalter - nach Genehmigung des Gerichts - und ggf. eine Zwischenfinanzierung durch die Bundesanstalt für Arbeit vor (Leitsatz 4.1.9). [60] In diesem Zusammenhang wäre erwägenswert, ob derartige Zwischenfinanzierungen durch die Bundesanstalt für Arbeit oder andere öffentliche Einrichtungen auch bei Sozialplänen außerhalb der Insolvenz vorgesehen werden könnten.

4) Die Vorschläge der Insolvenzrechtskommission haben sowohl insgesamt als speziell auch zum Sozialplan im Insolvenzverfahren vielfältige Kritik erfahren. [61] Dabei wird sowohl die geringe Höhe der absoluten und relativen Gren-

---

[58] Vgl. H. Otto: Sozialplan, S. 96, der allerdings darauf hinweist, daß die die freie Teilungsmasse erhöhenden Verfahrensbeiträge der gesicherten Gläubiger nicht dem Sozialplan, sondern ausschließlich den ungesicherten Konkursgläubigern zugute kommen sollen (siehe auch Leits. 4.1.1 Abs. 3).

[59] Vgl. BMJ (Hrsg.): IRK 1, S. 363 f.

[60] Vgl. BMJ (Hrsg.): IRK 1, S. 367 f.

[61] Zur Kritik an den Sozialplanregelungen vgl. J. Simon: Probleme der arbeitsrechtlichen Vorschläge, S. 303 ff.; H. Otto: Sozialplan, S. 95ff.; M. Löwitsch: Arbeitnehmer im Insolvenzrecht, S. 238 ff.; J. Drukarczyk: Unternehmen und Insolvenz, S. 346 ff.; F. Binz/H. Hess: Konkurs der Insolvenzrechtsreform; jeweils mit weiteren Quellen.

zen kritisiert - bzw. ihre politische Durchsetzbarkeit angezweifelt[62] - als auch die fehlende Flexibiltät derartiger Grenzen im Grundsatz beklagt. [63] Weiterhin wird negativ vermerkt, daß die Verfahrensbeiträge der gesicherten Gläubiger nicht in die Ermittlung des Sozialplanvolumens einbezogen werden sollen. [64]

Unabhängig von dieser Kritik bleibt festzustellen, daß selbst die Insolvenzrechtskommission, die insgesamt darauf abzielt, die Sozialplanansprüche in der Insolvenz zu begrenzen, neben der Überbrückungs- auch die Entschädigungsfunktion des Sozialplans anerkennt. [65] Gerade das Festhalten an dieser Entschädigungsfunktion hat in der Vergangenheit aber zu wachsenden Sozialplanvolumen beigetragen.

5) Der 'Diskussionsentwurf' des Bundesjustizministers sieht vor, den Sozialplan im Insolvenzverfahren in Anlehnung an das SPG zu begrenzen. Wie nach den Vorschlägen der Insolvenzrechtskommission darf der individuelle Sozialplananspruch den 1,5-fachen Monatsverdienst und das Sozialplanvolumen insgesamt 25% der Insolvenzmasse nicht übersteigen (§ 131 Entw InsO). [66] Gegenüber dem geltenden Recht ist damit auch hier neu, daß die Sozialplanleistungen innerhalb dieser Grenzen ungekürzt aus der Masse zu zahlen sind und daher nicht in Konkurrenz zu den (bevorrechtigten) Konkursforderungen stehen. Die im Vergleich zu § 4 SPG niedrigere relative Begrenzung des Sozialplanvolumens läßt sich wie bei den Vorschlägen der Insolvenzrechtskommission damit rechtfertigen, daß die Instrumente zu Erhöhung der Masse gegenüber dem geltenden Recht erheblich ausgeweitet werden sollen. [67]

---

[62] Vgl. H. Otto: Sozialplan, S. 96.

[63] Vgl. J. Drukarczyk: Unternehmen und Insolvenz, S. 352.

[64] Vgl. J. Simon: Probleme der arbeitsrechtlichen Vorschläge, S. 308 J. Drukarczyk: Unternehmen und Insolvenz, S. 352, der darauf hinweist, daß das Nebeneinander unterschiedlicher Teilungsmassen zu inkonsistenten Verteilungsergebnissen führen kann.

[65] Vgl. BMJ (Hrsg.): IRK 1, S. 359.

[66] Zu Sozialplänen vor Verfahrenseröffnung sowie Rahmensozialplänen nach Verfahrensbeendigung siehe §§ 132, 133 Entw InsO.

[67] Vgl. BMJ (Hrsg).: Diskussionsentwurf, B 107, Begründung zu § 131.

Die Mitbestimmungsrechte des Betriebsrats in Bezug auf den Interessenausgleich sollen insofern eingeschränkt werden, als nach § 130 Entw InsO der Insolvenzverwalter mit Zustimmung des Insolvenzgerichts 'eilbedürftige', 'unvermeidbare' Betriebsänderungen ohne Einhaltung des in §§ 111 ff. BetrVG vorgesehenen Verfahrenswegs durchführen darf.

6) Im Vergleich zum geltenden Recht stellen die Vorschläge des 'Disskussionsentwurfs' zum Interessenausgleich und zum Sozialplan einerseits eine Beschneidung der Interessen der Arbeitnehmer dar, da die Höchstbeträge der Sozialplanleistungen deutlich niedriger angesetzt werden. Dies wird möglicherweise auch dadurch nicht ausgeglichen, daß die Sozialplanverbindlichkeiten Masseschulden und nicht länger (bevorrechtigte) Konkursforderungen darstellen. Auch die Beschränkung der Mitwirkungsrechte des Betriebsrats bei Betriebsänderungen in der Insolvenz erscheint aus der Sicht der Arbeitnehmer nachteilig.
Andererseits könnte eine stärkere Begrenzung des Sozialplanvolumens verbunden mit der Beschleunigung des Verfahrens zu einer Betriebsänderung und der Besetigung arbeitsrechtlicher Hemmnisse bei der Betriebsveräußerung § 119 bis § 121 EntW InsO dazu beitragen, daß insgesamt mehr Unternehmen als bisher saniert und damit weniger Arbeitsplätze durch die Insolvenz vernichtet werden. [68)]

[68)] Vgl. BMJ (Hrsg).: Diskussionsentwurf, B 94 ff., Begründung zu §§ 119 ff.

VIERTER TEIL: ERFASSUNG VON SOZIALPLANLEISTUNGEN IN DER HANDELS- UND STEUERRECHTLICHEN RECHNUNGSLEGUNG

1 Überblick über die Möglichkeiten zur Erfassung von zu erbringenden Sozialplanleistungen in der handels- und steuerrechtlichen Rechnungslegung

1) In der Zukunft zu gewährende Sozialplanleistungen stellen grundsätzlich Verpflichtungen des Unternehmens gegenüber Dritten dar. Sie müssen, sofern sie hinreichend konkretisiert sind, in der Vermögens- und Kapitalrechnung (Bilanz) eines Unternehmens als Schuld (z.B. als Verbindlichkeit oder Rückstellung) ausgewiesen werden.

2) Für die Rechnungslegung der Unternehmen ergeben sich bei der Bilanzierung von Sozialplanverpflichtungen folgende Probleme:

a) Die finanziellen Verpflichtungen aus Sozialplänen lassen sich in vielen Fällen zum Bilanzstichtag nicht mit ausreichender Sicherheit bestimmen, obwohl in der Zukunft mit einer Inanspruchnahme des Unternehmens aus ihnen zu rechnen ist. Die latente Belastung der Unternehmen steigt in dem Maße, in dem die Ansprüche der Arbeitnehmer aus Sozialplänen durch die Rechtsprechung in zunehmendem Umfang bestätigt werden. Es ist daher zu prüfen, ob und wie derartige *unsichere* Verpflichtungen im Rahmen der Rechnungslegung abgebildet werden können. Die Erfassung latenter Sozialplanverpflichtungen könnte einerseits erforderlich sein, um dem Zweck der handelsrechtlichen Rechnungslegung, der den tatsächlichen Verhältnissen entsprechenden Darstellung der Vermögens- und Schuldenlage des Unternehmens (§ 264 Abs. 2 HGB), zu genügen. Andererseits wird über die Abbildung der Verpflichtungen des Unternehmens in der Rechnungslegung eine langfristige Sicherung der Ansprüche der Arbeitnehmer angestrebt.

b) Da Sozialplanleistungen regelmäßig einen erheblichen Umfang haben, könnte ihre Berücksichtigung als Verbindlichkeit in der Bilanz und als Aufwand in der Erfolgsrechnung erst zu dem Zeitpunkt, an dem die Verpflichtung mit Sicherheit besteht, zu einer erheblichen Belastung der betreffenden Periode, ggf. sogar zum Ausweis einer Überschuldung gemäß § 92 Abs. 2 AktG oder einer Unterbilanz gemäß § 92 Abs. 1 AktG führen. [1]

Ein Überschuldungsausweis könnte sich zwar auch bei einer ratierlichen Berücksichtigung der Sozialplanleistungen - etwa in Form der Bildung von Rückstellungen über die Laufzeit der Arbeitsverhältnisse - ergeben. Allerdings würden dabei in Perioden, in denen i.d.R. ein positives Ergebnis erzielt wird, Gewinnausschüttungen und Steuerzahlungen verringert, während die einmalige Belastung des Unternehmens ohnehin in eine Periode mit angespannter Ertragslage fallen dürfte. Außerdem würde bei einer allmählichen Ansammlung der Rückstellungsbeträge für Sozialplanverpflichtungen ein rechnerischer Überschuldungsausweis in der Handelsbilanz früher eintreten, was im Sinne des Schutzes der Gläubiger, zu denen auch die Arbeitnehmer zählen, wünschenswert wäre. [2]

3) Die ratierliche Erfassung des den Sozialplanleistungen entsprechenden Aufwands kann - bezogen auf den Zeitpunkt der Betriebsänderung - in zweifacher Hinsicht erfolgen:

a) Die Ursachen einer Betriebsänderung liegen regelmäßig weit vor dem Bilanzstichtag. Möglicherweise wird die Verpflichtung zu einer Sozialplanleistung schon mit der Einstellung eines Arbeitnehmers begründet. Insoweit besteht ein Bedürfnis zur *Antizipation von Sozialplanaufwendungen* und damit zu einer sukzessiven Berücksichtigung (Passivierung) der Verpflichtung in der Bilanz.

b) Die Betriebsänderung stellt eine Investition dar. In die Berechnung der Vorteilhaftigkeit dieser Investition sollten auch die Auszahlungen für Sozialplanlei-

---

1) Daß gleichwohl die Überschuldung als Konkursgrund nicht im Rahmen der laufenden, auf Fortführungswerten beruhenden Bilanz, sondern durch eine besondere Überschuldungsbilanz festzustellen ist (Vgl.: K.-R. Veit: Konkursrechnungslegung, S. 23 ff.), bleibt davon unberührt.

2) Zum Problem der Verschärfung des Insolvenzrisikos durch eine verspätete Passivierung von Sozialplanverpflichtungen vgl. W. Hartung: Verpflichtungen im Personalbereich, S. 541.

stungen einbezogen werden, da ihre Wirkungen weit in die Zukunft reichen. [3] Insoweit könnte ein Bedürfnis zur *Verteilung der Sozialplanaufwendungen* auf zukünftige Perioden bestehen, indem die Vorteile aus einer Betriebsänderung aktiviert und über die Nutzungsdauer der Investition verteilt (abgeschrieben) werden. [4]

4) Wegen der zunehmenden Belastung der Unternehmen aus Sozialplänen werden schon seit längerer Zeit Konzepte zur langfristigen bilanziellen Erfassung und damit zu einer finanziellen Vorsorge diskutiert. Dabei können nach Brede grundsätzlich drei Möglichkeiten unterschieden werden: [5]

a) Bildung von *Rückstellungen* für Sozialplanverpflichtungen,
b) Bildung von *Rücklagen* für Sozialplanverpflichtungen [6],
c) Abschluß einer *Versicherung* für Sozialplanverpflichtungen.

5) Ein Vergleich dieser drei Instrumente ergibt, daß die Bildung von Rückstellungen bzw. Rücklagen lediglich zu einer Dokumentation der Sozialplanleistungen in der Bilanz führt. Brede bezeichnet die Rückstellungen auch als rein 'buchmäßige' (rechnerische) Reserve. [7] Die finanzielle Sicherung zukünftiger Sozialpläne läßt sich aber dadurch nicht erreichen, da nicht gewährleistet ist, daß in Höhe dieser Passiva jederzeit liquidierbares Vermögen vorhanden ist. Dieses Ziel läßt sich nur durch den Abschluß einer Sozialplanversicherung verwirklichen, die das finanzielle Risiko des Sozialplans abdeckt. Wegen dieses grundle-

---

[3] Zur Personalfreisetzung als Investitionsproblem vgl. A.O. Inhoffen/ F.P. Müller-Dahl: Rückstellungen für Abfindungen, S. 1473; W. Langemeyer: Wirkungen des Sozialplans, S. 146 ff.; s. auch Teil III Abschnitt 2.2; zum grundsätzlichen Problem des Investitionscharakters personalwirtschaftlicher Entscheidungen vgl. W. Hamel: Personal als Investition ? S. 1079-1087.

[4] Vgl. A.O. Inhoffen/F.P. Müller-Dahl: Rückstellungen für Abfindungen, S. 1528 f.; siehe auch Teil IV Abschnitt 5.

[5] Vgl. H. Brede: Sicherung von Sozialplänen, S. 795 ff.; zu weiteren Quellen vgl. A. Buchner: Sozialplanverpflichtungen, S. 164, Fußn. 1), 2).

[6] Zur Unterscheidung von Rücklagen im Sinne der kaufmännischen und der kameralistischen Buchführung vgl. H. Brede: Sicherung von Sozialplänen, S. 799 f.; siehe auch Teil IV Abschnitt 4.

[7] Vgl. H. Brede: Betriebswirtschaftslehre, S. 126.

genden Unterschieds sollen im folgenden zunächst die Möglichkeiten der Erfassung von Sozialplanleistungen in der Rechnungslegung (Teil IV) und erst danach die Möglichkeiten ihrer finanziellen Sicherung (Teil V) dargestellt und erörtert werden.

6) Von den durch Brede vorgeschlagenen Instrumenten kommt in der Bundesrepublik Deutschland lediglich der Sozialplanrückstellung eine praktische Bedeutung zu. [8]

Die Sozialplanversicherung hat sich möglicherweise deswegen nicht durchgesetzt, weil sie für die Unternehmen unter liquiditätsmäßigen Gesichtspunkten weniger vorteilhaft ist als die Rückstellungsbildung [9] und der Gesetzgeber überdies eine Versicherungspflicht, wie von Brede vorgeschlagen [10], nicht eingeführt hat. Die Bildung von steuerfreien Rücklagen für Sozialplanleistungen ist derzeit unzulässig. [11]

7) Die Bildung und Auflösung von Rückstellungen ist seit der Bilanzrechtsreform im wesentlichen im § 249 HGB geregelt. Da entsprechende Vorschriften im EStG weitgehend fehlen, [12] richtet sich die Behandlung der Rückstellungen in der Steuerbilanz gemäß dem Maßgeblichkeitsgebot des § 5 EStG grundsätzlich nach dem Handelsrecht. Steuerrechtsprechung und Finanzverwaltung legen die handelsrechtlichen Rückstellungsvorschriften allerdings - zumindest soweit es Rückstellungen im Sozialbereich angeht - sehr eng aus. [13] So sind Rückstellungen für Ausbildungskosten oder Verdienstsicherungsleistungen unzulässig. [14]

---

8) Zu den Vorsorgeeinrichtungen für Sozialpläne in anderen Ländern vgl. A. Buchner: Sozialplanverpflichtungen, S. 175 ff.

9) Siehe Teil V Abschnitt 2.

10) Vgl. H. Brede: Sicherung von Sozialplänen, S. 800 ff.

11) Vgl. A. Buchner: Sozialplanverpflichtungen, S. 211 ff.

12) Zu besonderen Regelungen des Steuergesetzgebers vgl. B. Knobbe-Keuk: Bilanz- und Unternehmenssteuerrecht, S. 103 f.

13) Vgl. G. Döllerer: Steuerbilanz, S. 241.

14) Vgl. ebenda; zum Sonderfall der 'Jubiläumsrückstellungen', die vom BFH neuerdings für zulässig gehalten, im Zuge der Steuerreform aber wieder abgeschafft werden sollen, siehe Teil IV Abschnitt 3.2.

8) Einer langfristigen Ansammlung der Sozialplanverpflichtungen in Form von Rückstellungen hat die Finanzverwaltung dadurch enge Grenzen gesetzt, daß die Bildung der Rückstellung steuerrechtlich erst nach dem Zeitpunkt erfolgen darf, an dem die Unternehmensleitung den Betriebsrat von einer geplanten Betriebsänderung unterrichtet hat. [15]

Diese Auffassung hat in der Praxis [16], aber auch in der betriebswirtschaftlichen und juristischen Literatur [17] erhebliche Kritik erfahren. Seicht bezeichnet es als eines der vielen Paradoxa des Bilanzrechts, daß Versicherungsprämien für die Abdeckung bestimmter Risiken als Aufwand bzw. Betriebsausgaben anerkannt werden, eine 'kalkulatorische Selbstversicherung' über entsprechende Rückstellungsdotierungen jedoch weder steuer- noch handelsrechtlich zulässig ist, auch wenn die Höhe derartiger Dotierungen die üblichen Versicherungsprämien nicht übersteigen würde. [18]
Hartung sieht in dem Verbot der Bildung von Sozialplanrückstellungen vor der Unterrichtung des Betriebsrats eine "zweckwidrige - faktisch arbeitsrechtliche - Nebenbestimmung der Einkommensteuerrichtlinien, die darüber hinaus die verfassungsrechtlichen Grundsätze der Eigentums- und Berufsfreiheit in unzulässiger Weise aushöhlt" [19]. Er vermutet in dieser Begrenzung den Versuch der Finanzverwaltung, einen verhaltenslenkenden Einfluß auf den Unternehmer in Richtung auf eine möglichst frühzeitige Unterrichtung des Betriebsrats von der geplanten Betriebsänderung auszuüben. [20] Diese Kritik scheint jedoch zu weit zu gehen. Die restriktive Haltung der Finanzverwaltung zum Zeitpunkt der Rückstellungsbildung, die interessanterweise - soweit ersichtlich - bisher noch nicht Gegenstand der Rechtsprechung des BFH gewesen ist, [21] entspringt wahr-

---

[15] Vgl. Abs. 31a Abs. 9 EStR sowie BMF: Sozialplanrückstellungen, Schreiben vom 2.5.1977.

[16] Diese Haltung wird in der Praxis heftig kritisiert; vgl. G. Bucerius: Eigentümer, Führung durch, Sp. 175; G. Kissel: Bauunternehmen, HB vom 20./21.11.87, S. 31.

[17] Vgl. stellvertretend die ausführliche Diskussion von W. Hartung: Verpflichtungen im Personalbereich, S. 416-423 mit weiteren Quellen.

[18] Vgl. G. Seicht: Risiken und schwebende Geschäfte, S. 103.

[19] W. Hartung: Verpflichtungen im Personalbereich, S.541.

[20] Vgl. ebenda, S. 419.

[21] Vgl. W. Bise: Tendenzen, S. 2621.

scheinlich nicht dem Wunsch nach einer Ausdehnung der Mitbestimmung des Betriebsrats, sondern vielmehr der Furcht vor einer extensiven Anwendung der allgemein gehaltenen handelsrechtlichen Vorschriften bei der Passivierung von Sozialplanrückstellungen.

9) Offensichtlich bestehen nach wie vor keine genügend fundierten Kriterien für eine objektiv nachprüfbare Entscheidung, wann Sozialplanrückstellungen passivierungsfähig sind und wann nicht. Daher soll unabhängig von den z.Zt. bestehenden steuerrechtlichen Restriktionen im folgenden untersucht werden, ob zumindest im Rahmen der handelsrechtlichen Rückstellungsbestimmungen, die durch das BiRiLiG erheblich geändert wurden, eine effektive Abbildung der Verpflichtungen aus Sozialplänen möglich ist und ob alternative Ausweisformen anwendbar sind.
In einem weiteren Schritt wird zu prüfen sein, ob die ausgewiesenen Verpflichtungen des Unternehmens durch entsprechende Maßnahmen und Instrumente gesichert werden können und wie diese Sicherungen im Rahmen der Rechnungslegung abgebildet werden können.

2 Passivierung von Verbindlichkeiten für Verpflichtungen aus Sozialplänen

2.1 Begriff und Merkmale von Verbindlichkeiten

1) Der Begriff der Verbindlichkeit wird im HGB ebensowenig definiert wie die Begriffe der Schulden [1] oder des Fremdkapitals [2], die an verschiedenen Gesetzesstellen verwendet werden. [3] Da auch in der Literatur eine befriedigende De-

---

1) Zu den Schulden als Oberbegriff der Verbindlichkeiten und Rückstellungen für ungewisse Verbindlichkeiten sowie drohende Verluste aus schwebenden Geschäften vgl. Glade, § 266 Anm. 757.

2) Zu Begriff und Inhalt des 'Kapitals' im Jahresabschluß vgl. Weber (Küting/Weber), I Anm. 299 ff.

3) Vgl. D. Schneider: Vermögensgegenstände und Schulden, S. 339 ff.

finition der Verbindlichkeit nicht gegeben wird, [4] soll versucht werden, diesen Begriff anhand seiner konstitutiven Merkmale zu beschreiben: [5]

a) Die Verbindlichkeit beruht auf einer durch einen Dritten erzwingbaren Geld-, Sach- oder Dienstleistung, die das Unternehmen aufgrund eines bürgerlich-rechtlichen (Schuldverhältnis nach § 241 BGB) oder aufgrund einer öffentlich-rechtlichen Verpflichtung zu erbringen hat. [6]
Sofern die Verbindlichkeit nicht rechtlich begründet ist, der Kaufmann sich aber der Leistungserbringung aus wirtschaftlichen (Verlust von Kunden), sozialen oder sittlichen Gründen nicht entziehen kann (faktische Verpflichtung), kommt eine Passivierung als Rückstellung für ungewisse Verbindlichkeiten [7] in Betracht. [8]
An dem Erfordernis der rechtlichen Begründung einer Verbindlichkeit zum Bilanzstichtag könnten insofern Zweifel bestehen, als es in § 268 Abs. 5 Satz 3 HGB heißt: "Sind unter dem Posten 'Verbindlichkeiten' Beträge für Verbindlichkeiten ausgewiesen, *die erst nach dem Abschlußstichtag rechtlich entstehen*, so müssen Beträge, die einen größeren Umfang haben, im Anhang erläutert werden." [9]

b) Die Verbindlichkeit muß am Bilanzstichtag eindeutig zu quantifizieren, d.h. der Höhe nach feststellbar sein. [10] Ist dies nicht möglich, so kommt u.U. eine Erfassung unter den Rückstellungen für ungewisse Verbindlichkeiten in Betracht.

---

4) Vgl. U. Hüttemann: GOB für Verbindlichkeiten, S. 6 f.

5) Vgl. U. Hüttemann: GOB für Verbindlichkeiten, S. 6 f.; ders.: Verbindlichkeiten (HdJ), Abt. III/8 Rn. 1-6; E. Heinen: Handelsbilanzen, S. 315; A.G. Coenenberg: Jahresabschluß, S. 210.

6) Vgl. U. Hüttemann: GOB für Verbindlichkeiten, S. 8 ff.

7) Und hier vor allem der rechtlich gesondert geregelte Fall der 'Rückstellungen für Gewährleistungen, die ohne rechtliche Verpflichtungen erbracht werden' (§ 249 Abs. 1 Satz 1 Nr. 2 HGB).

8) Vgl. U. Hüttemann: GOB für Verbindlichkeiten, S. 10 f.; zu den besonderen Voraussetzungen für die Bilanzierung faktischer Verpflichtungen vgl. ebenda, S. 10;

9) Zur Frage, ob unter diesen 'Verbindlichkeiten' auch latente Verpflichtungen aus Sozialplänen erfaßt werden können, siehe Abschnitt 2.2.4.

10) Vgl. U. Hüttemann: GOB für Verbindlichkeiten, S. 13 f.

Der Fälligkeitstermin der Verbindlichkeit ist dagegen ohne Bedeutung. Besteht darüber Ungewißheit, sind aber alle anderen Merkmale einer Verbindlichkeit erfüllt, so ist sie als solche und nicht etwa als Rückstellung zu passivieren. [11]

c) Die Verbindlichkeit muß zum Abschlußstichtag unzweifelhaft eine wirtschaftliche Belastung im Sinne einer Vermögensminderung des Unternehmens darstellen. [12] Ist das Bestehen einer rechtlichen Verpflichtung am Abschlußstichtag sicher, so gilt die Verpflichtung als in der abgelaufenen Periode wirtschaftlich verursacht. [13] Ist dagegen das rechtliche Bestehen zweifelhaft, so muß geprüft werden, ob die Verpflichtung aufgrund anderer Kriterien in der abgelaufenen Periode wirtschaftlich verursacht ist und evtl. eine Passivierung als Rückstellung in Betracht kommt. [14]

Eine Vermögensminderung liegt regelmäßig nicht bei schwebenden Geschäften vor, d.h. bei zweiseitigen Verträgen, die von beiden Parteien noch nicht erfüllt wurden. Es ist dabei ein *schuldrechtliches Verpflichtungsgeschäft*, (noch) nicht aber ein *dingliches Erfüllungsgeschäft* zustandegekommen. Zwar ist rechtlich eine Verbindlichkeit entstanden, der aber in gleicher Höhe eine Forderung gegenübersteht; [15] eine Bilanzierung unterbleibt schon allein deshalb, weil sie am Ausweis des (Netto-) Vermögens bzw. des Gewinns nichts ändern, sondern lediglich zu einer Bilanzverlängerung führen würde. [16] Wird aus einem schwebenden Geschäft ein negativer Erfolgsbeitrag (Verlust) erwartet, so ist dieser als 'Rückstellung für

---

[11] Vgl. U. Hüttemann: GOB für Verbindlichkeiten, S. 13; Clemm/Nonnenmacher (Beck Bil-Komm.), § 247 Anm. 362; anders Reinhard (Küting/Weber), § 247 Anm. 114; Glade, § 266 Anm. 757.

[12] Vgl. U. Hüttemann: GOB für Verbindlichkeiten, S. 14 ff.; Clemm/Nonnenmacher (Beck Bil-Komm.), § 247 Anm. 357 ff., § 249 Anm. 43 ff.

[13] Vgl. Clemm/Nonnenmacher (Beck Bil-Komm.), § 247 Anm. 356; zum Auseinanderfallen von rechtlicher und wirtschaftlicher Betrachtungsweise vgl. R. Schwarz: Bedingte Verbindlichkeiten, S. 21 ff.

[14] Vgl. Clemm/Nonnenmacher (Beck Bil-Komm.), § 247 Anm. 356 ff. und § 249 Anm. 40 ff.; siehe auch Teil IV Abschnitt 3.2.

[15] Zu dieser rechtlichen Unterscheidung vgl. G. Otte (Hrsg.): Einführung, S. 22-26; P. Bähr: Grundzüge, S. 39-41; H. Hübner: Allgemeiner Teil, S. 270-277.

[16] Vgl. H. Friedrich: GOB für schwebende Geschäfte, S. 8 ff.; U. Hüttemann: GOB für Verbindlichkeiten, S. 15.

drohende Verluste aus schwebenden Geschäften' passivierungspflichtig (§ 249 Abs. 1 Satz 1 HGB).[17]

2) Sind die Merkmale der rechtlichen Erzwingbarkeit einer Leistung und/oder ihre Höhe zweifelhaft, so ist zu prüfen, ob eine 'Rückstellung für ungewisse Verbindlichkeiten' nach § 249 Abs. 1 Satz 1 HGB gebildet werden muß.

3) Das rechtliche Be- oder Entstehen einer Verpflichtung kann an unterschiedliche Bedingungen geknüpft sein. Man unterscheidet diesbezüglich unbedingte und bedingte [18] Verbindlichkeiten. Im Normalfall der unbedingten Verbindlichkeiten ist das Be- oder Entstehen der Verbindlichkeit an keine besondere Bedingung geknüpft. Bei bedingten Verbindlichkeiten [19] kann

a) das Entstehen einer Verbindlichkeit vom Eintritt einer Bedingung abhängig gemacht werden (sog. aufschiebend bedingte Verbindlichkeit) oder
b) der Untergang einer Verbindlichkeit an den Eintritt einer Bedingung geknüpft werden (sog. auflösend bedingte Verbindlichkeit).

Bei einer aufschiebend bedingten Verbindlichkeit, die auch als Eventualverbindlichkeit [20] bezeichnet wird, ist eine Verpflichtung des Unternehmens noch nicht entstanden, so daß eine entsprechende Passivierung grundsätzlich unterbleibt.[21] Allerdings sind bestimmte Fälle von Eventualverbindlichkeiten, die nach Ansicht des Gesetzgebers außergewöhnliche wirtschaftliche Belastungen darstellen können, unter der Bilanz oder im Anhang zu vermerken (§ 251 und § 268 Abs. 7 HGB).[22] Auflösend bedingte Verbindlichkeiten sind bis zum Eintritt der Bedingung, die ihren Untergang bewirkt, als Verbindlichkeit zu passivieren.[23]

---

[17] Siehe auch Teil IV Abschnitt 3.2.2.

[18] Vgl. § 158 BGB [Aufschiebende und Auflösende Bedingung von Rechtsgeschäften].

[19] Vgl. R. Schwarz: Bedingte Verbindlichkeiten, S. 35-50 mit Beispielen.

[20] Vgl. U. Hüttemann: GOB für Verbindlichkeiten, S. 22 ff.

[21] Zu den Ausnahmen vgl. U. Hüttemann: GOB für Verbindlichkeiten, S. 25.

[22] Siehe auch den nachfolgenden Abschnitt 2.2.2.

[23] Vgl. U. Hüttemann: GOB für Verbindlichkeiten, S. 25.

Abb. 16/1: Bilanzierung von Verbindlichkeiten, Rückstellungen, Eventualverbindlichkeiten und sonstigen finanziellen Verpflichtungen

Verpflichtungen gegenüber Dritten

einseitige Verpflichtung

siehe Abb. 16/2

wechselseitige Verpflichtung
('schwebendes Geschäft')

aus dem
schwebenden Geschäft
wird ein **Verlust**
erwartet

Pflicht zur Passivierung
einer
Rückstellung für
drohende Verluste aus
schwebenden Geschäften
in der Bilanz

§ 249 Abs. 1
Satz 1 HGB

aus dem
schwebenden Geschäft
wird **kein Verlust**
erwartet

grundsätzlich

keine Passivierung
im Jahresabschluß

Ausnahme:
aus dem am Bilanzstichtag
schwebenden Geschäft
werden in der Zukunft
erhebliche, geschäftsunübliche finanzielle
Belastungen erwartet

Pflicht zur Angabe unter den

sonstigen finanziellen
Verpflichtungen [1)]
im Anhang

§ 285 Nr. 3 HGB

---

1) sofern die Angabe für die Beurteilung der finanziellen Lage des Unternehmens von Bedeutung ist; Angabepflicht für große und mittelgroße Kapitalgesellschaften (§ 285 Nr. 3 i.V.m. § 288 Satz 1 HGB)

Abb. 16/2: Bilanzierung von einseitigen Verpflichtungen gegenüber Dritten

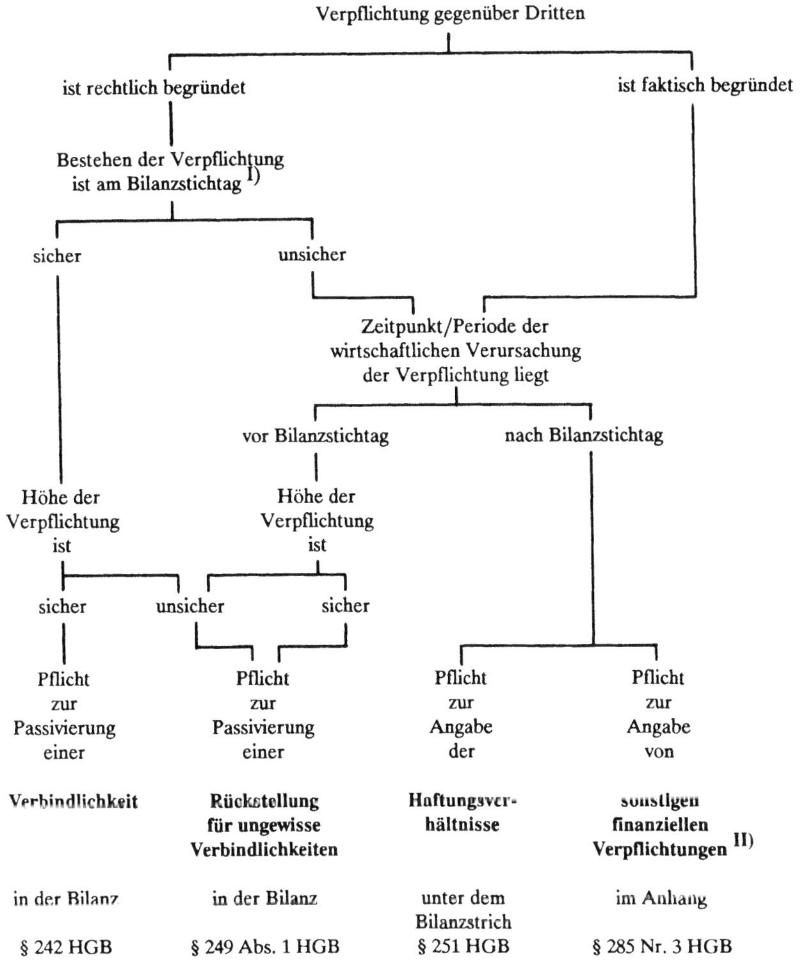

I) Sofern unter dem Posten 'Verbindlichkeiten' in der Bilanz Beträge für Verbindlichkeiten ausgewiesen werden, die erst nach dem Abschlußstichtag rechtlich entstehen, so sind Beträge, die einen größeren Umfang haben, im Anhang zu erläutern (§ 268 Abs. 5 S.3 HGB).

II) Sofern diese nicht in der Bilanz (als Verbindlichkeiten oder Rückstellungen) oder unter der Bilanz (als Eventualverbindlichkeiten nach § 251 HGB) erscheinen und ihre Angabe für die Beurteilung der finanziellen Lage des Unternehmens von Bedeutung ist; Angabepflicht für große und mittelgroße Kapitalgesellschaften (§ 285 Nr. 3 i.V.m. § 288 S.1 HGB).

4) Die Abbildungen 16/1 und 2 zeigen die unterschiedlichen Formen der Abbildung von Verpflichtungen des Unternehmens im handelsrechtlichen Jahresabschluß.

2.2 Charakter der Sozialplanverbindlichkeiten

2.2.1 Sozialplanverpflichtungen als unbedingte Verbindlichkeiten

1) Für die Bilanzierung der Sozialplanverpflichtungen als Verbindlichkeit ist es erforderlich, daß

a) die Arbeitnehmer einen rechtlich erzwingbaren Anspruch gegenüber dem Unternehmen erworben haben und

b) die Höhe dieses Anspruchs feststeht. [24]

2) Hinsichtlich der Klärung der Frage, wann der Arbeitnehmer einen rechtlich erzwingbaren Anspruch erworben hat, kommen folgende Zeitpunkte in Betracht: [25]

Z_1: Zeitpunkt der Einstellung des Arbeitnehmers;

Z_2: Zeitpunkt, an dem eine Betriebsgröße von 20 Mitarbeitern erreicht wird, ab der eine Betriebsänderung mitbestimmungspflichtig und damit ein Sozialplan überhaupt erst möglich wird (§ 111 S.1BetrVG);

Z_3: Zeitpunkt, an dem mehr als vier Jahre seit der Gründung des Unternehmens vergangen sind, da erst danach ein Sozialplan erzwungen werden kann (§ 112a Abs. 2 BetrVG);

Z_4: Zeitpunkt, ab dem ein erhöhtes Risiko hinsichtlich einer strukturellen Änderung des Unternehmens besteht;

Z_5: Zeitpunkt, an dem strukturelle Änderungen des Unternehmens wahrscheinlich werden, ohne daß feststeht, ob eine Betriebsänderung oder eine andere Anpassungsmaßnahme stattfinden wird;

---

[24] Zu den allgemeinen Voraussetzungen einer Verbindlichkeit siehe den vorhergehenden Abschnitt 2.1.

[25] Vgl. A.O. Inhoffen/F.P. Müller-Dahl: Rückstellungen für Abfindungen, S. 1525.

Z_6: Zeitpunkt, an dem eine Betriebsänderung durch die Unternehmensleitung geplant [26] oder für unabwendbar gehalten wird;

Z_7: Zeitpunkt, an dem die Unternehmensleitung den Betriebsrat über die beabsichtigte Betriebsänderung unterrichtet und die Verhandlungen mit ihm aufnimmt;

Z_8: Zeitpunkt, an dem eine Vereinbarung über den Sozialplan zwischen Betriebsrat und Unternehmensleitung zustandekommt bzw. ein Sozialplan durch die Einigungsstelle verbindlich festgelegt wird;

Z_9: Zeitpunkt, an dem die Durchführung der Betriebsänderung beginnt, insbesondere, wenn das Verfahren zum Interessenausgleich und Sozialplan nicht in der vorgeschriebenen Weise abgelaufen ist; [27]

Z_{10}: Zeitpunkt, an dem der Arbeitnehmer infolge der Betriebsänderung einen wirtschaftlichen Nachteil erleidet;

Z_{11}: Zeitpunkt, an dem die Betriebsänderung abgeschlossen ist.

3) Ein Anspruch ist dann rechtlich erzwingbar, wenn sich der Verpflichtete ihm nicht mehr entziehen kann. [28] Insofern sind die Zeitpunkte Z_1, Z_2 und Z_3 zur Begründung einer Verbindlichkeit fragwürdig. [29]

Für den Unternehmer besteht zwar schon in Z_1 (Einstellung des Arbeitnehmers) die Möglichkeit, daß er ihn zu einem späteren Zeitpunkt im Rahmen einer Betriebsänderung entlassen muß, jedoch hat er es in der Hand, dies zu verhindern. Er wird im Gegenteil die Einstellung nur dann vornehmen, wenn er sicher ist, daß der Arbeitnehmer dem Betriebszweck langfristig dienen kann. Bestehen darüber Zweifel, die in der Person des Arbeitnehmers liegen, so könnte er eine Probezeit vereinbaren. Ist dagegen die langfristige Beschäftigung wegen der unsicheren Absatzsituation des Unternehmens gefährdet, so könnte ein befristeter Arbeitsvertrag abgeschlossen werden.

---

[26] Zur Unterscheidung der verschiedenen Planungsstufen siehe Teil II Abschnitt 5.1.1.

[27] Siehe dazu Teil II Abschnitt 5.2.

[28] Vgl. Clemm/Nonnenmacher (Beck Bil-Komm.), § 247 Anm. 354 ff.; zum Problem der Feststellung von Verbindlichkeiten mittels der Fiktion der Unternehmensliquidation vgl. A. Buchner: Sozialplanverpflichtungen, S. 203.

[29] Für das Entstehen einer Verpflichtung zum Zeitpunkt Z_1 bzw. Z_2 spricht sich das Institut für Finanzen aus vgl. A.O. Inhoffen/F.P. Müller-Dahl: Rückstellungen für Abfindungen, S. 1526.

Gleiches gilt auch für Z_2 (Erreichen einer sozialplanpflichtigen Mindestbetriebsgröße) bzw. Z_3 (Mindestalter des Betriebs von vier Jahren). Vor diesen Zeitpunkten besteht keine Möglichkeit, gegen den Willen der Unternehmensleitung einen Sozialplan zu erzwingen. [30] Danach ergibt sich nicht zwangsläufig eine hohe Wahrscheinlichkeit, daß eine Betriebsänderung notwendig werden könnte.

Eine Verpflichtung und damit eine bilanzierungsfähige Verbindlichkeit kann in den Zeitpunkten Z_1, Z_2 und Z_3 nicht entstehen, weil weder Gewißheit noch hinreichende Wahrscheinlichkeit darüber besteht, daß

- eine sozialplanpflichtige Betriebsänderung innerhalb der - gleichfalls unsicheren - Lebensdauer des Unternehmens eintritt und
- von der Betriebsänderung zwangsläufig alle Arbeitnehmer betroffen sind. [31]

Abgesehen davon wäre wegen der Unsicherheit über die Höhe der Verpflichtung allenfalls der Ansatz einer Rückstellung möglich. [32]

Eine Passivierung in Z_2 kann auch nicht mit dem Argument gefordert werden, daß die Unternehmer in Betrieben mit 20 oder weniger Arbeitnehmern Einstellungen deshalb unterlassen, um nicht die sozialplanpflichtige Mindestbetriebsgröße zu überschreiten. [33] Die Vermeidung eines derartigen sozial- und arbeitsmarktpolitisch unerwünschten Effekts ist im Rahmen der handelsrechtlichen Bilanzierung nicht möglich, da dies mit dem Bilanzzweck nicht zu vereinbaren wäre. Der Ansatz bilanz(zweck)fremder Posten - sogenannter Bilanzierungshilfen - in der Bilanz ist nur in den im HGB ausdrücklich genannten Fällen gestattet. [34]

---

30) Im Ergebnis anderer Ansicht ist W. Hartung: Verpflichtungen im Personalbereich, S. 415 f.

31) Vgl. A.O. Inhoffen/F.P. Müller-Dahl: Rückstellungen für Abfindungen, S. 1526.

32) Siehe dazu Teil IV Abschnitt 3.

33) Zum Problem der Mindestbetriebsgröße siehe Teil II Abschnitt 2.2.2.1

34) Z.B. für 'Aufwendungen für Ingangsetzung und Erweiterung des Geschäftsbetriebs' (§ 269 HGB), 'Aktive Latente Steuern' (§ 274 Abs. 2 HGB); zur Möglichkeit der Erfassung von Sozialplanverpflichtungen unter den Aufwendungen für Ingangsetzung und Erweiterung des Geschäftsbetriebs siehe Teil IV Abschn. 5.

Verschiedentlich wird die Passivierung einer Sozialplanverpflichtung bereits zu diesen Zeitpunkten deshalb abgelehnt, weil dies eine zwangsläufige Zerschlagung des Unternehmens voraussetzen würde, was gegen das Prinzip der Unternehmensfortführung (going-concern) [35] verstoßen würde, [36] das neuerdings in § 252 Nr. 2 HGB als GOB kodifiziert ist. Dieser Einwand würde allerdings nur den Fall der Betriebsstillegung im Rahmen einer Liquidation des gesamten Unternehmens betreffen. Die Betriebsstillegung bei fortbestehendem Unternehmen sowie die anderen in § 111 Satz 2 BetrVG genannten Fälle blieben davon unberührt. [37]

4) Zeichnet sich die Notwendigkeit zu einer strukturellen Änderung des Unternehmens ab, weil z.B. für eine bestimmte Branche mit einer langfristig sinkenden Nachfrage gerechnet werden muß, ist aber noch unklar, ob diese Anpassung durch eine Betriebsänderung oder andere Maßnahmen (z.B. durch die lfd. Fluktuation) erreicht werden soll (Z_5), so ist allenfalls eine dem Grunde und der Höhe nach ungewisse Verpflichtung zu Sozialplanleistungen entstanden, die keine Verbindlichkeit im bilanziellen Sinne, sondern allenfalls eine Rückstellung begründen könnte. [38] Besteht lediglich ein erhöhtes wirtschaftliches Risiko bezüglich des Unternehmens oder eines seiner Betriebe (Z_4), ohne daß eine strukturelle Änderung wahrscheinlich ist, so kommt eine Erfassung latenter Sozialplanverpflichtungen als (unbedingte) Verbindlichkeit erst recht nicht in Betracht. [39]

5) Erkennt die Unternehmensleitung die Notwendigkeit einer Betriebsänderung oder ist sie schon in den Planungsprozeß eingetreten, ohne allerdings den Betriebsrat zu konsultieren (Z_6), so könnte bereits eine Verpflichtung gegenüber

---

35) Zu diesem Prinzip und den damit verbundenen Annahmen vgl. auch U. Leffson: GOB, S. 187.

36) Vgl. A. Bordewin: Sozialplanrückstellung, S. 682; G. Söffing: Rückstellungsprobleme, S. 601.

37) Vgl. A. Buchner: Sozialplanverpflichtungen, S. 170.

38) Zur Erfassung dieses Sachverhalts unter den 'sonstigen finanziellen Verpflichtungen' siehe den folgenden Abschnitt 2.2.3.

39) Zur Erfassung dieses Sachverhalts unter den 'Eventualverbindlichkeiten' siehe den folgenden Abschnitt 2.2.2.

den Arbeitnehmern entstanden sein. [40] Zwar könnte die Unternehmensleitung versuchen, die Betriebsänderung hinauszuschieben oder ganz zu unterlassen, sie würde jedoch damit langfristig die Rentabilität und wahrscheinlich auch die Liquidität und Schuldendeckungsfähigkeit des Unternehmens gefährden. Sie kann sich insoweit der Betriebsänderung und damit einer rechtlichen Verpflichtung zu Sozialplanleistungen nicht entziehen. [41] Allerdings wird zu diesem Zeitpunkt die Höhe der Verpflichtung regelmäßig noch nicht feststehen, sei es, weil die Zahl der betroffenen Arbeitnehmer oder aber die individuelle Bedürftigkeit noch nicht bestimmt ist, so daß auch hier lediglich eine Passivierung in Form einer Rückstellung für ungewisse Verbindlichkeiten in Betracht kommt.

6) Ähnliches wie für den Zeitpunkt Z_6 gilt auch für Z_7. Die Verpflichtung ist bereits rechtlich entstanden, da sich die Unternehmensleitung ihr, zumindest nach subjektivem Ermessen, nicht mehr entziehen kann, selbst wenn in den Beratungen mit dem Betriebsrat im Rahmen eines Interessenausgleichs die Betriebsänderung abgewendet oder Nachteile für die Arbeitnehmer vermieden werden können. Auch hier ist die Höhe der Verpflichtung in der Regel ungewiß, so daß die Passivierung einer Rückstellung, nicht aber einer Verbindlichkeit in Betracht kommt.

7) Im Zeitpunkt Z_8, der verbindlichen Vereinbarung eines Sozialplans zwischen Unternehmensleitung und Betriebsrat bzw. der Festlegung eines Sozialplans durch die Einigungsstelle, ist sowohl die rechtliche Erzwingbarkeit als auch die Höhe der maximalen Leistung des Unternehmens bestimmt.

Besteht der Sozialplan aus reinen Abfindungszahlungen, die unabhängig von dem tatsächlichen Nachteil des einzelnen Arbeitnehmers zu gewähren sind, so ist eine Verbindlichkeit zu passivieren, wenn zwischen Z_8 und dem Bilanztichtag noch

---

[40] Dieser Zeitpunkt wird von der Mehrheit der Autoren als relevant angesehen; vgl. Clemm/Nonnenmacher (Beck Bil-Komm.), § 249 Anm. 100 (Sozialplan) mit weiteren Quellen; im Gegensatz dazu orientiert sich die Finanzverwaltung am Zeitpunkt Z_7; vgl. Abschnitt 31a Abs. 9 EStR.

[41] Zum Problem der Überprüfbarkeit des subjektiven Ermessens der Unternehmensleitung vgl. A.O. Inhoffen/F.P. Müller-Dahl: Rückstellungen für Abfindungen, S. 1526; siehe auch Teil IV Abschnitt 3.

keine Leistungen an den Arbeitnehmer erbracht wurden. Werden dagegen im Sozialplan Überbrückungsleistungen vereinbart, die in Abhängigkeit von dem tatsächlichen individuellen Nachteil zu gewähren sind, so ist die tatsächliche Höhe der Sozialplanverpflichtungen unbekannt. In diesem Fall wäre eine Rückstellung für Sozialplanverpflichtungen zu bilden und über die vereinbarte Dauer des Sozialplans, längstens jedoch bis zur Ausschöpfung des Maximalbetrags der Gesamtverpflichtung, auszuweisen.

8) Verletzt die Unternehmensleitung die Mitwirkungsrechte des Betriebsrats, so kann sie nach § 113 BetrVG spätestens mit Beginn der Durchführung der Betriebsänderung zur Leistung eines Nachteilsausgleichs verpflichtet werden (Z_9). Die tatsächliche Höhe des Nachteilsausgleichs ist zwar unbekannt, jedoch sind gemäß § 113 Abs. 1 BetrVG die Abfindungen an denen, die nach § 10 KSchG bei sozial ungerechtfertigten Kündigungen zu zahlen sind, orientiert. Geht man davon aus, daß die dort genannten Beträge Mindestgrößen darstellen, so könnte eine Verpflichtung in dieser Höhe als sicher gelten. Das Unternehmen hätte, sofern die zu entlassenden Arbeitnehmer feststehen, eine Verbindlichkeit mit dem Betrag der mindestens nach § 10 KSchG zu zahlenden Abfindungen zu passivieren. Werden darüber hinausgehende Leistungen erwartet, so wäre zusätzlich eine Rückstellung zu bilden. [42]
Allerdings ist die Aufspaltung einer rechtlich erzwingbaren Verpflichtung in einen der Höhe nach bestimmten und einen der Höhe nach unbestimmten Teil umstritten. [43] Lehnt man eine derartige Unterscheidung ab, so wäre der gesamte, mit hinreichender Sicherheit zu erwartende Betrag als Rückstellung für ungewisse Verbindlichkeiten zu passivieren.

9) Der Zeitpunkt Z_{10}, an dem der einzelne Arbeitnehmer infolge einer Betriebsänderung einen konkreten Nachteil erleidet, kommt als Auslöser der Passivierungspflicht einer Verbindlichkeit nur dann in Betracht, wenn der Sozialplan Lei-

---

[42] Zum Verhältnis von Nachteilsausgleich und Sozialplan siehe Teil II Abschnitt 5.4.

[43] Für eine Aufspaltung spricht sich aus U. Hüttemann: Verbindlichkeiten, HdJ III/8 Anm. 12 mit Verweis auf ADS (4. Aufl.), § 152 Tz.103; dagegen unter Bezug auf den Grundsatz der Klarheit nach § 243 Abs. 2 HGB: Clemm/Nonnenmacher (Beck Bil-Kom.), § 247 Anm. 363.

stungen unmittelbar an diesen Nachteil bindet und nicht in Form von pauschalen Abfindungen gewährt (s.o.). Bei pauschalen Abfindungen wäre die Verpflichtung dem Grunde und der Höhe nach bei Zustandekommen des Sozialplans konkretisiert und demnach als Verbindlichkeit zu passivieren.

Muß das Unternehmen bei einer dem Grunde nach feststehenden Verpflichtung lediglich in Abhängigkeit von der Art und Dauer des Nachteils Sozialplanleistungen erbringen, so ist ihre Höhe in der Regel unsicher (lediglich der individuelle bzw. insgesamt für die Betriebsänderung zu zahlende Höchstbetrag ist im Sozialplan bestimmt), da die Dauer des Nachteils (Arbeitslosigkeit) häufig noch nicht feststehen wird, so daß nur eine Rückstellungsbildung in Frage kommt. Eine Rückstellung ist aber schon zu einem früheren Zeitpunkt (Z_6, Z_7 oder Z_8) zu bilden, wenn der Eintritt des Nachteils und damit der Sozialplanleistung mit hinreichender Sicherheit bevorsteht. [44)]

10) Zusammenfassend kann festgestellt werden, daß die Passivierung einer unbedingten Verbindlichkeit für Sozialplanleistungen auf den Fall beschränkt ist, daß Abfindungszahlungen unabhängig vom Erleiden eines konkreten Nachteils des Arbeitnehmers verbindlich vereinbart wurden und diese Zahlungen vor dem Bilanzstichtag noch nicht oder nicht in voller Höhe erbracht worden sind. In allen anderen Fällen ist eine Verpflichtung entweder noch nicht entstanden, so daß ihre Bilanzierung überhaupt unterbleiben muß, oder aber sie ist dem Grunde oder der Höhe nach unsicher, so daß lediglich die Passivierung einer Rückstellung in Frage kommt.

---

44) Siehe Teil IV Abschnitt 3.

2.2.2 Sozialplanverpflichtungen als bedingte Verbindlichkeiten (Eventualverbindlichkeiten)

1) Als Eventualverbindlichkeiten werden rechtlich [45] begründete Verbindlichkeiten bezeichnet, die erst nach Eintritt einer bestimmten Bedingung entstehen (aufschiebend bedingte Verbindlichkeiten). [46] Ihr Entstehungszeitpunkt liegt nach dem Bilanzstichtag. Der Eintritt einer Leistungspflicht des Unternehmens ist zwar möglich, aber wenig wahrscheinlich. [47] Sie folgen damit hinsichtlich des Grades ihrer Konkretisierung nach den (unbedingten) Verbindlichkeiten, deren Be- oder Entstehen am Bilanzstichtag sicher ist, und den Rückstellungen, bei denen eine Verpflichtung mit hinreichender Wahrscheinlichkeit erwartet werden kann, erst an dritter Stelle [48].

2) Eine Passivierung der Eventualverbindlichkeiten in der Bilanz kommt nicht in Betracht, da sonst das Vermögen mit unwahrscheinlichen Verpflichtungen belastet und damit ein falscher Eindruck von der Vermögens- und Schuldenlage vermittelt würde. [49] Gleichwohl verlangt der Gesetzgeber die Angabe bestimmter Eventualverbindlichkeiten, die nach seiner Ansicht außergewöhnliche Belastungen oder Risiken gegenüber dem Vermögen des Unternehmens darstellen *können*, [50] unter der Bilanz oder im Anhang (§ 251 und § 268 Abs. 7 HGB).

---

[45] A.A. ist offenbar H.-W. Kortmann: Haftungsverhältnisse, S. 2578, der auch Haftungsverhältnisse aufgrund faktischer Verpflichtungen unterscheidet, ohne allerdings Beispiele zu nennen.

[46] Vgl. U. Hüttemann: GOB für Verbindlichkeiten, S. 22 ff; H.-W. Kortmann: Haftungsverhältnisse, S. 2578.

[47] Im Gegensatz zu den Rückstellungen, bei denen die rechtliche Verpflichtung mit 'hinreichender Sicherheit' bestimmbar sein muß; vgl. A.G. Coenenberg: Jahresabschluß, S. 223 f.

[48] Vgl. H.K. Weber: Rechnungswesen, S. 125; zum Problem der Quantifizierung der Wahrscheinlichkeit einer Verpflichtung vgl. R. Schwarz: Bedingte Verbindlichkeiten, S. 60 ff.;

[49] Vgl. U. Hüttemann: GOB für Verbindlichkeiten, S. 10.

[50] Vgl. U. Hüttemann: GOB für Verbindlichkeiten, S. 23; R. Krüger: Haftungsverhältnisse, S. 11.

Zu diesen zählen: [51)]

a) Verbindlichkeiten aus der Begebung und Übertragung von Wechseln,
b) Verbindlichkeiten aus Bürgschaften, Wechsel- und Scheckbürgschaften,
c) Verbindlichkeiten aus Gewährleistungsverträgen,
d) Haftungsverhältnisse aus der Bestellung von Sicherheiten für fremde Verbindlichkeiten.

Die Eventualverbindlichkeiten werden dabei unter den Begriff der 'Haftungsverhältnisse' subsumiert, ohne daß eine Legaldefinition dieser beiden Begriffe zu finden wäre. [52)]

3) Sozialplanverpflichtungen könnten ihrem Wesen nach bedingte Verbindlichkeiten darstellen. Die Bedingung ihres Entstehens liegt in dem wirtschaftlichen Nachteil, den ein Arbeitnehmer als Folge einer (sozialplanpflichtigen) Betriebsänderung erleiden kann. Nach der Einstellung des Arbeitnehmers (Z_1), spätestens jedoch nach Erreichen der Mindestgröße des Betriebs (§ 111 Satz 1 BetrVG) (Z_2) oder des Mindestalters des Unternehmens (§ 112a Abs. 4 BetrVG) (Z_3), könnte die Verbindlichkeit bis zur Betriebsänderung als aufschiebend bedingt gelten.

4) Die in § 251 HGB aufgezählten Fälle (s.o.) der gesondert anzugebenden Haftungsverhältnisse erfassen den Fall latenter Sozialplanverpflichtungen jedoch nicht. Die nach altem Recht in § 160 Nr. 7 AktG 65 geforderte Angabe 'sonstiger Haftungsverhältnisse' im Geschäftsbericht ist entfallen. Nach Kortmann sind zukünftig Haftungsverhältnisse aufgrund faktischer Verpflichtungen oder aufgrund außergewöhnlicher gesetzlicher Haftungen nicht mehr angabepflichtig. [53)] Laten-

---

51) Kapitalgesellschaften haben zusätzlich den Betrag der jeweils durch Pfandrechte und sonstige Sicherheiten gesicherten Haftungsverhältnisse sowie die Haftungsverhältnisse gegenüber verbundenen Unternehmen anzugeben (§ 268 Abs. 7 HGB).

52) Vgl. R. Krüger: Haftungsverhältnisse, S. 9 ff., der die Haftungsverhältnisse in dingliche Sicherheiten und Eventualverbindlichkeiten unterteilt und auf die mangelhaften Definitionsversuche des Begriffs der 'Haftungsverhältnisse' hinweist.

53) Vgl. H.-W. Kortmann: Haftungsverhältnisse, S. 2578.

te Sozialplanverpflichtungen könnten aber gerade der letztgenannten Gruppe zugerechnet werden, möglicherweise sogar - falls sich ihnen die Unternehmensleitung nicht entziehen zu können glaubt - der Gruppe der faktischen Haftungsverhältnisse.
Kapitalgesellschaften haben zwar nach § 285 Nr. 3 HGB die 'sonstigen finanziellen Verpflichtungen' im Anhang anzugeben. Diese Regelung stellt jedoch gegenüber der Angabe der 'sonstigen Haftungsverhältnisse' nach § 160 Nr. 7 AktG 65 insofern eine Verschlechterung dar, als eine derartige Angabe nach allgemeiner Auffassung [54)] auf solche Verpflichtungen beschränkt ist, die mit hoher Sicherheit am Abschlußstichtag bereits bestehen bzw. danach entstehen werden. [55)] Das Be- oder Entstehen von Verpflichtungen, die als Eventualverbindlichkeiten und insbesondere Sozialplanverpflichtungen auszuweisen wären, ist aber dagegen am Bilanzstichtag regelmäßig nicht nur unsicher, sondern unwahrscheinlich. Mit einer Inanspruchnahme des Unternehmens wird nicht gerechnet.

5) Da eine Pflicht zum Vermerk von Sozialplanleistungen unter den 'Haftungsverhältnissen' nach § 251 HGB nicht besteht, soll geprüft werden, ob im Rahmen einer freiwilligen Berichterstattung der Ausweis von Sozialplanverpflichtungen unter den Haftungsverhältnissen zweckmäßig und zulässig ist. Dabei könnte man vom Willen des Gesetzgebers ausgehen, die sonstigen Haftungsverhältnisse im Sinne von § 160 Nr. 7 AktG 65 zumindestens bei Kapitalgesellschaften nach wie vor offenzulegen. [56)] Als Richtschnur lassen sich dabei die bisher unter § 160 Nr. 7 AktG 65 zu erfassenden Sachverhalte ansehen. [57)]

Nach Adler/Düring/Schmaltz ist allerdings die Angabe von (sonstigen) Haftungsverhältnissen nur insoweit von Interesse, als sie "von einiger Bedeutung sind und außerhalb des normalen, bekannten betriebs- und branchenüblichen Risikos

54) Vgl. Clemm/Ellrott (Beck Bil-Komm.), § 285 Anm. 15; siehe auch Teil 4 IV Abschnitt 2.2.4 dieser Arbeit.

55) Insofern ist die Auffasung des Rechtsausschusses (vgl. H. Biener/W. Bernecke: BRG, zu § 251, S. 89 zu § 285 Nr. 3, S. 110) problematisch, da die nicht in § 251 HGB genannten Haftungsverhältnisse - und hier insbesondere die 'sonstigen Haftungsverhältnisse' - in § 285 Nr. 3 HGB miterfaßt werden.

56) Vgl. vorhergehende Fußnote.

57) Vgl. ADS (4. Aufl.) § 160 Tz. 170 ff.

liegen" [58]. Risiken müssen dann nicht besonders herausgestellt werden, "wenn jeder mit ihnen rechnet, weil sie sich aus dem Gesetz ergeben oder Folgen allgemeiner Geschäftsbedingungen sind" [59].

Es ergibt sich die Frage, ob die *Möglichkeit* einer Betriebsänderung zum allgemeinen unternehmerischen Risiko, mit dem jeder zu rechnen hat, zählt. Dies wird i.d.R. bei solchen Unternehmen bzw. Betrieben der Fall sein, die die Bedingungen der §§ 111 ff. BetrVG erfüllen, bei denen eine Betriebsänderung jedoch weder geplant noch wahrscheinlich ist. Dabei spricht gegen eine freiwillige Berichterstattung, daß diese Unternehmen sich gegenüber den Aktionären und Gläubigern ungünstiger darstellen, als dies den tatsächlichen Verhältnissen selbst unter vorsichtiger Betrachtungsweise entsprechen würde. Risiken mit einer derartig geringen Wahrscheinlichkeit sollten dann überhaupt nicht abgebildet werden.
Ist dagegen eine Betriebsänderung zwar nicht geplant und reicht auch die Wahrscheinlichkeit ihrer Durchführung in der Zunkunft nicht für eine Bilanzierung der latenten Verpflichtung als Rückstellung aus, besteht aber ein über das normale Maß hinausgehendes unternehmerisches Risiko (Z_4), so käme eine freiwillige Erfassung unter den Haftungsverhältnissen in Betracht. Dies könnte z.B. für Betriebe gelten, die ihre Güter ganz überwiegend in Länder exportieren, die aufgrund politischer, klimatischer oder sonstiger Umstände mit besonderen Risiken behaftet sind.

6) Zusammenfassend läßt sich feststellen, daß für Sozialplanverpflichtungen, obwohl sie ihrem Charakter nach als bedingte Verbindlichkeiten aufgefaßt werden können, nach Wortlaut und Zweck der handelsrechtlichen Vorschriften die Angabe unter den Haftungsverhältnissen weder geboten, noch - abgesehen von Ausnahmefällen - zweckmäßig erscheint.

---

58) (4. Aufl.) § 160 Tz. 162 f.; ähnlich U. Hüttemann: GOB für Verbindlichkeiten, S. 11.

59) R. Krüger: Haftungsverhältnisse, S. 9 ff.

2.2.3 Sozialplanverpflichtungen als 'rechtlich noch nicht entstandene Verbindlichkeiten'

1) Nach § 268 Abs. 5 Satz 3 HGB sind Verbindlichkeiten, sofern sie in der Bilanz unter dieser Position ausgewiesen werden, aber erst nach dem Bilanzstichtag rechtlich entstehen, im Anhang zu erläutern, wenn sie einen größeren Umfang haben. Diese Vorschrift wurde im Rahmen der Umsetzung der 4. EG-Richtlinie neu in das deutsche Bilanzrecht aufgenommen.

2) Bei wörtlicher Auslegung des § 268 Abs. 5 Satz 3 HGB müßten u.a. auch Verpflichtungen aus Sozialplänen im Anhang anzugeben sein, die, solange ein Sozialplan noch nicht konkret vereinbart, ja möglicherweise eine Betriebsänderung noch nicht geplant oder zu erwarten ist (vor Z_6), am Bilanzstichtag rechtlich noch nicht entstanden sind. In diesem Fall ist allerdings fraglich, ob ein Ausweis unter den Verbindlichkeiten in der Bilanz überhaupt möglich ist, da das Merkmal der rechtlichen Erzwingbarkeit fehlt. Im übrigen ist die Höhe latenter Sozialplanverpflichtungen regelmäßig ungewiß, so daß allenfalls ein Ausweis unter den Rückstellungen in Betracht kommt. Die Bestimmung des § 268 Abs. 5 Satz 3 HGB bezieht sich aber ausschließlich auf Beträge, die unter dem Posten 'Verbindlichkeiten' in der Bilanz ausgewiesen werden.

3) Abgesehen von dem speziellen Problem der Sozialplanverpflichtungen wird der hier diskutierten Vorschrift in der kommentierenden Literatur keine Bedeutung beigemessen. Offensichtlich liegt vielmehr eine mißglückte Umsetzung von Art. 21 der 4. EG-Richtlinie vor. [60] Dieser betrifft die antizipativen (passiven) Rechnungsabgrenzungsposten, also Aufwendungen vor dem Bilanzstichtag, die erst danach zu Auszahlungen führen. Dabei handelt es sich jedoch gerade im Gegensatz zum Wortlaut des § 268 Abs. 5 Satz 3 HGB um Verpflichtungen, die vor dem Bilanzstichtag rechtlich entstanden sind, aber erst danach fällig werden und nach deutschem Recht eindeutig unter den Verbindlichkeiten auszuweisen sind und nicht unter den Rechnungsabgrenzungsposten. Sinnvolle Anwendungsbei-

[60] Vgl. Clemm/Nonnenmacher (Beck Bil-Komm.), § 268 Anm. 106 ff.; U. Hüttemann, HdJ, III/8 Rn. 214; Deutsche Bundesregierung: Entwurf des Bilanzrichtlinie-Gesetzes, BT-Drucks. 10/317, S. 79.

spiele für den im § 268 Abs. 5 Satz 3 HGB beschriebenen Sachverhalt lassen sich dagegen kaum finden. [61]

4) Zusammenfassend kann festgestellt werden, daß ein Ausweis von Sozialplanverpflichtungen unter den 'am Bilanzstichtag rechtlich noch nicht entstandenen Verbindlichkeiten' nicht möglich ist.

2.2.4 Sozialplanverpflichtungen als 'sonstige finanzielle Verpflichtungen'

1) Nach § 285 Nr. 3 HGB ist der Gesamtbetrag der sonstigen finanziellen Verpflichtungen, die nicht in der Bilanz [als Verbindlichkeiten oder Rückstellungen] erscheinen oder nach § 251 [als Eventualverbindlichkeiten] unter der Bilanz vermerkt werden müssen, von großen und mittelgroßen Kapitalgesellschaften [62] im Anhang anzugeben, sofern diese Angabe für die Beurteilung der Finanzlage von Bedeutung ist. [63]
Der Wortlaut des Gesetzes ist in zweierlei Hinsicht zu kritisieren:

a) Die Angabepflicht sollte nicht nur auf finanzielle Verpflichtungen bezogen sein, die sich nicht aus der *Bilanz* ergeben, sondern auch auf solche, die sich nicht der *Gewinn- und Verlustrechnung* entnehmen lassen. [64] Insbesondere bei 'Dauerverträgen', beispielsweise den in § 272 Abs. 1 Nr. 2 RegEntw HGB [65] vorgesehenen mehrjährigen Miet- oder Leasingverträgen, die sich grundsätzlich nicht in

---

[61] Vgl. Clemm/ Nonnenmacher (Beck Bil-Komm.), § 268 Anm. 108; die von H. Biener/ W. Bernecke: BGR, S. 175 angeführten Beispiele sind insofern unzutreffend, da bei ihnen die Verpflichtung bereits vor dem Bilanzstichtag entstanden ist.

[62] Befreiung für kleine Kapitalgesellschaften nach § 288 Satz 1 HGB.

[63] Zu den hier allgemein zu erfassenden Sachverhalten vgl. Clemm/ Ellrott (Beck Bil-Komm.), § 285 Anm. 18 ff. Krawitz (Bonner Handb. Rechnungsleg.), § 285 Anm. 17 f.;

[64] Vgl. F.W. Selchert: Sonstige finanzielle Verpflichtungen, S. 547.

[65] Deutsche Bundesregierung: Entwurf des Bilanzrichtlinie-Gesetzes, BT-Drucks. 10/317, S. 17.

der Bilanz niederschlagen, sondern nur in der GuV zu Aufwand führen, kann dies geboten sein. Gleiches gilt auch für Verpflichtungen aus Arbeitsverträgen, zu denen im weiteren Sinne auch die Sozialplanleistungen zählen.

b) Eine Konkurrenz zu den Eventualverbindlichkeiten kann sich hier eigentlich gar nicht ergeben, da es sich bei diesen um lediglich mögliche, aber wenig wahrscheinliche Verpflichtungen des Unternehmens handelt, während die 'sonstigen finanziellen Verpflichtungen' am Bilanzstichtag bereits bestehen müssen oder aber mit ihrem Eintritt mit großer Sicherheit zu rechnen sein muß (s.u.). Der Hinweis auf die Haftungsverhältnisse nach § 251 HGB ist daher entbehrlich.[66)]

2) Geht man davon aus, daß Sozialplanleistungen weder als Aufwandsrückstellungen nach § 249 Abs. 2 HGB noch als Verlustrückstellungen nach § 249 Abs. 1 Satz 1 HGB erfaßt werden können, und läßt sich im konkreten Einzelfall die wirtschaftliche Verursachung für die Zeit vor dem Bilanzstichtag nicht nachweisen, da eine Betriebsänderung weder geplant noch erwartet wird, so daß eine Rückstellung für ungewisse Verbindlichkeiten gleichfalls nicht gebildet werden kann, so wäre zu prüfen, ob latente Sozialplanverpflichtungen als 'sonstige finanzielle Verpflichtungen' im Anhang anzugeben sind. Nach Kortmann liegt der Zweck der Angabe 'sonstiger finanzieller Verpflichtungen' u.a. darin, 'nicht rückstellungsfähige Verluste' aus zukünftigen Geschäften auszuweisen, die die derzeitige Finanzlage verändern oder den zukünftigen finanziellen Spielraum einschränken.[67)]

3) In Bezug auf die in § 285 Nr. 3 HGB festgelegten Beschränkungen der Angabepflicht im Anhang ergibt sich:

a) Sozialplanleistungen sind regelmäßig finanzieller Natur, sei es in Form von Abfindungen oder als Überbrückungszahlungen, Umschulungs-, Fahrtkosten- oder Umzugsbeihilfen.

---

66) Vgl. F.W. Selchert: Sonstige finanzielle Verpflichtungen, S. 546; davon abweichend Krawitz (Bonner Handb. Rechnungsleg.), § 285 Anm. 18.

67) Vgl. H.-W. Kortmann: Haftungsverhältnisse, S. 2578.

b) Da Sozialpläne nur dann zustandekommen können, wenn ein erheblicher Teil der Belegschaft wesentliche Nachteile erleidet (§ 111 BetrVG) und es sich bei Sozialplanleistungen um einmalige, zumindest seltene, 'außerhalb des laufenden Geschäftsbetriebs oder des geschäftsüblichen Rahmens'[68] bestehende finanzielle Belastungen handelt, wird eine Angabe im Anhang regelmäßig von Bedeutung für die Beurteilung der finanziellen Lage des Unternehmens sein.
Nach Selchert kann allerdings die Art der beabsichtigten Finanzierung der Zahlungsverpflichtung für ihre Bedeutung im Rahmen der Beurteilung der finanziellen Lage eine Rolle spielen.[69] Wird die Zahlungsverpflichtung durch die Veräußerung von am Abschlußstichtag bilanzierten Wertpapieren finanziert, so beeinflußt diese Desinvestition den Einblick in die Finanzlage, da die in der Bilanz ausgewiesenen Wertpapiere im Sinne einer finanziellen Reserve tatsächlich gar nicht mehr disponibel sind. Ist die Finanzierung der Verpflichtung durch einen langfristigen Bankkredit sichergestellt, so muß die in der Bilanz ausgewiesene Finanzlage nicht korrigiert werden.[70] Daraus ergibt sich: Steht für die Finanzierung der 'sonstigen finanziellen Verpflichtungen' ein ausreichender Kreditspielraum zur Verfügung, so muß ihr Betrag vergleichsweise höher sein, um als für die Beurteilung der Finanzlage bedeutsam zu gelten, als dies bei einer Finanzierung zulasten des Bilanzvermögens der Fall ist.[71]

c) Fraglich ist jedoch, inwieweit von einer tatsächlichen Verpflichtung des Unternehmens gesprochen werden kann. Nach Clemm/Ellrott muß die finanzielle Verpflichtung im Sinne von § 285 Nr. 3 HGB am Bilanzstichtag bereits bestehen oder es muß mit ihr mit großer Sicherheit oder Wahrscheinlichkeit gerechnet werden können.[72] Dabei ist jedoch unklar, inwieweit sich überhaupt ein Unterschied gegenüber den Rückstellungen für ungewisse Verbindlichkeiten ergibt.
Besteht die Verpflichtung am Abschlußstichtag oder ist mit ihr mit hinreichender Sicherheit zu rechnen und ist sie einer abgelaufenen Periode wirtschaftlich

---

68) Vgl. Clemm/Ellrott (Beck Bil-Komm.), § 285 Anm. 14.

69) Vgl. F.W. Selchert: Sonstige finanzielle Verpflichtungen, S. 548.

70) Vgl. ebenda, S. 548.

71) Vgl. ebenda, S. 548.

72) Vgl. Clemm/Ellrott (Beck Bil- Komm.), § 285 Anm. 15; ebenso H.-W. Kortmann: Haftungsverhältnisse, S. 2578.

zuzurechnen, so muß eine Rückstellung gebildet werden. [73] Ist das Be- oder Entstehen der Verpflichtung nicht hinreichend sicher, so darf eine Rückstellung für ungewisse Verbindlichkeiten nicht gebildet werden. Aus dem gleichen Grund kann eine Angabe nach § 285 Nr. 3 HGB nicht gefordert werden. [74] Sie hat möglicherweise sogar zu unterbleiben, wenn man davon ausgeht, daß durch den Ausweis nicht wahrscheinlicher finanzieller Verpflichtungen (z.B. aus Sozialplänen) der Einblick in die Finanzlage verfälscht wird, was einen Verstoß gegen die Generalnorm des § 264 Abs. 2 HGB darstellen würde.

4) Ein Ausweis von Sozialplanleistungen unter den 'sonstigen finanziellen Verpflichtungen' im Anhang kommt nach Selchert dann in Betracht, wenn eine Stillegung geplant und ein Sozialplan erwartet wird. [75] Gemäß der herrschenden Auffassung reicht jedoch die Tatsache, daß ein Unternehmer eine Betriebsänderung mit der Möglichkeit erheblicher Nachteile für erhebliche Teile der Belegschaft plant, aus, um eine Pflicht zur Rückstellungsbildung auszulösen. [76]
Für eine zusätzliche Angabe im Anhang wäre danach kein Raum, es sei denn, die Rückstellungsbildung würde gemäß der Auffassung der Finanzverwaltung erst am Ende des Planungsprozesses, d.h. nach der Unterrichtung des Betriebsrats (Z_7) erfolgen können. [77] In diesem Fall muß eine finanzielle Verpflichtung im Anhang ausgewiesen werden, sobald der Planungsprozeß eine Betriebsänderung und einen damit verbundenen Sozialplan als wahrscheinlich erscheinen läßt und vor dem Bilanzstichtag eine Unterrichtung des Betriebsrats nicht mehr erfolgt ist (Z_6). Dies könnte aber auch bei langfristigen strukturellen Änderungen, wie sie z.Zt. beispielsweise in der Montanindustrie anstehen, bei denen konkrete Betriebsänderungen u.U. überhaupt noch nicht geplant sind, die Entlassung einer bestimmten Zahl von Arbeitnehmern aber wahrscheinlich ist, sinnvoll sein (Z_5).

---

[73] Zu den Zusammenhängen siehe auch Abb. 17/2.

[74] Vgl. F.W. Selchert: Sonstige finanzielle Verpflichtungen, S. 546; Clemm/Ellrott (Beck Bil-Komm.), § 285 Anm. 15.

[75] Vgl. F.W. Selchert: Sonstige finanzielle Verpflichtungen, S. 546 (Schema), S. 546 ff.

[76] Vgl. Clemm/Nonnenmacher (Beck Bil-Komm.), § 249 Anm. 100 (Sozialplan) mit weiteren Quellen.

[77] Vgl. Abschn. 31a Abs. 9 EStR sowie BMF: Sozialplanrückstellungen, Schreiben vom 2.5.77.

5) Fraglich ist, ob Sozialplanleistungen unter den 'sonstigen finanziellen Verpflichtungen' anzugeben sind, wenn mit Sicherheit mit ihnen zu rechnen ist, die Betriebsänderung aber als nach dem Bilanzstichtag wirtschaftlich verursacht zu gelten hat [78] (beispielsweise durch einen drohenden Nachfragerückgang). [79] In diesem Fall - dessen praktische Bedeutung ohnehin gering sein dürfte - könnte man argumentieren, daß es die Unternehmensleitung unterlassen hat, der absehbaren Betriebsänderung bereits im abgelaufenen Geschäftsjahr durch geeignete Maßnahmen zu begegnen und die wirtschaftliche Verursachung der Verpflichtung somit vor dem Bilanzstichtag liegt. [80]

6) Zusammenfassend läßt sich feststellen, daß für den Ausweis der Sozialplanverpflichtungen unter den 'sonstigen finanziellen Verpflichtungen' im Anhang grundsätzlich kein Raum besteht, da sie bei hinreichender Eintrittswahrscheinlichkeit ohnehin unter den Rückstellungen in der Bilanz zu erfassen sind. Ist mit ihnen jedoch nicht mit hinreichender Sicherheit zu rechnen, so besteht weder die Pflicht noch die Möglichkeit, sie unter den 'sonstigen finanziellen Verpflichtungen' auszuweisen.

2.3 Bilanzierung und Erläuterung von Verbindlichkeiten für Leistungen aus Sozialplänen

1) Wie die Überlegungen in Abschnitt 2.2 ergeben haben, können Verpflichtungen aus Sozialplänen nur dann als (unbedingte) Verbindlichkeiten in der Bilanz ausgewiesen werden, wenn ein Sozialplan vor dem Bilanzstichtag zwischen Unternehmensleitung und Betriebsrat vereinbart oder durch die Einigungsstelle

---

[78] Vgl. H.-W. Kortmann: Haftungsverhältnisse, S. 2578.

[79] Zur Unmöglichkeit, für die Sozialplanverpflichtungen in diesem Fall Rückstellungen für drohende Verluste aus schwebenden Geschäften (Arbeitsverhältnissen) zu bilden, siehe Teil IV Abschnitt 3.2.2.

[80] Zum Problem der Bestimmung des Zeitpunkts der wirtschaftlichen Verursachung siehe Teil IV Abschnitt 3.2.1.2.

festgelegt worden ist. Die Höhe der dem einzelnen Arbeitnehmer zustehenden (Abfindungs-) Leistung muß genau bestimmt sein und darf nicht vom Eintritt und der Dauer eines tatsächlichen individuellen Nachteils abhängig gemacht werden können. Weiterhin dürfen vor dem Bilanzstichtag Zahlungen aus dem Sozialplan noch nicht oder nicht in der vereinbarten Höhe vorgenommen worden sein. Sind diese Bedingungen erfüllt, besteht allerdings gemäß dem Vollständigkeitsgebot des § 246 Abs. 1 HGB eine Passivierungspflicht.

2) Sind Verbindlichkeiten aus Sozialplänen zu passivieren, so hat der Ausweis nach § 266 Abs. 3 HGB in der Position C.8. 'sonstige Verbindlichkeiten' zu erfolgen. Außerdem sind sie in den Vermerk zu dieser Position 'davon im Rahmen der sozialen Sicherheit' aufzunehmen. [81)]

3) Die Verbindlichkeiten aus Sozialplänen müssen - wie alle anderen Verbindlichkeiten auch - mit ihrem Rückzahlungs- bzw. Erfüllungsbetrag [82)] bewertet werden (§ 253 HGB). Werden bei längerer Laufzeit des Sozialplans Wertsicherungsklauseln, die z.B. am Lebenshaltungskostenindex orientiert sein können, vereinbart, so ist bei Eintritt der wertsichernden Bedingung (z.B. Indexerhöhung) der Erfüllungsbetrag der Verbindlichkeit anzupassen.[83)]

4) Werden die Verpflichtungen in der Periode des Zustandekommens des Sozialplans erstmalig und in voller Höhe als Verbindlichkeit bilanziert, so kommen für den Ausweis der entsprechenden Sozialplanaufwendungen verschiedene Positionen der Gewinn- und Verlustrechnung in Betracht:

1) bei Anwendung des Gesamtkostenverfahrens nach § 275 Abs. 2 HGB alternativ die Posten
   a) Personalaufwand, soziale Abgaben und Aufwendungen für Altersversorgung und Unterstützung [Pos. 6 b)];
   b) sonstige betriebliche Aufwendungen [Pos. 8];
   c) außerordentliche Aufwendungen [Pos. 16];

---

81) Vgl. Clemm/Nonnenmacher (Beck Bil-Komm.), § 266 Anm. 348.

82) Vgl. ebenda, § 253 Anm. 51.

83) Vgl. ebenda, § 253 Anm. 57 ff.

2) bei Anwendung des Umsatzkostenverfahrens nach § 275 Abs. 3 HGB alternativ die Posten
   a) Herstellungskosten der zur Erzielung der Umsatzerlöse erbrachten Leistungen [Pos. 2];
   b) sonstige betriebliche Aufwendungen [Pos. 7];
   c) außerordentliche Aufwendungen [Pos. 15].

[zu 1a] Im Rahmen der Gliederung nach dem Gesamtkostenverfahren (GKV) könnte ein Ausweis unter der Position 6 b) nur dann erfolgen, wenn man die Sozialplanaufwendungen als 'Aufwendungen für Unterstützung' interpretiert. Die unter diesem Begriff in der Literatur genannten Beispiele betreffen jedoch ausnahmslos Leistungen des Unternehmens an gegenwärtige oder frühere Mitarbeiter, die zwar besondere Belastungen ausgleichen sollen, aus der Sicht des Unternehmens aber wegen der Häufigeit der Unterstützungsfälle *regelmäßig* erbracht werden (Unterstützungszahlungen bei Unfällen, Krankheit, Kur- und Krankenhausaufenthalten).[84]

[zu 2a] Bei Anwendung des Umsatzkostenverfahrens (UKV) ist die Einbeziehung der Sozialplanleistungen in die 'Herstellungskosten der zur Erzielung der Umsatzerlöse erbrachten Leistungen' (Pos. 2) davon abhängig, ob ein kausaler oder lediglich ein finaler Zusammenhang zwischen den abgesetzten Produkten und der Betriebsänderung hergestellt werden kann.

Werden nach der Betriebsänderung Leistungen erbracht und in derselben Periode abgesetzt, so wäre eine Zurechnung eines Teils der Sozialplanaufwendungen auf die Produkte gerechtfertigt. Weiterhin könnten Sozialplanaufwendungen in einer etwaigen Bestandserhöhung anteilig aktiviert werden, soweit die Bestände mit ihren vollen Herstellungskosten angesetzt werden. Fraglich ist allerdings, wie der auf die Produkte zu verrechnende und damit in die Herstellungskosten einzubeziehende Anteil der Sozialplanleistungen ermittelt werden soll und unter welcher Position der Rest auszuweisen ist. Ohnehin könnte nur ein geringer Teil der Sozialplanaufwendungen auf die in der abgelaufenen Periode verkauften bzw. auf Lager genommenen Produkte verteilt werden, da die Betriebsänderung als Investition Auswirkungen über mehrere zukünftige Perioden hat.

---

[84] Vgl. Budde/Förschle (Beck Bil-Komm.), § 275 Anm. 136.

Eine Verteilung der Aufwendungen aus der Betriebsänderung und hier insbesondere der Sozialplanaufwendungen über die Laufzeit der Investition ist handelsrechtlich nur möglich, wenn der Gegenwert der Betriebsänderung unter Einschluß der Sozialplanaufwendungen in der Bilanz aktiviert und über mehrere Perioden abgeschrieben werden kann. Auf diese Weise ließen sich die Sozialplanaufwendungen - über mehrere Perioden verteilt - vollständig in die Herstellungskosten (Pos.2) der Gewinn- und Verlustrechnung nach dem UKV einbeziehen. [85]) Ist eine derartige Verteilung nicht möglich, so belasten die gesamten Sozialplanaufwendungen die Periode, in der die Betriebsänderung vollzogen bzw. erstmals geplant wurde.

Der den abgesetzten bzw. auf Lager genommenen Produkteinheiten dieser Periode nicht zurechenbare Teil kann jedoch nicht unter den Herstellungskosten ausgewiesen werden. [86])
Gegen die Aufspaltung der Sozialplanaufwendungen in einen Teil, der den Produkteinheiten der abgelaufenen Periode zuzurechnen ist und damit in die Pos. 2 des UKV einbezogen werden kann, und einen anderen Teil, der unter den 'sonstigen betrieblichen Aufwendungen' oder den 'außerordentlichen Aufwendungen' auszuweisen ist, spricht dabei auch die unterschiedliche Behandlung der Sozialplanaufwendungen im GKV und UKV. Während im GKV die gesamten Sozialplanaufwendungen unter den 'außerordentlichen Aufwendungen' ausgewiesen würden, wäre dies im UKV nur bei dem nicht den Produkten zurechenbaren Teil der Fall. Insofern wäre die Vergleichbarkeit zwischen UKV und GKV gestört. [87])

[85]) Zur Aktivierung der Sozialplanaufwendungen siehe Teil IV, Abschnitt 5.

[86]) Zum Inhalt der Pos. 2 des Umsatzkostenverfahrens grundsätzlich vgl. ADS, § 275 Anm. 211-234 mit weiteren Quellen; J. Baetge/ T.R. Fischer: Aussagefähigkeit, S. 189 ff. mit weiteren Quellen; F.W. Selchert: Herstellungskosten, S. 2397-2400; IDW, SABI-Stellungnahme 1/87, S. 70 f.;

[87]) Abgesehen davon, daß ohnehin die Position der 'sonstigen betrieblichen Aufwendungen' u.a. durch die Einbeziehung nicht aktivierter Gemeinkosten im UKV z.T. in anderer Höhe als im GKV ausgewiesen wird (Vgl. H. Biener/W. Bernecke: BRG (§ 275), S. 217 Fußn. 23); zum grundsätzlichen Problem der mangelnden Vergleichbarkeit von GKV und UKV vgl. Weber (Küting/Weber), I Anm. 377; H.Biener/W.Bernecke: BRG (§ 275), S. 219.

[zu 1b/2b] Ein Ausweis der Sozialplanaufwendungen unter den 'sonstigen betrieblichen Aufwendungen' (Pos. 8 im UKV, Pos. 7 im GKV) kommt kaum in Betracht, da in diesen Positionen nur Aufwendungen, die 'im Rahmen des gewöhnlichen Geschäftsbetriebs' anfallen, ausgewiesen werden dürfen. Dies ergibt sich aus der Abgrenzung gegenüber den 'außerordentlichen' Aufwendungen, die das 'Ergebnis der außergewöhnlichen Geschäftstätigkeit' betreffen. [88]

Zwar werden unter den 'sonstigen betrieblichen Aufwendungen' im Gegensatz zu § 157 Abs. 1 Nr. 26 AktG 65 auch Aufwendungen erfaßt, die nicht der abgelaufenen, sondern einer früheren Periode zuzurechnen sind (sog. periodenfremde Aufwendungen) [89], aber selbst bei weiter Interpretation des 'gewöhnlichen Geschäftsbetriebs' ist nicht anzunehmen, daß darunter die Aufwendungen aus Sozialplänen erfaßt werden können, sofern sie einmalig, in der Periode des Abschlusses eines Sozialplans anfallen und nicht ratierlich über die Beschäftigungsdauer der Arbeitnehmer verrechnet werden können. Zudem werden Betriebsänderungen in der Regel nicht in gewissen Zeitabständen wiederkehrend vorgenommen. Die aus ihnen resultierenden Aufwendungen haben daher einmaligen, ungewöhnlichen Charakter. [90]

[zu 1c/2c] Es verbleibt demnach sinnvollerweise nur die Möglichkeit, Sozialplanleistungen unter der Position 'außerordentliche Aufwendungen' (Pos. 15 im UKV, Pos. 16 im GKV) zu erfassen. [91] Nach § 277 Abs. 4 Satz 2 HGB müssen

---

[88] Vgl. Budde/Förschle (Beck Bil-Komm.), § 275 Anm. 155 und 215 ff.; A. Kerth: Aufspaltung des Jahresergebnisses, S. 777 f.; R. Federmann: Außerordentliche Erträge und Aufwendungen, S. 1071 ff.

[89] Vgl. vorhergehende Fußn., insbesondere A. Kerth: Aufspaltung des Jahresergebnisses, S. 778 (Schema).

[90] Die Frage, ob derartige Aufwendungen lediglich für das bilanzierende Unternehmen oder insgesamt für jedes Unternehmen untypisch sind (Vgl. H. Biener/W. Bernecke: BRG, (§ 275), S. 215 Fußn. 15), ist hier nicht von Bedeutung, da Betriebsänderungen und damit Sozialpläne wohl für jedes Unternehmen untypisch (ungewöhnlich) sind.

[91] Vgl. R. Federmann: Außerordentliche Erträge und Aufwendungen, S. 1075, Nr. 29 (mit weiteren Quellen), allerdings nur für Sozialpläne bei Stillegung eines Teilbetriebs, nicht bei Rationalisierungsmaßnahmen; C. Zimmerer: Nachhilfeunterricht, S. 860, der wohl auch zu diesem Ergebnis kommt, die mangelnde Interpretationsfähigkeit des außerordentlichen Ergebnisses für Externe jedoch kritisiert.

dort ausgewiesene Beträge, sofern sie für die Beurteilung der Ertragslage bedeutsam sind, im Anhang erläutert werden. Dies wird bei Aufwendungen aus Sozialplänen regelmäßig der Fall sein.

5) Eine zusätzliche Angabepflicht kann sich im Anhang dann ergeben, wenn Sozialplanverpflichtungen nicht als Verbindlichkeiten in der Bilanz ausgewiesen werden. Allerdings ist der Ausweis unter den 'sonstigen finanziellen Verpflichtungen' auf den Fall beschränkt, in dem eine Sozialplanrückstellung erst nach der Unterrichtung des Betriebsrats gebildet wird, eine Betriebsänderung jedoch bereits davor erkennbar ist und zwischen beiden Terminen der Bilanzstichtag liegt.

3 Passivierung von Rückstellungen für latente Verpflichtungen aus Sozialplänen

3.1 Begriff und Arten von Rückstellungen

1) Ein einheitlicher Rückstellungbegriff wurde weder in der Betriebswirtschaftslehre noch in der Rechtswissenschaft entwickelt. Auch der Gesetzgeber definiert die Rückstellungen in § 249 HGB nicht abschließend, sondern zählt im wesentlichen Anlässe auf, bei denen Rückstellungen gebildet werden können bzw. müssen.

2) In Anlehnung an Eifler [1] lassen sich Rückstellungen beschreiben als

Passivposten für Vermögensminderungen (mit Ausnahme der Wertberichtigungen),

die Aufwand vergangener Rechnungsperioden darstellen,

durch künftige Handlungen der Unternehmung (Zahlungen, Dienstleistungen, Eigentumsübertragungen an Sachen u. Rechten) entstehen und

sich nicht sicher, aber hinreichend wahrscheinlich und genau quantifizieren lassen.

---

[1] Vgl. G. Eifler: GOB für Rückstellungen, S. 32; ders.: Rückstellungen, HdJ III/5 Anm. 12 (erweiterte Definition).

Diese Aufzählung enthält zwar eine Reihe wichtiger Elemente des Rückstellungsbegriffs, sie läßt jedoch den Zweck der Bildung derartiger Passivpositionen weitgehend unbestimmt. [2)]

3) Zweck, Inhalt und Umfang von Rückstellungen werden durch den Rechnungslegungs- bzw. Bilanzzweck bestimmt. [3)] Dabei kann man wie folgt unterscheiden:

a) Der nach der statischen Bilanzauffassung [4)] primär zu verfolgende Bilanzzweck besteht in der korrekten Darstellung des Vermögens (und der Schulden) eines Unternehmens, das seinen Gläubigern zur Befriedigung ihrer Ansprüche zur Verfügung steht. [5)] Rückstellungen sind danach für Verpflichtungen gegenüber Dritten zu bilden, die wegen der Ungewißheit über ihr Be- oder Entstehen am Bilanzstichtag keine Verbindlichkeiten darstellen, gleichwohl aber das Vermögen des Unternehmens in Zukunft belasten können (Rückstellungen aufgrund einer Verpflichtung gegenüber Dritten). [6)] Die Verpflichtung kann sowohl in einer rechtlich erzwingbaren als auch in einer faktisch begründbaren Leistung bestehen. Einer faktisch begründeten Leistung kann sich das bilanzierende Unternehmen aus sozialen, sittlichen oder rein wirtschaftlichen Gründen, um z.B. bestehende oder potentielle Kundenbeziehungen nicht zu gefährden (Gewährleistung ohne rechtliche Verpflichtung), nicht entziehen. [7)]

---

2) Weitere definitorische Ansätze finden sich bei G. Eifler: GOB für Rückstellungen, S. 22 ff. mit weiteren Quellen; vgl. weiterhin Mayer-Wegelin (Küting/Weber), § 249 Anm. 12; A.G. Coenenberg: Jahresabschluß, S. 221; G. Wöhe: Bilanzierung, S. 542; Clemm/Nonnenmacher (Beck Bil-Komm.), § 249 Anm. 1.; L. Streitferdt: Rückstellungen, Sp. 1473 bis 1482, Sp. 1473 f.; W. Schubert: Rückstellungen, Bd. 3, Sp. 3468 bis Sp. 3473, Sp. 3468; H. Karehnke: Fortbildung des Rückstellungsbegriffs, S. 99-104.

3) Vgl. A.G. Coenenberg: Jahresabschluß, S. 221; G. Wöhe: Bilanzierung, S. 542 ff.;

4) Zu Begriff und Inhalt vgl. A. Moxter: Bilanztheorien, statische, Sp. 294 bis Sp. 303; ders.: Bilanztheorie, S. 5 ff.; G. Seicht: Bilanztheorien, allgemein, Sp. 258-270.

5) Vgl. A.G. Coenenberg: Jahresabschluß, S. 221

6) Vgl. ADS (4. Aufl.), § 152 Anm. 95.

7) Vgl. U. Hüttemann: GOB für Verbindlichkeiten, S. 10 f.

b) Bei der dynamischen Bilanztheorie [8] steht als Bilanzzweck die periodengerechte Ermittlung des Unternehmenserfolgs im Vordergrund. Aufwendungen und Erträge sind in der Periode auszuweisen, in der sie wirtschaftlich verursacht sind. [9] Rückstellungen sind danach für solche Aufwendungen zu bilden, die der abgelaufenen Periode wirtschaftlich zuzurechnen sind, die aber erst in der Zukunft zu Auszahlungen führen, deren Eintrittszeitpunkt und/oder Höhe sich aber nicht genau bestimmen lassen (Rückstellungen ohne Verpflichtung gegenüber Dritten). Die in der Literatur [10] verschiedentlich vorgenommene Bezeichnung dieser Rückstellungen als 'Aufwandsrückstellungen' ist insofern ungenau, als auch die Rückstellungen für Verpflichtungen gegenüber Dritten aufwandswirksam gebildet werden. [11]

Statischer und dynamischer Bilanzauffassung gemein ist, daß die Ursache, die zu einer Rückstellungsbildung führt, vor dem Bilanzstichtag liegen muß, so daß sich der Aufwand der Rückstellungsbildung wirtschaftlich der abgelaufenen Periode zuordnen läßt. [12] Der dynamische Rückstellungsbegriff ist aber umfassender als der nach statischer Bilanzauffassung, da der dynamische auch solche Aufwendungen erfaßt, die nicht aus einer Verpflichtung gegenüber Dritten resultieren. [13]

4) Rückstellungen lassen sich danach unterscheiden, ob sie nach dem Realisationsprinzip oder dem Imparitätsprinzip zu bilanzieren sind. [14] Danach ergibt sich die Bilanzierungspflicht für Rückstellungen, die bereits realisierte Verpflich-

---

8) Zu Begriff und Inhalt vgl. H. Münstermann: Bilanztheorien, dynamische, Sp. 270-285; A. Moxter: Bilanztheorie, S. 29 ff.; G. Seicht: Bilanztheorien, allgemein, Sp. 258-270.

9) Vgl. A.G. Coenenberg: Jahresabschluß, S. 222;

10) Vgl. ebenda, S. 221 ff.

11) Vgl. H.K. Weber: Rechnungswesen, S. 122.

12) Vgl. U. Hüttemann: GOB für Verbindlichkeiten, S. 18.

13) Vgl. A.G. Coenenberg: Jahresabschluß, S. 222 f., der ausführt, daß die gemäß der dynamischen Bilanztheorie zu bildenden Rückstellungen neben den Verpflichtungen gegenüber Dritten auch Verpflichtungen des Unternehmens gegenüber sich selbst (Innenverpflichtungen) abbilden.

14) Vgl. H. Brede: Ermessensspielräume, S. 985; zu Begriff und Bedeutung des Realisationsprinzips und des Imparitätsprinzips vgl. U. Leffson: GOB, S. 247 ff. und S. 339 ff.

tungen enthalten, dem Grunde nach am Bilanzstichtag bereits bestehen, jedoch rechtlich (noch) nicht erzwingbar oder der Höhe nach unbestimmt sind, aus dem Realisationsprinzip. Als Beispiele werden Pensions- und Garantierückstellungen sowie Rückstellungen für unterlassene Instandhaltung und Abraumbeseitigung genannt. [15] Aus dem Imparitätsprinzip folgt die Bilanzierung von Rückstellungen, die dem Grunde nach unsicher sind, bei denen demnach Ungewißheit herrscht, ob es überhaupt zu Auszahlungen oder Verlusten in der Zukunft kommt (Rückstellungen für drohende Verluste aus schwebenden Geschäften, Prozeßkostenrückstellungen). [16]

Nach dieser Einteilung wären die Rückstellungen für Sozialplanverpflichtungen aus dem Imparitätsprinzip abzuleiten, jedenfalls so lange, wie eine Verpflichtung am Abschlußstichtag noch nicht realisiert ist, da eine Betriebsänderung weder geplant, noch zu erwarten ist.

Die Unterteilung der Rückstellungen nach dem Realisations- und dem Imparitätsprinzip ist allerdings insofern zweifelhaft, als eine absolute Sicherheit über das Bestehen einer Verpflichtung nicht bestehen kann. Es ließe sich allenfalls behaupten, daß die Rückstellungen nach dem Realisationsprinzip hinsichtlich ihres Bestehens am Abschlußstichtag eine höhere Wahrscheinlichkeit aufweisen als diejenigen, die sich aus dem Imparitätsprinzip ergeben. Aber selbst das ist zweifelhaft, denn warum sollen drohende Verluste aus Absatz- oder Beschaffungsgeschäften, die sich am Abschlußstichtag abzeichnen, per se eine geringere Wahrscheinlichkeit aufweisen, als Sachverhalte, für die 'Aufwandsrückstellungen' gebildet werden dürfen? Auch bleibt damit weiter unbestimmt, ab welcher Eintrittswahrscheinlichkeit ein Sachverhalt als Rückstellung zu erfassen ist und wie diese Wahrscheinlichkeit bestimmt werden soll. [17]

5) Von größerer Bedeutung als die Fragen, ob eine Rückstellung auf einer Verpflichtung gegenüber Dritten beruht oder nicht, bzw. ob sie sich aus dem Realisations- oder dem Imparitätsprinzip ergibt, sind die Auswirkungen, die die Bildung

---

15) Vgl. H. Brede: Ermessensspielräume, S. 985; M. Groh: Verbindlichkeits- und Verlustrückstellung, S. 27.

16) Vgl. vorhergehende Fußn.

17) Siehe dazu Teil IV Abschnitt 3.2.1.2.

und Auflösung von Rückstellungen auf den Gewinn oder Verlust des Unternehmens und damit auf die Höhe der Ertragssteuern hat.

In der Periode der Bildung oder Erhöhung einer Rückstellung fällt der Gewinn (Verlust) durch den entsprechenden Aufwand vergleichsweise niedriger (höher) aus, als wenn die Rückstellungsbildung bzw. -erhöhung unterblieben wäre. In diesem Fall wäre ein höherer Betrag als Gewinn ausgeschüttet bzw. als Ertragssteuer abgeführt worden. Gleichzeitig werden in Höhe der Rückstellung in der Bilanz auf der Aktivseite Vermögensgegenstände gebunden, die bis zur Auflösung der Rückstellung vor der Liquidisierung geschützt sind. Für die Dauer des Verbleibs der Rückstellung in der Bilanz hat das Unternehmen eine Stärkung der Liquidität zu verzeichnen, da es die durch die Rückstellung gebundenen Vermögensteile (zinslos) im Leistungsprozeß einsetzen kann. [18)]

Wird die Rückstellung bestimmungsgemäß aufgelöst, so ergibt sich lediglich eine erfolgsunwirksame Bilanzverkürzung, die allerdings in der Regel mit dem Abfluß liquider Mittel verbunden ist. Wird die Rückstellung ganz oder zum Teil nicht bestimmungsgemäß aufgelöst, so ergibt sich ein Ertrag aus der Auflösung von Rückstellungen, der den Periodengewinn und damit auch die Steuerlast erhöht. Neben dem Liquiditätsabfluß ist hier allerdings immerhin eine Steuerstundung zwischen dem Zeitpunkt der Bildung und der Auflösung der Rückstellung zu verzeichnen.

Der liquiditätsmäßige Vorteil ist um so nachhaltiger, je länger die Aufwandsbildung (Bildung oder Erhöhung der Rückstellung) der Auszahlung (Auflösung der Rückstellung) vorausgeht. Wöhe schlägt deshalb vor, eine Trennung in langfristige und kurzfristige Rückstellungen vorzunehmen. [19)] Zu den langfristigen Rückstellungen können die Rückstellungen für Pensionen, Jubiläumszahlungen und Bergschäden, aber auch die Rückstellungen für Sozialplanleistungen gezählt werden, sofern die Bildung einer derartigen Rückstellung nicht erst mit der Betriebsänderung, sondern schon früher, z.B. mit der Einstellung der einzelnen Arbeitnehmer, einsetzen kann.

---

18) Zur Finanzierungsfunktion von Rückstellungen vgl. G. Wöhe: Bilanzierung, S. 544 f.,743 f., E. Heinen: Handelsbilanzen, S. 249 f.; A. Kerth: Rückstellungen als Finanzierungsinstrument, S. 543 ff.

19) Vgl. G. Wöhe: Bilanzierung, S. 545.

6) In Abb. 17 werden die in § 249 HGB angeführten Rückstellungen entsprechend der oben vorgenommenen Unterscheidung systematisiert. [20]

Abb. 17: Systematik der Rückstellungen nach § 249 HGB

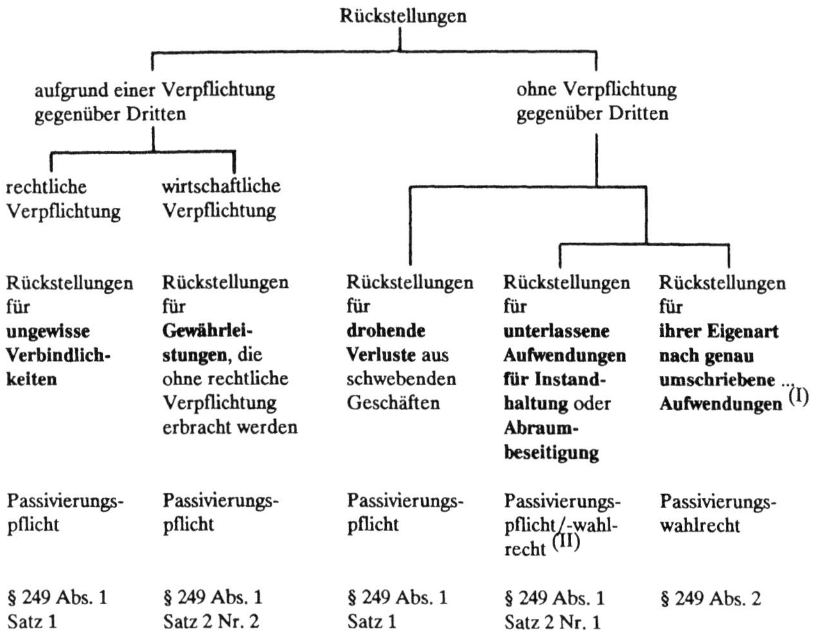

(I) "Rückstellungen für ihrer Eigenart nach genau umschriebene, dem Geschäftsjahr oder einem früheren Geschäftsjahr zuzuordnende Aufwendungen, die am Abschlußstichtag wahrscheinlich oder sicher, aber hinsichtlich ihrer Höhe oder des Zeitpunkts ihres Eintritts unbestimmt sind."

(II) **Passivierungspflicht** für Rückstellungen für unterlassene Aufwendungen für Instandhaltung, die im folgenden Geschäftsjahr binnen 3 Monaten, oder für Abraumbeseitigung, die binnen 12 Monaten nachgeholt werden (§ 249 Abs. 1 Satz 2 Nr. 1 HGB);
Passivierungswahlrecht für Rückstellungen für unterlassene Aufwendungen für Instandhaltung, die im folgenden Geschäftsjahr nach dem 3. und bis zum 12. Monat nachgeholt werden (§ 249 Abs. 1 Satz 2 Nr. 1 i.V.m. § 249 Abs. 1 Satz 3 HGB).

---

[20] Ähnlich A.G. Coenenberg: Jahresabschluß, S. 224.

Abweichend von einer häufig in der Literatur vorgenommenen Einordnung [21] sollen hier die Rückstellungen für drohende Verluste aus schwebenden Geschäften nicht unter den Rückstellungen mit Verpflichtungscharakter gegenüber Dritten subsumiert werden, da die Aufwands- bzw. Verlustantizipation lediglich das Unternehmen selbst betrifft, während eine Verpflichtung gegenüber Dritten wegen des beiderseits unerfüllten (schwebenden) Geschäfts noch nicht entstanden ist bzw. sich Verpflichtungen beider Vertragspartner in gleicher Höhe gegenüberstehen. [22]

7) Im folgenden Abschnitt wird zu prüfen sein, unter welche der in § 249 HGB aufgezählten Rückstellungsarten die Sozialplanrückstellungen einzuordnen sind. Dabei scheiden die speziell geregelten Rückstellungen für Gewährleistungen (Kulanzrückstellungen) ebenso aus wie die Rückstellungen für unterlassene Aufwendungen für Instandhaltung und Abraumbeseitigung.

Sozialplanrückstellungen könnten danach aufgefaßt werden als

Rückstellungen für
- ungewisse Verbindlichkeiten,
- drohende Verluste aus schwebenden Geschäften (Verlustrückstellungen),
- ihrer Eigenart nach genau umschriebene ... Aufwendungen (Aufwandsrückstellungen).

Als Aufwandsrückstellungen werden im folgenden nur die Rückstellungen nach § 249 Abs. 2 HGB bezeichnet, obwohl unter diesen Begriff auch die Rückstellungen für unterlassene Abraumbeseitigung und Instandhaltungsmaßnahmen subsumiert werden. Die Aufwandsrückstellungen nach § 249 Abs. 2 HGB wurden mit dem BiRiLiG neu in das HGB aufgenommen und sind hinsichtlich ihres Charakters und ihres Inhalts bisher noch stark umstritten. [23]

---

21) Vgl. G. Eifler: GOB für Rückstellungen, S. 123 ff.; A.G. Coenenberg: Jahresabschluß, S. 224; R. Schwarz: Bedingte Verbindlichkeiten, S. 26.

22) So auch H.K. Weber: Rechnungswesen, S. 122; M. Groh: Verbindlichkeits- und Verlustrückstellung, S. 27 ff.; siehe auch die ausführliche Behandlung dieser Rückstellungsart in Teil IV Abschnitt 3.2.2.

23) Vgl. T. Siegel: Aufwandsrückstellungen, S. 306 ff. mit weiteren Quellen.

3.2 Charakter der Sozialplanrückstellungen

3.2.1 Sozialplanrückstellungen als Rückstellungen für ungewisse Verbindlichkeiten

3.2.1.1 Schuldcharakter der Sozialplanverpflichtung

1) Rückstellungen für ungewisse Verbindlichkeiten [1] beruhen auf einer Verpflichtung des Unternehmens gegenüber Dritten, deren Bestehen am Bilanzstichtag oder deren Entstehen für eine bestimmte Zeit nach dem Bilanzstichtag erkennbar, aber nicht sicher ist. Dabei muß geklärt werden, in welcher Hinsicht eine Ungewißheit über diese Verpflichtung (= Verbindlichkeit) besteht.

Verbindlichkeiten sind durch drei wesentliche Merkmale gekennzeichnet: [2]

- a) das Bestehen einer rechtlich (oder faktisch) begründeten, erzwingbaren Leistung des Unternehmens gegenüber Dritten;
- b) die eindeutige Quantifizierbarkeit dieser Leistung;
- c) die wirtschaftliche Belastung des Unternehmens - im Sinne einer Vermögensminderung - vor dem Abschlußstichtag.

2) Bei Rückstellungen für ungewisse Verbindlichkeiten bezieht sich das Merkmal der Ungewißheit auf [3]

- a) das Bestehen oder Entstehen der Verpflichtung, d.h.
  - aa) Unsicherheit über das Bestehen der Verpflichtung am Bilanzstichtag *oder*
  - ab) Unsicherheit über das Entstehen einer Verpflichtung nach dem Bilanzstichtag *oder*
  - ac) Unsicherheit über den Erfüllungszeitpunkt *oder*
- b) die Höhe der Verpflichtung *oder*
- c) das Bestehen *oder* Entstehen *und* die Höhe der Verpflichtung.

---

[1] Zu Begriff und Inhalt allgemein vgl. G. Eifler; Rückstellungen, HdJ, Abt. III/5; ders.: GOB für Rückstellungen, S. 22 ff., 105 ff.; E. Scheffler; Beck Handb. Rechnungsleg., B 233 Rz. 40 ff.; jeweils mit weiteren Quellen.

[2] Siehe Teil IV Abschnitt 2.1.

[3] Vgl. U. Hüttemann: GOB für Verbindlichkeiten, S. 18 ff. mit Beispielen für jede Möglichkeit.

Von den drei Merkmalen der Verbindlichkeit (erzwingbare Leistung, Quantifizierbarkeit, wirtschaftliche Belastung) muß zumindest die wirtschaftliche Belastung der abgelaufenen Periode gegeben sein. Hinsichtlich der Unsicherheit über den Erfüllungszeitpunkt unterscheidet sich die Rückstellung nicht notwendigerweise von einer Verbindlichkeit. Eine Verpflichtung ist, sofern alle anderen Merkmale einer Verbindlichkeit erfüllt sind, als solche auszuweisen, auch wenn der Erfüllungszeitpunkt unsicher ist. [4)]

3) Solange eine Betriebsänderung weder geplant noch zu erwarten ist - also vor Z_6 -, ist das Unternehmen zu einer Sozialplanleistung rechtlich nicht verpflichtet. [5)] Gleichwohl ist es für die Begründung einer Schuld unerheblich, ob der Gläubiger bereits einen Anspruch erworben hat. [6)] Vielmehr ist von Bedeutung, ob der Gläubiger beim Eintritt eines bestimmten Ereignisses einen Anspruch gegenüber dem Unternehmen geltend machen kann. Besteht diese Anspruchsgrundlage und muß mit dem Eintritt des Ereignisses gerechnet werden, so ist eine Schuld des Unternehmens begründet.
Die Anspruchsgrundlage ergibt sich im Fall der Sozialplanleistungen aus den §§ 111 ff. BetrVG. Sie ist mit der Einstellung des Arbeitnehmers, spätestens jedoch mit dem Erreichen der Mindestbetriebsgröße (Z_2) bzw. des Mindestalters (Z_3) des Unternehmens verwirklicht. [7)] Der Schuldcharakter der Sozialplanverpflichtungen ist damit gegeben. [8)]

4) Ob eine Rückstellung für ungewisse Verbindlichkeiten aus Sozialplanverpflichtungen zu passivieren ist, hängt davon ab, mit welcher Wahrscheinlichkeit die Verpflichtung des Unternehmens gegeben ist. Wann eine derartige Rückstellung zu bilden ist, bestimmt sich nach dem Zeitpunkt der wirtschaftlichen Bela-

---

4) Vgl. U. Hüttemann: GOB für Verbindlichkeiten, S. 13; Clemm/Nonnenmacher (Beck Bil-Komm.), § 247 Anm. 362.

5) Vgl. A. Buchner: Sozialplanverpflichtungen, S. 204.

6) Vgl. ADS (4. Aufl.), § 152 Anm. 95.

7) Siehe Teil IV Abschnitt 2.2.1.

8) Zur Frage, ob es sich bei der Sozialplanverpflichtung um eine öffentlich-rechtliche Verpflichtung handelt vgl. W. Hartung: Verpflichtungen im Personalbereich, S. 410.

stung des Unternehmens. Beide Fragen bedingen einander gegenseitig, denn nur, wenn über das Bestehen einer Verpflichtung Unsicherheit herrscht, ist die Frage der wirtschaftlichen Belastung des Vermögens klärungsbedürftig. [9] Rechtlich bereits vor dem Abschlußstichtag voll und unzweifelhaft entstandene Verpflichtungen stellen ebenso eindeutig eine Vermögensminderung dar wie Verpflichtungen, deren Entstehen für eine Zeit nach dem Bilanzstichtag bereits davor mit Sicherheit feststeht. Daß trotzdem beide Fragen - die Wahrscheinlichkeit der Entstehung und die wirtschaftliche Belastung der Perioden - getrennt voneinander zu sehen sind, soll in den folgenden Abschnitten erläutert werden.

3.2.1.2 Wirtschaftliche Verursachung einer Sozialplanverpflichtung

1) Die Frage der Passivierung von Rückstellungen wird in der Literatur primär unter dem Gesichtspunkt der wirtschaftlichen Verursachung, d.h. der Bestimmung der Periode, in der die Verpflichtung entsteht und die daher mit dem der Rückstellungsbildung entsprechenden Aufwand zu belasten ist, gesehen. [10] Abgesehen davon, daß die Frage nach dem Zeitpunkt der Entstehung einer Verpflichtung dann wenig sinnvoll ist, wenn mit einer Inanspruchnahme ohnehin nicht oder nur mit geringer Wahrscheinlichkeit zu rechnen ist, zeigen die folgenden Überlegungen die geringe Operationalität dieser *wirtschaftlichen Betrachtungsweise* bei der Passivierung von Rückstellungen.

2) Nach der neueren Rechtsprechung des BFH gilt eine Verpflichtung als im abgelaufenen Geschäftsjahr wirtschaftlich verursacht, "wenn der Tatbestand, dessen Rechtsfolge die Verbindlichkeit ist, im wesentlichen vor dem Bilanzstichtag verwirklicht wird" [11]. Dabei wird ausdrücklich das in der Betriebswirtschaftslehre

[9] Vgl. Clemm/Nonnenmacher (Beck Bil-Komm.), § 249 Anm. 49.

[10] Vgl. A. Moxter: Bilanzrecht, S. 26; ders.: Bilanzrechtsprechung, S. 50 ff.

[11] Clemm/Nonnenmacher (Beck Bil-Komm.), § 249 Anm. 44 unter Angabe der Fundstellen; vgl. auch A. Moxter: Bilanzrechtsprechung, S. 50 f.

entwickelte Verursachungsprinzip [12] abgelehnt. Vielmehr sei bei der rechtlichen Würdigung auf den Einzelfall abzustellen. [13] Allerdings wird die Definition des BFH wegen der darin enthaltenen unbestimmten Begriffe allgemein als unzureichend angesehen. [14]

2) Clemm/Nonnenmacher unterscheiden zur Klärung der Frage, ob am Bilanzstichtag rechtlich oder faktisch begründete, hinsichtlich ihres Eintretens aber unsichere Verpflichtungen als wirtschaftliche Belastung der abgelaufenen Periode(n) passiviert werden sollen, zwei Ansätze: [15]

a) Nach der dynamischen Bilanzauffassung sind alle Verpflichtungen in der Periode wirtschaftlich verursacht, in der sie zum Entstehen von Erträgen beigetragen haben.
b) Nach der statischen Bilanzauffassung sind die Verpflichtungen in der Periode wirtschaftlich verursacht, in der sich ihnen der Kaufmann aus rechtlichen oder wirtschaftlichen Gründen nicht mehr entziehen kann.

3) [zu 2a] Die Passivierung sämtlicher künftiger Ausgaben (Verpflichtungen), die nach dem Bilanzstichtag anfallen, aber zur 'Alimentierung der am Abschlußstichtag realisierten Umsätze' beigetragen haben, entspricht dem Realisationsprinzip. [16] Während die *Ertragsentstehung* nach diesem Prinzip mit dem Zeitpunkt, an dem eine Forderung aus der betreffenden Unternehmensleistung bilanziert werden kann, [17] problemlos bestimmbar ist, stößt nach Leffson die *Zuordnung eines Aufwands zur Periode der Ertragsentstehung* dann auf Schwierigkeiten, wenn

---

12) Zum Verursachungsprinzip im betriebswirtschaftlichen Rechnungswesen vgl. H.K. Weber: Fixe und variable Kosten, S. 14 ff.

13) Vgl. G. Söffing: Keine Rückstellung für Flugzeugüberholungskosten, S. 3105, der die Auffassung des BFH teilt, jedoch feststellt (ebenda, S. 3106), "daß die Unterscheidung zwischen Verursachung und Nichtverursachung von künftig entstehenden Verbindlichkeiten häufig nicht zu jedermann einleuchtenden Ergebnissen führt".

14) Vgl. Clemm/Nonnenmacher (Beck Bil-Komm.), § 249 Anm. 44.

15) Vgl. Clemm/Nonnenmacher (Beck Bil-Komm.), § 249 Anm. 43 ff.

16) Vgl. A. Moxter: Bilanzrechtsprechung, S. 47; zu Begriff, Inhalt und Bedeutung des Realisationsprinzips als Grundsatz ordnungsmäßiger Buchführung vgl. U. Leffson: GOB, S. 247 ff.; ders.: Bedeutung, HdJ, Abt. I/2 Anm. 53.

17) Vgl. G. Eifler: Rückstellungen, HdJ Abt III/5 Anm. 55; zu den Realisationszeitpunkten im einzelnen vgl. U. Leffson: GOB, S. 257 ff.; W. Schäfer: GOB für Forderungen S. 19 f.

- Produktionsfaktoren über mehrere Perioden genutzt werden und die Aufwendungen entsprechend zu verteilen sind;
- Produktionsfaktoren in einer früheren Periode beschafft und in einer späteren Periode verbraucht werden;
- Aufwendungen dem Grunde und der Höhe nach unsicher sind und die dafür erforderlichen Zahlungen in der Zukunft liegen, aber bereits in der laufenden Periode zu verrechnen sind. [18]

Bei derartigen Aufwendungen ist eine Abgrenzung der Sache und der Zeit nach vorzunehmen. [19]

4) Die Abgrenzung der Aufwendungen der Sache nach zielt auf eine verursachungsgerechte Zuordnung der Aufwendungen auf die Perioden ihrer Entstehung ab. Allerdings weist Leffson nach, daß Erträge wie Aufwendungen allenfalls bestimmten Aktivitäten, nicht jedoch bestimmten Perioden verursachungsgemäß zugeordnet werden können. [20] Die Aufwendungen sind dabei häufig sowohl durch Nutzungen eines Produktionsfaktors in der Vergangenheit wie in der Zukunft bedingt. [21] Dies sei anhand folgender Beispiele erläutert:

a) Eine Garantieleistung mag damit begründet werden, daß aufgrund statistischer Erhebungen oder von Erfahrungswerten x% der in der Periode t_i verkauften Produkte als fehlerhaft zu gelten haben. Hier lassen sich die Aufwendungen für Garantieleistungen eindeutig auf die Erträge der abgesetzten Produkteinheiten beziehen.

b) Dagegen scheint der Fall der Rückstellungen für Gruben- und Schachtversatz bei Bergbauunternehmen problematisch. Dabei kann eine Verpflichtung des Unternehmens schon vor Beginn des eigentlichen Abbaus und damit bevor die ersten Erträge erzielt worden sind, entstehen, wenn infolge des Niederbringens des Schachts mit Bergschäden zu rechnen ist. Umgekehrt kann es sein, daß auch nach

---

18) Vgl. U. Leffson: GOB, S. 302 f.

19) Vgl. U. Leffson: GOB, S. 301 ff.; G. Eifler: GOB für Rückstellungen, S. 15 f.; ders.: Rückstellungen für ungewisse Verbindlichkeiten, HdJ, Abt. III/5 Anm. 55 ff.

20) Vgl. U. Leffson: GOB, S. 305; ähnlich H.K. Weber: Fixe und variable Kosten, S. 13 ff. zur Kostenzurechnung nach dem Verursachungsprinzip.

21) Vgl. U. Leffson: GOB, S. 305.

Niederbringung des Schachts sowie Erzeugung weiterer Hohlräume durch Ausbeutung eines Vorkommens von hoher Festigkeit (Salzstöcke) Bergschäden nicht entstanden und auch nicht mehr zu erwarten sind. Ein Anspruch auf Schadenersatz bzw. auf die Durchführung von Maßnahmen zur Vermeidung von Bergschäden (Gruben- und Schachtversatz) könnte in diesen Fällen eigentlich nicht gegeben sein. [22] Die Pflicht zur Passivierung einer Rückstellung kann nur damit begründet werden, daß die öffentlich-rechtliche Verpflichtung unabhängig von der Wahrscheinlichkeit eines Schadens besteht.
Tatsächlich sprechen sich auch die meisten Autoren für eine Verteilung der Belastungen sowohl aus dem Schachtversatz als auch aus dem mit der laufenden Ausbeutung erforderlich werdenden Grubenversatz über die Perioden des Abbaus entsprechend der mengenmäßigen Ausbeutung aus. [23] Es läßt sich aber kaum begründen, warum bei gleichmäßiger Ausbeutung eines Vorkommens über 20 Jahre die Verpflichtung zur Verfüllung des Schachts in jedem Jahr zu $^1/_{20}$ entsteht. Die Verpflichtung könnte genauso mit der Niederbringung des Schachts in t_0 oder erst nach der vollständigen Ausbeutung am Ende von t_{20} als entstanden angesehen werden. Die Bestimmung des Zeitpunkts der wirtschaftlichen Verursachung einer Verpflichtung sollte deshalb von der Frage der Verteilung der Lasten aus einer Verpflichtung getrennt werden.

c) Probleme ergeben sich auch bei der Erfassung der Abfindungsleistungen an die von einer Betriebsänderung betroffenen Arbeitnehmer. Sieht man die Sozialplanleistung - wie die Maßnahmen zur Vermeidung von Bergschäden - in einer unabhängig von der Eintrittswahrscheinlichkeit des sie verursachenden Ereignisses (Bergschaden, Betriebsänderung) bestehenden öffentlich-rechtlichen Verpflichtung begründet, [24] so wäre konsequenterweise eine Passivierungspflicht mit dem Beginn jedes Arbeitsverhältnisses (Z_1), spätestens aber nach Überschreiten der Mindestbetriebsgröße von 20 Mitarbeitern (Z_2) anzunehmen.

---

[22] Vgl. ADS (4. Aufl.) § 152 Anm. 95.

[23] Vgl. A. Moxter: Bilanzlehre II, S. 26 f.; G. Bartke: Rückstellungen für Bergschäden.

[24] Vgl. W. Hartung: Verpflichtungen im Personalbereich, S. 410, Fußn. 6 und 7 mit weiteren Quellen.

Eine kontinuierliche Erfassung der Verpflichtungen des Unternehmens über die Beschäftigungsdauer würde voraussetzen, daß mit jeder Leistungsabgabe des Arbeitnehmers, die zu einem Ertrag geführt hat, ein Abfindungsbedarf bestanden hat und daß dieser Bedarf um so höher ist, je mehr Leistungen der Arbeitnehmer erbracht hat, d.h. je mehr Erträge er mitbewirkt hat. [25] Der Grund der Abfindung liegt aber gerade darin, daß der Arbeitnehmer wegen einer veränderten betrieblichen Situation nicht mehr zu einer Ertragserzielung beitragen kann. Nicht die Erträge der Vergangenheit, sondern die mangelnden Ertragsmöglichkeiten der Zukunft bewirken eine Verpflichtung und führen daher zu Aufwand. [26]

5) Eine am Realisationsprinzip orientierte Auffassung scheitert also daran, daß sich die Aufwendungen aus einer Verpflichtung häufig nicht den Erträgen einer bestimmten Periode verursachungsgerecht zuordnen lassen. Statt einer kausalen ist allenfalls eine finale Zuordnung möglich. [27] Die finale Zuordnung geschieht entsprechend dem Durchschnitts(kosten)prinzip, wobei sämtliche nicht der einzelnen Leistungseinheit zuordenbaren Aufwendungen gleichmäßig über alle Leistungseinheiten verteilt werden. [28] Dies gilt auch für streng zeitraumbezogene Aufwendungen wie Mieteinnahmen oder zeitlich bedingte Abschreibungen, aber auch für Pensionsleistungen. [29]

6) Vermögensminderungen, die weder unmittelbar noch mittelbar leistungs- oder zeitraumbezogen sind, entziehen sich einer Verteilung auf verschiedene Perioden

---

[25] Der BFH bemerkt im Zusammenhang mit Rückstellungen für Jubiläumszuwendungen und Weihnachtsgratifikationen: 'Die Erfüllung einer Verpflichtung muß nicht nur an Vergangenem anknüpfen, sondern auch Vergangenes abgelten'; vgl. G. Söffing: Keine Rückstellung für Flugzeugüberholungskosten, S. 3106 mit Fundstelle.

[26] Anderer Ansicht ist W. Hartung: Verpflichtungen im Personalbereich, S. 539, der ausschließlich dem Entschädigungscharakter, nicht aber der Überbrückungsleistung bilanzrechtliche Bedeutung beimißt.

[27] Zum Kausalitäts- bzw. Verursachungsprinzip und zum Finalitätsprinzip vgl. H.K. Weber: Fixe und variable Kosten, S. 14 ff.

[28] Vgl. U. Leffson: GOB, S. 306; J. Baetge: GOB, (Küting/Weber), II Anm. 136; zum Durchschnittsprinzip und seiner Abgrenzung zum Kausalitäts- bzw. Finalitätsprinzip vgl. H.K. Weber: Fixe und variable Kosten, S. 22 f. sowie S. 27 (Schaubild).

[29] Vgl. A.G. Coenenberg: Jahresabschluß, S. 40.

der Ertragsrealisation. Sie können erst im Zeitpunkt des Anfalls der (Zahlungs-) Verpflichtung erfaßt werden. [30] Um solche wird es sich regelmäßig bei den Sozialplanaufwendungen handeln, da sie nicht ein nachträglich gezahltes Arbeitsentgelt (sondern eine Überbrückungsbeihilfe) darstellen, [31] das einen Leistungsbezug erkennen lassen würde, und sie auch nicht regelmäßig in jeder Periode anfallen.

7) [zu 2b] Auch der statische Ansatz ist wenig operational. Es geht nicht darum, ob sich der Kaufmann der Verpflichtung überhaupt noch entziehen kann. Diese Möglichkeit wird in den meisten Fällen gegeben sein. So kann er eine Betriebsänderung unterlassen und damit Sozialplanverpflichtungen vermeiden. Dieses Verhalten wird aber langfristig die Rentabilität seines Unternehmens gefährden und möglicherweise sogar zur Überschuldung oder zur Illiquidität führen. Die Tatsache, daß die betriebsbedingte Kündigung, die die Sozialplanleistung begründet, allein in der Entscheidungsgewalt des Arbeitgebers liegt, rechtfertigt nicht die Verweigerung einer Rückstellungsbildung. [32]

8) Es erscheint daher zweckmäßig, eine Verpflichtung in dem Zeitpunkt als wirtschaftlich verursacht anzusehen, in dem Handlungen des Unternehmers erforderlich werden, die die zukünftige Ertragskraft bzw. finanzielle Leistungsfähigkeit des Unternehmens mindestens erhalten sollen. [33] Die Bilanzierung einer Rückstellung für Sozialplanverpflichtungen ist also ausschließlich von der Beurteilung der Wahrscheinlichkeit einer zukünftigen Betriebsänderung abhängig.

---

[30] Vgl. G. Eifler: Rückstellungen für ungewisse Verbindlichkeiten, HdJ Abt. III/5 Anm. 59; A.G. Coenenberg: Jahresabschluß, S. 40 f. sowie Schaubild auf S. 42.

[31] Trotz gegenteiliger Indizien; vgl. A. Buchner: Sozialplanverpflichtungen, S. 204.

[32] Vgl. A. Buchner: Sozialplanverpflichtungen, S. 207.

[33] Vgl. Clemm/Nonnenmacher (Beck Bil-Komm.), § 249 Anm. 47; ähnlich W. Hartung: Verpflichtungen im Personalbereich, S. 411 mit weiteren Quellen.

3.2.1.3 Wahrscheinlichkeit der Inanspruchnahme aus einer Sozialplanverpflichtung

1) In der Literatur wird - soweit ersichtlich - die Wahrscheinlichkeit, ab der eine Sozialplanverpflichtung passivierungspflichtig ist, nur sehr unscharf umschrieben. So "sollten Sozialplanrückstellungen in der Handels- und Steuerbilanz immer dann bilanziert werden, wenn Betriebsänderungen objektiv erforderlich ('unabweisbar') sind" [34], wenn Betriebsänderungen 'mit ganz überwiegender Wahrscheinlichkeit' [35] anzunehmen sind, wenn "am Bilanzstichtag die Notwendigkeit einer Betriebsänderung besteht" [36].

2) Bei der Bestimmung der Wahrscheinlichkeit einer Inanspruchnahme aus einer latenten Sozialplanverpflichtung sind folgende Fragen zu klären: [37]

a) Wie ist die Wahrscheinlichkeit einer Betriebsänderung zu bestimmen ?
b) Ab welcher Wahrscheinlichkeit ist eine Rückstellung zu bilden ?
c) Wie ist das Wahrscheinlichkeitsurteil zu objektivieren ?

3) Obwohl der Jahresabschluß eine vergangenheitsbezogene Rechnung für die Zeit vor dem Abschlußstichtag darstellt, gehen in ihn vielfältige Informationen und Daten ein, über die keine Sicherheit besteht, hinsichtlich derer bestimmte Erwartungen bestehen.
Vorgänge, die vor dem Abschlußstichtag abgeschlossen worden sind, können als sicher und hinsichtlich ihrer Bilanzierung als unproblematisch gelten.[38] Über Vorgänge oder Tatbestände, die von bestimmten Ereignissen in der Zukunft abhängen, kann dagegen eine vollständige Sicherheit nicht bestehen. So kann z.B. sowohl das Bestehen als auch die Höhe einer Verpflichtung oder einer Forderung gegenüber Dritten am Bilanzstichtag vom zukünftigen Verhalten des

---

34) W. Hartung: Verpflichtungen im Personalbereich, S. 410, mit weiteren Quellen.

35) Vgl. ebenda, S. 414.

36) ebenda, S. 408, mit Verweis auf Abschn. 31a Abs. 9 Satz 1 und 2 EStR und mit weiteren Quellen.

37) Vgl. H. Brede: Ermessensspielraum, S. 886 f.

38) Vgl. U. Leffson: GOB, S. 471.

Schuldners bzw. Gläubigers beeinflußt werden. Ähnliches gilt auch bei der Bewertung von Vermögensgegenständen, in die z.B. Erwartungen über die Nutzungsdauer oder zukünftige Preisentwicklungen am Beschaffungs- oder Absatzmarkt eingehen.

4) Hinsichtlich der Beurteilung zukünftiger Ereignisse lassen sich objektive Wahrscheinlichkeiten und subjektive, auf persönlichen Erfahrungen beruhende Wahrscheinlichkeiten, unterscheiden. [39] Bei den objektiven Wahrscheinlichkeiten kann man sich im Zusammenhang mit Bilanzierungsfragen auf die Ergebnisse statistischer Erhebungen (statistisch fundierte Wahrscheinlichkeiten) beschränken. [40] Die Ermittlung statistischer Wahrscheinlichkeiten kann sowohl für das einzelne Unternehmen als auch für eine Gruppe vergleichbarer Unternehmen (Branche, Wirtschaftszweig etc.) erfolgen.

Eine Bestimmung unternehmensspezifischer Werte hat den Nachteil, daß die Bedingungen vergangener Ereignisse nicht problemlos in die Zukunft übertragen werden können. Das gilt insbesondere für solche Ereignisse, die wie Betriebsänderungen in größeren zeitlichen Abständen und unregelmäßigen Intervallen auftreten. Ergebnisse überbetrieblicher statistischer Erhebungen werden dagegen verschiedentlich bei der Bilanzierung, z.B. bei der Festlegung (Normierung) der Nutzungsdauer von Anlagegegenständen, [41] verwendet. [42] Dies ist jedoch nur möglich, wenn die so gewonnenen Normwerte auf den einzelnen Betrieb übertragbar sind, z.B. weil sich bestimmte Gruppen von Maschinen bilden lassen, die aufgrund ihrer technischen Eigenschaften und weitgehend unbeeinflußt von ihrem Einsatz im jeweiligen Betrieb eine gleiche Nutzungsdauer aufweisen.

Betriebsänderungen werden außer durch Ereignisse, die für alle Unternehmen einer Branche gelten, maßgeblich durch individuelle Entscheidungen des Mana-

---

[39] Vgl. ebenda, S. 471 ff.

[40] Zur Unterscheidung von objektiven und subjektiven Wahrscheinlichkeiten vgl. H.-Chr. Pfohl/G.E. Braun: Entscheidungstheorie,S. 338 ff.; zur Bedeutung dieser Unterscheidung für das Rechnungswesen vgl. J. Baetge: Objektivierung, S. 76, U. Leffson: GOB, S. 471 f.

[41] Siehe die steuerlichen AfA-Tabellen.

[42] Vgl. U. Leffson: GOB, S. 474.

gements ausgelöst, so daß Ergebnisse überbetrieblicher Statistiken hier nur schwer auf einzelne Unternehmen übertragen werden können.

5) Gleichwohl soll im folgenden versucht werden, Anhaltspunkte für die Beurteilung der Wahrscheinlichkeit zukünftiger Betriebsänderungen zu finden. Als solche könnten herangezogen werden:

a) Vergangenheitswerte:
   - aa) Häufigkeit von Betriebsänderungen/Sozialplänen in der Vergangenheit;
   - ab) Häufigkeit von Insolvenzen/Insolvenzverfahren in der Vergangenheit;
   - ac) allgemeine Personalentwicklung in der Vergangenheit;

jeweils
   - im eigenen Unternehmen,
   - in derselben Branche,
   - in Unternehmen derselben Größenklasse,
   - in Unternehmen derselben Altersklasse,
   - in Unternehmen derselben Rechtsform;

b) Zukunftswerte:
   - ba) geplante Personalentwicklung;
   - bb) Entwicklung der im Unternehmen/in derselben Branche angewandten Technologie (Technologiezyklen);
   - bc) Entwicklung von Märkten, auf denen das Unternehmen tätig ist; Erschließung neuer Märkte. [43]

6) Die Häufigkeit der in der Vergangenheit im Unternehmen durchgeführten Betriebsänderungen [5 aa)] kann nur bedingt einen Anhaltspunkt für zukünftige Betriebsänderungen geben. Eine reine Fortschreibung aus der Vergangenheit würde außerdem zu einem prozyklischen Verhalten bei der Rückstellungsbildung führen. Unternehmen, die erstmalig eine Betriebsänderung durchführen, hätten dann keine Sozialplanrückstellungen gebildet, während Krisenunternehmen auch nach erfolgreicher Sanierung weiter hohe Rückstellungen aufbauen würden.

Die in der Vergangenheit in anderen Unternehmen durchgeführten Betriebsänderungen und zustandegekommenen Sozialpläne sind aus dem gleichen Grund nur bedingt geeignet, zukünftige Entwicklungen für das eigene Unternehmen zu indizieren, abgesehen davon, daß Informationen über diese Betriebsänderungen

---

[43] Vgl. W. Hartung: Verpflichtungen im Personalbereich, S. 412.

nicht lückenlos erfaßt und nur selten veröffentlicht werden. [44] Eine Ausnahme stellt hier die deutsche Stahlindustrie dar, bei der der Belegschaftsabbau in der Zeit von 1980 bis 1986 zu rund 30% über Sozialpläne abgesichert wurde, wobei für die Zukunft mit einem weiter steigenden Sozialplananteil gerechnet wird. [45]

7) Im Gegensatz dazu werden Insolvenzverfahren [5 ab)], die regelmäßig mit Betriebsänderungen verbunden sind, statistisch erfaßt. [46] Die hier zur Verfügung stehenden Daten lassen sich - wenn auch mit Einschränkungen - auf die Zukunft übertragen. So können Unternehmen in bestimmten Branchen, wie dem Bauhauptgewerbe (2.256 Insolvenzen bei 9.959 Unternehmen = 22,6%) und dem Holz-, Papier- und Druckgewerbe (504 Insolvenzen bei 6.574 Unternehmen = 7,7%) als besonders gefährdet gelten. [47] Weiterhin haben Insolvenzstatistiken ergeben, daß 40% aller Konkurse Unternehmen mit einem Lebensalter von bis zu vier Jahren betreffen. [48] Für 30% aller Unternehmensneugründungen wird ein Lebensalter von weniger als 10 Jahren vorhergesagt, 10% überleben voraussichtlich die ersten 12 Monate nicht. [49]

Aufgrund dieser statistisch gesicherten Daten scheint es plausibel, für Unternehmen einer bestimmten Branche oder einer bestimmten Altersklasse eine erhöhte Wahrscheinlichkeit zukünftiger Betriebsänderungen anzunehmen. Es erscheint daher gerechtfertigt, für derartige Unternehmen die Bildung von Sozialplanrückstellungen auch dann zuzulassen, wenn eine Betriebsänderung (noch) nicht geplant oder erwartet wird (d.h. vor Z_6).

---

44) Zu diesem Problem siehe auch Teil III Abschnitt 1.

45) Vgl. o.V.: Bisher noch 'sanfte Landung' durch Früh-Pensionierung, HB vom 24.3.87, S. 3.

46) Vgl. Statistisches Bundesamt (Hrsg.): Statistisches Jahrbuch 1987, S. 137, Entwicklung der Insolvenzen nach Wirtschaftszweigen und Rechtsformen; V. Gessner u.a.: Praxis der Konkursabwicklung, S. 176 ff., 511 ff.

47) Vgl. Statistisches Bundesamt (Hrsg.): Statistisches Jahrbuch 1987, S. 137, Tab. 7.19.2, S. 168, Tab. 9.1.

48) Vgl. o.V.: Insolvenzen: Schaden aus Schließungen wächst auf 30 Mrd., HB vom 10.12.87, S. 15.

49) Vgl. o.V.: Insolvenzen: Managementfehler sind in den meisten Fällen letzte Ursache für Unternehmenszusammenbrüche, HB vom 29.12.87, S. 10.

8) Die allgemeine Personalentwicklung des eigenen Unternehmens, wie auch mit diesem nach Branche, Größe, Alter oder Rechtsform vergleichbarer Unternehmen in der Vergangenheit [50] [5 ac)] ist nur ein sehr grobes Indiz für die Häufigkeit zukünftiger Betriebsänderungen, da dabei sämtliche Abgänge von Arbeitnehmern erfaßt werden, also sowohl die Beendigung des Arbeitsverhältnisses durch Pensionierung, Tod, Kündigung durch den Arbeitnehmer, als auch die Kündigungen seitens des Arbeitgebers, die nicht unter den Tatbestand der Betriebsänderung fallen, sei es, daß es sich um außerordentliche Kündigungen handelt oder die Bedingungen der §§ 111 ff. BetrVG nicht erfüllt werden.

9) Die geplanten Beschäftigtenzahlen [5 ba)] könnten in Relation zur Zahl der Arbeitnehmer am Bilanzstichtag ein Indiz für zukünftige Betriebseinschränkungen darstellen. Häufig lassen sich diese Zahlen jedoch nicht mit hinreichender Genauigkeit prognostizieren, [51] so daß auf die Entwicklung der Beschäftigtenzahl in der jeweiligen Branche zurückgegriffen werden muß. Nimmt die Zahl der Arbeitnehmer in einem bestimmten Wirtschaftszweig - z.B. der Stahlindustrie - in den kommenden 5 Jahren voraussichtlich um 20% ab, so hätte das einzelne Unternehmen für wenigstens den gleichen Anteil seiner Belegschaft Sozialplanrückstellungen zu bilden. Dabei stellt sich allerdings das Problem der Objektivierbarkeit derartiger Plandaten.

10) Betriebsänderungen, die nicht in einer Abnahme der Beschäftigtenzahl, sondern in geänderten Technologien (Fertigungsverfahren, Arbeitsmethoden, Betriebsanlagen, Betriebsorganisation) bestehen [5 bb)], lassen sich noch schwerer vorhersagen. Hier müßten Untersuchungen über bestimmte Technologiezyklen innerhalb eines Wirtschaftszweigs angestellt und auf das einzelne Unternehmen übertragen werden. Derartige Überlegungen lassen sich aber ebenfalls kaum hinreichend genau objektivieren.

---

50) o.V.: Strukturschwache Branchen: Die Beschäftigungsbilanz / Vor allem Stahlindustrie und Bau verlieren Stellen, in HB vom 14.3.88, S.3.

51) Zur Prognose der Beschäftigtenzahlen in einem Unternehmen vgl. R. Neumann: Prognoserechnung, S. 135 ff.

11) Unter der Voraussetzung, daß sich die Wahrscheinlichkeit einer Betriebsänderung für das einzelne Unternehmen hinreichend genau bestimmen läßt, müssen Grenzen angegeben werden, innerhalb derer die Sozialplanleistungen zu passivieren sind.

Die Verpflichtungen eines Unternehmens werden in Abhängigkeit von der Wahrscheinlichkeit der Inanspruchnahme als Verbindlichkeiten, als Rückstellungen, als sonstige finanzielle Verpflichtungen, als Eventualverbindlichkeiten oder aber überhaupt nicht ausgewiesen. Die Grenzen lassen sich aber dabei im Grunde nur willkürlich bestimmen. Brede fordert daher: "Warum liegt nicht schon längst allgemeinverbindlich fest, wie groß die Gefahr einer Ausgabe - gleich welcher Höhe - höchstens werden darf, bis es unumgänglich wird, sie in der Bilanz oder im Geschäftsbericht auszuweisen ?" [52]

Nach der Auffassung des BFH [53] ist eine Rückstellung zu bilden, wenn mehr Gründe für als gegen eine Inanspruchnahme sprechen, mithin bei einer Wahrscheinlichkeit von mehr als 50%. Ist die Eintrittswahrscheinlichkeit eines Ereignisses, das die zukünftige Ertragskraft des Unternehmens gefährden kann, geringer, kommt eine Eventualverbindlichkeit in Betracht. Diese Grenzziehung ist schon deshalb fragwürdig, weil auch das Be- oder Entstehen einer Verbindlichkeit nicht als völlig sicher gelten kann, so daß eine Rückstellungsbildung schon bei einer Wahrscheinlichkeit von 45 oder 40% gefordert werden könnte.

Abb. 18: Bilanzierung von Verpflichtungen in Abhängigkeit von ihrer Wahrscheinlichkeit (p)

Wahrscheinlichkeit der Verpflichtung	$1 > p > 0{,}9$	$0{,}9 > p > 0{,}5$	$0{,}5 > p > 0{,}1$	$0{,}1 > p > 0$
Art der Erfassung der Verpflichtung	Verbindlichkeit	Rückstellung sonstige finanzielle Verpflichtung	Eventualverbindlichkeit	keine Abbildung

[52] H. Brede: Ermessensspielräume, S. 987.

[53] Vgl. BFH vom 1.8.84.

12) In der Literatur wird verschiedentlich gefordert, auch Verpflichtungen mit einer geringeren Wahrscheinlichkeit als 50% als Rückstellung zu passivieren, sofern sie in Relation zum Eigenkapital des Unternehmens eine erhebliche Bedeutung aufweisen. [54] So könnte beispielsweise die Bildung einer Rückstellung für Sozialplanverpflichtungen vorgeschrieben werden, sobald die latenten Verpflichtungen für alle Arbeitnehmer 10% des Grundkapitals übersteigen. [55]
Statt auf die absolute Höhe der zukünftig zu erbringenden Sozialplanleistung abzustellen, könnte man den Erwartungswert der latenten Sozialplanverpflichtung ermitteln und eine Rückstellung in dieser Höhe passivieren, sofern sie eine bestimmte Relation zum Grundkapital übersteigt. [56] Abgesehen von der bei der Bestimmung des Erwartungswertes unterstellten Risikoindifferenz des Bewertenden [57] bleibt unklar, wie die Eintrittswahrscheinlichkeit zukünftiger Sozialpläne bestimmt und objektiviert werden soll.

Auch die Relation zum Grundkapital, ab der eine Sozialplanrückstellung passivierungsfähig bzw. passivierungspflichtig sein soll, ist nur schwer festzulegen. So hat Meilicke schon 1978 errechnet, [58] daß bei einem durchschnittlichen Abfindungsbetrag von 15.000 DM je abhängig außerhalb des öffentlichen Dienstes Beschäftigtem die Verpflichtungen in Höhe von rund 200 Mrd. DM zwei Drittel des Reinvermögens deutscher Unternehmen aufzehren würden. [59] Die darin enthaltene Annahme der Beendigung sämtlicher Arbeitsverhältnisse zum Bilanzstichtag würde jedoch dem going-concern Prinzip zuwiderlaufen. Aber selbst wenn man nur für einen Bruchteil der Arbeitnehmer eines Betriebes Sozialplanver-

---

[54] Vgl. G. Eifler: GOB für Rückstellungen, S. 53.

[55] Vgl. ebenda, S. 53, Fußn. 50.

[56] Vgl. H. Brede: Betriebswirtschaftslehre, S. 151.

[57] Zu diesem Problem siehe Teil III Abschnitt 2.3.

[58] Vgl. H. Meilicke: Verpflichtungsüberschuß aus Arbeitsverträgen, S. 2487.

[59] Das Eigenkapital (Grundkapital, Rücklagen, Sonderposten mit Rücklageanteil, Bilanzgewinn) der Aktiengesellschaften, deren Jahresabschlüsse von 1983 im Statistischen Jahrbuch 1987 (S. 130 f.) erfaßt wurden, betrug 190,6 Mrd. DM; die ausgewiesenen Pensionsrückstellungen betrugen 76 Mrd. DM; da rund 17% aller Arbeitnehmer in Unternehmen in der Rechtsform der AG oder KGaA beschäftigt sind, (Vgl. G. Wöhe: Allgemeine BWL, S. 257), müßten diese Unternehmen von dem von Meilicke errechneten Volumen ca. 34 Mrd. DM als Sozialplanrückstellungen passivieren, mithin ca.41% ihres Grundkapitals (von 82,5 Mrd. DM, s.o. S.130).

pflichtungen in naher Zukunft für wahrscheinlich hält, kann wegen der hohen individuellen Abfindungs- bzw. Überbrückungsleistungen die Grenze von 10% des Grundkapitals leicht überschritten werden.

13) Abgesehen von der Willkürlichkeit dieser Grenzen ist auch die Frage der Objektivierbarkeit der damit verbundenen Wahrscheinlichkeitsurteile problematisch. So läßt sich kaum ein verläßliches Urteil darüber abgeben, mit welcher Wahrscheinlichkeit ein Unternehmen während seiner Lebensdauer von einer Betriebsänderung betroffen sein wird. Der Sachverhalt stellt sich dagegen bei einer Pensionsverpflichtung anders dar, da der Eintritt des verpflichtenden Ereignisses von vornherein feststeht und nur für den Einzelfall nicht mit Sicherheit beurteilt werden kann, weshalb bestimmte Korrekturfaktoren (Fluktuation, Sterblichkeitsrate etc.) einbezogen werden müssen.

14) Ein Ausweg wäre in zweierlei Hinsicht denkbar:

a) Der Gesetzgeber könnte für Unternehmen bestimmter Branchen oder bestimmten Alters aufgrund eines statistisch nachweisbaren überdurchschnittlichen Insolvenzrisikos die Bildung von Sozialplanrückstellungen auch dann zulassen, wenn eine Betriebsänderung im einzelnen Unternehmen (noch) nicht erwartet wird. Gleiches könnte für Branchen gelten, die einen nachweisbar hohen Anteil sozialplanpflichtiger Personalabbaumaßnahmen durchgeführt haben und für die dies auch in der Zukunft zu erwarten ist (so für die Stahlindustrie). [60)]

b) Der Gesetzgeber könnte den Kreis der rückstellungsfähigen Sachverhalte über die Betriebsänderung hinaus auf die sonstigen Beendigungen von Arbeitsverhältnissen oder Änderungen von Arbeitsinhalten, die häufiger zu erwarten sind, ausdehnen. Wäre der Arbeitgeber - entsprechend der Abfertigungsregelung in Österreich [61)] - bei jeder nicht in der Person des Arbeitnehmers begründeten Beendigung eines Arbeitsverhältnisses zu einer Abfindungs- oder Überbrückungsleistung verpflichtet, so könnte sich ähnlich wie bei den Pensionsleistungen ein Rückstellungserfordernis ergeben.

---

60) Vgl. o.V.: Bisher noch 'sanfte Landung' ..., HB vom 24.3.87, S. 3.

61) Vgl. A. Buchner: Sozialplanverpflichtungen, S. 178 ff.

In diesem Sinne hätte auch die im Entwurf des Steuerreformgesetzes 1990 neu eingefügte, inzwischen aber überholte Regelung über Rückstellungen für Jubiläumszuwendungen (§ 5 Abs. 4 EStG) ausgelegt werden können: [62]

> Rückstellungen für Verpflichtungen zu einer Zuwendung anläßlich eines Dienstjubiläums dürfen nur gebildet werden, wenn die Zusage rechtsverbindlich in schriftlicher Form erteilt ist, und *dem Berechtigten für jeden Fall der vorzeitigen Beendigung des Dienstverhältnisses mindestens ein entsprechender Teil der Zuwendung zusteht.*

Obwohl diese Bestimmung die durch die jüngste BFH-Rechtsprechung ermöglichte Bildung von Jubiläumsrückstellungen wieder erschweren sollte [63], hätte durch sie zugleich die Grundlage zu einer Entwicklung in Richtung auf einer der österreichischen Abfertigungsregelung ähnlichen Regelung gelegt werden können. [64] So hätten beispielsweise Arbeitgeber und Betriebsrat die Gewährung von Jubiläumszuwendungen vereinbaren können, die bei vorzeitiger Beendigung des Arbeitsverhältnisses anteilig oder in voller Höhe zur Überbrückung wirtschaftlicher Nachteile auszuzahlen gewesen wären. Eine entsprechende Rückstellungsbildung wäre dann durch § 5 Abs. 4 EStG gedeckt gewesen.

15) Zusammenfassend kann festgestellt werden, daß Sozialplanverpflichtungen so lange nicht als Rückstellungen für ungewisse Verbindlichkeiten passivierungsfähig sind, wie die Wahrscheinlichkeit einer Inanspruchnahme des Unternehmens nicht durch eine geplante oder zu erwartende Betriebsänderung konkretisiert ist. Vor diesem Zeitpunkt lassen sich objektive statistische Wahrscheinlich-

---

[62] Vgl. G. Döllerer: Steuerbilanz, S. 240; einen ähnlichen Passus enthält auch die Anwendungsanweisung der Finanzbehörde zum BFH-Urteil zu den Jubiläumsrückstellungen vom 5.2.87, vgl. BMF: Jubiläumsrückstellungen, S. 770 (Übergangsregelung).
Die im Regierungsentwurf enthaltene Formulierung des § 5 Abs. 4 EStG ist inzwischen überholt (Vgl. Steuerreformgesetz 1990 vom 25. Juli 1988, BGBl. I S. 1093 ff., S. 1095), sie wurde jedoch in § 103a Satz 2 BewG (vgl. ebenda, S. 1124) sinngemäß beibehalten; vgl. dazu kritisch R. Höfer/ S. Reiners: Verfassungsrechtliche Fragen zur Besteuerung der Jubiläumsrückstellungen nach neuem Recht, S. 2064 ff.

[63] Vgl. G. Döllerer: Steuerbilanz, S. 241, der dies als ein 'geschickt als Erlaubnis verkleidetes Verbot' bezeichnet.

[64] Vgl. ebenda, S. 241; Döllerer sieht darin eine 'Bereicherung' des Arbeitsrechts um eine neue Art von Zuwendungen.

keiten hinsichtlich zukünftiger Betriebsänderungen kaum sinnvoll für das einzelne Unternehmen bestimmen. Selbst unter sehr weitgehender Interpretation des Vorsichtsprinzips lassen sich Sozialplanrückstellungen nicht allein mit dem Argument der in Relation zum Eigenkapital erheblichen latenten Verpflichtungen des Unternehmens begründen.
Ein Ausweg könnte darin liegen, daß der Gesetzgeber den Kreis der rückstellungsfähigen Sachverhalte nicht auf Betriebsänderungen beschränkt, sondern um die Leistungen bei sonstigen Beendigungen von Arbeitsverhältnissen oder Änderungen von Arbeitsinhalten, die häufiger zu erwarten sind, erweitert. Hier ist der Übergang zu den Rückstellungen für drohende Verluste aus schwebenden Geschäften gegeben, die im folgenden Abschnitt behandelt werden sollen.

3.2.2 Sozialplanrückstellungen als Rückstellungen für drohende Verluste aus schwebenden Geschäften

1) Schwebende Geschäfte sind nicht bilanzierungsfähig, solange sich Leistung und Gegenleistung in gleicher Höhe gegenüberstehen. [1] Erwartet das Unternehmen jedoch aus einem derartigen Geschäft einen Verlust, so ist dieser zu antizipieren. Die Pflicht zur Passivierung von Rückstellungen für drohende Verluste aus schwebenden Geschäften entspringt dem Imparitätsprinzip, [2] das in § 252 Abs. 1 Nr. 4 HGB erstmalig kodifiziert wurde. Danach ist "vorsichtig zu bewerten, namentlich sind alle vorhersehbaren Risiken und Verluste, die bis zum Abschlußstichtag entstanden sind, zu berücksichtigen". [3]

2) Arbeitsverträge stellen als Unterfall der Dauerschuldverhältnisse eine Ausprägungsform schwebender Geschäfte dar. Sie werden - abgesehen von Fällen der

[1] Siehe Teil IV Abschnitt 2.1.

[2] Vgl. M. Eibelshäuser: Rückstellungsbildung, S. 864; H.H. Jonas: Verlustrückstellungen, S. 1733; jeweils mit weiteren Quellen.

[3] Zu den Begriffen 'vorhersehbare Risiken bzw. Verluste', die 'bis zum Abschlußstichtag' entstanden sind, vgl. J. Baetge/W. Knüppe (HBuRB): Vorhersehbare Risiken und Verluste, S. 394 ff.; ADS, § 252 Tz. 75 ff.

Rechnungsabgrenzung - regelmäßig nicht bilanziert, weil die Ausgeglichenheit von Leistung und Gegenleistung unterstellt wird. [4] In Literatur und Rechtsprechung werden allerdings verschiedene Fälle diskutiert, in denen Leistung und Gegenleistung nicht ausgewogen sind, weil entweder aus dem Arbeitsverhältnis Erfüllungsrückstände (= ungewisse Verbindlichkeiten) des Unternehmens gegenüber den Arbeitnehmern resultieren (z.B. Gratifikationen oder Jubiläumszuwendungen), oder die zukünftige Gegenleistung des Arbeitnehmers voraussichtlich nicht der Höhe des zukünftigen Lohns entspricht (= drohende Verluste z.B. aus Ausbildungsverhältnissen oder wegen Verdienstsicherungsklauseln für ältere Arbeitnehmer). [5] Ein dergestalt unausgeglichenes Verhältnis zwischen Leistung und Gegenleistung könnte auch bezüglich latenter Sozialplanansprüche angenommen werden. [6]

3) Ob am Bilanzstichtag ein drohender Verlust aus einem schwebenden Geschäft vorliegt, könnte entsprechend dem steuerlichen Teilwertgedanken danach beurteilt werden, ob ein gedachter Erwerber des gesamten Betriebes bei der Kaufpreisfindung einen Verlust berücksichtigen würde. [7]

Da der Erwerber eines Betriebs nach § 613a BGB auch in sämtliche Rechte und Pflichten aus bestehenden Arbeitsverhältnissen eintritt, hätte er möglicherweise in der Zukunft auftretende Sozialplanverpflichtungen gegenüber solchen Arbeitnehmern, deren Arbeitsverhältnis am Erwerbsstichtag bereits besteht, als drohende Verluste aus Arbeitsverhältnissen zu berücksichtigen. Allerdings kann es sich dabei nur um Ansprüche handeln, die die Arbeitnehmer nach dem Zeit-

---

[4] Vgl. H. Friedrich: GOB für schwebende Geschäfte, S. 40, 88 f.

[5] Vgl. W. Bise: Tendenzen, S. 2621 f. und 2622 f.; H. Nehm: Sozialverpflichtungen, S. 949 ff., der sich insbesondere mit der BFH-Rechtsprechung zur Abgrenzung zwischen Rückstellungen für ungewisse Verbindlichkeiten und Verlustrückstellungen bei derartigen Sozialverpflichtungen auseinandersetzt; N. Herzig/K. Esser: Erfüllungsrückstände, S. 1301-1305; D. Fey: Rückstellung für künftige Ausbildungskosten, S. 713-717; U. Niemann: Rückstellungen für Verbindlichkeiten aus Arbeitsverhältnissen, S. 400 bis S. 403; N. Herzig: Rückstellungen bei Dauerrechtsverhältnissen, S. 212 bis S. 225; B. Knobbe-Keuk: Bilanz- und Unternehmenssteuerrecht, S. 114 ff.

[6] Anderer Ansicht ist N. Herzig: Rückstellungen bei Dauerrechtsverhältnissen, S. 221, der Sozialplanrückstellungen eine Sonderstellung einräumt.

[7] Vgl. H.W. Rohse: Verlustrückstellungen, S. 462, 471.

punkt des Betriebsübergangs erwerben (erdienen). In Höhe der vor diesem Zeitpunkt erdienten Ansprüche wäre eine Rückstellung für ungewisse Verbindlichkeiten zu bilden.[8] Insofern schließen sich Rückstellungen für ungewisse Verbindlichkeiten und Rückstellungen für drohende Verluste aus schwebenden Geschäften gegenseitig aus.[9]

Abb. 19: Erfassung von Sozialplanansprüchen als Rückstellung für ungewisse Verbindlichkeiten oder als Rückstellung für drohende Verluste aus schwebenden Geschäften

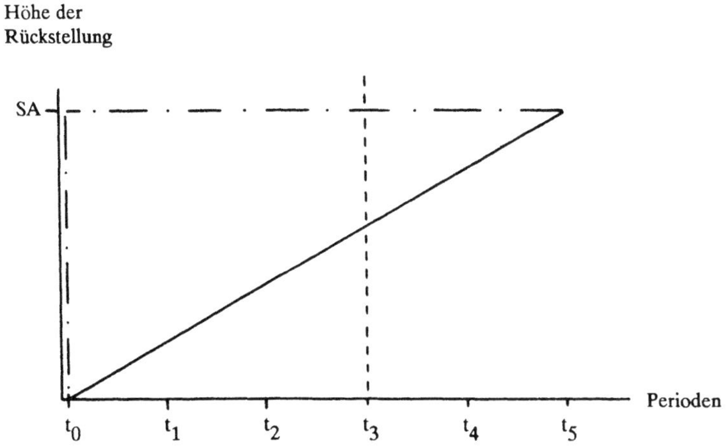

SA	Voraussichtlicher Sozialplananspruch
t_0	Eintritt des Arbeitnehmers in das Unternehmen
t_3	Bilanzstichtag
t_5	wahrscheinlicher Zeitpunkt der Betriebsänderung (Sozialplan)

— · — Höhe der Rückstellung für zukünftig drohende Verluste aus dem Arbeitsverhältnis

——— Höhe der Rückstellung für ungewisse Verbindlichkeiten entsprechend der in der Vergangenheit erdienten Ansprüche auf Sozialplanleistungen

---

8) Vgl. ebenda, S. 463 f., 471.

9) Zu weiteren Abgrenzungsgründen zwischen Rückstellungen für ungewisse Verbindlichkeiten und für drohende Verluste aus schwebenden Geschäften vgl. M. Eibelshäuser: Rückstellungsbildung, S. 864; M. Groh: Verbindlichkeits- und Verlustrückstellung, S. 27 ff.; jeweils mit weiteren Quellen.

Faßt man Sozialplanansprüche, die nach dem Abschlußstichtag erdient werden, als drohende Verluste aus schwebenden Geschäften auf, so wären konsequenterweise die Ansprüche in voller Höhe zu passivieren. Anders als bei Rückstellungen für ungewisse Verbindlichkeiten, bei denen eine sukzessive Erhöhung des Anspruchs und damit der Sozialplanrückstellung entsprechend der Erdienung in der Vergangenheit vorstellbar ist, muß bei der Verlustrückstellung der gesamte zukünftige Anspruch in einer Einmalrückstellung erfaßt werden. [10)]
Das Verhältnis einer Rückstellung für ungewisse Verbindlichkeiten und einer Verlustrückstellung in Bezug auf Sozialplanansprüche stellt die Abb. 19 dar. Man kann sich dabei vorstellen, daß mit zunehmender Nähe zum Zeitpunkt der wahrscheinlichen Inanspruchnahme die Verlustrückstellung in eine Rückstellung für ungewisse Verbindlichkeiten übergeht.

4) Die Tatsache, daß einzelne Arbeitnehmer infolge von Fluktuation oder arbeitgeberseitigen Kündigungen ausscheiden, die keine Betriebsänderung darstellen, ist ebensowenig wie im Fall der Rückstellungen für ungewisse Verbindlichkeiten ein Grund zur Ablehnung der Passivierung. Vielmehr wären auch hier entsprechende (Fluktuations-) Abschläge zu bilden.

5) Wie bei den Rückstellungen für ungewisse Verbindlichkeiten, so ist auch bei den Verlustrückstellungen die Wahrscheinlichkeit der Inanspruchnahme zu prüfen, um passivierungspflichtige Risiken von allgemeinen, nicht passivierungsfähigen Risiken zu trennen. [11)] Es ergibt sich also das schon in Abschnitt 3.2.1.3 diskutierte Problem der Bestimmung der Wahrscheinlichkeit einer Betriebsänderung. Da kein Grund ersichtlich ist, bei einer Verlustrückstellung eine höhere oder niedrigere Wahrscheinlichkeit als Objektivierungserfordernis anzusetzen als bei einer Rückstellung für ungewisse Verbindlichkeiten, ist anzunehmen, daß wegen einer zu geringen Wahrscheinlichkeit einer Betriebsänderung Sozialplanver-

---

10) Entsprechend dem Fall einer Rückstellung aufgrund einer Verdienstsicherungsklausel bei abnehmender Leistungsfähigkeit eines Arbeitnehmers, vgl. W. Bise: Tendenzen, S. 2662 f. mit weiteren Quellen.

11) Vgl. M. Eibelshäuser: Rückstellungsbildung, S. 865, was, wie Eibelshäuser betont, die grundsätzliche Gemeinsamkeit beider Rückstellungsarten darstellt.

pflichtungen regelmäßig auch nicht als Rückstellungen für drohende Verluste aus schwebenden Geschäften gebildet werden können.

6) Ein weiteres Problem tritt bei der Bewertung einer Rückstellung für drohende Verluste aus dem Arbeitsverhältnis infolge von Sozialplanleistungen auf. Im Gegensatz zu einer Qualifizierung der Sozialplanrückstellung als Rückstellung für ungewisse Verbindlichkeiten kann hier nicht die - ohnehin nur schwer zu bestimmende - zukünftige Verpflichtung in voller Höhe zurückgestellt werden, sondern nur der Teil, um den diese Verpflichtung zusammen mit allen anderen Leistungen des Arbeitgebers (Lohn, Gehalt, Pension) den Wert der Arbeitsleistung des Arbeitnehmers übersteigt. Einen derartigen Vergleich zwischen Leistung und Gegenleistung hält zumindest der BFH für nicht durchführbar, weil der Wert der Arbeitsleistung, d.h. der 'Beitrag des einzelnen Arbeitnehmers zum Erfolg oder Mißerfolg des Betriebes' nicht zu ermitteln sei. [12)]

7) Überbrückungs- oder Abfindungsleistungen begründen demnach grundsätzlich keine Rückstellung für drohende Verluste aus schwebenden Geschäften, sondern allenfalls eine Rückstellung für ungewisse Verbindlichkeiten. Eine Passivierungspflicht drohender Verluste kann sich allerdings in einem bereits abgeschlossenen Sozialplan für vereinbarte *Nebenleistungen* des Unternehmens ergeben, so z.B. für die weitere Überlassung von Deputaten oder zinsloser bzw. niedrig verzinsbarer Arbeitgeberdarlehen. Hier müssen die Zinsverluste bzw. die Verluste aus Sachleistungen zum Barwert in einer Rückstellung für drohende Verluste aus schwebenden Geschäften angesetzt werden. [13)] Bei der weiteren Überlassung von Werkswohnungen sind entweder etwaige Mietmindereinnahmen zu passivieren oder Abschreibungen auf den Buchwert der Gebäude vorzunehmen. [14)]

---

12) Vgl. BFH-Urteil vom 25.2.86, in dem die Möglichkeit einer Rückstellung bei Verdienstsicherung älterer Arbeitnehmer verworfen wird, insbesondere die Ausführungen 'Zur Bewertung der menschlichen Arbeitskraft'; ähnlich BFH-Urteil vom 25.1.84 zum Verbot der Rückstellung wegen zu erwartender Ausbildungskosten; kritisch N. Herzig: Rückstellungen bei Dauerrechtsverhältnissen, S. 220.

13) Vgl. W. Hartung: Verpflichtungen im Personalbereich, S. 552 ff.

14) Vgl. ebenda, S. 554 f.

8) Über Sozialplanleistungen hinaus kann sich mittelbar aus einer geplanten oder zumindest mittelfristig absehbaren Betriebsänderung eine Passivierungspflicht für drohende Verluste ergeben, wenn z.B. allein die Ankündigung einer Betriebsänderung zu einer sinkenden Arbeitsleistung der Belegschaft führt, so daß damit aus noch bestehenden Arbeitsverhältnissen ein Verlust zu erwarten ist. Auch wenn der Betriebsrat im Interessenausgleich eine Hinauszögerung oder gänzliche Vermeidung notwendiger Entlassungen erreicht, stehen sich zukünftig Arbeitsleistung und Lohn nicht mehr in gleicher Höhe gegenüber, so daß die Passivierung einer Verlustrückstellung zu prüfen wäre. [15)]

3.2.3 Sozialplanrückstellungen als Rückstellungen für im Geschäftsjahr unterlassene Aufwendungen

3.2.3.1 Abgrenzung der Rückstellungen für im Geschäftsjahr unterlassene Aufwendungen

1) Mit der Bilanzrechtsreform ist der Katalog der handelsrechtlich zulässigen Rückstellungen nach § 249 Abs. 2 HGB erweitert worden. Sie werden im folgenden - trotz der Unzulänglichkeit des Begriffs - vereinfachend als Aufwandsrückstellungen bezeichnet.

Nach Maul besteht der Zweck dieser Erweiterung der bilanzierungsfähigen Aufwandsrückstellungen neben einer Anpassung an die Rechtsvorschriften anderer Länder vor allem darin, den Unternehmen ein zusätzliches Mittel zur Finanzvorsorge zu gewähren. [16)] Zusätzlich wurde angestrebt, künftige 'Einmalaufwendungen' zu antizipieren und durch ihre Verteilung auf mehrere Geschäftsjahre die Periodenergebnisse zu verstetigen. Es ist daher zu prüfen, ob mittels der handelsrechtlich zulässigen Aufwandsrückstellungen eine langfristige finanzielle Absicherung von Sozialplanleistungen erreicht werden kann.

---

15) Vgl. ebenda, S. 436 und S. 437 f.

16) Vgl. K.-H. Maul: Aufwandsrückstellungen, S. 635;

2) Aufwandsrückstellungen nach § 249 Abs. 2 HGB müssen folgende Voraussetzungen erfüllen, um als passivierungsfähig zu gelten (§ 249 Abs. 2): [17]

1. Die Aufwendungen müssen ihrer Eigenart nach genau umschrieben werden können (*Aufwandsumschreibung*);
2. die Aufwendungen müssen bereits abgelaufenen Geschäftsjahren zuzuordnen sein (*Aufwandsverursachung*);
3. die Aufwendungen müssen wahrscheinlich oder sicher zu Ausgaben führen (*Ausgabenerwartung* [18]);
4. die Höhe der Ausgaben bzw. der Zeitpunkt ihres Eintritts müssen unbestimmt sein (*Ausgabenunsicherheit* [19]).

3) Welche Sachverhalte als Aufwandsrückstellungen passivierungsfähig sind, ist umstritten. [20] Die möglichen in der Literatur genannten Anwendungsfälle lassen sich wie folgt systematisieren:

Rückstellungen für zukünftige Auszahlungen,

a) die das *Unternehmen insgesamt* betreffen, z.B. für
   aa) Abwicklungskosten bei Betriebsänderungen, soweit es sich um Stillegungsmaßnahmen handelt; [21]
   bb) Umstrukturierungsmaßnahmen (Geschäftsverlegung, Stillegung von Betriebsstätten); [22]
b) die den *Anlagenbereich* des Unternehmens betreffen, z.B. für
   ba) Großreparaturen, die nicht aktivierungspflichtig sind; [23]
   bb) Generalüberholungen und Sicherheitsinspektionen; [24]

---

17) Vgl. IdW (Hrsg.): WP-Handbuch 85/86, Bd. II, S. 68.

18) Es handelt sich nicht, wie in der Quelle angegeben (vgl. Fußn. 16), um 'Aufwandserwartung'; statt auf Ausgaben könnte auch gleich auf die Antizipation zukünftiger Auszahlungen abgestellt werden; zu den Begriffen und der Ableitung von Ausgaben aus den Auszahlungen vgl. H.K. Weber: Ausgaben und Einnahmen, Sp. 94-100; Sp. 94 f.; ders.: Definition der Einnahmen und Ausgaben, S. 191-202.

19) Statt 'Aufwandsunsicherheit', vgl. Fußn. 18.

20) Vgl. T. Siegel: Aufwandsrückstellungen, S. 301 ff. sowie die dort angeführte Literatur.

21) Vgl. N. Herzig, Meinungsspiegel, S. 366;

22) Vgl. P. Kupsch: Aufwandsrückstellungen, S. 77.

23) Vgl. T. Siegel: Aufwandsrückstellungen, S. 306 ff., der einer Passivierung aber kritisch gegenübersteht.

24) Vgl. P. Kupsch: Aufwandsrückstellungen, S. 77.

bc) Abbruch/Abriß von Sachanlagen, soweit keine Abrißverpflichtung besteht; [25)]
bd) Instandhaltung bei Nachholung nach Ablauf des folgenden Geschäftsjahres; [26)]

c) die den *Personalbereich* des Unternehmens betreffen, z.B. für
ca) Abfindungen beim Ausscheiden von Mitarbeitern und Handelsvertretern; [27)]
cb) die Beendigung von Dauerrechtsverhältnissen, soweit es sich um Arbeitsverhältnisse handelt; [28)]
cc) geplante oder freiwillige Sozialleistungen (Gratifikationen, Jubiläumszahlungen, Erfolgsbeteiligung); [29)]

d) die den *Umweltbereich* des Unternehmens betreffen, z.B. für
da) Entsorgungs- und Umweltschutzmaßnahmen bei noch fehlender öffentlich-rechtlicher Verpflichtung; [30)]
db) Abraumbeseitigung, bei Nachholung nach Ablauf des folgenden Geschäftsjahres; [31)]

e) die zukünftige *rechtliche Verpflichtungen des Unternehmens* betreffen, z.B. für
ea) Steuernachzahlungen aus künftiger finanzamtlicher Außenprüfung; [32)]
eb) die Beendigung von Dauerrechtsverhältnissen (die keine Arbeitsverhältnisse sind); [33)]

f) die *sonstige zukünftige (Vorsorge-) Maßnahmen* des Unternehmens betreffen, z.B. für
fa) stoßweise vorgenommene Forschungs- und Entwicklungsmaßn. [34)]

---

25) Vgl. N. Herzig, Meinungsspiegel, S. 366; ablehnend W.D. Budde, Meinungsspiegel, S. 364.

26) Vgl. P. Kupsch: Aufwandsrückstellungen, S. 77; bei Nachholung innerhalb von drei Monaten als Rückstellung passivierungspflichtig, bei Nachholung nach drei Monaten, innerhalb des folgenden Geschäftsjahres als Rückstellung passivierungsfähig (§ 249 Abs. 1 Satz 1 Nr. 1 und Abs. 1 Satz 3 HGB).

27) Vgl. F.W. Selchert, Meinungsspiegel, S. 366; N. Herzig, ebenda, S. 366; IdW (Hrsg.): WP-Handbuch 85/86, Bd. II, S. 68.

28) Vgl. P. Kupsch: Aufwandsrückstellungen, S. 77.

29) Vgl. ebenda.

30) Vgl. W.D. Budde, Meinungsspiegel, S. 363; P. Kupsch: Aufwandsrückstellungen, S. 77.

31) Vgl. P. Kupsch: Aufwandsrückstellungen, S. 77; bei Nachholung innerhalb des folgenden Geschäftsjahres als Rückstellung passivierungspflichtig gem. § 249 Abs. 1 Satz 1 Nr. 1 HGB.

32) Vgl. P. Kupsch: Aufwandsrückstellungen, S. 77.

33) Vgl. ebenda, S. 77.

34) Vgl. IdW (Hrsg.): WP-Handbuch 85/86, Bd. II, S.68; ablehnend F.W. Selchert, Meinungsspiegel, S. 368.

fb) Maßnahmen der Substanzerhaltung, in Höhe der Differenz zwischen den Anschaffungskosten und den Wiederbeschaffungskosten der Produktionsfaktoren; [35]
fc) freiwillige Abschlußprüfungen. [36]

Sozialplanverpflichtungen könnten danach sowohl mittelbar als Folgelasten aus Umstrukturierungsmaßnahmen des Unternehmens (Betriebsänderungen) als auch unmittelbar als Ausgaben im Zusammenhang mit personellen Maßnahmen (Entlassungen) im Sinne von § 249 Abs. 2 HGB rückstellungsfähig sein [s.o., aa), ab); ca), cb)].

4) Bevor die Überprüfung der einzelnen Voraussetzungen für den Fall der Sozialplanrückstellungen erfolgt, sind die Aufwandsrückstellungen von den Rückstellungen mit Verpflichtungscharakter bzw. den Verlustrückstellungen abzugrenzen. Sozialplanleistungen sind durch rechtliche Verpflichtungen begründet, die regelmäßig am Bilanzstichtag aufschiebend bedingt sind, und zwar so lange, bis mit dem Eintritt einer Betriebsänderung zu rechnen ist. Obwohl Sozialplanleistungen sich ihrem Wesen gemäß in Rückstellungen für ungewisse Verbindlichkeiten oder, wenn man sie als nachträglich gezahltes Arbeitsentgelt auffaßt, in Rückstellungen für drohende Verluste aus schwebenden Geschäften niederschlagen, muß eine Passivierung so lange unterbleiben, wie die Wahrscheinlichkeit der Inanspruchnahme gering ist.

In der Literatur wird eine Passivierung von Abfindungsleistungen bei der Beendigung von Arbeitsverhältnissen als Aufwandsrückstellung für den Fall erwogen, daß Vereinbarungen über Entlassungen noch nicht getroffen worden sind und demnach noch keine tatsächliche Verpflichtung gegenüber den Arbeitnehmern besteht. [37]
Eine derartige Abgrenzung würde bedeuten, daß Sachverhalte, die zu einer Verpflichtung des Unternehmens führen können, aber noch nicht geführt haben und

---

[35] Vgl. K.-H. Maul: Aufwandsrückstellungen, S. 634, T. Siegel: Aufwandsrückstellungen, S. 310 f. (mit weiteren Quellen); wie dieser gleichfalls ablehnend N. Herzig, Meinungsspiegel, S.366; F.W. Selchert, ebenda, S. 369.

[36] Vgl. P. Kupsch: Aufwandsrückstellungen, S. 77.

[37] Vgl. IdW (Hrsg.): WP-Handbuch 85/86, Bd. II, S. 68; ähnlich W.D. Budde, Meinungsspiegel, S. 364; F.W. Selchert, ebenda, S. 368.

mit hinreichender Wahrscheinlichkeit auch nicht dazu führen werden, gleichwohl in Form von Aufwandsrückstellungen passiviert werden können. Dem steht allerdings der Wortlaut des § 249 Abs. 2 HGB entgegen, der vorsieht, daß die Aufwendungen 'am Abschlußstichtag wahrscheinlich oder sicher' sein müssen, um als Rückstellung passivierungsfähig zu sein. Der Grad der Wahrscheinlichkeit der der Rückstellung zugrundeliegenden zukünftigen Ereignisse dürfte demnach bei den Aufwandsrückstellungen nach § 249 Abs. 2 HGB eher höher, keinesfalls aber niedriger sein als für die Rückstellungen nach § 249 Abs. 1 HGB. [38]) Insofern ist anzunehmen, daß den Aufwandsrückstellungen ausschließlich solche zukünftigen Ausgaben zuzuordnen sind, die nicht auf Verpflichtungen gegenüber Dritten beruhen und nicht der Antizipation von Verlusten dienen.
Aufwandsrückstellungen für Sozialpläne gemäß §§ 111 ff. BetrVG wären danach dem Grunde nach nicht möglich, da sie - wenn überhaupt - wegen einer latenten gesetzlichen Verpflichtung zu bilden sind. Lediglich für freiwillige Leistungen des Arbeitgebers bei personellen Maßnahmen, die nicht im Rahmen einer Betriebsänderung sozialplanpflichtig sind, weil z.B. die Bedingungen des § 111 oder des § 112a BetrVG nicht erfüllt sind, wären Aufwandsrückstellungen denkbar.

5) In Fortsetzung dieses Gedankengangs könnten Aufwandsrückstellungen für sämtliche im Rahmen von personellen Maßnahmen des Unternehmens zu leistenden Zahlungen (Individualkündigungen, Aufhebungsverträge, vorzeitige Pensionierungen, Massenentlassungen) vorgesehen werden, die anhand von Erfahrungen aus der Vergangenheit zu bemessen wären. Allerdings ist dabei fraglich, ob diese 'Aufwendungen', wie in § 249 Abs. 2 HGB gefordert, 'ihrer Eigenart genau umschrieben' und 'einem früheren Geschäftsjahr' zuzuordnen sind. Vielfach werden diese Ausgaben erst durch zukünftige Maßnahmen verursacht und sind demnach auch erst (den Erträgen in) zukünftigen Perioden zuzuordnen.

---

[38]) Siehe den nachfolgenden Abschnitt 3.2.3.3.

3.2.3.2 Sozialplanverpflichtungen als ihrer Eigenart nach genau umschriebene Aufwendungen

1) In der Forderung, daß Rückstellungen nach § 249 Abs. 2 HGB nur insoweit gebildet werden dürfen, als der zugehörige Aufwand 'seiner Eigenart nach genau umschrieben', d.h. einer bestimmten, später durchzuführenden Maßnahme zuzuordnen sein muß [39], wird eine Abgrenzung zwischen der Vorsorge für spezielle Risiken im Rahmen der Gewinnermittlung einerseits und der Vorsorge für allgemeine Unternehmensrisiken andererseits gesehen, die nur über die Bildung von Rücklagen, also im Rahmen der Gewinnverwendung erfolgen kann. [40]

2) Bei den Sozialplanleistungen kann dieses Kriterium als erfüllt gelten, da auf die speziellen Risiken einer Betriebsänderung abgestellt wird. [41] Es gehört zwar zum allgemeinen Unternehmensrisiko, Mitarbeiter entlassen zu müssen und damit zur Zahlung von Abfindungen und Überbrückungsleistungen gezwungen zu sein. Insofern besteht auch keine Veranlassung zur Bildung von Rückstellungen für laufend anfallende Entlassungszahlungen, da derartige Belastungen sich regelmäßig in Periodenaufwendungen niederschlagen. Eine Betriebsänderung stellt dagegen eine außergewöhnliche unternehmerische Maßnahme dar, mit deren Notwendigkeit regelmäßig nicht zu rechnen ist. Aus der Einmaligkeit oder Seltenheit einer derartigen Maßnahme kann auf ein spezielles Risiko geschlossen werden, so daß das Kriterium der 'genauen Aufwandsumschreibung' als erfüllt angesehen werden kann.

---

[39] Vgl. W.D. Budde, Meinungsspiegel, S. 363.

[40] Vgl. ebenda, S. 363.

[41] Clemm/Nonnenmacher (Beck Bil-Komm., § 249 Anm. 405) fordern im Fall einer Großreparaturrückstellung für jede einzelne Anlage genaue Angaben über Notwendigkeit, Art und Umfang der Arbeiten. Dagegen scheint es nicht erforderlich zu sein, die wahrscheinliche Notwendigkeit einer Sozialplanleistung für jeden einzelnen Arbeitnehmer nachzuweisen.

3.2.3.3 Sozialplanverpflichtungen als der Vergangenheit zuzuordnende Aufwendungen

1) Aufwandsrückstellungen dürfen nach § 249 Abs. 2 HGB für dem abgelaufenen oder einem früheren Geschäftsjahr zuzuordnende Aufwendungen gebildet werden. Der Wortlaut der Vorschrift ist jedoch insofern mißverständlich, als nicht für einem früheren Geschäftsjahr zuzurechnende Aufwendungen, sondern für zukünftige Ereignisse eine Rückstellung in der abgelaufenen Periode gebildet wird. Die Bildung der Rückstellung führt zu Aufwand in dem Geschäftsjahr der Rückstellungsbildung. Bezogen auf die Sozialplanleistungen bedeutet das: Eine Aufwandsrückstellung ist möglich für zukünftige Betriebsänderungen, die in der Vergangenheit verursacht wurden, so daß die Ausgaben für Sozialplanleistungen dem abgelaufenen Geschäftsjahr als Aufwand zuzuordnen sind.

Bei den Aufwandsrückstellungen läßt sich die wirtschaftliche Verursachung zukünftiger Ausgaben in einer abgelaufenen Periode ebensowenig allgemeinverbindlich bestimmen wie bei Rückstellungen für ungewisse Verbindlichkeiten. Da den Aufwandsrückstellungen der Verpflichtungscharakter fehlt, ist hier der Ermessensspielraum des Bilanzierenden eher noch größer als bei den Rückstellungen für ungewisse Verbindlichkeiten. [42]

3) Die Frage, ob die Arbeitnehmer entsprechend ihrer Dienstzeit einen Anspruch auf Sozialplanleistungen erworben haben, ist im Gegensatz zum Fall der Abbildung der Sozialplanverpflichtungen als Rückstellungen für ungewisse Verbindlichkeiten hier ohne Bedeutung. Vielmehr ist zu fragen, ob die Ursachen der Betriebsänderung in den abgelaufenen Geschäftsjahren liegen. Ist dies nicht der Fall, so entfällt der Grund einer Rückstellungsbildung, da Ausgaben, die erst durch zukünftige Ereignisse oder Handlungen *begründet* werden, nicht als Aufwandsrückstellungen antizipiert werden können. Hier käme allenfalls ein Ausweis unter den 'sonstigen finanziellen Verpflichtungen' in Betracht.

---

[42] Vgl. P. Kupsch: Aufwandsrückstellungen, S. 71.

4) Ähnliches gilt z.B. auch für künftig durchzuführende Großreparaturen. Sieht man ihren Zweck darin, die Verminderung des Nutzenpotentials in der abgelaufenen Periode auszugleichen, so sind die Ausgaben der Vergangenheit zuzurechnen. Sieht man den Zweck in einer Erhöhung des zukünftigen Nutzenpotentials, so sind die Ausgaben auf die Erträge zukünftiger Perioden zu beziehen und auch erst dann als Aufwand zu erfassen. [43]
Bei beiden Sachverhalten, zukünftigen Betriebsänderungen und zukünftigen Großreparaturen, besteht ein ambivalenter Bezug zukünftiger Ausgaben. Sie können sowohl vergangenen Periodenleistungen zugerechnet als auch als Verbesserung der Rahmenbedingungen für zukünftige Umsätze angesehen werden. [44]
Im Gegensatz zu Großreparaturen, die i.d.R. nur wenige Monate nach dem Bilanzstichtag vorgenommen werden, liegen die Sozialplanverpflichtungen u.U. weit in der Zukunft. Mit zunehmender Entfernung der Ausgabe vom Abschlußstichtag wird auch die Zurechnung auf eine abgelaufene Periode schwieriger.

5) Da sich bei einer Betriebsänderung der Zeitpunkt der (erstmaligen) Verursachung nur schwer bestimmen läßt - es sei denn, man geht von der willkürlichen Annahme aus, daß jede seit der Gründung des Unternehmens getroffene Entscheidung zu einer potentiellen Betriebsänderung in der Zukunft beiträgt [45] -, wird eine Rückstellung nach § 249 Abs. 2 HGB i.d.R. nicht möglich sein, da die Sozialplanausgaben nicht auf vergangene Perioden bezogen werden können. Besteht aber der begründete Verdacht, daß eine Betriebsänderung in der abgelaufenen Periode erforderlich geworden ist, so müssen die Sozialplanverpflichtungen ohnehin in Form einer Rückstellung für ungewisse Verbindlichkeiten passiviert werden.

---

[43] Zur Diskussion über Großreparaturrückstellungen vgl. stellvertretend T. Siegel: Aufwandsrückstellungen, S. 306 ff.; P. Kupsch: Aufwandsrückstellungen, S. 71 f. sowie die dort jeweils angegebenen Quellen.

[44] Vgl. P. Kupsch: Aufwandsrückstellungen, S. 72.

[45] Vgl. W. Bise: Tendenzen, S. 2621.

3.2.3.4 Sozialplanverpflichtungen als wahrscheinliche oder sichere Ausgaben

1) Zukünftige Ausgaben für einen Sozialplan müssen wahrscheinlich oder sicher sein, um als Aufwandsrückstellungen nach § 249 Abs. 2 HGB passiviert werden zu können.
Schon an anderer Stelle [46] wurde darauf hingewiesen, daß es sichere Informationen über zu bilanzierende Tatbestände nur für (in der Vergangenheit) realisierte oder für determinierte Vorgänge gibt. [47] Informationen über zukünftige Ereignisse, die den Anlaß von Rückstellungen bilden, sind immer mit Unsicherheit behaftet. Die Formulierung, daß zukünftige Ausgaben am Abschlußstichtag 'wahrscheinlich oder sicher' sein müssen, könnte daher als Forderung nach einer hohen, an Sicherheit grenzenden Eintrittswahrscheinlichkeit interpretiert werden. [48] Sachverhalte, die als Aufwandsrückstellungen abgebildet werden sollen, müssen demnach eine höhere Wahrscheinlichkeit besitzen als solche, die dem Grunde nach unter Rückstellungen für ungewisse Verbindlichkeiten oder als Verlustrückstellungen zu erfassen sind. [49]

2) Da die Wahrscheinlichkeit einer Inanspruchnahme aus einer latenten Sozialplanverpflichtung aber - solange eine Betriebsänderung nicht erkennbar notwendig ist - nicht ausreicht, um eine Passivierung als Rückstellung für ungewisse Verbindlichkeiten zu rechtfertigen [50], kommt eine Aufwandsrückstellung in diesem Fall erst recht nicht in Frage.

---

46) Siehe Teil IV Abschnitt 3.2.1.3.

47) Vgl. U. Leffson: GOB, S. 471.

48) Vgl. G. Förschle u.a.: Rechnungslegung, S. 54; D. Ordelheide/J. Hartle: Rechnungslegung, S. 16; E. Scheffler: Rückstellungen, Beck Handb. Rechnungsleg., B 233, Anm. 259.

49) Anderer Ansicht vgl. P. Kupsch: Aufwandsrückstellungen, S. 74 (mit weiteren Quellen, Fußn. 42) sowie K.-H. Maul: Aufwandsrückstellungen, S. 632, denenzufolge für Innenverpflichtungen keine höhere Eintrittswahrscheinlichkeit gefordert werden kann als für ungewisse Verbindlichkeiten.

50) Siehe Teil IV Abschnitt 3.2.1.3.

3.2.3.5 Sozialplanverpflichtungen als der Höhe oder des Zeitpunkts der Fälligkeit nach unbestimmte Ausgaben

1) Die Unbestimmtheit der Höhe oder des Zeitpunkts der Fälligkeit von Ausgaben wird nicht nur für zukünftige Sozialpläne, sondern für alle in Betracht kommenden zukünftigen Sachverhalte oder Ereignisse gegeben sein, so daß diesem Kriterium bei der Frage nach der Zulässigkeit einer Aufwandsrückstellung keine eigenständige Bedeutung zukommen dürfte. [51)]

2) Zusammenfassend kann - im Gegensatz zu einigen Literaturquellen [52)] - festgestellt werden, daß der mit der Bilanzrechtsreform erweiterte Regelungskreis der Aufwandsrückstellungen keine Möglichkeit bietet, zukünftige Sozialplanverpflichtungen langfristig zu antizipieren. Lediglich für den Fall freiwilliger Sozialplanleistungen für Betriebsänderungen (außerhalb von §§ 111 ff. BetrVG), die in der abgelaufenen Periode notwendig geworden sind, kommt der Ansatz einer Rückstellung nach § 249 Abs. 2 HGB in Betracht, da eine ungewisse Verbindlichkeit oder ein drohender Verlust im Sinne von § 249 Abs. 1 HGB nicht besteht.

Im übrigen bleibt festzuhalten, daß Aufwandsrückstellungen nach § 249 Abs. 2 HGB, für die handelsrechtlich ein Passivierungswahlrecht besteht, in der Steuerbilanz nicht angesetzt werden dürfen, [53)] so daß der Vorsorge für Sozialplanverpflichtungen auch dadurch Grenzen gesetzt sind.

---

51) Vgl. Clemm/Nonnenmacher (Beck Bil-Komm.), § 249 Anm. 408.

52) Vgl. N. Herzig, Meinungsspiegel, S. 366; F.W. Selchert, ebenda, S. 368; IdW (Hrsg.): WP-Handbuch 85/86, Bd. II, S. 68.

53) Vgl. B. Knobbe-Keuk: Bilanz- und Unternehmenssteuerrecht, S. 94 f.

3.3 Bildung und Auflösung sowie Ausweis und Erläuterung von Rückstellungen für latente Sozialplanverpflichtungen

1) Nach der grundsätzlichen Diskussion, ob und inwieweit (latente) Sozialplanverpflichtungen als Rückstellungen bilanzierungsfähig sind, soll nun dargestellt werden, wie sich Sozialplanrückstellungen, für die im Einzelfall eine Passivierungspflicht oder ein Passivierungswahlrecht festgestellt wurde, in Bilanz und Gewinn- und Verlustrechnung sowie ggf. im Anhang niederschlagen.

Bei der Bildung derartiger Sozialplanrückstellungen sind zu unterscheiden:

> *Fall a):*
> *Kontinuierliche Rückstellungsdotierung* entsprechend dem Erwerb von Ansprüchen der Arbeitnehmer nach der Dauer ihrer Beschäftigung
>
> *Fall b):*
> *Einmalige Rückstellungsdotierung* im Zeitpunkt der erstmaligen Planung der Betriebsänderung.

2) Im Fall (b) der einmaligen Rückstellungsdotierung ist eine langfristige, laufende Antizipation zukünftiger Ausgaben nicht möglich. Der Aufwand wird in voller Höhe in der Periode der Planung bzw. Durchführung der Betriebsänderung erfaßt.

Hinsichtlich der Auswirkungen in der Gewinn- und Verlustrechnung gilt das gleiche, wie in Abschnitt 2.3 über die Bilanzierung der Sozialplanverbindlichkeiten bereits ausgeführt wurde. Die Aufwendungen sind wegen ihres außerordentlichen, für die gewöhnliche Geschäftstätigkeit atypischen Charakters unter den 'außerordentlichen Aufwendungen' (Pos. 16 im GKV, Pos. 15 im UKV) auszuweisen, es sei denn, daß die Betriebsänderung bereits in der abgelaufenen Periode zu zusätzlichen Erträgen geführt hat, so daß ein Teil der Aufwendungen für einen Sozialplan in das Ergebnis der gewöhnlichen Geschäftstätigkeit einbezogen werden kann.

3) Der Fall (a) der kontinuierlichen Dotierung einer Sozialplanrückstellung ist nur dann denkbar, wenn man ihr den Charakter einer ungewissen Verbindlich-

keit zumißt. [1] In diesem Fall ist die Rückstellung entsprechend dem mit zunehmender Betriebszugehörigkeitsdauer steigenden Anspruch des Arbeitnehmers auf eine Sozialplanleistung zu dotieren. Die Vorgehensweise ist ähnlich der bei dem Ansatz und der Dotierung von Pensionsrückstellungen. Auch hier hat die Berechnung auf versicherungsmathematischen Grundlagen zu erfolgen. [2] Dabei wird vor allem die Bestimmung eines Fluktuationsabschlages Probleme bereiten. [3] Dieser wird höher als der bei einer Pensions- oder Jubiläumsrückstellung zu berücksichtigende ausfallen, da er sämtliche Beendigungen eines Arbeitsverhältnisses - mit Ausnahme des Todesfalls - erfassen muß, die nicht den Tatbestand einer Betriebsänderung erfüllen. Andererseits sind bei Sozialplanverpflichtungen neben der Beendigung der Arbeitsverhältnisse weiterhin auch alle Arten von Betriebsänderungen, die nicht in der Beendigung des Arbeitsverhältnisses bestehen, gleichwohl aber einen Sozialplan zur Folge haben können, zu erfassen.

4) Zur Bewertung von Sozialplanrückstellungen [4] ist § 253 Abs. 1 HGB heranzuziehen, wonach Verbindlichkeiten mit ihrem Rückzahlungsbetrag und Rückstellungen in Höhe des nach vernünftiger kaufmännischer Beurteilung notwendigen Betrags anzusetzen sind. Lediglich Pensionsrückstellungen müssen nach § 253 Abs. 1 HGB zum Barwert angesetzt werden.

Bei der Bewertung von Sozialplanrückstellungen als Rückstellungen für ungewisse Verbindlichkeiten käme danach nur der Rückzahlungsbetrag (besser: Erfüllungsbetrag [5]) in Betracht. [6] Andererseits sind die Rückstellungen für Sozi-

---

1) Siehe Teil IV Abschnitte 3.2.2 und 3.2.3.

2) Zum Ansatz und insbesondere zur Bewertung von Pensionsrückstellungen vgl. stellvertretend Pankow/Pieger (Beck Bil-Komm.), § 249 Anm. 151 bis Anm. 256, insb. Anm. 195 ff.

3) Zum Fluktuationsabschlag allgemein vgl. R. Höfer: Jubiläumsrückstellungen, S. 998; BFH-Urteil vom 5.2.87.

4) Zum inhaltlichen Umfang von Sozialplanverpflichtungen vgl. W. Hartung: Verpflichtungen im Personalbereich, S. 544 ff.

5) Vgl. Clemm/Nonnenmacher (Beck Bil-Komm.), § 253 Anm. 151.

6) Vgl. H. Becker: Jubiläumsrückstellungen, S. 856, der ungewisse Verbindlichkeiten wie gewisse Verbindlichkeiten grundsätzlich zum Rückzahlungsbetrag bewerten will; so auch Clemm/Nonnenmacher (Beck Bil-Komm), § 253 Anm. 160.

alplanverpflichtungen des Typs b) ähnlich langfristiger Natur wie Pensionsrückstellungen oder die neuerdings für passivierungspflichtig erklärten Jubiläumsrückstellungen [7]. Daher stellt sich auch hier die Frage, ob Sozialplanrückstellungen statt zum voraussichtlichen Auszahlungsbetrag zum durch Abzinsung ermittelten Barwert angesetzt werden sollen. [8]

Hinsichtlich der Abzinsung langfristiger (ungewisser) Verbindlichkeiten stehen sich nach Leffson zwei Auffassungen in der Literatur gegenüber, die ohne eine weitergehende Diskussion hier nur kurz skizziert werden sollen: [9]

- Für eine Abzinsung spricht, daß die durch die Bildung der Rückstellung gebundenen Vermögensteile im Unternehmen bis zur Inanspruchnahme der Rückstellung eingesetzt werden können, um Erträge zu erzielen.
- Gegen eine Abzinsung spricht die Unsicherheit darüber, ob die durch die Rückstellung gebundenen Vermögensteile überhaupt gewinnerhöhend eingesetzt werden können. Wird kein oder nur ein geringer Gewinn erwirtschaftet, so führt die Abzinsung der Rückstellung zum Ausweis unrealisierter Gewinne, so daß ein Verstoß gegen das Realisationsprinzip vorliegt.

Obgleich sowohl der Gesetzgeber als auch die Rechtsprechung sowie Teile der Literatur [10] eine Abzinsung der Pensions- bzw. Jubiläumsrückstellungen vorsehen, scheint für Sozialplanrückstellungen - sofern man sie überhaupt für passivierungsfähig hält - der Ansatz des Erfüllungsbetrags eher gerechtfertigt, da Sozialplanverpflichtungen i.d.R. dann zum Tragen kommen, wenn das Unternehmen nur einen geringen Gewinn oder einen Verlust erzielt oder möglicherweise sogar insolvent ist. Eine Verzinslichkeit der durch die Rückstellung gebundenen Vermögensteile ist dann nicht mehr gegeben. Im Fall der bedrohten Schuldendek-

---

7) BFH-Urteil vom 5.2.87; kommentiert u.a. durch R. Höfer: Jubiläumsrückstellungen, S. 997 ff.; H. Becker: Jubiläumsrückstellungen, S. 854 ff.; allerdings ist im Rahmen der Steuerreform 1988/90 eine Revision der steuerlichen Zulässigkeit derartiger Rückstellungen geplant; siehe dazu Teil IV Abschnitt 3.2.1.

8) Zum grundsätzlichen Problem der Abzinsung von Rückstellungen, die verdeckte Zinszahlungen beinhalten, vgl. Clemm/Nonnenmacher (Beck Bil-Komm.), § 253 Anm. 160 f.

9) Vgl. U. Leffson: GOB, S. 295 f. mit Verweis auf F.W. Busch: Pensionsverpflichtungen, S. 157 ff.

10) Vgl. U. Leffson: GOB, S. 296; kritisch zur Abzinsung von Jubiläumsrückstellungen vgl. H. Becker: Jubiläumsrückstellungen, S. 856.

kungsfähigkeit wären die Rückstellungen sofort auf den Auszahlungsbetrag zu bringen, was regelmäßig zur Überschuldung und damit zur Einleitung eines Insolvenzverfahrens führen würde. [11]

5) Im Fall einer kontinuierlichen Dotierung der Sozialplanrückstellungen [s.o. 1 a)] wären die entsprechenden Aufwendungen in jeder Periode im Rahmen des Ergebnisses der gewöhnlichen Geschäftstätigkeit auszuweisen. Bei einer Gliederung der GuV nach dem GKV kommt dafür die Pos. 6 b) 'Aufwendungen für ... Unterstützung' [12] oder aber die Pos. 8 'sonstige betriebliche Aufwendungen' in Betracht. Bei einer Gliederung der GuV nach dem UKV wären die entsprechenden Aufwendungen, je nach dem, ob sie für Arbeitnehmer im Herstellungs-, Verwaltungs- oder Vertriebsbereich entfallen, den Positionen 2, 4 oder 5 zuzuordnen.

6) Die Rückstellung für Sozialplanleistungen ist gemäß § 249 Abs. 3 Satz 2 HGB aufzulösen, wenn der Rückstellungsgrund entfallen ist. [13] In diesem Zusammenhang ist der Fall der bestimmungsgemäßen Auflösung (Inanspruchnahme) von dem der nicht bestimmungsgemäßen Auflösung zu unterscheiden.

a) Eine Inanspruchnahme der Rückstellung ist im Fall der Planung oder Durchführung einer Betriebsänderung gegeben. Steht die Höhe des Sozialplans am Bilanzstichtag bereits fest, so ist der entsprechende Betrag in eine Verbindlichkeit umzubuchen. Erfolgt die Inanspruchnahme bereits vor dem Bilanzstichtag, so muß die Sozialplanrückstellung gegen eine Vermögensposition (z.B. liquide Mittel) ausgebucht werden.

b) Eine nicht bestimmungsgemäße Auflösung wird dann erforderlich, wenn die Zahl der im Unternehmen insgesamt oder in einzelnen seiner Betriebe regelmäßig beschäftigten Arbeitnehmer unter 21 sinkt, so daß die nach § 111 Satz 1

---

11) Zum Problem der Messung der Schuldendeckungsfähigkeit im (Vorfeld eines) Insolvenzverfahren(s) vgl. K.-R. Veit: Konkursrechnungslegung, S. 24 ff., mit weiteren Quellen; H.K. Weber: Rentabilität, S. 139 ff.; J. Drukarczyk: Unternehmen und Insolvenz, S. 69 ff.

12) Siehe dazu kritisch Teil IV Abschnitt 2.3.

13) Vgl. Clemm/Nonnenmacher (Beck Bil-Komm.), § 249 Anm. 28 ff.

BetrVG notwendige Voraussetzung für eine mitbestimmungspflichtige Betriebsänderung und damit für einen Sozialplan nicht mehr gegeben ist. Weiterhin wäre eine Auflösung notwendig, wenn die Eintrittswahrscheinlichkeit einer Betriebsänderung unter das zur Passivierung erforderliche Maß sinkt. Schließlich ist eine Sozialplanrückstellung in dem Maße anzupassen, in dem sich wichtige Parameter, z.B. die Fluktuationsrate ändern.
Während bei der Inanspruchnahme eine erfolgsneutrale Bilanzverkürzung bzw. ein Passivtausch stattfindet, führt die nicht bestimmungsgemäße Auflösung der Rückstellung zu einem Ertrag, der unter den 'sonstigen betrieblichen Erträgen' (Pos. 15 nach GKV und Pos. 14 nach UKV) auszuweisen ist. [14]

7) Im Rahmen der für große Kapitalgesellschaften vorgesehenen Bilanzgliederung (§ 266 Abs. 2 und 3 HGB) sind die Sozialplanrückstellungen unter der Pos. B. 3 'sonstige Rückstellungen' auszuweisen. Eine weitere Untergliederung dieser Position ist in der Bilanz nicht vorgeschrieben.
Erreichen die innerhalb der 'sonstigen Rückstellungen' ausgewiesenen Sozialplanrückstellungen allerdings einen 'nicht unerheblichen Umfang', so sind sie gem. § 285 Nr. 12 HGB zu erläutern. [15] Bislang ist weitgehend ungeklärt, anhand welchen Maßstabes der 'erhebliche Umfang' zu messen ist und ab welcher Grenze die Rückstellung erheblich ist. Weiterhin sind Art und Umfang der Erläuterungspflicht offen. [16] Als Bezugsgrößen für die Messung der 'Erheblichkeit' einer Sozialplanrückstellung können die Pos. der 'sonstigen Rückstellungen' [17], die Summe der Rückstellungen insgesamt, die Bilanzsumme [18] oder die Summe der Personalaufwendungen in der GuV herangezogen werden. Bezüglich der So-

---

14) Vgl. Budde/Förschle (Beck Bil-Komm.), § 275 Anm. 102 f.

15) Kleine Kapitalgesellschaften sind davon befreit (§ 288 Satz 1 HGB), mittelgroße Kapitalgesellschaften brauchen diese Angaben nicht zu veröffentlichen (§ 327 Nr.2 HGB).

16) Vgl. Clemm/Ellrott (Beck Bil-Komm.), § 285 Anm. 83; Csik (Küting/Weber), § 285 Anm. 285 ff.; W. Russ: Anhang, S. 90 ff.; Krawitz (Bonner Handb. Rechnungsleg.), § 285 Anm. 105-110.

17) Clemm/Ellrott (Beck Bil-Komm., § 285 Anm. 83) nehmen eine Grenze von 10% des Bilanzpostens an.

18) Krawitz (Bonner Handb. Rechnungsleg.), § 285 Anm. 106 hält eine Aufspaltung der 'sonstigen Rückstellungen' für sinnvoll, wenn sie 5% der Bilanzsumme überschreiten.

zialplanrückstellungen wären im Anhang vorstellbar Angaben bzw. Erläuterungen darüber,

- für welche Arten von erwarteten Betriebsänderungen sie gebildet wurden;
- innerhalb welchen Zeitraums die Betriebsänderungen erwartet werden;
- welche Leistungen durch den Sozialplan gewährt werden (Abfindungen, Überbrückungsleistungen etc.);
- nach welchen Kriterien die individuelle Sozialplanleistung bemessen wurde (Alter, Betriebszugehörigkeit, Bedürftigkeit etc.);
- ob eine Abzinsung der Rückstellungsbeträge vorgenommen wurde;
- über welche Aufwandspositionen die Sozialplanrückstellung gebildet wurde.

Ob die Unternehmen allerdings zu einer derartig weitgehenden Berichterstattung verpflichtet sind, ist fraglich.

4 Passivierung von Rücklagen für latente Verpflichtungen aus Sozialplänen

1) Der Begriff der Rücklage läßt sich im allgemeinen Sprachgebrauch wie auch in der Terminologie des betriebswirtschaftlichen Rechnungswesens auf sehr verschiedene Sachverhalte anwenden.

a) So können konkrete Vermögenswerte, die zu Reservezwecken von einem Wirtschaftssubjekt gehalten werden, als Rücklage bezeichnet werden (Vermögensrücklagen). [1] In diesem Sinne wird auch im kameralistischen Rechnungswesen der Begriff der Rücklage verwendet. [2]

---

1) Vgl. G. Wöhe: Bilanzierung, S. 600; zum Begriff der 'Vermögensrücklagen' S. 601.

2) Vgl. P. Eichhorn: Liquiditätsplanung, S. 97 ff. (insb. Definition der Rücklage im kameralistischen Rechnungswesen durch Busse von Colbe auf S. 97); K. v. Wysocki: Kameralistisches Rechnungswesen, S. 32; P. Eichhorn u.a. (Hrsg.): Verwaltungslexikon, Rücklagen, S. 800; H. Brede, Sicherung von Sozialplänen, S. 800.

Abb. 20: Arten von Rücklagen

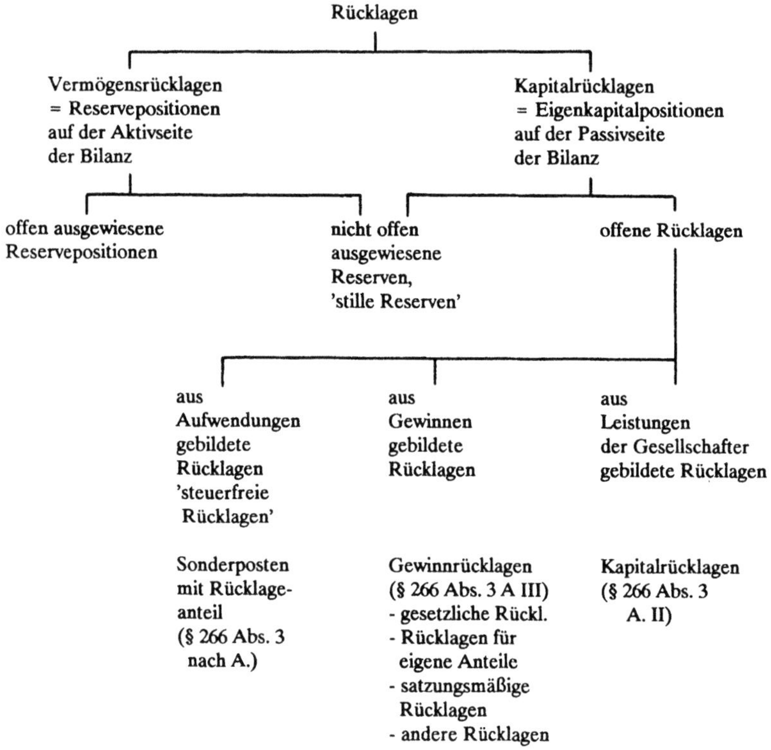

b) Im betriebswirtschaftlichen Rechnungswesen (privatwirtschaftlicher Unternehmen) werden dagegen als Rücklagen Positionen der Passivseite der Bilanz bezeichnet, die neben dem gezeichneten Kapital (bzw. den Kapitalkonten bei Personengesellschaften) gesondert auszuweisen sind. [3] Allerdings kommt auch diesen (passivischen) Rücklagen eine Reserve- bzw. Vorsorgefunktion zu, da sie über das durch die Eigentümer geleistete Kapital hinaus Vermögen auf der Aktivseite binden, vor der Ausschüttung schützen und damit für die Gesellschaft

---

[3] Zur Abgrenzung von den Vermögensrücklagen, die auch als kameralistische Rücklagen bezeichnet werden, werden die Kapitalrücklagen auch mit dem Begriff der kaufmännischen Rücklagen belegt; vgl. P. Eichhorn: Liquiditätsplanung, S. 97 ff.

langfristig zu Investitionen oder zum Schuldendienst nutzbar machen sollen. Im Gegensatz zu den Vermögensrücklagen entspricht den auf der Passivseite offen ausgewiesenen Rücklagen kein gesonderter Posten auf der Aktivseite, sie werden vielmehr durch die Gesamtheit des Vermögens gedeckt. [4] [5]

Die offenen Rücklagen können gebildet werden aus Gewinnen des Unternehmens (Gewinnrücklagen gem. § 272 Abs. 3 HGB) oder aber aus Leistungen der (potentiellen) Eigenkapitalgeber, die über den Wert ihres Anteils hinausgehen (Kapitalrücklagen gem. § 272 Abs. 2 HGB aufgrund von Agios). [6]
Nach dem Verpflichtungsgrad lassen sich bei Kapitalgesellschaften obligatorisch zu bildende Rücklagen (gesetzliche Rücklage gem. § 150 Abs. 2 AktG, Rücklage für eigene Anteile gem. § 272 Abs. 4 HGB) von freiwillig gebildeten Rücklagen (satzungsmäßige Rücklage sowie andere Gewinnrücklagen gem. § 272 Abs. 3 HGB) unterscheiden.

c) Zusätzlich zu den offen ausgewiesenen Kapitalrücklagen können durch den Nichtansatz aktivierungsfähiger Vermögensgegenstände, den Ansatz fiktiver Schulden, die Unterbewertung von Vermögensgegenständen oder die Überbewertung von Schulden in der Bilanz nach außen nicht erkennbare Reserven gebildet werden (sogenannte stille Reserven oder Rücklagen), die wie die offenen Rücklagen auch Eigenkapitalcharakter haben. [7]

d) Während die offenen Gewinnrücklagen aus versteuerten Gewinnen des Unternehmens gebildet werden, läßt der Steuergesetzgeber für bestimmte Zwecke und bei bestimmten Anlässen die Bildung von Rücklagen aus unversteuertem Gewinn zu. Die Bildung erfolgt zulasten des Aufwands und vermindert damit den zu ver-

---

4) Vgl. G. Wöhe: Bilanzierung, S. 601.

5) Zum Problem der Sicherung von (passivisch ausgewiesenen) latenten Sozialplanansprüchen durch Vermögensteile des Unternehmens siehe Teil V dieser Arbeit.

6) Zu den Vorschriften der Bildung, des Ausweises und der Auflösung von Rücklagen nach HGB und AktG vgl. G. Wöhe: Bilanzierung, S. 603 ff., A.G. Coenenberg: Jahresabschluß, S. 176 ff.

7) Zu Arten und Ursachen sowie Bildung und Auflösung stiller Reserven vgl. A.G. Coenenberg: Jahresabschluß, S. 195 ff.; G. Wöhe: Bilanzierung, S. 629 ff.; H.K. Weber: Rechnungswesen, S. 131.

steuernden Gewinn der Periode. Derartige steuerfreie Rücklagen sind in der Handelsbilanz von Kapitalgesellschaften gemäß § 273 Satz 2 HGB gesondert vor den Rückstellungen als 'Sonderposten mit Rücklageanteil' auszuweisen.

2) Für die Erfassung von und Vorsorge für latente Sozialplanansprüche kommen von den oben unterschiedenen Rücklagen vor allem die steuerfreien Rücklagen sowie im Bereich der (versteuerten) Gewinnrücklagen die satzungsmäßigen bzw. die anderen Gewinnrücklagen in Betracht. Alle anderen offenen Rücklagen sind im Hinblick auf andere, bereits gesetzlich bestimmte Zwecke zu bilden.

3) Nach Wöhe lassen sich die steuerfreien Rücklagen nach den mit ihnen verfolgten Zwecken wie folgt systematisieren: [8]

a) Rücklagen, die von allen Unternehmen gebildet werden dürfen
   aa) zur Übertragung stiller Reserven,
   ab) zur Stundung von Steuern auf Preissteigerungsgewinne;
b) Rücklagen, die nur von bestimmten Unternehmen gebildet werden dürfen
   ba) zur Förderung bestimmter Regionen bzw. Standorte,
   bb) zur Förderung bestimmter Wirtschaftszweige, darunter steuerfreie Rücklagen
      - beim Erwerb stillgelegter oder von der Stillegung bedrohter Betriebe (§ 6d EStG),
      - bei der Stillegung von Steinkohlebergwerken (§ 3 GSS [9]).

4) Die Möglichkeit einer steuerfreien Rücklage für latente Sozialplanverpflichtungen besteht z.Zt. nicht. Allerdings wird die Zulässigkeit einer Rücklage nach § 6d EStG u.a. davon abhängig gemacht, daß der von der Stillegung bedrohte oder bereits stillgelegte Betrieb fortgeführt und bestehende Dauerarbeitsverhältnisse, die für den regionalen Arbeitsmarkt von Bedeutung sind, gesichert werden (§ 6d Abs. 3 Nr. 1 b) und c) EStG). Analog zu diesen Regelungen wäre denkbar, daß entweder allen Unternehmen oder nur in bestimmten Wirtschaftszweigen tätigen (Montan-, Werftindustrie etc.) die Bildung einer steuerfreien Rücklage für drohende Sozialplanverpflichtungen gestattet wird. Als Bemessungsrahmen

---

[8] Vgl. G. Wöhe: Bilanzierung, S. 797 f. jeweils unter Angabe der rechtlichen Bestimmungen.

[9] Gesetz über steuerliche Maßnahmen bei der Stillegung von Steinkohlebergwerken vom 14. April 1967, BGBl I, S. 403.

könnte ein x-faches der Lohn- und Gehaltssumme der in den wirtschaftlich bedrohten Betrieben des Unternehmens Beschäftigten vorgesehen werden.[10] Um erhebliche Steuerausfälle zu vermeiden, sollte die Rücklagenbildung über einen gewissen Zeitraum verteilt werden.

Fraglich ist, ab welchem Zeitpunkt eine Rücklagenbildung zulässig wäre. Sofern die Rücklage für zukünftig zu gewährende Sozialplanleistungen nur in einem fest umrissenen, wirtschaftlich gefährdeten Wirtschaftszweig gebildet werden darf, kann der Beginn der Dotierung in das Belieben des einzelnen Unternehmens gestellt werden. Ist die Rücklage dagegen grundsätzlich für alle Unternehmen statthaft, so wäre zur Vermeidung von Mißbräuchen ein Zeitpunkt zu bestimmen, ab dem eine Rücklagenbildung frühestens erfolgen kann. Unter Zugrundelegung des in Abschnitt 2.1.2 aufgestellten Katalogs wäre spätestens ab Z_6 - dem Beginn der Planung einer Betriebsänderung - die Dotierung der Rücklage zu gestatten. Ein noch späterer Zeitpunkt würde keine Verbesserung gegenüber der bisherigen Rechtslage bezüglich der Bildung von Rückstellungen für Sozialpläne bedeuten.
Eine steuerlich unwirksame Auflösung wäre nur bei Eintritt der Betriebsänderung und Aufstellung eines Sozialplans möglich.[11]

5) Verglichen mit der direkten Subventionierung eines Sozialplans durch öffentliche Mittel - wie dies im Gesetz zur Anpassung und Gesundung von Steinkohlebergbau und -industrie von 1968 vorgesehen war[12] - leisten die Unternehmen hier selbst einen Betrag zur Finanzierung des Sozialplans. Zudem kann über die Dauer der Bildung der Rücklage eine längerfristige Vorsorge betrieben werden und damit auch die Belastung der öffentlichen Haushalte auf einen längeren

---

[10] Zum Problem der Bestimmung der Wahrscheinlichkeit des Eintritts von sozialplanbegründenden Ereignissen sowie der Höhe zukünftiger Sozialpläne siehe Teil IV Abschnitt 3.1.2.3 dieser Arbeit.

[11] Zu Ermittlung, Ausweis und Auflösung einer derartigen steuerfreien Rücklage für Sozialplanleistungen vgl. A. Buchner: Sozialplanverpflichtungen, S. 211 ff.

[12] Vgl. Gesetz zur Anpassung und Gesundung des deutschen Steinkohlebergbaus und der deutschen Steinkohlebergbauindustrie vom 15. Mai 1968; siehe Anlage I/3.

Zeitraum verteilt werden, als dies bei den in dem o.a. Gesetz vorgesehenen Stilllegungsprämien der Fall ist.

6) Für den Fall, daß eine derartige Rücklage durch den Steuergesetzgeber oder die Finanzverwaltung zukünftig zugelassen wird, ist ein entsprechender Ausweis in der Handelsbilanz von Kapitalgesellschaften unter den Sonderposten mit Rücklageanteil [13] nur dann zulässig, wenn der Ansatz in der Steuerbilanz eine Passivierung in der Handelsbilanz voraussetzt (§ 273 Satz 1 HGB, sog. umgekehrte Maßgeblichkeit). Ist dies nicht der Fall, so muß bei Kapitalgesellschaften der Ausweis einer Rücklage für Sozialplanverpflichtungen in der Handelsbilanz unterbleiben. Gleichwohl können Vorstand und Aufsichtsrat den Eigenkapitalanteil dieser Rücklage in die Gewinnrücklagen einstellen, um eine Ausschüttung dieser Mittel zu vermeiden. Der Betrag ist gesondert in der Bilanz oder im Anhang anzugeben (§ 58 Abs. 2a AktG bzw. § 29 Abs. 4 GmbHG). Der Fremdkapitalanteil (Steueranteil) ist - soweit überhaupt vorhanden - über die Bildung einer Rückstellung für passive latente Steuern abzugrenzen (§ 274 Abs. 1 HGB). [14] [15]

7) Da eine steuerfreie Rücklage für Sozialplanverpflichtungen z.Zt. nicht zulässig ist, besteht lediglich die Möglichkeit der Vorsorge durch Bildung einer Rücklage aus versteuerten Gewinnen.

a) Dies ist grundsätzlich durch die Bildung zusätzlicher Gewinnrücklagen in Form der 'anderen Gewinnrücklagen' möglich. Dazu könnte die Hauptversammlung einer Aktiengesellschaft Vorstand und Aufsichtsrat ermächtigen, über die gesetzliche Grenze von 50% des Jahresüberschusses hinaus Einstellungen in die freien Gewinnrücklagen vorzunehmen. Jedoch kann diese Möglichkeit nur wahrgenommen werden, solange die anderen Gewinnrücklagen weniger als 50% des Grundkapitals betragen (§ 58 Abs. 2 i.V.m. Abs. 1 AktG).

---

[13] Unter Angabe der (steuerrechtlichen) Vorschriften, nach denen er gebildet wird.

[14] Vgl. A.G. Coenenberg: Jahresabschluß, S. 190 (analog zum Fall der Preissteigerungsrücklage).

[15] Zum Problem der steuerfreien Rücklagen in der Handelsbilanz allgemein vgl. A.G. Coenenberg: Jahresabschluß, S. 186 und S. 188 ff.; G. Wöhe: Bilanzierung, S. 799 f.

Es ist jedoch fraglich, ob 'andere Gewinnrücklagen' überhaupt zu bestimmten Zwecken gebildet und vor Erfüllung des vorher bestimmten Zwecks vor der Auflösung geschützt werden können. [16] Dies ist vor allem deshalb zweifelhaft, weil das den Jahresabschluß feststellende Organ in eigenem Ermessen über die Auflösung von 'anderen Gewinnrücklagen' entscheiden kann, ohne an die ursprüngliche Entscheidung zur Einstellung gebunden zu sein. [17]

b) Als Alternative kommt die Bildung einer satzungsmäßigen Rücklage für zukünftige Sozialplanleistungen in Betracht. Gesetzliche Vorschriften über die Art der Bildung oder die Auflösung bestehen nicht. [18] So könnte die Satzung beispielsweise bestimmen, [19] daß

- nach Deckung eines evtl. vorhandenen Verlustvortrags und Dotierung der gesetzlichen Rücklage gem. § 150 Abs. 2 AktG
  - x % des Jahresüberschusses oder
  - x % der Summe der Personalaufwendungen in die satzungsmäßige Rücklage für Sozialplanleistungen eingestellt werden, bis diese Rücklage das 2,5-fache des Monatsverdiensts [20] aller Arbeitnehmer erreicht hat;
- die satzungsmäßige Rücklage nur dann und insoweit aufgelöst werden darf, als
  - Sozialplanleistungen fällig werden;
  - die Zahl der Arbeitnehmer aus anderen Gründen abnimmt.

Bildung und Auflösung von satzungsmäßigen Rücklagen sind bereits bei der Aufstellung der Bilanz durch den Vorstand vorzunehmen (§ 270 Abs. 2 HGB). Insofern sind diese Maßnahmen der Entscheidung der Hauptversammlung entzogen. Allerdings kann die Pflicht zur Bildung einer satzungsmäßigen Rücklage nur durch die Hauptversammlung festgelegt werden. Es ist daher nicht möglich, daß sich der Vorstand - etwa im Rahmen einer Betriebsvereinbarung mit dem Be-

---

[16] Vgl. dazu positiv: Heymann (Beck Handb. Rechnungsleg.), B 231 Anm. 120, 122.

[17] Vgl. ADS (4. Aufl.), § 150 Anm. 107.

[18] Vgl. Küting (Küting/Weber), § 272 Anm. 65.

[19] Zu ähnlichen Regelungen dieser Art sowie zu satzungsmäßigen Rücklagen allgemein vgl. Meyer-Landrut/Miller/Niehus, §§ 238-335 Anm. 539 ff.

[20] In Anbindung an § 3 Satz 1 SPG.

triebsrat - verpflichtet, eine zweckgebundene Rücklage für latente Sozialplanleistungen zu bilden.

Da die Bildung einer derartigen Rücklage aus dem laufenden Gewinn erfolgt, ist dieser Vorgang in der um eine Überleitungsrechnung nach § 158 Abs. 1 AktG ergänzten Gewinn- und Verlustrechnung abzubilden. [21] Gleiches gilt auch für die Auflösung, und zwar selbst dann, wenn sie bei Nicht-Inanspruchnahme zugunsten der 'anderen Gewinnrücklagen' erfolgt.

Da die Bildung freiwilliger Rücklagen aus versteuerten Gewinnen grundsätzlich keinerlei rechtlichen Beschränkungen unterliegt, könnte jeder der in Abschnitt 2.2.1 genannten Zeitpunkte Z_1 bis Z_4 durch die Hauptversammlung als Auslöser für die Bildung einer satzungsmäßigen Rücklage für Sozialplanverpflichtungen gewählt werden. Im eigenen (Ausschüttungs-) Interesse werden aber die Aktionäre nur dann der Rücklagendotierung zustimmen, wenn sie wirtschaftlich geboten ist, d.h. mittelfristig strukturelle Probleme zu erwarten sind, die voraussichtlich personelle Anpassungen erfordern werden. [22]

8) Aus der Sicht der Gesellschafter eines Unternehmens ist die Bildung von Sozialplanrücklagen aus versteuerten Gewinnen unvorteilhafter als die allerdings z.Zt. unzulässige Bildung einer unversteuerten Rücklage oder der Ansatz einer Sozialplanrückstellung, die beide den zu versteuernden Gewinn und damit die Höhe der Steuern vom Einkommen und vom Ertrag mindern würden. Da eine gesetzliche Verpflichtung zur Bildung einer Sozialplanrücklage aus versteuerten Gewinnen nicht besteht, kommt dem Instrument der Sozialplanrücklage keine wesentliche Bedeutung in der Praxis zu.

---

[21] Vgl. Heymann (Beck Handb. Rechnungsleg.), B 231 Anm. 153.

[22] Die Bildung einer wirtschaftlich nicht gebotenen Sozialplanrücklage könnte zudem auch gegen den *Zweck* des § 254 AktG, der die Mindestausschüttung an die Minderheitsaktionäre sichern soll, verstoßen. Allerdings ergibt sich hier kein Anfechtungsrecht der Aktionäre, da es sich um durch die Satzung von der Verteilung unter die Aktionäre ausgeschlossene Beträge handelt.; vgl. Zöllner (Kölner Kommentar), § 254 Anm. 17.

5 Aktivierung von Leistungen aus Sozialplänen

5.1 Sozialplanaufwendungen als 'Aufwendungen für die Ingangsetzung und Erweiterung des Geschäftsbetriebs'

5.1.1 Begriff und Inhalt der 'Aufwendungen für die Ingangsetzung und Erweiterung des Geschäftsbetriebs'

1) Sozialplanverpflichtungen entstehen im Zusammenhang mit Betriebsänderungen, die ihrerseits wiederum als Investitionsmaßnahmen aufgefaßt werden können. Da sich der Nutzen von Investitionen gewöhnlich über mehrere Perioden in die Zukunft erstreckt, können sämtliche im Zusammenhang mit einer Betriebsänderung stehenden Ausgaben als *langfristig wirksame Ausgaben* bezeichnet werden. [1]

Da eine Antizipation latenter Sozialplanverpflichtungen durch eine kontinuierliche Rückstellungsbildung nur in engen zeitlichen Grenzen zulässig ist, könnte mittels einer Aktivierung der langfristig wirksamen Ausgaben für einen Sozialplan in der Bilanz und ihre Verteilung in Form von Abschreibungen über die Perioden, in denen Erträge aus der Betriebsänderung erzielt werden, eine Verteilung des Sozialplanaufwands erreicht werden. Im Sinne der dynamischen Bilanzauffassung werden dabei die Sozialplanleistungen als 'Ausgaben, die noch nicht Aufwand sind' und die erst in späteren Perioden Erträge bewirken, aufgefaßt. [2]

2) Handelsrechtlich ist die Aktivierung von (langfristig wirksamen) Ausgaben und ihre Abschreibung über zukünftige Perioden grundsätzlich nur dann möglich, wenn diese Ausgaben zum Entstehen eines Vermögensgegenstands geführt haben. Obwohl der Begriff des Vermögensgegenstands in der Literatur nicht abschließend geklärt worden ist, soll hier als wesentliches Merkmal die selbständige

---

[1] Zur Betriebsänderung als Investition vgl. A.O. Inhoffen/F. Müller-Dahl: Rückstellungen für Abfindungen, S. 1473; W. Langemeyer: Wirkungen des Sozialplans, S. 144 ff.; zum grundsätzlichen Problem, personelle Maßnahmen als Investitionen anzusehen und ihren Nutzen mittels des Instrumentariums der Investitionsrechnung zu bestimmen vgl. W. Hamel: Personal als Investition ? S. 1079-1087.

[2] Vgl. E. Schmalenbach: Dynamische Bilanz, S. 66-71.

Übertragbarkeit (Einzelveräußerbarkeit) angesehen werden. [3] Für immaterielle Güter gilt darüber hinaus, daß sie bereits einmal Gegenstand des Rechtsverkehrs gewesen sein müssen, um als Vermögensgegenstand aktivierungsfähig zu sein (derivative Immaterialgüter). [4] Haben die langfristig wirksamen Ausgaben - so z.B. die Ausgaben für einen Sozialplan - nicht zum Entstehen eines selbständig veräußerbaren Guts geführt, so müssen sie grundsätzlich in der Periode ihres Anfalls in voller Höhe als Aufwand berücksichtigt werden. [5]

3) Vom Grundsatz der ausschließlichen Aktivierungsfähigkeit von Vermögensgegenständen läßt der Gesetzgeber jedoch verschiedene Ausnahmen zu. So können nach § 269 HGB 'Aufwendungen für die Ingangsetzung und Erweiterung des Geschäftsbetriebs', soweit sie nicht bilanzierungsfähig sind, d.h. nicht zum Entstehen eines Vermögensgegenstands führen, als 'Bilanzierungshilfe' unter einer gleichlautenden Position aktiviert werden. [6] Sie sind vor dem Anlagevermögen auszuweisen. Im Falle der Aktivierung einer derartigen Bilanzierungshilfe ist diese beschleunigt zu mindestens 25% pro Jahr abzuschreiben (§ 282 HGB). Die Entwicklung der Position ist im Anlagespiegel darzustellen (§ 268 Abs. 2 S. 1 HGB).

4) Die Bezeichnung dieser Bilanzierungshilfe in § 269 HGB ist insofern nicht korrekt, als nicht Aufwendungen, sondern Ausgaben der Periode aktiviert werden, mit dem Ziel, die entsprechenden Aufwendungen in der Gewinn- und Verlustrechnung durch gleichhohe Erträge zu neutralisieren. [7] Die aktivierten

---

[3] Vgl. H. Roland: Vermögensgegenstand, S. 150 ff.; F. Müller-Dahl: Bilanzierungsfähigkeit, S. 80 ff.

[4] Siehe § 248 Abs. 2 HGB.

[5] Eine frühere Erfassung des Aufwands kann aufgrund des Imparitätsprinzips geboten sein.

[6] Zu Beispielen für nicht aktivierungsfähige Gründungs- und Eigenkapitalaufwendungen vgl. Budde/Karig (Beck Bil-Komm.), § 248 Anm. 1 bis 4; Veit (Küting/Weber), § 248 Anm. 8; dazu und zum Problem der Abgrenzung und der unterschiedlichen Behandlung gegenüber den nicht aktivierungsfähigen Aufwendungen für Gründung und Eigenkapitalbeschaffung vgl. H.K. Weber: Rechnungswesen, S. 96 f.;

[7] Vgl. Veit: (Küting/Weber), § 269 Anm. 2; zur Abgrenzung von Auszahlungen, Ausgaben, Aufwendungen vgl. H.K. Weber: Ausgaben u. Einnahmen, Sp. 94 ff., ders.: Definition der Einnahmen und Ausgaben, S. 191 ff.

'Gründungs- und Erweiterungsaufwendungen' vermindern demnach den Verlust der betreffenden Periode oder erhöhen den Gewinn, der aber insoweit einer Ausschüttungssperre unterliegt, als die nach der Ausschüttung verbleibenden Gewinnrücklagen - korrigiert um einen Gewinn- bzw. Verlustvortrag - mindestens dem Betrag der Bilanzierungshilfe entsprechen müssen (§ 269 Satz 2 HGB).

5) Das Aktivierungswahlrecht nach § 153 Abs. 4 Satz 2 AktG von 1965 wurde in § 269 HGB um die Aufwendungen für die 'Erweiterung' des Geschäftsbetriebs ausgedehnt. Da eine Betriebsänderung - abgesehen von dem Zusammenschluß mehrerer Betriebe (§ 111 Satz 2 Nr. 3 BetrVG) zu einem neu zu gründenden Unternehmen - nur in einem bereits bestehenden Unternehmen stattfinden kann, kommt für eine Aktivierung von Sozialplanaufwendungen gerade diese Ausdehnung des gesetzlichen Aktivierungsspielraumes in Betracht.

6) Bei der Klärung der handelsrechtlichen Zulässigkeit einer Aktivierung von Sozialplanaufwendungen unter den 'Aufwendungen für die Erweiterung des Geschäftsbetriebs' ist insbesondere zu prüfen,

- welche Arten von Betriebsänderungen im Sinne des Gesetzes als 'Erweiterung des Geschäftsbetriebs' aufgefaßt werden können und
- ob eine Aktivierung der Sozialplanaufwendungen mit dem Zweck der Vorschrift des § 269 HGB vereinbar ist.

5.1.2 Zulässigkeit der Aktivierung von Sozialplanaufwendungen

5.1.2.1 Betriebsänderung als 'Erweiterung des Geschäftsbetriebs'?

1) Sozialplanausgaben können als Bilanzierungshilfe nach § 269 HGB nur dann aktiviert werden, wenn sie im Zusammenhang mit einer Erweiterung des Unternehmens angefallen sind.

Als Erweiterung des Unternehmens kann die Erhöhung seiner Kapazität, d.h. der höchstmöglichen mengen- oder wertmäßigen Ausbringung, bezeichnet werden. [8] Die Kapazität läßt sich, wie schon im Zusammenhang mit der Betriebseinschränkung erläutert wurde [9], am besten anhand des Nettoproduktionswerts (Wertschöpfung) eines Unternehmens messen. [10]

2) In der Literatur wird allgemein eine sehr enge Auslegung des Begriffs der Erweiterung gefordert. So soll es sich dabei um eine abgrenzbare und außergewöhnliche Maßnahme handeln, bei der die Kapazität erheblich verändert wird. [11] Dabei reiche es nicht aus, wenn die Kapazität bei der Erzeugung schon bestehender Produkte ausgeweitet wird, vielmehr müsse es sich grundsätzlich um die Aufnahme neuer Produkte in das Produktionsprogramm oder die Aufnahme eines neuen Geschäftsbereichs handeln. [12] Derartige Restriktionen werden aufgestellt, um die Aktivierung ständig anfallender Aufwendungen für die Veränderung der Unternehmensgröße oder der Beschäftigung im Rahmen der Bilanzierungshilfe nach § 269 HGB zu vermeiden. [13] Diese Gefahr besteht aber in Bezug auf Sozialplanaufwendungen wegen der genauen Abgrenzung der Betriebsänderungen im BetrVG und durch die Rechtsprechung ohnehin kaum. [14]

3) Im Zusammenhang mit der Aktivierung von Sozialplanausgaben stellt sich die Frage, ob einzelne oder alle der in § 111 Satz 2 BetrVG angeführten Arten von Betriebsänderungen als Erweiterungen des Geschäftsbetriebs im Sinne von § 269

---

8) Vgl. D. Commandeur: Ingangsetzungs- und Erweiterungsaufwendungen, S. 119, 124 ff.

9) Siehe Teil II Abschnitt 3.2.1.3.

10) Vgl. H.K. Weber: Wertschöpfungsrechnung, S. 43 ff.

11) Vgl. K.-R. Veit: Organisationsausgaben, S. 66; Budde/Karig (Beck Bil-Komm.) § 269 Anm. 14.

12) Vgl. H. Biener/W. Bernecke: BRG, § 269, Erläuterung; zu weiteren Beispielen vgl. F.W. Selchert: Erweiterungsaufwendungen, S. 981 f.

13) Vgl. K.-R. Veit: Organisationsausgaben, S. 66.

14) Zudem wird damit der von Selchert geforderten genauen Zuordenbarkeit künftiger Erträge auf ein bestimmtes Ereignis (Betriebsänderung) und damit der Abgrenzung der aktivierungsfähigen Erweiterungsaufwendungen von einer nicht aktivierungsfähigen Erhöhung des originären Firmenwerts entsprochen; vgl. F.W. Selchert: Erweiterungsaufwendungen, S. 981.

HGB verstanden werden können. Dies trifft - zumindest dem Wortlaut nach - nicht zu auf die 'Einschränkung oder Stillegung des gesamten Betriebs oder wesentlicher Betriebsteile' nach § 111 Satz 2 Nr. 1 BetrVG. Damit wäre jedoch diejenige Betriebsänderung, die in der Praxis zu den weitaus meisten Sozialplänen führt, aus dem Regelungskreis des § 269 HGB ausgeschlossen. Auch bei allen weiteren Betriebsänderungen nach § 111 Satz 2 BetrVG können Sozialplanaufwendungen nur dann aktiviert werden, wenn mit ihnen eine Erweiterung des bilanzierenden Unternehmens - nicht des einzelnen Betriebes - verbunden ist.

4) Die Aktivierung von Sozialplanaufwendungen ist demnach in den meisten Fällen (von Betriebsänderungen) nur möglich, wenn man den Begriff der *Erweiterung* des Unternehmens in einem weiten Sinne als *Änderung* oder *Umstellung* des Unternehmens interpretiert. [15] Eine derartige Möglichkeit wurde durch den § 133 Nr. 4 AktG 37 eingeräumt, der die Aktivierung von 'Betriebseinrichtungskosten' gestattete. Als Beispiele wurden in der Literatur u.a. genannt: Kosten einer Betriebsverlegung, Kosten einer Veränderung des Betriebes [16], Umstellung des Betriebes [17], Aufwendungen im Zusammenhang mit der Ausübung des Betriebes [18]. Diese Auslegung erscheint auch über den Wortlaut des § 269 HGB hinaus möglich, wenn man auf den Sinn und Zweck der Vorschrift abstellt und diesen nicht in der rein formalen Vermeidung eines Überschuldungsausweises sieht, sondern in der Möglichkeit, langfristig wirksame Ausgaben über die Perioden zu verteilen, in denen die durch sie bewirkten Erträge voraussichtlich realisiert werden. [19]

Selbst wenn man aber den Sinn der Bilanzierungshilfe ausschließlich darauf beschränkt, den Ausweis einer Unterbilanz bzw. Überschuldung in der Handelsbilanz zu vermeiden, wäre eine Aktivierung der Sozialplanaufwendungen sinnvoll. Ein Unternehmen, das wegen ungenügender Rentabilität oder Liquidität eine

---

15) Zustimmend dazu A. Marettek: Ingangsetzungs- und Erweiterungsaufwendungen, Prüfung der, Sp. 625; ablehnend D. Commandeur: Ingangsetzungs- und Erweiterungsaufwendungen, S. 133.

16) Vgl. Godin/Wilhelmi, 2. Aufl., § 133 Anm. 13.

17) Vgl. B. Kropff: Aktiengesetz, S. 244, Begründung RegE zu § 153 Abs. 4.

18) Adler/Düring/Schmaltz, 3. Aufl., § 133 Anm. 194.

19) Siehe den folgenden Abschnitt 5.1.2.2.

Betriebsänderung durchführt, wird eher in die Gefahr der (formalen) Überschuldung geraten als ein expandierendes Unternehmen, das eine Erweiterungsinvestition durchführt. [20]

5.1.2.2 Aktivierung von Sozialplanaufwendungen als Bilanzierungshilfe nach § 269 HGB ?

1) Der Gesetzgeber bestimmt eindeutig, daß es sich bei den aktivierten Gründungs- und Erweiterungsaufwendungen um eine Bilanzierungshilfe handelt. Bilanzierungshilfen lassen sich als gesetzliche Ausnahmevorschriften kennzeichnen, die wahlweise angewendet werden können, obwohl sie nicht mit dem Zweck anderer Vorschriften und auch nicht mit dem Zweck des Gesetzes insgesamt vereinbar sind. [21]
Der Zweck der Rechnungslegung und hier insbesondere der Bilanz besteht darin, ein den tatsächlichen Verhältnissen entsprechendes Bild der Vermögens- und Schuldenlage des Unternehmens zu geben (§ 264 Abs. 2 Satz 1 HGB). Da Gründungs- und Erweiterungsaufwendungen nicht zum Entstehen eines Vermögensgegenstands führen, wird durch ihre Aktivierung in der Bilanz der Einblick in die Vermögenslage gestört. [22]

2) Als - vom Zwecksystem der handelsrechtlichen Rechnungslegung unabhängige - Gründe für eine Aktivierung der 'Gründungs- und Erweiterungsaufwendungen' werden in der Literatur genannt: [23]

---

[20] Vgl. F.P. Müller-Dahl: Bilanzierungsfähigkeit, S. 174.

[21] Vgl. D. Commandeur: Gründungs- und Erweiterungsaufwendungen, S. 32 mit weiteren Quellen.

[22] Vgl. Weber (Küting/Weber), I Anm. 292, 369; ders.: Rechnungswesen, S. 69.

[23] Vgl. D. Commandeur: Gründungs- und Erweiterungsaufwendungen, S. 49 ff. mit weiteren Quellen; F.P. Müller-Dahl: Bilanzierungsfähigkeit, S. 172 f.; K.-R. Veit: Organisationsausgaben, S. 66 ff.; ders.: Ingangsetzungs- und Erweiterungsaufwendungen, S. 11 ff.

a) Hilfe zur Vermeidung eines Verlustausweises,

b) Hilfe zur Vermeidung einer Unterbilanz,

c) Hilfe zur Vermeidung einer
   ca) formellen Überschuldung,
   cb) materiellen Überschuldung,

d) Hilfe zur Vermeidung der Verpflichtung zur Einberufung einer außerordentlichen Hauptversammlung,

e) Ausschüttungshilfe, Ausschüttungssperrhilfe,

f) Hilfe zur Glättung der Periodenergebnisse,

g) Finanzierungshilfe,

h) Hilfe zur Ermittlung eines periodengerechten Erfolgs.

3) Die unter 2 a), b) und ca) genannten Gründe sind eher formaler Natur und haben als solche nur geringe Bedeutung, da sich aus ihnen zumindest keine rechtlichen Folgen ergeben.

Eine formelle Überschuldung [2 ca)] könnte allenfalls bei der von der Insolvenzrechtskommission vorgeschlagenen Messung der Überschuldung als Konkursgrund von Bedeutung sein. [24)] Dabei wird zunächst die *rechnerische Überschuldung* durch Gegenüberstellung des Vermögens zu Liquidationswerten und der Schulden geprüft. Zusätzlich ist eine *Prognose der Ertragsfähigkeit* des Unternehmens anzustellen. Führen beide Untersuchungen zu einem negativen Ergebnis, so ist die *Überschuldung als Konkursgrund* gegeben. Auf eine Prognose der Ertragsfähigkeit kommt es jedoch nicht mehr an, wenn eine nach den GOB erstellte Handelsbilanz ausweist, daß das Eigenkapital durch Verluste aufgezehrt ist. Dieser Aspekt hat jedoch nur insofern Bedeutung, als durch die Aktivierung einer Bilanzierungshilfe - z.B. für Sozialplanaufwendungen - eine Überschuldung in der Handelsbilanz vermieden wird, so daß eine Prognose der Ertragsfähigkeit des Unternehmens durchgeführt werden muß. Fällt diese positiv aus, so ist trotz einer möglicherweise ermittelten rechnerischen Überschuldung ein Konkursgrund nicht gegeben. [25)]

---

24) Vgl. BMJ (Hrsg.): IRK 1, S. 111 ff.

25) Vgl. K.-R. Veit: Ingangsetzungs- und Erweiterungsaufwendungen, S. 15 ff.; eine mögliche Pflicht zur Überprüfung des Überschuldungstatbestandes aufgrund eines 'nicht durch Eigenkapital gedeckten Fehlbetrags' diskutiert Veit (ebenda, S. 14 f.).

Bei der Bestimmung der konkursrechtlichen (materiellen, rechnerischen) Überschuldung [2 cb)] haben Bilanzierungshilfen keine Bedeutung, da in der Überschuldungsbilanz ohnehin nur Vermögensgegenstände, die zur Deckung der Schulden (einzel-) veräußerbar sind, angesetzt werden können. [26]

4) Nach § 92 Abs. 1 AktG hat der Vorstand einer Aktiengesellschaft unverzüglich eine außerordentliche Hauptversammlung einzuberufen, sofern ein (kumulierter) Verlust in Höhe der Hälfte des Grundkapitals in der Bilanz ausgewiesen wird und Rücklagen nicht mehr bestehen [2 d)].
Geht man davon aus, daß diese spezielle Form der Unterbilanz anhand von den GOB entsprechenden handelsrechtlichen Vorschriften unter der Fortführungsfiktion aufzustellen ist, [27] so wäre die Aktivierung einer Bilanzierungshilfe für Sozialplanaufwendungen geeignet, eine derartige Pflicht zur Einberufung einer außerordentlichen Hauptversammlung zu umgehen. Dabei ist allerdings zu bedenken, daß die Hauptversammlung möglicherweise ohnehin durch Vorstand bzw. Aufsichtsrat einzuberufen ist, wenn eine Betriebsänderung und der mit ihr verbundene Sozialplan das Vermögen der Gesellschaft derartig belasten, daß ohne den Kunstgriff der Aktivierung einer Bilanzierungshilfe ein Teil des Grundkapitals aufgezehrt wird. Hier könnte der Tatbestand des § 111 Abs. 3 bzw. des § 121 Abs. 1 AktG erfüllt sein, daß 'das Wohl der Gesellschaft' die Einberufung einer Hauptversammlung durch den Vorstand erfordert. [28] Weiterhin hat der Vorstand nach § 119 Abs. 2 AktG die Möglichkeit, die Hauptversammlung von sich aus einzuberufen und ihr die Entscheidung über die Betriebsänderung bzw. den Sozialplan zu überlassen. [29]

---

26) Vgl. K.-R. Veit: Konkursrechnungslegung, S. 31; ders.: Ingangsetzungs- und Erweiterungsaufwendungen, S. 13 ff.; zur gegenteiligen Meinung vgl. D. Commandeur: Gründungs- und Erweiterungsaufwendungen, S. 61, Fußn. 131.

27) Was in der Literatur durchaus umstritten ist, vgl. D. Commandeur: Gründungs- und Erweiterungsaufwendungen, S. 66 ff.

28) Vgl. Geßler/Hefermehl/Eckhardt/Kropf, Bd. II, § 111 Anm. 49-56 und § 121 Anm. 7-8.

29) Zur Möglichkeit der Beantragung einer Hauptversammlung durch die Aktionäre sowie ihren Informationsrechten in der Hauptversammlung vgl. G. Kloppenburg: Mitverwaltungsrechte, S. 50 ff., 70 ff.

5) Die Möglichkeit, über die Aktivierung der Sozialplanaufwendungen eine höhere Ausschüttung zu erreichen [2 e)], ist wegen der Ausschüttungssperrvorschrift des § 269 Satz 2 HGB ausgeschlossen. [30] Sie liefe aber auch dem Sinn einer Aktivierung zuwider, da ein Unternehmen, das eine Betriebsänderung durchführt und Sozialplanverpflichtungen eingeht, eher an niedrigen als an hohen Ausschüttungen interessiert ist.

6) Eine Glättung der Periodenergebnisse [2 f)] kann mittels der Aktivierung von Sozialplanausgaben dadurch erreicht werden, daß nicht die gesamten Aufwendungen die Periode belasten, in der die Betriebsänderung erstmals geplant oder der Sozialplan abgeschlossen worden ist, sondern eine Verteilung über mehrere Perioden erfolgen kann. Allerdings hätte eine Glättung des Bilanzgewinns auch durch eine entsprechende Auflösung freier Rücklagen in der Periode des Anfalls des Sozialplanaufwands erreicht werden können, um dann später die Erträge aus der Betriebsänderung z.T. zur Rücklagendotierung zu verwenden.

7) Ein unmittelbarer finanzieller Vorteil [2 g)] aus der Aktivierung von Sozialplanaufwendungen ist nicht erkennbar. Bilanzierungshilfen können im Gegensatz zum alten Recht (§ 153 Abs. 4 Satz 2 AktG 65) nicht als *Finanzierungshilfen* interpretiert werden, da wegen der Ausschüttungssperre des § 269 Satz 2 HGB eine höhere Ausschüttung ohnehin nicht möglich ist. [31] Eine kosmetische Verbesserung des Bilanzbildes, indem durch den Ansatz einer Bilanzierungshilfe der Ausweis eines Jahresfehlbetrags vermieden wird, dürfte wegen des gesonderten Ausweises der Ingangsetzungs- und Erweiterungsaufwendungen kaum positive Auswirkungen auf die Finanzierungsmöglichkeiten der Kapitalgesellschaft haben. [32]

8) Wesentlich für die Aktivierung der Sozialplanaufwendungen als Bilanzierungshilfe in der Bilanz dürfte das Motiv sein, die Aufwendungen für einen Sozialplan

---

30) Vgl. D. Commandeur: Gründungs- und Erweiterungsaufwendungen, S. 73 f.; zur Diskussion des völlig abwegigen Gedankens der Ausschüttungssperrfunktion einer Bilanzierungshilfe vgl. ebenda, S. 74.

31) Vgl. K.-R. Veit: Ingangsetzungs- und Erweiterungsaufwendungen, S. 17.

32) Vgl. K.-R. Veit: Ingangsetzungs- und Erweiterungsaufwendungen, S. 18.

den Perioden zuzuordnen, in denen die Erträge aus einer Betriebsänderung zu erwarten sind [2 h)].

Sieht man die Ursache der Betriebsänderung nicht in unternehmerischen Versäumnissen der Vergangenheit, sondern vielmehr in dem Streben nach zusätzlichem Ertragspotential in der Zukunft, so wäre die Aktivierung und spätere Verteilung der Sozialplanaufwendungen zur Bestimmung des periodengerechten Erfolgs zweckmäßig. Dem steht auch nicht entgegen, daß sich positive und negative Erfolgsbeiträge nicht immer zweifelsfrei einer bestimmten Periode zurechnen lassen. [33)] Vielmehr wurde schon an anderer Stelle darauf hingewiesen, daß bestimmte Aufwendungen nur nach dem Durchschnitts(kosten)prinzip auf einzelne Perioden verteilt werden können. [34)]
Es kann in diesem Zusammenhang auch nicht auf die Unsicherheit des den Erweiterungsaufwendungen - hier den Sozialplanaufwendungen - entsprechenden immateriellen Wertes abgestellt werden. [35)] Die Ingangsetzungs- und Erweiterungsaufwendungen stehen gerade nicht für einen immateriellen Vermögensgegenstand, sondern sie stellen eine Bilanzierungshilfe dar. Bilanzierungshilfen werden aber aus bilanzzweckfremden Gründen gewährt, so daß Gründe der Vorsicht, die z.B. die Aktivierung originärer Immaterialgüter verbieten, hier keine Rolle spielen. [36)]

Ob allerdings das Motiv der Periodisierung langfristig wirksamer Aufwendungen aus Ingangsetzungs- und Erweiterungsmaßnahmen dem Willen des Gesetzgebers entspricht, ist zweifelhaft, da er sonst diese Bilanzierungshilfe nicht nur für Kapitalgesellschaften, sondern für alle Kaufleute zugelassen hätte. [37)] Überdies verbietet er in anderen Fällen eine Aktivierung derartiger Aufwendungen (z.B. für

---

33) So aber D. Commandeur: Gründungs- und Erweiterungsaufwendungen, S. 75 mit Hinweis auf Moxter und Baetge.

34) Siehe Teil IV Abschnitt 3.2.1.2.

35) So aber D. Commandeur: Gründungs- und Erweiterungsaufwendungen, S. 75 mit Hinweis auf Moxter.

36) Ähnlich F.W. Selchert: Erweiterungsaufwendungen, S. 983 und S. 981, Fußn. 42.

37) Zur Diskussion der Beschränkung des Aktivierungswahlrechts auf Kapitalgesellschaften vgl. F.W. Selchert: Erweiterungsaufwendungen, S. 983.

Gründung und Eigenkapitalbeschaffung oder für die Erzeugung originärer Immaterialgüter). [38]

Die Möglichkeit der Verteilung des Sozialplanaufwands über die Perioden, in denen zusätzliche Erträge - bzw. andauernd niedrigere Aufwendungen - aus der Betriebsänderung zu erwarten sind, wird aber ohnehin durch das Gebot zur beschleunigten Abschreibung der aktivierten Ingangsetzungs- und Erweiterungsaufwendungen eingeschränkt. So kann sich nach § 282 HGB die Aufwandsverteilung längstens über vier Perioden erstrecken. [39]

5.2 Bildung und Auflösung sowie Ausweis und Erläuterung einer Bilanzierungshilfe für Sozialplanleistungen

1) Sofern die Aktivierung von Sozialplanausgaben in der Handelsbilanz unter der Position 'Aufwendungen für die Ingangsetzung und Erweiterung des Geschäftsbetriebs' für zulässig gehalten wird, stellt sich die Frage nach dem Zeitpunkt der Aktivierung sowie dem Beginn der Abschreibung dieser Bilanzierungshilfe.

Im Gegensatz zur Bildung von Rückstellungen für Sozialplanverpflichtungen scheiden Bilanzierungszeitpunkte, die vor der Durchführung der Betriebsänderung bzw. der damit in Zusammenhang stehenden personellen Maßnahmen liegen (Z_1 bis Z_9), aus, da Ausgaben für Sozialpläne noch nicht angefallen sind. Eine Aufwandsantizipation ist nur über die Bildung einer Rückstellung, nicht aber über die Aktivierung einer Bilanzierungshilfe möglich. Steuerlich käme eine Aktivierung als Wirtschaftsgut gleichfalls nicht in Betracht, da die den zukünftigen wirtschaftlichen Vorteil bewirkende Maßnahme noch nicht durchgeführt wurde.

Im Gegensatz zum Wortlaut des § 269 HGB handelt es sich nicht um die Aktivierung von Aufwendungen, sondern von Ausgaben für die Ingangsetzung und Erweiterung, die zu Aufwendungen in der Gewinn- und Verlustrechnung geführt

[38] Vgl. K.-R. Veit: Ingangsetzungs- und Erweiterungsaufwendungen, S. 19.

[39] Zu den Einzelheiten vgl. Budde/Karig (Beck Bil-Komm.), § 282 Anm. 2-4.

haben.[40] Entsprechend der Definition einer Ausgabe kann die Aktivierung demnach frühestens dann erfolgen, wenn eine Verbindlichkeit gegenüber den Arbeitnehmern entstanden ist (Z_8, Z_9, Z_{10} oder Z_{11}) oder Zahlungen aus einem Sozialplan geleistet worden sind.

2) Die Sozialplanaufwendungen sind gem. § 269 HGB unter der Position 'Aufwendungen für die Ingangsetzung und Erweiterung des Geschäftsbetriebes' vor dem Anlagevermögen auszuweisen. Die zeitliche Entwicklung dieser Position ist im Anlagespiegel zu zeigen (§ 268 Abs. 2 Satz 1 HGB).[41]

3) Durch die Aktivierung der Ingangsetzungs- und Erweiterungsausgaben werden die entsprechenden Aufwendungen in der Gewinn- und Verlustrechnung neutralisiert.[42]

a) Bei der Gliederung der Gewinn- und Verlustrechnung nach dem Gesamtkostenverfahren geschieht dies gewöhnlich durch den Ansatz von gleichhohen Erträgen, die in der Position 'andere aktivierte Eigenleistungen' (§ 275 Abs. 2 Pos. 3 HGB) auszuweisen sind.[43] Sieht man die Aufwendungen aus einem Sozialplan jedoch nicht als innerhalb der gewöhnlichen Geschäftstätigkeit angefallen und deshalb nicht als unter den 'sonstigen betrieblichen Aufwendungen' (Pos. 8) auszuweisen an, so müssen sie unter den 'außerordentlichen Aufwendungen' (Pos. 16) erfaßt werden.[44] Sie wären dann zweckmäßigerweise durch einen gleich hohen außerordentlichen Ertrag (Pos. 15) zu neutralisieren.

b) Wird die Gewinn- und Verlustrechnung nach dem Umsatzkostenverfahren aufgestellt, so ist der Ausweis der der Bilanzierungshilfe zugrundeliegenden Aufwendungen sowie der ihr entsprechenden Erträge zweifelhaft, sofern man diese

---

[40] Vgl. Veit (Küting/Weber): Ingangsetzungs- und Erweiterungsaufwendungen, § 269 Anm. 2.

[41] Zu speziellen Problemen vgl. Veit (Küting/Weber), § 269 Anm. 22-24.

[42] Vgl. ebenda, § 269 Anm. 2.

[43] Vgl. ebenda, § 269 Anm. 2.

[44] Vgl. R. Federmann: Außerordentliche Erträge und Aufwendungen, S. 1075, Nr. 29 mit weiteren Quellen; siehe auch Teil IV Abschn. 2.3.

Vorgänge der 'gewöhnlichen Geschäftstätigkeit' zuordnet. Da die Position 'andere aktivierte Eigenleistungen' im Umsatzkostenverfahren nicht vorgesehen ist und eine Zuordnung zu den Herstellungskosten ebenfalls ausscheidet [45], sind die folgenden beiden Möglichkeiten denkbar:

- Es werden weder die Aufwendungen für die Sozialplanleistungen noch die Erträge aus der Bildung der Bilanzierungshilfe ausgewiesen;
- Die Aufwendungen für Sozialplanleistungen werden unter der Position 7 'sonstige betriebliche Aufwendungen' ausgewiesen und durch die in Position 8 'sonstige betriebliche Erträge' erfaßten Erträge aus der Bildung der Bilanzierungshilfe neutralisiert.

Der letzten Möglichkeit ist dabei der Vorzug zu geben, da nur sie einen vollständigen Ertrags- und Aufwandsausweis der Periode gewähleistet.

Ordnet man den Sozialplanaufwand dagegen dem außerordentlichen Bereich zu,[46] so werden die Aufwendungen und Erträge - wie im Gesamtkostenverfahren - unter den entsprechenden Positionen (14 und 15) ausgewiesen.

4) Fraglich ist, wann mit der Abschreibung der Bilanzierungshilfe begonnen werden muß. [47] Die Abschreibung der Ingangsetzungs- und Erweiterungsausgaben könnte schon in der Periode der Aktivierung geboten sein, wenn aus der ihnen zugrundeliegenden Maßnahme (Betriebsänderung, Entlassung von Arbeitskräften) in dieser Periode schon ein Nutzen erzielt wurde. Gleichwohl sieht dies das Gesetz nicht zwingend vor, da es den Beginn der Abschreibung erst in der der Aktivierung nachfolgenden Periode verlangt.[48]

Erstreckt sich der Sozialplan über einen längeren Zeitraum - weil z.B. die Überbrückungsleistungen in Abhängigkeit von der Dauer der Arbeitslosigkeit gewährt werden -, so könnte zunächst das Ende der Laufzeit abgewartet werden, um in dieser oder der darauf folgenden Periode mit der (beschleunigten) Abschreibung zu beginnen. Ein derartiges Vorgehen hält Commandeur unter Bezug auf den

---

[45] Siehe Teil IV Abschnitt 2.3.

[46] Vgl. vorhergehende Fußn.

[47] Vgl. ADS (4. Aufl.), § 153 Anm. 127.

[48] Eine Abschreibung im Jahr der Aktivierung wird allerdings für zulässig gehalten; Vgl. D. Commandeur: Ingangsetzungs- und Erweiterungsaufwendungen, S. 142 f., (mit weiteren Quellen).

der handelsrechtlichen Abschreibungsvorschrift (§ 282 HGB) zugrundeliegenden Art. 34 I a) der 4. EG-Richtlinie, der vorsieht, daß die aktivierten Ausgaben nach spätestens 5 Jahren abgeschrieben sein müssen, für unzulässig. [49] Erstreckt sich die Maßnahme (Sozialplan) über drei Perioden t_1, t_2, t_3, in denen die Ausgaben anteilig aktiviert werden, so hat die Abschreibung jeweils anteilig in den Perioden t_2, t_3, t_4 zu beginnen und jeweils spätestens in t_5, t_6, t_7 zu enden. [50]

5) Die Abschreibungen von aktivierten Ingangsetzungs- und Erweiterungsausgaben werden in der Gewinn- und Verlustrechnung unter der entsprechenden Aufwandsart Abschreibungen (7a) im Gesamtkostenverfahren ausgewiesen.
Im Umsatzkostenverfahren kommt entweder eine anteilige Einbeziehung in die Herstellungskosten (Pos. 2), Vertriebskosten (Pos. 4) und allgemeinen Verwaltungskosten (Pos. 5) oder alternativ ein Ausweis unter den sonstigen betrieblichen Aufwendungen (Pos. 7) in Betracht.

6) Die Ingangsetzungs- und Erweiterungsaufwendungen müssen im Anhang erläutert werden (§ 269 Satz 1 HGB). Im vorliegenden Fall könnten folgende Angaben erforderlich sein: [51]

1. Maßnahme:
   "Sozialplan nach § 112 BetrVG wegen einer Betriebsänderung nach § 111 Satz 2 Nr. ... im Betrieb ... "
2. Höhe des Sozialplanvolumens insgesamt;
3. Zahl der betroffenen bzw. begünstigten Arbeitnehmer;
4. betroffene Aufwands- und Ertragspositionen in der Gewinn- und Verlustrechnung;
5. Art und Dauer der Abschreibung.

---

[49] Vgl. D. Commandeur: Ingangsetzungs- und Erweiterungsaufwendungen, S. 143 f.

[50] Vgl. ebenda, S. 143 (Abb. 3); zum Abschreibungsverfahren vgl. ebenda, S. 145 ff.

[51] Zu den grundsätzlich im Anhang erforderlichen Angaben zu einer Bilanzierungshilfe nach § 269 HGB, vgl. Budde/Karig (Beck Bil-Kom.), § 269 Anm. 12; D. Commandeur: Ingangsetzungs- und Erweiterungsaufwendungen, S. 148 ff.

7) Wird ein dem wirtschaftlichen Nutzen des Sozialplans entsprechender Betrag in der Steuerbilanz als Wirtschaftsgut aktiviert, so ergibt sich kein grundsätzlicher Unterschied hinsichtlich des Ausweises in der handelsrechtlichen Bilanz bzw. Gewinn- und Verlustrechnung. Allerdings fehlt in der Steuerbilanz der Zwang zur beschleunigten Abschreibung.

Kann ein Sozialplannutzen dagegen in der Steuerbilanz nicht aktiviert werden, so stellen die Sozialplanleistungen in der Periode der Planung der Betriebsänderung in voller Höhe Betriebsausgaben dar, spätestens jedoch in der Periode, in der der Betriebsrat von einer entsprechenden Absicht unterrichtet wird. [52]
In diesem Fall, und bei einer gleichzeitigen Aktivierung der Sozialplanausgaben als Bilanzierungshilfe in der Handelsbilanz, ist der nach steuerrechtlichen Vorschriften ermittelte Gewinn niedriger als der sich nach dem HGB ergebende. Dieser Vorgang kehrt sich über die Perioden der Abschreibung der Bilanzierungshilfe in der Handelsbilanz um. Eine Pflicht zur Bildung einer Rückstellung für passive latente Steuern in der Handelsbilanz erscheint jedoch in diesem Zusammenhang wenig sinnvoll, da sie den Zweck der Bilanzierungshilfe, sei es einen Überschuldungsausweis zu vermeiden, sei es eine Verteilung der langfristig wirksamen Ausgaben über mehrere Perioden zu ermöglichen, konterkarieren würde. [53] Sie ist im übrigen auch nicht aus dem Wortlaut des § 274 Abs. 1 HGB abzuleiten, da die niedrigere Steuerbelastung im Jahre der Aktivierung der Erweiterungsausgaben in der Handelsbilanz und ihrer gleichzeitigen Verbuchung als Betriebsausgaben in der Steuerbilanz nicht durch eine höhere Steuerbelastung zukünftiger Perioden ausgeglichen wird. [54]

---

[52] Vgl. Abschn. 31a Abs. 9 EStR; BMF-Schreiben vom 2.5.77 (Sozialplanrückstellungen).

[53] Vgl. Veit (Küting/Weber): Ingangsetzungs- und Erweiterungsaufwendungen, § 269 Anm. 33 mit weiteren Quellen.

[54] Vgl. K. v. Wysocki: Passive Steuerabgrenzung, S. 833 mit weiteren Quellen.

5.3 Aktivierung der Sozialplanleistungen in der Steuerbilanz als wirtschaftlicher Vorteil aus der Betriebsänderung

1) Die steuerliche Anerkennung von Sozialplanleistungen (als aktivierungsfähige Erweiterungsaufwendungen) ist insofern zweifelhaft, als nach überwiegender Auffassung in Literatur und Rechtsprechung [55] die Bilanzierungsfähigkeit handelsrechtlicher Bilanzierungshilfen in der Steuerbilanz abgelehnt wird, soweit nicht gleichzeitig positive (oder negative) Wirtschaftsgüter vorliegen. [56] So besteht nach Veit für die Ingangsetzungs- und Erweiterungsaufwendungen ein steuerliches Aktivierungsverbot. [57]

2) Es ist daher zu prüfen, ob durch die Betriebsänderung bzw. den Sozialplan ein auch in der Steuerbilanz aktivierungsfähiges positives Wirtschaftsgut entstanden ist, das durch folgende drei Merkmale gekennzeichnet ist: [58]

1. Es sind Aufwendungen entstanden, die
2. einen über das Geschäftsjahr hinausgehenden Nutzen versprechen, wobei
3. das durch die Aufwendungen Geschaffene selbständig bewertbar sein muß, mithin ein Erwerber des gesamten Betriebes im Rahmen des Gesamtkaufpreises ein besonderes Entgelt ansetzen würde.

3) Begriff und Inhalt des Wirtschaftsgutes gehen über den des Vermögensgegenstands hinaus, da darunter auch Güter subsumiert werden können, die nicht einzeln veräußerbar sind, aber bei einer potentiellen Veräußerung des Unternehmens den Gesamtkaufpreis erhöhen. [59]

---

[55] Vgl. B. Knobbe-Keuk: Bilanz- und Unternehmenssteuerrecht, S. 121, Fußn. 349 f.

[56] Vgl. A.G. Coenenberg: Jahresabschluß, S. 61.

[57] Vgl. Veit (Küting/Weber), § 269 Anm. 31 f. mit weiteren Quellen; a.A. B. Knobbe-Keuk: Bilanz- und Unternehmenssteuerrecht, S. 121 f.

[58] Vgl. G. Wöhe: Bilanzierung, S. 231 f. ; A.G. Coenenberg: Jahresabschluß, S. 60 f. mit Bezug auf die BFH-Rechtsprechung.

[59] Vgl. G. Wöhe: Bilanzierung, S. 231; A.G. Coenenberg: Jahresabschluß, S. 61; zur Gegenüberstellung des handelsrechtlichen Begriffs des 'Vermögensgegenstands' mit dem steuerrechtlichen des 'Wirtschaftsgutes' vgl. B. Knobbe-Keuk: Bilanz- und Unternehmenssteuerrecht, S. 68 ff.

Das erste Merkmal eines Wirtschaftsgutes kann im Falle der Sozialplanleistungen als erfüllt gelten. Es sind Aufwendungen in der zwischen Arbeitgeber und Betriebsrat vereinbarten oder durch die Einigungsstelle festgelegten Höhe entstanden. Die Annahme eines über das Geschäftsjahr hinausgehenden Nutzens der mit der Betriebsänderung verbundenen personellen Maßnahme (Merkmal 2) wird im allgemeinen realistisch sein. Wegen kurzfristiger Vorteile, die sich nur auf ein Geschäftsjahr beschränken, wird eine Betriebsänderung regelmäßig nicht durchgeführt.

4) Fraglich ist allerdings, ob der wirtschaftliche Vorteil, den das Unternehmen durch die mit der Betriebsänderung verbundenen personellen Maßnahmen erwirbt, selbständig bewertbar ist (Merkmal 3).[60] Die Höhe der Sozialplanleistungen sagt über den Wert des Vorteils nichts aus. Zur Messung des sich aus der Betriebsänderung ergebenden und auf die Arbeitnehmer unmittelbar zu beziehenden Nutzens könnten, sofern Arbeitnehmer infolge der Betriebsänderung entlassen werden, die zukünftig geringeren Lohnzahlungen herangezogen werden.[61] Ein wirtschaftlicher Vorteil ergibt sich aber nur dann, wenn die zukünftigen Erträge des Unternehmens nicht oder nicht im gleichen Maße sinken wie die Lohnaufwendungen, mithin die (Arbeits-) Produktivität infolge der Betriebsänderung steigt. Gleiches gilt auch für Betriebsänderungen ohne personelle Freisetzungen - z.B. durch die Einführung neuer Fertigungsverfahren oder einer neuen Organisation. Die Bewertung des durch einen Sozialplan 'erkauften' wirtschaftlichen Vorteils mit Hilfe der durch die Betriebsänderung insgesamt gestiegenen Produktivität ist deshalb wenig zweckmäßig, weil der Beitrag der Arbeitnehmer zur Erhöhung der Produktivität nur schwer oder gar nicht von dem anderer Faktoren getrennt werden kann.[62] Zudem ist zweifelhaft, ob ein potentieller Erwerber des gesamten Betriebs dafür im Rahmen des Gesamtkaufpreises ein gesondertes Entgelt ansetzen würde.

---

[60] Ein ähnliches Problem ergibt sich bei der Bildung von Rückstellungen wegen drohender Verluste aus Arbeitsverträgen (s. Teil IV Abschnitt 3.2.2); vgl. BFH-Urteil v. 25.2.86, zur Bewertung der menschlichen Arbeitskraft.

[61] Vgl. A.O. Inhoffen u.a.: Rückstellungen für Abfindungen, S. 1528 f.

[62] Eine systematische Zusammenstellung möglicher Ursachen der Erhöhung der Arbeitsproduktivität und ihrer Zusammenhänge findet sich bei H.K. Weber: Wertschöpfungsrechnung, S. 56 (Schema).

6 Berichterstattung über nicht aus dem Jahresabschluß ersichtliche latente Sozialplanverpflichtungen

6.1 Angabe latenter Sozialplanverpflichtungen im Anhang nach § 264 Abs. 2 Satz 2 HGB

1) In Teil IV dieser Arbeit wurden bisher - sieht man von dem Fall der Angabe sonstiger finanzieller Verpflichtungen im Anhang ab - die Möglichkeiten der Abbildung von Sozialplanverpflichtungen bzw. von Sozialplanleistungen in der *Bilanz und Gewinn- und Verlustrechnung* überprüft. Dabei wurde diskutiert, ob und wann die einschlägigen Einzelvorschriften des HGB eine Passivierung der Verpflichtung bzw. die Aktivierung des Nutzens aus einem Sozialplan sowie die Erfassung der damit verbundenen Aufwendungen und Erträge erlauben. Soweit eine Abbildung in Bilanz und Gewinn- und Verlustrechnung möglich oder erforderlich war, wurde auf die damit verbundenen Angabe- oder Erläuterungspflichten im Anhang hingewiesen.

2) Der Anhang enthält aber nicht nur Angaben und Erläuterungen zu einzelnen Positionen der Bilanz und Gewinn- und Verlustrechnung sowie zu allgemeinen Bilanzierungs-, Gliederungs- und Bewertungsmethoden. Vielmehr sind in ihm *zusätzliche Angaben* zu machen, wenn *besondere Umstände* dazu führen, daß der Zweck des aufgrund der handelsrechtlichen Einzelnormen unter Beachtung der GOB [1] aufgestellten Jahresabschlusses, ein den tatsächlichen Verhältnissen der Vermögens-, Finanz- und Ertragslage [2] entsprechendes Bild zu vermitteln, nicht erfüllt wird (§ 264 Abs. 2 Satz 2 HGB). Dabei handelt es sich nicht um Abweichungen von den tatsächlichen Verhältnissen, die durch die Anwendung gesetzlicher Vorschriften, z.B. des Anschaffungswertprinzips oder des Verbots der Akti-

---

[1] Zum Spannungsverhältnis zwischen den GOB bzw. den Einzelvorschriften und dem in der Generalnorm des § 264 Abs. 2 Satz 1 HGB kodifizierten Jahresabschlußzweck vgl. Budde/Karig (Beck Bil-Komm.), § 264 Anm. 21 bis Anm. 34; Baetge/Commandeur (Küting/Weber), § 264 Anm. 32-36 sowie die dort angegebene Literatur.

[2] Zur Kritik an der Formulierung 'Vermögens-, Finanz- und Ertragslage' vgl. Weber (Küting/Weber), I Anm 286.

vierung originärer Immaterialgüter, zwangsläufig entstehen. [3] Vielmehr müssen *besondere Umstände* dazu geführt haben, daß "der Jahresabschluß trotz der Anwendung gesetzlicher Vorschriften hinter der Aussagekraft eines Jahresabschlusses dieses Unternehmens unter normalen Umständen zurückbleibt" [4].

3) Diese besonderen Umstände könnten beispielweise in erkennbaren strukturellen Schwierigkeiten des Unternehmens liegen, die mit einiger Wahrscheinlichkeit in absehbarer Zeit Betriebsänderungen nach sich ziehen werden, ohne daß konkrete Maßnahmen bereits geplant wären. [5] Die Sozialplanverpflichtungen wären danach im Anhang anzugeben, wenn ihre Abbildung in Bilanz oder Gewinn- und Verlustrechnung z.B. als Rückstellungen nicht möglich ist, aber ohne eine entsprechende Angabe im Anhang die Vermögens-, Finanz- oder Ertragslage falsch dargestellt würde.

4) Der Umfang der Informationspflicht nach § 264 Abs. 2 Satz 2 HGB ist unbestimmt. Zwar genügt es nicht, darauf hinzuweisen, daß im Jahresabschluß wegen nicht erfaßter latenter Sozialplanverpflichtungen die Vermögens-, Finanz- und Ertragslage falsch dargestellt wird. [6] Andererseits können Angaben über Art und Zeitpunkt der Durchführung sowie Umfang der Betriebsänderungen kaum verlangt werden, da die Planung hierzu noch nicht begonnen hat. Dagegen wäre vorstellbar, die Zahl der von der erwarteten Strukturanpassung betroffenen Arbeitnehmer mit einem in der Vergangenheit üblichen durchschnittlichen Satz von Entlassungsaufwendungen, sei es im Zusammenhang mit Vorruhestandsregelungen, Sozialplänen oder Einzelabfindungen, zu multiplizieren. Damit würde eine ungefähre Quantifizierung latenter, die Vermögens-, Finanz- und Ertragslage des Unternehmens beeinflussender Verpflichtungen erreicht, ohne daß die erforderlichen personellen Maßnahmen im einzelnen dargelegt werden müßten.

---

[3] Vgl. Glade, § 264 Anm. 41.

[4] H. Biener/W. Bernecke: BRG, S. 137 (Begr. zu § 237 HGB RegEntW).

[5] Vgl. auch Budde/Karig (Beck Bil-Komm., § 264 Anm. 50) mit dem Beispiel eines Filialisten, bei dem die Schließung einer bestimmten Zahl von Filialen unausweichlich ist, der aber wegen des Grundsatzes der Einzelbewertung Sonderabschreibungen noch nicht vornehmen kann, weil noch nicht entschieden ist, welche Filialen geschlossen werden.

[6] Vgl. Budde/Karig (Beck Bil-Komm.), § 264 Anm. 54.

5) Eine negative Publizitätswirkung derartiger Angaben ist kaum zu erwarten, da die Notwendigkeit einer strukturellen Anpassung in der Regel bereits langfristig absehbar ist, wie das Beispiel der Montanindustrie zeigt. Daß der Ausweis latenter Verpflichtungen die Höhe zukünftiger Sozialplanleistungen präjudizieren würde, ist unwahrscheinlich, da als Basis die in der Vergangenheit gezahlten Beträge herangezogen werden, die den Arbeitnehmervertretern ohnehin bekannt sind. [7]

6.2 Angaben über latente Sozialplanverpflichtungen im Lagebericht

1) Im Lagebericht, der nach § 264 Abs. 1 HGB von Kapitalgesellschaften zusätzlich zu dem um einen Anhang ergänzten Jahresabschluß aufzustellen ist, sind nach § 289 Abs. 1 HGB zumindest

a) der Geschäftsverlauf im Berichtsjahr (*Verlaufsbericht*) und
b) die Lage der Gesellschaft am Abschlußstichtag (*Lagebericht i.e.S.*)

darzustellen. Zusätzlich ist nach (§ 289 Abs. 2 Nr. 1 und 2 HGB) einzugehen auf

c) wesentliche Vorgänge nach dem Abschlußstichtag (*Nachtragsbericht*),
d) die voraussichtliche Entwicklung der Gesellschaft (*Prognose-, Zukunftsbericht*) sowie
e) den Bereich der Forschung und Entwicklung (*FuE-Bericht*).

Obwohl in sämtlichen dieser - chronologisch geordneten - Teilberichte über alle wesentlichen Unternehmensbereiche zu berichten ist, [8] so über Beschaffung, Produktion, Absatz, Finanzierung/Investition, Personal, Forschung und Entwicklung, ist nur der Bereich der Forschung und Entwicklung im Gesetz ausdrücklich erwähnt (§ 289 Abs. 2 Nr. 3 HGB). [9]

---

[7] Auf mögliche negative Folgen (nachlassende Arbeitsleistung) weist W. Hartung (Verpflichtungen im Personalbereich), S. 534 ff. hin.

[8] Zu den Inhalten im einzelnen vgl. Clemm/Ellrott (Beck Bil-Komm.), § 289 Anm. 12 ff.; H.-J. Hohmeier: Lagebericht, S. 268 ff.; T. Stobbe: Der Lagebericht, S. 303 ff.

[9] Zur Kritik an der Systematik des § 289 HGB sowie den gesetzlich geforderten Bestandteilen vgl. Weber (Küting/Weber), I Anm. 360 ff.

2) Angaben über (latente) Sozialplanverpflichtungen können im Rahmen des Personal- und Sozialberichts sowohl vergangenheitsbezogen für das abgelaufene Geschäftsjahr bzw. den Zeitraum zwischen Abschlußstichtag und Aufstellung des Lageberichts [10] als auch zukunftsbezogen erforderlich sein (Siehe Abb. 21).

Abb. 21: **Berichterstattung über Betriebsänderungen (BÄ) und Sozialpläne (SP) im Lagebericht nach § 289 HGB**

Berichtszeitraum/ -zeitpunkt \ Unternehmensbereich	Verlaufsbericht	Lagebericht i.e.S.	Nachtragsbericht	Prognosebericht
Beschaffung				
Produktion				
Absatz				
Finanzierung/ Investition				
Personal/ Soziales	u.a. über abgewickelte oder eingeleitete BÄ/SP erbrachte Leistungen aus SP	u.a. über Stand der Abwicklung von BÄ/SP noch zu erbringende Leistungen aus SP	u.a. über nach Abschluß-stichtag notwendig gewordene BÄ/SP latente Verpflichtungen aus SP	u.a. über geplante oder zu erwartende BÄ/SP latente Verpflichtungen aus SP
Forschung/ Entwicklung				

---

[10] Vgl. H.-J. Hohmeier: Lagebericht, S. 268, der den Bericht über nach dem Abschlußstichtag zustandegekommene Betriebsstillegungen oder Betriebsvereinbarungen über Sozialpläne ausdrücklich als mögliche Bestandteile des Nachtragsberichts erwähnt.

3) Der Umfang und Inhalt der Berichterstattung im Lagebericht ist im Gesetz nicht festgelegt worden. Dies gilt insbesondere für den Prognosebericht. Während der Verlaufsbericht und der Lagebericht i.e.S. weitgehend die zahlenmäßigen Angaben in Bilanz und Gewinn- und Verlustrechnung ergänzen, stellt der Prognosebericht einen selbständigen Berichtsteil dar. Gleichwohl werden an ihn in der Literatur keine strengen Anforderungen gestellt. So genügen nach allgemeiner Auffassung 'kürzere verbale Darstellungen', während auf zahlenmäßige Prognosen verzichtet werden könne. [11] Das bedeutet, daß lediglich Angaben über die Möglichkeit oder Wahrscheinlichkeit von Betriebsänderungen geboten sind, ohne daß die Zahl der betroffenen Arbeitnehmer oder der Umfang der finanziellen Leistungen aus Sozialplänen prognostiziert werden muß.

Die Berichterstattung über zukünftige Sachverhalte im Lagebericht wird zusätzlich zeitlich dadurch begrenzt, daß ein Berichtszeitraum von zwei Jahren nach dem Abschlußstichtag für ausreichend gehalten wird. [12] Dies ist insbesondere in Bezug auf langfristig durchführbare und wirksame personelle Maßnahmen unbefriedigend.

4) Eine über die inhaltlichen und zeitlichen Beschränkungen hinausgehende *freiwillige* Berichterstattung, die sich beispielsweise auf die Personalplanung der nächsten fünf Jahre bezieht und quantitative Angaben über mögliche Sozialpläne enthält, wird nur dann unstatthaft sein, wenn dadurch der Lagebericht einen falschen Eindruck von der Lage der Gesellschaft vermitteln würde (§ 317 Abs. 1 Satz 2 HGB [13]). So wären bewußt überhöhte Angaben über zukünftige Entlassungsabfindungen, die die Hauptversammlung zur (zusätzlichen) Dotierung der Rücklagen aus dem Bilanzgewinn veranlassen sollen, unzulässig.

---

[11] Vgl. Clemm/Ellrott (Beck Bil-Komm.), § 289 Anm. 26; H.-J. Hohmeier: Lagebericht, S. 268 f. mit weiteren Quellen.

[12] Clemm/Ellrott (Beck Bil-Komm.), § 289 Anm. 26.

[13] Zur Prüfung des Lagebrichts, insbesondere der Grenzen der Prognosegewinnung und -prüfung vgl. G. Emmerich/M. Künnemann: Lagebericht, S. 150 f.

7 Angabe und Erläuterung von Sozialplanverpflichtungen und von Sozialplanleistungen im Rahmen einer gesellschaftsbezogenen Unternehmensberichterstattung (Sozialbilanz)

1) Über die ziffernmäßige Abbildung von (latenten) Sozialplanverpflichtungen in Bilanz und GuV bzw. ihre Angabe und Erläuterung im Lagebericht aufgrund handelsrechtlicher Vorschriften hinaus können gegenwärtige und zukünftige Sozialplanleistungen Gegenstand einer freiwilligen gesellschaftsbezogenen Unternehmensberichterstattung sein, die auch als Sozialbilanz [1] bezeichnet wird. [2]

2) Zweck einer Sozialbilanz ist es, die gesellschaftlichen Wirkungen unternehmerischer Aktivitäten abzubilden. [3] Dabei wird unterstellt, daß das Unternehmen u.a. auch solche Ressourcen verbraucht, für die es keine Zahlungen leistet und die deshalb im betriebswirtschaftlichen Rechnungswesen nicht abgebildet werden. Neben derartigen *sozialen Kosten* werden im Unternehmen u.U. auch Leistungen erbracht, die nicht dem Unternehmen selbst, d.h. seinen Eigentümern, sondern Dritten zukommen. Sie werden als *sozialer Nutzen* bezeichnet. [4]

Soziale Kosten und *sozialer Nutzen* wären danach in einer *Sozialerfolgsrechnung* zu erfassen, während sich die korrespondierenden Bestandsgrößen als Forderungen und Verbindlichkeiten gegenüber anderen sozialen Gruppen in einer *sozialen Beständebilanz* (Sozialbilanz i.e.S.) niederschlagen. [5]

---

1) Zum Begriff der Sozialbilanz, zu den möglichen Darstellungsformen gesellschaftsbezogener Berichterstattung und ihrer Systematisierung vgl. K. v. Wysocki: Sozialbilanzen, S. 13 ff.; A.G. Coenenberg/R. Kleine-Doepke: Sozialbilanz, Sp. 1498-1511.

2) Zur Abbildung von Sozialplanleistungen vgl. E. Heinen: Handelsbilanzen, S. 121-126 (Sozialbilanz der Saarbergwerke AG für 1979), insb. S. 124; K. Hesse/R. Fraling: Wie beurteilt man eine Bilanz ? S. 37 ff. insb. S. 38 (Sozialrechnung der STEAG).

3) Vgl. K. v. Wysocki: Unternehmen und Umwelt, S. 202.

4) Vgl. E. Heinen: Handelsbilanzen, S. 116.

5) Vgl. ebenda, S. 115.

3) Betriebsänderungen verursachen soziale Kosten (Aufwendungen) für freigesetzte oder umgesetzte Arbeitnehmer in Form von Einkommensüberbrückungs-, Umzugs- und Fahrtkosten- sowie Umschulungskostenbeihilfen etc.. Der Zweck des Sozialplans wird hier vorrangig darin gesehen, die Allgemeinheit - insbesondere die Sozialversicherungsträger - von derartigen Leistungen zu entlasten und andererseits diese Kosten in das Entscheidungskalkül des Unternehmers über die Betriebsänderung miteinzubeziehen. [6)]

4) Im Rahmen der handelsrechtlichen und steuerrechtlichen Rechnungslegung sind der Erfassung von latenten Sozialplanverpflichtungen enge Grenzen gesetzt. Da eine entsprechende Aufwandsantizipation kaum möglich ist, werden 'soziale Kosten' (Aufwendungen) von Betriebsänderungen daher zu spät oder sogar, wenn die Betriebsänderung mit dem Konkurs des Unternehmens verbunden ist, unvollständig oder gar nicht erfaßt.
Insofern wäre es sinnvoll, die latenten Verpflichtungen von Unternehmen zu Sozialplanleistungen oder anderen Entschädigungs- und Überbrückungsleistungen gegenüber den Arbeitnehmern im Rahmen einer Sozialbilanz und einer Sozialerfolgsrechnung zu erfassen. Da rechtliche Restriktionen hier nicht zu beachten sind, könnten derartige Verpflichtungen bereits mit Beginn des Arbeitsverhältnisses (Z_1) in der Sozialbilanz sukzessive aufgebaut und in der Sozialerfolgsrechnung periodisch als *soziale Kosten* (Aufwendungen) abgebildet werden. Um willkürliche Darstellungen zu vermeiden, könnte die Höhe der Verpflichtungen an gesetzlichen Grenzwerten, wie sie in § 17 KSchG oder für den Sozialplan in §§ 3 und 4 SPG bestimmt sind, orientiert werden. Ist ein Sozialplan zu bedienen, so können in der Sozialerfolgsrechnung in Höhe der tatsächlichen Zahlungen *soziale Leistungen* angesetzt und die Verpflichtungen in der Sozialbilanz entsprechend gemindert werden. [7)]

---

6) Siehe Teil II Abschnitt 4.2.2 zu den Zwecken des Sozialplans.

7) Zum Problem der Bewertung der 'sozialen Leistungen' mit den tatsächlich entstandenen Kosten vgl. E. Heinen: Handelsbilanzen, S. 116 f. mit weiteren Quellen.

5) Selbst wenn sich die Konzeption der Sozialbilanz als eine gesellschaftsbezogene Berichterstattung durchsetzen sollte, was derzeit fraglich erscheint, [8] würde das entscheidende Defizit einer mangelnden (finanziellen) Vorsorge für zukünftige Sozialpläne dadurch nicht beseitigt. Die Sozialbilanz wäre allenfalls geeignet, die 'sozialen Kosten' von Betriebsänderungen transparent zu machen. Sie ist jedoch nicht geeignet, langfristig im Unternehmen Vermögen anzusammeln, das zur Befriedigung von Sozialplänen zur Verfügung stehen könnte.

8 Zusammenfassender Vorschlag zu Art und Zeitpunkt der Abbildung von Sozialplanleistungen in der Rechnungslegung

1) Innerhalb des handels- und steuerrechtlichen Jahresabschlusses kommt die Erfassung und Abbildung von in der Zukunft zu erbringenden Sozialplanleistungen als Verpflichtungen gegenüber Dritten im Rahmen der *Gewinnermittlung* in Abhängigkeit vom Grad ihrer Konkretisierung als unbedingte Verbindlichkeiten oder bedingte Verbindlichkeiten (Rückstellungen, Eventualverbindlichkeiten) in der Bilanz oder als Sonstige finanzielle Verpflichtungen im Anhang in Betracht.

2) In Abb. 22 werden die Abbildungsmöglichkeiten zu erbringender Sozialplanleistungen in der handels- und steuerrechtlichen Rechnungslegung im Rahmen der derzeit geltenden arbeits- bzw. betriebsverfassungsrechtlichen Vorschriften dargestellt, nach denen eine Leistungspflicht des Arbeitgebers nur bei einer Betriebsänderung, nicht aber bei jeder Beendigung des Arbeitsverhältnisses besteht.

[8] Zu den dazu erforderlichen Voraussetzungen vgl. ebenda, S. 117.

Abb. 22: Abbildung von Sozialplanverpflichtungen in der Rechnungslegung in Abhängigkeit vom Grad ihrer Konkretisierung

a) Entscheidungsprozeß über Betriebsänderung; b) Verpflichtung gegenüber Dritten (Arbeitnehmern); c) Wirtschaftliche Verursachung;	Abbildung von (latenten) Sozialplanverpflichungen im Rahmen der Rechnungslegung;
1) a) Betriebsänderung nicht geplant bzw. langfristig nicht zu erwarten; b) Verpflichtung latent, Inanspruchnahme unwahrscheinlich; c) keine wirtschaftliche Verursachung vor dem Bilanzstichtag;	Abbildung im Rahmen der Rechnungslegung nicht zulässig;
2) a) Betriebsänderung nicht geplant, aber erhöhtes strukturelles Risiko für das Unternehmen; b) Verpflichtung latent, Inanspruchnahme wenig wahrscheinlich; c) keine wirtschaftliche Verursachung vor dem Bilanzstichtag;	Möglichkeit zur Angabe unter der Bilanz oder im Anhang unter den 'Haftungsverhältnissen' (§ 251), Pflicht zur Angabe für Kapitalgesellschaften im Anhang, sofern dies für die Vermittlung eines den tatsächlichen Verhältnissen entsprechenden Bildes der Vermögens-, Finanz-und Ertragslage erforderlich ist (§ 264 Abs. 2 Satz 2 HGB);
3) a) Betriebsänderung nicht geplant, aber langfristig zu erwartende Strukturänderung; b) Verpflichtung latent, Inanspruchnahme möglich; c) wirtschaftliche Verursachung der Periode nicht konkret zurechenbar;	Pflicht zur Angabe im Anhang von Kapitalgesellschaften unter den 'sonstigen finanziellen Verpflichtungen', sofern dies für die Beurteilung der Finanzlage von Bedeutung ist (§ 285 Nr. 3 HGB);
4) a) Betriebsänderung geplant, frühes Planungsstadium, Betriebsrat noch nicht unterrichtet bzw. Beratungen noch nicht aufgenommen; b) Verpflichtung latent, Inanspruchnahme möglich; c) wirtschaftliche Verursachung der der Periode nicht konkret zurechenbar;	Pflicht zur Angabe im Anhang von Kapitalgesellschaften unter den 'sonstigen finanziellen Verpflichtungen', sofern dies für die Beurteilung der Finanzlage von Bedeutung ist (§ 285 Nr. 3 HGB);

a) Entscheidungsprozeß über Betriebsänderung; b) Verpflichtung gegenüber Dritten (Arbeitnehmern); c) Wirtschaftliche Verursachung;	Abbildung von (latenten) Sozialplanverpflichungen im Rahmen der Rechnungslegung;
5) a) Betriebsänderung geplant, Betriebsrat unterrichtet; b) Verpflichtung konkret, Inanspruchnahme wahrscheinlich; c) wirtschaftliche Verursachung zurechenbar, Höhe der Vermögensbelastung unbestimmt;	Pflicht zur Bildung einer Rückstellung für ungewisse Verbindlichkeiten bzw. für drohende Verluste aus schwebenden Geschäften (§ 249 Abs. 1 Satz 1 HGB), Ausweis unter den 'sonstigen Rückstellungen' (§ 266 Abs. 3, B.3), Erläuterung im Anhang von Kapitalgesellschaften, sofern die Rückstellung einen 'nicht unerheblichen Umfang' aufweist (§ 285 Nr. 12);
6) a) Betriebsänderung begonnen oder bereits vollzogen; b) Verpflichtung konkret, Inanspruchnahme sicher; c) Höhe der latenten *) Vermögensbelastung bestimmt	Pflicht zum Ansatz einer Verbindlichkeit, Ausweis unter den 'Sonstigen Verbindlichkeiten, davon im Rahmen der sozialen Sicherheit' (§ 266 Abs. 3, C.8);
7) a) Betriebsänderung begonnen oder bereits vollzogen; b)/c) Inanspruchnahme (Ausgabe) teilweise oder vollständig gegeben;	Möglichkeit zum Ansatz einer Bilanzierungshilfe im Rahmen der 'Aufwendun- für die Ingangsetzung und Erweiterung des Geschäftsbetriebs' mit Pflicht zur beschleunigten Abschreibung in den folgenden Geschäftsjahren (§§ 269, 282).

*) Eine latente Vermögensbelastung liegt vor, wenn die Sozialplanleistung nicht in einer Abfindung, sondern in einer am wirtschaftlichen Nachteil des einzelnen Arbeitnehmers orientierten und von seiner Dauer abhängigen, lediglich mit einem Höchstbetrag fixierten Überbrückungsbeihilfe besteht.

3) Nach Abschluß der Betriebsänderung ist die Aktivierung des aus der Betriebsänderung und dem mit ihr verbundenen Sozialplan entstehenden Nutzens als Bilanzierungshilfe (Ingangsetzungs- und Erweiterungsaufwendungen) in der Handelsbilanz und als Wirtschaftsgut in der Steuerbilanz denkbar, aber umstritten.

4) Im Rahmen der *Gewinnverwendung* ist die Bildung einer (satzungsmäßigen) Rücklage aus dem versteuerten Jahresüberschuß jederzeit möglich, d.h. auch dann, wenn eine Betriebsänderung weder geplant noch absehbar ist. Die Bildung kann allerdings nur durch die Hauptversammlung durch qualifizierte Mehrheit auf freiwilliger Basis beschlossen werden.

5) Bezieht man neben den bislang geschilderten Möglichkeiten des Niederschlags von Sozialplanverpflichtungen im Jahresabschluß zusätzliche Angabe- und Erläuterungspflichten im Anhang (nach § 264 Abs. 2 Satz 2 und §§ 284 f. HGB) mit ein, so ergibt sich unter Zugrundelegung des in Abschn. 2.2.1 aufgestellten Zeitpunkte-Katalogs das in Abb. 23 wiedergegebene Bild.

6) Die Berichterstattung über Sozialplanleistungen sowie latente Sozialplanverpflichtungen unterliegt im Rahmen einer freiwilligen Sozialberichterstattung (Sozialbilanz) - im Unterschied zur Abbildung dieser Sachverhalte in der handels- und steuerrechtlichen Rechnungslegung - weder zeitlichen noch inhaltlichen Beschränkungen.

Legende zu Abb. 23:

Bilanzierungshilfe: Aufwendungen für die Ingangsetzung und Erweiterung des Geschäftsbetriebs
Anhang: Allgemeine Berichterstattung nach § 264 Abs. 2 Satz 2 und § 284 f. HGB

Bildung Auflösung Angabe/Erläuterung

Abb. 23: **Abbildung von Sozialplanverpflichtungen in der Rechnungslegung nach dem Zeitpunkt ihrer Entstehung als ...**

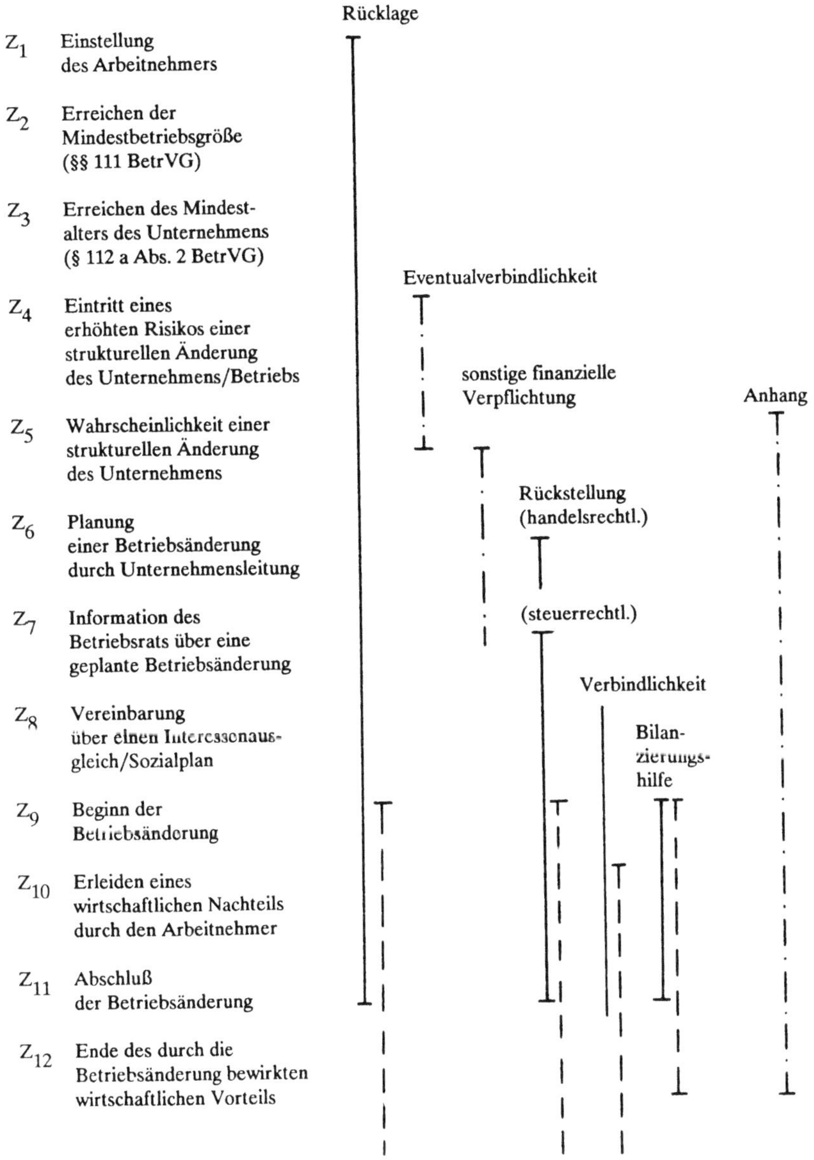

FÜNFTER TEIL: INSTRUMENTE ZUR FINANZIELLEN ABSICHERUNG VON SOZIALPLANLEISTUNGEN

1 Absicherung von Sozialplanleistungen durch Sicherungsrechte am Vermögen des Arbeitgebers

1) Der Arbeitnehmer erbringt seine Arbeitsleistung regelmäßig im voraus, während das Arbeitsentgelt erst nach Ablauf eines bestimmten Zeitabschnitts durch den Arbeitgeber zu zahlen ist. Der Arbeitnehmer kann zwar unter bestimmten Voraussetzungen versuchen, seine unbefriedigten Ansprüche gegenüber dem Arbeitgeber auf dem Wege der Zwangsvollstreckung - selbst oder unter Einschaltung von Betriebsrat bzw. Gewerkschaft - durchzusetzen. Er wird dies aber i.d.R. schon allein deshalb unterlassen, um seinen Arbeitsplatz nicht zu gefährden. [1]

Eine präventive Sicherungsmöglichkeit in Form des Erwerbs eines Rechts, bei Nichterfüllung seiner Ansprüche über Teile des Unternehmensvermögens verfügen zu können, wird von den Arbeitnehmern im Gegensatz zu anderen Gläubigern kaum in Anspruch genommen. Die Anregung des DGB zur Einführung eines gesetzlichen Arbeitnehmerpfandrechtes [2] ist weder in der Gesetzgebung noch in der Rechtsprechung oder der Literatur aufgegriffen worden. [3]
Die Möglichkeiten zur Sicherung der Ansprüche von Arbeitnehmern gegenüber ihrem Arbeitgeber werden in der Literatur mit Ausnahme des Insolvenzfalles [4] nur sehr vereinzelt behandelt. [5] Im folgenden sollen hier lediglich die Instrumente zur Sicherung von Sozialplanansprüchen untersucht werden.

---

[1] Vgl. J. Drukarczyk: Unternehmen und Insolvenz, S. 296, der in Anlehnung an Henckel den Arbeitnehmer als 'unfreiwillig ungesicherten Gläubiger' bezeichnet.

[2] Zu den bestehenden gesetzlichen Pfandrechten des Vermieters (§ 559 BGB), des Kommissionärs (§ 397 HGB), des Lagerhalters (§ 421 HGB) vgl. G. Pottschmidt/U. Rohr: Kreditsicherungsrecht, S. 103.

[3] Vgl. J. Drukarczyk: Unternehmen und Insolvenz, S. 296.

[4] Zur Behandlung der Arbeitnehmeransprüche im Konkurs siehe Teil III Abschnitt 3.

[5] Zur Sicherung von Sozialplanansprüchen der Arbeitnehmer vgl. H. Fuchs: Sozialplan, S. 65 ff.; R. Richardi: Sozialplan und Konkurs, S. 69 f. sowie die dort angegeben Quellen.

2) Die zur Sicherung von Forderungen gegenüber Dritten zur Verfügung stehenden Rechtsinstitute lassen sich wie folgt unterscheiden: [6]

1) Personalsicherheiten
   Bürgschaft (§§ 765 ff. BGB)
2) Sachsicherheiten
   a) Mobiliarsicherheiten
      aa) Eigentumsvorbehalt (§ 455 BGB)
      ab) Sicherungsübereignung (§ 930 BGB)
      ac) Sicherungsabtretung
      ad) Pfandrechte (§§ 1204 ff. BGB) (an beweglichen Sachen und Rechten)
   b) Immobiliarsicherheiten (Grundpfandrechte)
      ba) Hypothek (§§ 1113 ff. BGB)
      bb) Grundschuld (§§ 1191 ff. BGB)

Zur Sicherung von Arbeitnehmeransprüchen gegenüber dem Unternehmen - insbesondere solchen aus Sozialplänen - kommt die Bürgschaft kaum in Betracht. [7] Das Sicherungsinstrument des Eigentumsvorbehalts scheidet gleichfalls aus. Falls man den Sozialplananspruch überhaupt aus einer Kreditleistung des Arbeitnehmers gegenüber dem Arbeitgeber ableiten kann, so handelt es sich jedenfalls nicht um einen Güter-Geldkredit der üblichen Form. [8] Der Arbeitnehmer bringt mit seiner Arbeitsleistung kein materielles Gut, an dem er sein Eigentumsrecht geltend machen könnte, in das Unternehmen ein. [9]

---

[6] Zu den Kreditsicherheiten im einzelnen vgl. G. Pottschmidt/U. Rohr: Kreditsicherungsrecht; P. Bülow: Recht der Kreditsicherheiten, S. 11 ff.; K.F. Hagenmüller/G. Diepen: Der Bankbetrieb, S. 391 ff.; E. Klunzinger: Einführung, S. 441 ff.

[7] Zur wirtschaftlichen Bedeutung der Bürgschaft vgl. G. Pottschmidt/ U. Rohr: Kreditsicherungsrecht, S. 2 f.

[8] Zur Differenzierung der Kreditarten (reiner Geldkredit, reiner Güterkredit, Geld-Güter-Kredit, Güter-Geld-Kredit) vgl. H.K. Weber: Industriebetriebslehre, S. 189.

[9] Zum Begriff und Inhalt des Eigentumsvorbehalts vgl. G. Pottschmidt/ U. Rohr: Kreditsicherungsrecht, S. 131 ff.

3) Die verbleibenden Sicherungsinstrumente sind darauf zu überprüfen,

a) wie und zu welchem Zeitpunkt sie gegenüber dem Unternehmen (Arbeitgeber) erworben werden können,

b) wann und auf welche Weise sie gegenüber dem Unternehmen geltend gemacht werden können,

c) durch wen sie erworben und gegenüber dem Unternehmen geltend gemacht werden können,

d) welche Vermögensteile überhaupt zur Sicherung der Arbeitnehmeransprüche herangezogen werden können,

e) welche Auswirkungen der Erwerb sowie die Ausübung von Sicherungsrechten auf die Ansprüche anderer Gläubiger des Unternehmens - insbesondere im Konkurs - hat.

4) [zu 3a] Zur langfristigen Sicherung von Sozialplanansprüchen wäre es erforderlich, daß die Arbeitnehmer zu einem möglichst frühen Zeitpunkt ein Sicherungsrecht am Vermögen oder Teilen des Vermögens des Unternehmens geltend machen können. Dabei ist insbesondere zu bedenken, daß die Arbeitnehmer bzw. ihre Vertreter regelmäßig über einen schlechteren Informationsstand über die Lage des Unternehmens verfügen als andere Gläubiger, insbesondere Kreditinstitute oder Lieferanten. [10] Je früher die Arbeitnehmer ein Sicherungsrecht erwerben, um so weniger geraten sie in Gefahr, gegenüber den Ansprüchen Dritter nachrangig behandelt zu werden.

Es ergibt sich jedoch das Problem, daß Sozialplanansprüche in der Regel nicht konkret bestehen, sondern bis zum Eintritt einer Betriebsänderung nur latent vorhanden sind. Wichtige Sicherungsinstitute (z.B. die Hypothek oder das Pfandrecht an beweglichen Sachen) sind grundsätzlich akzessorischer Natur, d.h. sie sind vom Bestehen einer Forderung abhängig. [11] Solange eine Forderung aus einem Sozialplan nicht besteht, kann das Pfandrecht nicht erworben bzw. nicht aus-

---

[10] Zum unterschiedlichen Kenntnisstand über die bevorstehende Insolvenz des Unternehmens vgl. V. Gessner u.a.: Praxis der Konkursabwicklung, S. 280.

[11] Nach § 1204 Abs. 2 BGB ist es allerdings möglich, auch für künftige oder bedingte Forderungen ein Pfandrecht zu bestellen, sofern der Entstehungsgrund, nicht aber unbedingt die Höhe bestimmt ist; für den Rang des Pfandrechts ist nach § 1209 BGB der Zeitpunkt der Bestellung und nicht der der Entstehung der Forderung maßgeblich; vgl. Palandt, § 1204 2c, 3 und § 1209 2.

geübt werden. Hier bieten sich insbesondere solche Sicherungsinstitute an, die unabhängig von einer konkreten Forderung bestehen, beispielsweise die Grundschuld. So könnte eine Grundschuld in Höhe der maximal enstehenden Sozialplanansprüche bei Stillegung des gesamten Unternehmens und Entlassung aller Arbeitnehmer eingetragen werden.

5) [zu 3b] Die Inanspruchnahme eines Sicherungsrechts kommt für die Arbeitnehmer dann in Betracht, wenn sie eine (unbedingte) Forderung gegenüber dem Unternehmen auf Sozialplanleistungen erlangt haben und diese Forderung fällig geworden ist, ohne daß das Unternehmen Zahlungen vorgenommen hat. In diesem Fall kommt es darauf an, möglichst umgehend in den Besitz des Sicherungsguts zu gelangen. Dies ist bei verpfändeten Gegenständen (Wertpapieren) unproblematisch, da sie sich ohnehin schon im Besitz des Sicherungsnehmers befinden.

Die Verwertungsbefugnis des Sicherungsnehmers ist von der Art des Sicherungsrechts abhängig [12] und davon, ob gegebenenfalls die Sicherungsrechte anderer Gläubiger an demselben Gegenstand zu beachten sind. [13] Der Verwertungserfolg wird weitgehend dadurch bestimmt, ob der Sicherungsgegenstand kurzfristig und ohne größere Wertverluste veräußert werden kann. Hier sind insbesondere Wertpapiere mit einem jederzeit feststellbaren Börsen- oder Marktpreis vorteilhaft.

6) [zu 3c] Bei der Frage des Erwerbs bzw. der Geltendmachung eines Sicherungsrechts ist zu bedenken, daß es sich weder bei der Belegschaft noch bei dem Betriebsrat um eine vermögens- bzw. rechtsfähige Gemeinschaft handelt. [14]
Da die Bildung einer Gesamthandsgemeinschaft nach § 705 BGB oder einer Bruchteilsgemeinschaft nach § 747 BGB durch alle Arbeitnehmer wegen der schwierigen Verfügungsrechte und der zu erwartenden Auseinandersetzungspro-

[12] Vgl. dazu in Abhängigkeit von den Sicherungsarten G. Pottschmidt/ U. Rohr: Kreditsicherungsrecht, S. 115 ff. (Pfandrecht), S. 211 ff. (Sicherungsübereignung), S. 253 ff. (Sicherungsabtretung), S. 330 ff. (Hypothek), S. 352 ff. (Grundschuld).

[13] Zum Problem der Kollision mehrerer Sicherungsrechte vgl. G. Pottschmidt/ U. Rohr: Kreditsicherungsrecht, S. 197 ff., 242 ff.

[14] Vgl. Fitting-Auffarth-Kaiser-Heither, § 1 Anm. 89 ff., 105 ff.

bleme wenig praktikabel erscheint, schlägt Fuchs die Bestellung einer Treuhandgrundschuld vor, bei der die Grundschuld auf den Treuhänder eingetragen wird, der das Grundpfandrecht ggf. im eigenen Namen, aber im Interesse der Arbeitnehmer verwerten kann. [15] Als mögliche Treuhänder kommen hier staatliche Organe wie die Bundesanstalt für Arbeit oder auch durch die Tarifparteien gemeinschaftlich zu besetzende Gremien in Betracht. [16]

Eine Alternative könnte auch in der Bestellung einer Grundschuld auf den Eigentümer, das Unternehmen selbst bestehen. Auf diese Art und Weise könnten mögliche Sozialplanansprüche vor den Ansprüchen anderer Gläubiger gesichert werden [17], ohne daß die Arbeitnehmer oder ihre Vertreter selbst rechtlich in Erscheinung treten. Für den Fall der Insolvenz bzw. der Zwangsversteigerung könnte vorgesehen werden, daß die Verwertung des durch die Eigentümergrundschuld belasteten Grundstücks zugunsten der Arbeitnehmer zu erfolgen hat.

7) [zu 3d] Aus den bisherigen Ausführungen ergibt sich, daß grundsätzlich das gesamte Vermögen des Arbeitgebers zur Sicherung von Sozialplanansprüchen herangezogen werden kann. Allerdings ist der Erwerb und die Geltendmachung einzelner Sicherungsarten zeitaufwendig und mit hohen Kosten verbunden (Grundbucheintragungen, Klage auf Zwangsvollstreckung, öffentliche Versteigerung von Pfandgütern). Bei der Verwertung von zur Sicherheit übereigneten Gegenständen können sich allerdings faktische Probleme ergeben, da der Verwertungserlös langfristig nur schwer vorherbestimmbar ist. Außerdem unterliegen diese Gegenstände der Verfügungsgewalt des Unternehmens, die es entgegen dem Interesse der Arbeitnehmer ausüben kann (Gefahr der Doppelübereignung). [18]

---

15) Vgl. H. Fuchs: Sozialplan, S. 66 f.

16) Zur Ausgestaltung der Sicherungstreuhand vgl. P. Bülow: Recht der Kreditsicherheiten, S. 267 ff.

17) Ein wesentlicher Zweck der Eigentümergrundschuld besteht darin, eine Rangstelle für eine später aufzunehmende (Fremd-) Hypothek oder Grundschuld freizuhalten; vgl. W. Grill/H. Perczynski: Wirtschaftslehre, S. 257; dazu und zu den Eigentümergrundpfandrechten im allgemeinen P. Bülow: Recht der Kreditsicherheiten, S. 133 ff..

18) Zum Problem der publizitätslosen Mobiliarsicherheiten (Eigentumsvorbehalt, Sicherungsübereignung, Sicherungsabtretung) vgl. J. Drukarczyk: Unternehmen und Insolvenz, S. 169 f.; G. Pottschmidt/ U. Rohr: Kreditsicherungsrecht, 274 f. mit weiteren Quellen.

Die Forderungsabtretung (Zession) ist zur Sicherung der Sozialplanansprüche schon deshalb nicht praktikabel, da die Arbeitnehmer oder ihre Vertreter nicht als Zessionar auftreten können. [19] Auch ist die Bestimmung der Bonität des Drittschuldners durch die Arbeitnehmervertreter kaum möglich. Schließlich wären sie bei der Befriedigung ihrer Forderung an die Laufzeit der abgetretenen Forderung gebunden.
Dagegen eignen sich Pfandrechte an Wertpapieren eher zur Sicherung von Sozialplanforderungen, da hier der voraussichtliche Verwertungserlös wegen des regelmäßig gegebenen Börsen- oder Marktpreises eher abgeschätzt werden kann und zudem die Verwertung einfacher, d.h. freihändig über einen Makler erfolgen kann. [20] Auch hier ergibt sich allerdings wieder das Problem der mangelnden Rechtsfähigkeit der Belegschaft bzw. des Betriebsrats, so daß ein Treuhänder als Inhaber des Pfandrechts bestellt werden müßte.

8) [zu 3 e] Die Bestellung von Sicherheiten für latente Sozialplanansprüche kann die Interessen der übrigen Gläubiger des Unternehmens beeinträchtigen, da ihnen geringere Teile des Vermögens des Unternehmens zur Befriedigung ihrer Ansprüche zur Verfügung stehen. Insbesondere ungesicherte Gläubiger werden im Konkursverfahren noch stärker als bisher benachteiligt, da sie durch die Ausweitung des Kreises der Sicherungsnehmer eine im Durchschnitt sinkende Erfüllungsquote zu erwarten haben. Dieser Effekt könnte vermieden werden, wenn neben der absoluten Begrenzung der Sozialplanansprüche nach § 3 SPG die Quotierungsregel des § 4 SPG analog auch auf gesicherte Sozialplanansprüche angewandt wird. Dabei wäre beispielsweise vorzusehen, daß für die Befriedigung der Sozialplanansprüche nicht mehr als 20% des um die Massekosten verminderten Bruttovermögens des Unternehmens verwendet werden dürfen.

9) In jüngster Zeit ist an den Kreditsicherheiten - insbesondere an den Mobiliarsicherheiten - und ihrer Bedeutung im Insolvenzverfahren Kritik geübt worden. So sprach sich die Insolvenzrechtskommission (IRK) für eine teilweise Aufhebung der Aus- und Absicherungsrechte von Mobiliarsicherheiten sowie eine Be-

---

[19] Zu weiteren Problemen im Zusammenhang mit der Sicherungsabtretung vgl. G. Pottschmidt/U. Rohr: Kreditsicherungsrecht, S. 240 ff.

[20] Vgl. §§ 1221, 1233 ff. BGB.

teiligung der durch Mobiliar- bzw. Immobiliarsicherheiten gesicherten Gläubiger an den Verfahrenskosten aus, um einerseits eine frühzeitige Auslösung des Insolvenzverfahrens zu fördern und andererseits die Befriedigungsquote ungesicherter Gläubiger zu erhöhen. [21] Diesen Bestrebungen würde eine Ausweitung der Sicherungsrechte auf die Gruppe der Arbeitnehmer zuwiderlaufen.

Allerdings haben die Überlegungen der IRK vielfältige Kritik erfahren, die sich insbesondere gegen die Höhe des Verfahrensbeitrags gesicherter Gläubiger richtet. [22] So bedarf es nach Drukarczyk eher einer Reform der Ausgestaltung von Mobiliarsicherheiten, die ihre Konkursfestigkeit erhöht (Erhöhung der Herausgabesperre, Überwindung des Problems der Publizitätslosigkeit), als einer grundsätzlichen Entwertung dieser Sicherungsrechte im Insolvenzverfahren. [23]

10) In einem früheren Teil dieser Arbeit wurde bereits dargelegt, [24] daß latente Sozialplanverpflichtungen unter bestimmten Voraussetzungen geeignet sind, zu einer Unternehmenserhaltung beizutragen, da die Sozialplanleistungen bei Sanierung in der Regel geringer sind als im Liquidationsfall. Diese Wirkung ist um so stärker, je höher der Rang der Befriedigung von Sozialplanansprüchen in einem potentiellen Unternehmenskonkurs angesiedelt ist. [25] Gegen die Sicherung der Sozialplanansprüche durch eine Grundschuld oder die Verpfändung von Wertpapieren, die im Konkurs mit einem Aussonderungsrecht verbunden wäre, spricht allerdings, daß damit die Verfahrenseröffnung gefährdet wird, was bei einer bevorrechtigten Befriedigung unter den Konkursschulden nicht der Fall wäre.

---

21) Vgl. BMJ (Hrsg.): IRK 1, S. 251 ff., S. 311 ff.; G. Pottschmidt/ U. Rohr: Kreditsicherungsrecht, S. 275 ff.

22) Vgl. stellvertretend F. Binz/H. Hess: Der Konkurs der Insolvenzrechtsreform, S. 18 ff. mit weiteren Quellen sowie BMJ (Hrsg.): Diskussionsentwurf, der die Vorschläge der Insolvenzrechtskommission nur teilweise übernimmt und statt eines Verfahrensbeitrags der durch Mobilarsicherungsgläubiger in Höhe von 25 % des Verwertungserlöses der Sicherheit (Vgl. BMJ (Hrsg.): IRK 1, Leitsatz 3.3.1, S. 312 ff.) nur einen Kostenbeitrag von 5% ansetzt (§ 185 Entw InsO).

23) Vgl. J. Drukarczyk: Unternehmen und Insolvenz, S. 216 ff.

24) Siehe Teil III Abschnitt 2.2.1.

25) Vgl. J. Drukarczyk: Unternehmen und Insolvenz, S. 340 ff.

Das gleiche Problem würde sich bei einer Einbeziehung der Sozialplanansprüche in die Masseschulden ergeben. [26]

11) Als Folge der Ausweitung des Kreises der gesicherten Gläubiger um die Gruppe der Arbeitnehmer vermindert sich c.p. der Kreditspielraum der Unternehmens in dem Maße, in dem bestimmte Vermögensgegenstände nicht mehr als Sicherheiten für die Ansprüche anderer Gläubiger zur Verfügung stehen.

Der negative Einfluß auf die Liquidität des Unternehmens läßt sich auch anhand des in Österreich vorgeschriebenen und auch für die Bundesrepublik vorgeschlagenen [27] Modells einer Wertpapierdeckung der (steuerfreien) Abfertigungsrücklage zeigen. So weist Buchner darauf hin, daß bei einer vorgeschriebenen Dekkungsquote von mindestens 50% die Abfertigungsrücklage aus Liquiditätsgesichtspunkten nur bei einem Grenzsteuersatz von mehr als 50% vorteilhaft ist, da ansonsten die Liquiditätsabflüsse durch den Erwerb von Wertpapieren höher sind als die in Form der Rücklage gestundeten Steuern. [28] Würde der Gesetzgeber eine vollständige Deckung der latenten Sozialplanansprüche durch Wertpapiere bzw. ein entsprechendes Sicherungsinstrument (Grundschuld) vorsehen, so wäre es für das Unternehmen unter Liquiditätsgesichtspunkten vorteilhafter, die Sicherung der Sozialplanansprüche zulasten des versteuerten Gewinns in Form einer satzungsmäßigen Rücklage vorzunehmen.
Die in Österreich vorgesehene Möglichkeit der Verpfändung der zur Deckung der Abfertigungsrücklage vorgesehenen Wertpapiere vergrößert zwar den Kreditspielraum der Unternehmen, entwertet aber andererseits das Sicherungsrecht der Arbeitnehmer. [29]

---

[26] Vgl. ebenda, S. 341; der Diskussionsentwurf des Bundesjustizministeriums für eine Insolvenzrechtsreform, der eine derartige Einordnung der Sozialplanansprüche vorsieht, will jedoch einer Gefährdung der Verfahrenseröffnung durch Vorschriften zur Anreicherung der Masse sowie durch verfahrenstechnische Bestimmungen vorbeugen; vgl. BMJ (Hrsg.): Diskussionsentwurf, Begründung zu § 131 Entw InsO, B107.

[27] Vgl. Deutscher Bundestag: Jahresgutachten 1987/88, S. 194, Tz. 399.

[28] Vgl. A. Buchner: Sozialplanverpflichtungen, S. 184 f.

[29] Vgl. ebenda.

12) Sofern die Ansprüche der Arbeitnehmer auf (latente) Sozialplanleistungen durch Verwertungsrechte am Vermögen des Unternehmens gesichert werden sollen, erscheint es sinnvoll, die Sicherung für Dritte kenntlich zu machen. Dies ist bei einer Absicherung über publizitätslose Mobiliarsicherheiten regelmäßig nicht der Fall. [30] Werden die Sozialplanansprüche dagegen durch ein Pfandrecht - und hier durch die in diesem Fall besonders geeignete Grundschuld - gesichert, so können sich Dritte über die Art und Höhe der Besicherung durch Einsichtnahme in das Grundbuch informieren.

Der Jahresabschluß ist als Informationsinstrument über etwaige Sicherungsrechte von Arbeitnehmern am Vermögen des arbeitgebenden Unternehmens wenig ergiebig. Zwar sind nach § 285 Nr. 1b und 2 HGB die durch Pfandrechte oder ähnliche Rechte gesicherten Verbindlichkeiten in der Bilanz oder im Anhang anzugeben [31], jedoch ergibt sich daraus nicht, welche Teile des Vermögens durch Sicherungsrechte belegt sind. [32] Weiterhin werden dadurch solche Sicherungsrechte nicht erfaßt, die sich auf zukünftige bzw. bedingte Verbindlichkeiten des Unternehmens beziehen. Um solche handelt es sich aber bei den latenten Sozialplanansprüchen.
Eine Angabepflicht unter den Haftungsverhältnissen nach § 251 i.V.m. § 268 Abs. 5 HGB kommt hinsichtlich der Sicherheiten für latente Sozialplanverpflichtungen nicht in Betracht, da nach diesen Vorschriften nur Sicherheiten für fremde Verbindlichkeiten anzugeben sind. [33] Dagegen könnte eine Angabe der Sicherheiten für latente Sozialplanverpflichtungen im Rahmen der sonstigen finanziellen Verpflichtungen nach § 285 Nr. 3 HGB gefordert werden, da hier nach allgemeiner Auffassung auch Haftungsverhältnisse für eigene Verbindlichkeiten,

---

30) Zu den sich daraus ergebenden Problemen vgl. J. Drukarczyk: Unternehmen und Insolvenz, S. 169 f.; G. Pottschmidt/U. Rohr: Kreditsicherungsrecht, 274 f. mit weiteren Quellen.

31) Zur Art der in Frage kommenden Sicherheiten und dem Umfang der Angabepflicht vgl. Csik (Küting/Weber) §§ 284-288 Anm. 143-145 und § 268 Anm. 144-155; Clemm/Ellrott (Küting/Weber), § 285 Anm. 4-7.

32) Zum Vorschlag einer stärkeren Publizität der Sicherungsrechte am Vermögen des Unternehmens im Jahresabschluß vgl. F. Binz/H. Hess: Der Konkurs der Insolvenzrechtsreform, S. 39 ff.

33) Vgl. Budde/Karig (Beck Bil.-Komm.), § 268 Anm. 125; siehe auch Teil IV Abschnit 2.2.2.

die sich nicht aus der Bilanz ergeben, zu vermerken sind. [34] Allerdings ist der Informationsgehalt derartiger Angaben eher gering, da die sonstigen finanziellen Verpflichtungen lediglich in einem Betrag ohne weitere Erläuterungen angegeben werden müssen. [35] Weitergehende Aufgliederungen und zusätzliche Angaben sind jedoch zulässig. [36]

13) Zusammenfassend kann festgestellt werden, daß die Sicherungsmöglichkeiten von latenten Sozialplanansprüchen durch den Erwerb von Sicherheiten am Vermögen des Arbeitgebers bei der derzeit geltenden Rechtslage noch wenig praktikabel sind. Hier wären auf die speziellen Bedürfnisse der Arbeitnehmer zugeschnittene rechtliche Instrumente zu entwickeln, die durch den einzelnen Arbeitnehmer oder seinen Vertreter in Anspruch genommen werden können. Die Einführung eines gesetzlichen Arbeitnehmerpfandrechts oder ähnlicher Sicherungsformen wird allerdings deshalb nur schwer durchzusetzen sein, weil durch sie tendenziell die Kreditwürdigkeit vieler Unternehmen negativ beeinflußt wird, da wesentliche Teile des Vermögens nicht mehr zur Sicherung der Ansprüche anderer Gläubiger zur Verfügung stehen würden.

---

34) Vgl. Clemm/Ellrott (Beck Bil.-Komm.), § 285 Anm. 26; siehe auch Teil IV Abschnitt 2.2.4.; in § 160 Abs. 3 Nr. 7 AktG 65 war die Angabe von Sicherheiten für eigene Verbindlichkeiten noch ausdrücklich vorgesehen, wobei fraglich ist, ob es sich dabei lediglich um (unbedingte) Verbindlichkeiten im Sinne der Bilanz oder auch um bedingte Verbindlichkeiten (Rückstellungen oder sonstige nicht passivierungsfähige Sachverhalte) handelt; zur Berichtspflicht nach altem Recht vgl. ADS (4. Aufl.) § 160 Anm. 162 ff.

35) Vgl. J. Drukarczyk: Unternehmen und Insolvenz, S. 169, der die 'nachsichtige Kommentierung und Auslegung' der alten Vorschrift des § 160 Abs. 3 Nr. 7 AktG 65 kritisiert, obwohl dort wenigstens noch die Sicherheiten für eigene Verbindlichkeiten ausdrücklich genannt werden.

36) Vgl. Clemm/Ellrott (Beck Bil.-Komm.), § 285 Anm. 15.

2 Absicherung von Sozialplanleistungen durch eine Sozialplanversicherung

1) Da im Rahmen des geltenden Bilanzrechts die Abbildung latenter Sozialplanlasten über Rückstellungen nur unvollständig und zu spät erfolgen kann und eine finanzielle Sicherung von Sozialplanleistungen durch den Erwerb von Zugriffsrechten auf das Vermögen des Unternehmens für den einzelnen Arbeitnehmer, wie auch für die Belegschaft insgesamt, wenig praktikabel erscheint, ist in der Literatur das Modell einer Sozialplanversicherung vorgeschlagen worden. Die verschiedenen Modellvarianten [1] unterscheiden sich danach, ob die Versicherung

1) bei Sozialplänen
   a) im Konkurs oder
   b) außerhalb des Konkurses,
      - bei Sanierungen zur Abwendung einer Insolvenz,
      - bei Betriebsänderungen ohne unmittelbare Insolvenzgefahr (Rationalisierung) oder
   c) innerhalb und außerhalb des Konkurses

eintritt,

2) ihre Leistungen als
   a) nicht rückzahlbare Unterstützung (mit oder ohne Beteiligung des Arbeitgebers) oder
   b) ganz oder teilweise auf Darlehensbasis

gewährt.

Interessanterweise wird - soweit aus der Literatur ersichtlich - nicht diskutiert, durch wen die Versicherungsprämie zu erbringen ist. [2] Sie könnte sowohl durch das Unternehmen - ähnlich den Beiträgen zum Pensionssicherungsverein - als auch durch den einzelnen Arbeitnehmer, als auch als gemeinsamer Beitrag - ähnlich den Sozialversicherungsbeiträgen - aufgebracht werden. Eine vollständige oder teilweise Übernahme der Versicherungsbeiträge durch die Arbeitnehmer würde allerdings, abgesehen von der Frage der politischen Durchsetzbarkeit, dem Sinn und Zweck der Sozialplanregelungen des BetrVG zuwiderlaufen oder

---

[1] Vgl. R. Zaun-Axler: Die Lage der Arbeitnehmer bei Konkurs, Vergleich und Betriebsstillegung, S. 201 f.; H. Brede: Sicherung von Sozialplänen, S. 800 ff.; A. Buchner: Sozialplanverpflichtungen, S. 235 ff.; BMJ (Hrsg.): IRK 1, S. 353 ff.

[2] Eine Ausnahme stellt W. Langemeyer: Wirkungen des Sozialplans, S. 368 dar, der dies jedoch nur für den Fall der Finanzierung von Sozialplänen durch einen überbetrieblichen Fonds erörtert.

sie zumindest überflüssig erscheinen lassen. Die Funktion des Sozialplans, durch Einbeziehung der Aufwendungen für die Personalfreisetzung in das Entscheidungskalkül des Unternehmers den Personalabbau zu begrenzen, würde damit entfallen. [3]
Als Lösung verbleibt nur die Übernahme der Versicherungsprämie allein durch das Unternehmen. Die Aufwandsbelastung würde derjenigen entsprechen, die sich bei der Dotierung einer Sozialplanrückstellung ergäbe. Allerdings führt die Rückstellungsbildung im Gegensatz zur Versicherungsprämie nicht zu Liquiditätsabflüssen.

2) Bei einem Eintritt der Versicherung im Unternehmenskonkurs würden die Sozialplanleistungen zunächst die Konkursmasse nicht belasten. Dadurch würde vor allem die Position der ungesicherten Konkursgläubiger gestärkt.

Allerdings könnte vorgesehen werden, daß die Ansprüche der Arbeitnehmer auf die Sozialplanversicherung übertragen werden und diese als einfacher Konkursgläubiger am Verfahren teilnimmt. Dies wäre deshalb sinnvoll, um einen Konkurs aus der Sicht der Eigentümer und der übrigen Gläubiger nicht von vornherein vorteilhafter als eine Sanierung des Unternehmens erscheinen zu lassen. Könnten die Belastungen aus einem Sozialplan im Konkurs auf die Versicherung abgewälzt werden, während sie bei einer Sanierung durch die Eigentümer und möglicherweise durch den Forderungsverzicht anderer Gläubiger aufzufangen wären, so würde die Sozialplanversicherung tendenziell eine Unternehmenszerschlagung gegenüber der Sanierung fördern. [4]
Von Seiten der Arbeitnehmer wäre zu befürchten, daß Sozialplanleistungen bei Sanierungsverfahren, die nicht durch die Versicherung gedeckt wären, geringer ausfallen als im Konkurs. Außerdem würde die Gefahr bestehen, daß die Höhe der gesicherten Sozialplanleistungen im Konkurs Sozialpläne außerhalb eines Insolvenzverfahrens mitbeeinflußt. [5]

---

[3] Ähnlich W. Langemeyer: Wirkungen des Sozialplans, S. 368.

[4] Vgl. J. Drukarczyk: Unternehmen und Insolvenz, S. 347 f.; BMJ (Hrsg.): IRK 1, S. 354.

[5] Vgl. BMJ (Hrsg.): IRK 1, S. 354.

3) Zur Lösung dieser Probleme bieten sich zwei Wege an:

a) Gesetzliche Beschränkung der Sozialplanleistungen einheitlich innerhalb und außerhalb des Konkurses.

b) Übergang von einer reinen Versicherungslösung auf eine Darlehenslösung unter Beteiligung der Arbeitgeber an den Sozialplanleistungen.

4) Eine einheitliche Beschränkung der Sozialplanleistungen [Fall 3a] würde Ungleichbehandlungen von Arbeitnehmern ebenso vorbeugen wie der Gefahr stetig steigender Sozialplanvolumen, die eine versicherungstechnische Lösung schon allein deshalb in sich birgt, weil der Arbeitgeber kein Eigeninteresse an einer Begrenzung des Sozialplanvolumens mehr hat. [6] Allerdings können dabei die Gegebenheiten des Einzelfalls nur noch beschränkt berücksichtigt werden. [7] Zudem bestünde die Gefahr, daß die Sozialplanleistungen regelmäßig an der gesetzlich fixierten Obergrenze liegen würden.

5) Bei einer Darlehenslösung [Fall 3b] wären die Sozialplanleistungen nach wie vor durch das Unternehmen zu tragen. [8] Ein Sozialplanfonds, der wie die Sozialplanversicherung über Beiträge der angeschlossenen Unternehmen finanziert wird, würde lediglich eine Vorfinanzierung übernehmen. [9] Daneben wäre eine Kombination von Darlehen und verlorenem Zuschuß durch den Fonds an das Unternehmen vorstellbar. [10]

Der Arbeitgeber hätte in diesen Fällen ein Interesse daran, durch Verhandlungen mit dem Betriebsrat einen möglichst geringen Sozialplan zu erreichen, indem

---

6) Vgl. A. Buchner: Sozialplanverpflichtungen, S. 237 ff.; W. Langemeyer: Wirkungen des Sozialplans, S. 158 f.; H. Brede: Sicherung von Sozialplänen, S 802.

7) Vgl. H. Brede: Sicherung von Sozialplänen, S. 801.

8) Eine Beteiligung der öffentlichen Hand (Bundesanstalt für Arbeit) hält W. Langemeyer (Wirkungen des Sozialplans, S. 369 f.) für vertretbar.

9) Zu den verschiedenen Möglichkeiten der Ausgestaltung dieses Fonds vgl. A. Buchner: Sozialplanverpflichtungen, S. 235 ff; W. Langemeyer: Wirkungen des Sozialplans, S. 368 ff.

10) Vgl. H. Brede: Sicherung von Sozialplänen, S. 800, der bei einem Sanierungserfolg eine teilweise Rückerstattung der Sozialplanleistungen durch das Unternehmen an die Versicherung vorsieht.

einerseits möglichst wenige Arbeitnehmer entlassen werden [11] und andererseits die Sozialplanleistungen pro Arbeitnehmer möglichst gering ausfallen. Weiterhin ist sichergestellt, daß ein ausgehandelter Sozialplan möglichst schnell an die betroffenen Arbeitnehmer zur Auszahlung gelangt, ohne die Liquidität des Unternehmens zu gefährden.
Die Darlehenslösung ist aus der Sicht des Unternehmens aber deshalb nachteilig, weil sie zu einer finanziellen Doppelbelastung führt, der Zahlung von Fondsbeiträgen und von Tilgungsraten für das Sozialplandarlehen. Allerdings werden die Fondsbeiträge niedriger liegen als die Prämien für eine Sozialplanversicherung. Die Liquiditätsbelastung könnte allenfalls dadurch gemildert werden, daß die Fondsmittel in den Mitgliedsunternehmen wiederangelegt werden. [12]
In jedem Fall muß aber die zukünftige Ertragskraft sowie die Liquidität des Unternehmens die Darlehensrückzahlung ermöglichen. Darin liegt jedoch das Dilemma der Fondslösung. Ist das Unternehmen auch bei einer Vorfinanzierung und damit der Verteilung der Sozialplanbelastungen nicht in der Lage, diese zu tragen, so bleibt nur die Möglichkeit des Konkurses, in dem die Sozialplanleistungen nicht durch den Fonds gesichert wären, da dieser nur das Finanzierungsrisiko übernimmt und auf die Rückzahlung des Sozialplandarlehens durch ein fortbestehendes Unternehmen angewiesen ist.
Tritt dagegen im Konkurs die Sozialplanversicherung ein, so kann die Zerschlagung des Unternehmens aus Sicht der Eigentümer gegenüber der Fortführung selbst dann vorteilhaft sein, wenn der Fonds (bei Fortführung) die Finanzierungsfunktion übernehmen würde; mit anderen Worten: ein endgültiger Erlaß der Sozialplanverpflichtungen kann günstiger sein als ihre Stundung. [13]

---

[11] Dagegen wäre bei einer reinen Versicherungslösung die arbeitsplatzerhaltende Funktion des Sozialplans nicht gegeben, so daß der Arbeitgeber bei einem Eintritt der Sozialplanversicherung einen umfassenderen Personalabbau vornehmen wird als bei einer Darlehenslösung; vgl. A. Buchner: Sozialplanverpflichtungen, S. 238.

[12] Siehe Teil V Abschnitt 3.

[13] Dasselbe Problem ergibt sich auch, wenn für eine Sanierung ein Sozialplandarlehen gewährt wird, das bei einem Mißerfolg der Bemühungen nicht zurückgezahlt werden muß und auch die Konkursmasse nicht belastet; vgl. den Vorschlag von H. Brede: Sicherung von Sozialplänen, S. 800.

6) Die Problematik dieser Überlegungen soll das folgende, stark vereinfachte Beispiel verdeutlichen, das an die in Teil III Abschnitt 2.3 diskutierten Fälle anknüpft. Die Vorteilhaftigkeit einer Betriebsänderung wird nach der Kapitalwertmethode berechnet, wobei von einem Zeithorizont von 5 Perioden ausgegangen wird. Die Unternehmensleitung hat folgende Handlungsmöglichkeiten:

1) Fortführung des Unternehmens ohne Betriebsänderung;
2) Fortführung des Unternehmens mit Betriebsänderung,
   a) unter Eigenfinanzierung des Sozialplans,
   b) unter Inanspruchnahme eines Sozialplandarlehens (unverzinslich, Tilgung über 5 Jahre);
3) Liquidation des Unternehmens,
   a) unter Eintritt einer Sozialplanversicherung,
   b) ohne Eintritt einer Sozialplanversicherung.

Die Inanspruchnahme des Sozialplandarlehens oder einer Sozialplanversicherung ist nur unter der Voraussetzung der Mitgliedschaft im und der Beitragszahlung an den Fonds bzw. den Versicherungsträger in der Zeit vor der Betriebsänderung möglich.

Für den Fall [1] der unveränderten Unternehmensfortführung (bei einem konstanten Einzahlungsüberschuß aus dem Unternehmen von 50) gilt: [14]

$$K_0^1 = \frac{50}{1,1^1} + \frac{50}{1,1^2} + \frac{50}{1,1^3} + \frac{50}{1,1^4} + \frac{50}{1,1^5}$$

$$= 45,5 + 41,3 + 37,6 + 34,2 + 31,0$$

$$K_0^1 = 189,6$$

Für den Fall [2a] der Vornahme einer Betriebsänderung und Eigenfinanzierung des Sozialplans (bei einmaligen Auszahlungen von 300 für die Betriebsänderung und 200 für den Sozialplan sowie einem konstanten Einzahlungsüberschuß von 200) gilt:

---

[14] Zur Erläuterung der Formeln sowie der angenommenen Zahlenwerte siehe Teil III Abschnitt 2.3, S. 139 ff.

$$K_0^{2a} = -300 - 200 + \frac{200}{1{,}1^1} + \frac{200}{1{,}1^2} + \frac{200}{1{,}1^3} + \frac{200}{1{,}1^4} + \frac{200}{1{,}1^5}$$

$$= -500 + 181{,}8 + 165{,}3 + 150{,}3 + 136{,}6 + 124{,}2$$

$$K_0^{2a} = 258{,}2$$

Für den Fall [2b] der Vornahme einer Betriebsänderung unter Inanspruchnahme eines zinslosen, über 5 Jahre zu tilgenden Sozialplandarlehens (und sonst gleichen Bedingungen wie bei 2a) gilt:

$$K_0^{2b} = -300 + \frac{160}{1{,}1^1} + \frac{160}{1{,}1^2} + \frac{160}{1{,}1^3} + \frac{160}{1{,}1^4} + \frac{160}{1{,}1^5}$$

$$= -300 + 145{,}5 + 132{,}2 + 120{,}2 + 109{,}3 + 99{,}3$$

$$K_0^{2b} = 306{,}5$$

Erwartungsgemäß ist der Barwert der Betriebsänderung bei einem zinslosen Sozialplandarlehen höher als bei einer Eigenfinanzierung des Sozialplans durch das Unternehmen. Bei einem verzinslichen Darlehen sind die Kapitalwerte um so ähnlicher, je näher der Darlehenszinsfuß am Diskontierungszinsfuß liegt. Entsprechen sich beide, so sind beide Alternativen hinsichtlich ihres Nutzens gleichwertig.

Für den Liquidationsfall [3] sollen mehrere alternative Liquidationswerte des Unternehmens nach Befriedigung der Ansprüche der übrigen Gläubiger, aber vor Bedienung des Sozialplans von 200 angenommen werden:

Liquidationswert vor Sozialplan	Liquidationswert bei Eintritt der Sozialplanversicherung (mV)	Liquidationswert ohne Eintritt der Sozialplanversicherung (oV)
$LW^1 = 400$	$LW^1_{mV} = 400$	$LW^1_{oV} = 200$
$LW^2 = 300$	$LW^2_{mV} = 300$	$LW^2_{oV} = 100$
$LW^3 = 200$	$LW^3_{mV} = 200$	$LW^3_{oV} = 0$

Vergleicht man die Entscheidungsmöglichkeiten der Unternehmensleitung unter Zugrundelegung unterschiedlicher Liquidationswerte, so erweist sich bei einem Liquidationswert von 400 die Zerschlagung des Unternehmens dann als gegenüber allen anderen Alternativen vorteilhaft, wenn die Sozialplanversicherung in Anspruch genommen werden kann [LW^1_{mV} = 400]. Besteht diese Möglichkeit nicht, so ist es am günstigsten, das Unternehmen nach einer Betriebsänderung unter Inanspruchnahme eines Sozialplandarlehens [K_0^{2b} = 307] fortzuführen; aber auch Betriebsänderung mit Eigenfinanzierung des Sozialplans [K_0^{2a} = 258] ist vorteilhafter als die Liquidation ohne Eintritt der Versicherung [LW^1_{oV} = 200]. Eine Sozialplanversicherung für den Fall der Liquidation kann daher aus Sicht der Eigentümer c.p. zu einer Bevorzugung der Zerschlagungsalternative gegenüber der Fortführungsalternative führen.
Bei einem Liquidationswert von 300 ist die Zerschlagung unter Inanspruchnahme der Versicherung [LW^2_{mV} = 300] der Fortführung mit Betriebsänderung und Sozialplandarlehen [K_0^{2b} = 307] nahezu gleichwertig. Auch hier führt das Fehlen einer Versicherung zu einer eindeutigen Bevorzugung der Fortführungsalternative. Lediglich bei einem Liquidationswert von 200 ist die Versicherung ohne Einfluß, da die Fortführung (mit Betriebsänderung) in jedem Fall vorteilhaft ist.

7) Bei der Versicherungslösung wie bei der Darlehenslösung werden die Sozialplanlasten sozialisiert, d.h. auf viele Unternehmen verteilt. [15] Dies entspricht aber gerade nicht dem Gedanken des Sozialplans, die 'sozialen Kosten' einer Betriebsänderung in das Entscheidungskalkül des einzelnen Unternehmers einzubeziehen.
Der vermeintliche Vorteil der Versicherungslösung, der in der Umwandlung eines einmaligen Aufwands für Sozialplanleistungen in einen kontinuierlichen Strom von Versicherungsbeiträgen und damit in einer gleichmäßigen Periodenbelastung gesehen werden kann, [16] gilt ohnehin nur für Unternehmen, die tatsächlich Betriebsänderungen durchführen. Überdies kann die gleichmäßige Periodenbelastung allein kein Grund sein. Umgekehrt könnte man argumentieren, daß das Ergebnis der Periode, in der die Betriebsänderung geplant oder durchgeführt wird, nur dann richtig ausgewiesen wird, wenn sämtliche Aufwendungen der

15) Vgl. H. Brede: Sicherung von Sozialplänen, S. 801.

16) Vgl. ebenda, S. 802.

Betriebsänderung, also auch die Sozialplanaufwendungen, diese Periode belasten.[17] Nicht der Erfolgsausweis, sondern die finanzielle Sicherung des Sozialplans ist das Problem.

8) Die Absicherung zukünftig zu erbringender Sozialplanleistungen über eine Versicherung oder einen Darlehensfonds erscheint daher ebenfalls als wenig vorteilhaft. Diese Instrumente werden in jüngster Zeit durch die Literatur verstärkt kritisiert.[18] Sie wurden auch von der Insolvenzrechtskommission verworfen.[19] Gleichwohl werden z.Zt. in der Praxis verschiedene Modelle entwickelt, die einzelne Elemente der Versicherungs- bzw. Darlehenslösung in sich tragen. So wurde in der nordrhein-westfälischen Stahlindustrie die Gründung einer Stahlstiftung erwogen, die durch Eigenmittel der beteiligten Unternehmen und öffentliche Subventionen finanziert werden und dazu dienen sollte, von geplanten Stillegungen betroffenen Arbeitnehmern Überbrückungsleistungen zu gewähren.[20]

3 Absicherung von Sozialplanleistungen durch Beteiligung der Arbeitnehmer am Unternehmen

1) In jüngster Zeit werden verschiedene Modelle der Beteiligung von Arbeitnehmern am Produktivvermögen diskutiert. Dabei wird in erster Linie das Ziel verfolgt, die private Vermögensbildung nicht nur in klassische langfristige Anlageformen (festverzinsliche Wertpapiere, Sparbücher, Bausparverträge etc.) zu lenken, sondern auch verstärkt in Eigenkapitalbeteiligungen privater Unterneh-

---

[17] Selbst Schmalenbach gibt einer Aufwands- bzw. Ertragsverteilung nicht in jedem Fall den Vorzug, vgl. E. Schmalenbach: Dynamische Bilanz, S. 146 f. (Reagenzglasbeispiel).

[18] Vgl. J. Drukarczyk: Unternehmen und Insolvenz, S. 347 f.

[19] Vgl. BMJ (Hrsg.): IRK 1, S. 354.

[20] Vgl. o.V.: Konzerne gründen Stahlstiftung, in: FAZ vom 28.3.87, S. 87; die im Saarland geplante Stahlstiftung soll dagegen ausschließlich aus öffentlichen Mitteln finanziert werden, vgl. o.V.: Saarhütten/ Schwierigkeiten bei der Verwirklichung einer vernünftigen Stahllösung, in: HB vom 18.3.87, S. 14.

men, um die im Durchschnitt geringe Eigenkapitalquote deutscher Unternehmen zu erhöhen. [1] Der Gedanke, über eine Beteiligung am Unternehmen eine soziale und wirtschaftliche Absicherung der Arbeitnehmer zu erreichen, die das Instrument des Sozialplans weitgehend ganz oder teilweise ersetzen könnte, stand demgegenüber im Hintergrund. [2] Dagegen scheint in der Praxis gelegentlich der umgekehrte Fall aufzutreten, daß Sozialplanleistungen dazu verwendet wurden, Mitarbeiter-Kapitalbeteiligungen am eigenen (insolventen) Unternehmen zu erwerben, um über eine derartige Einlage die Fortführung zu ermöglichen. [3]

2) Eine Diskussion der verschiedenen Beteiligungsformen, ihrer Probleme und Realisationsmöglichkeiten würde den Rahmen dieser Arbeit sprengen. [4] Abbildung 24 gibt einen Überblick über die wichtigsten Beteiligungsformen. Im folgenden soll lediglich erörtert werden, ob die Kapitalbeteiligung der Arbeitnehmer die dem Sozialplan zugedachte Funktion der sozialen Sicherung bei Betriebsänderungen ersetzen kann, ob Sozialplan und Beteiligung einander ergänzen können oder miteinander in einem Spannungsverhältnis stehen.

3) Geht man vom einfachen Fall einer Mitarbeiterbeteiligung in Form des Erwerbs von Belegschaftsaktien aus, so kann der Arbeitnehmer durch Veräußerung seiner Aktien versuchen, den wirtschaftlichen Nachteil aus einer Betriebsänderung auszugleichen oder zu überbrücken. Er ist dann allerdings vom Kurswert der Aktie abhängig, der durch das Bekanntwerden einer Betriebsänderung tendenziell sinken wird.

---

1) Vgl. H. Besters: Volkswirtschaftliche Aspekte, S. 2 ff., S. 13 ff.

2) Dazu positiv P. Hanau: Arbeitsrechtliche Probleme, S. 127, der aber im Ergebnis ein Nebeneinander von Beteiligung und Sozialplananspruch vertritt.

3) Vgl. E. Gaugler: Beteiligung der Arbeitnehmer, S. 53.

4) Vgl. dazu G. Schanz: Mitarbeiterbeteiligung; G. Laßmann/E. Schwark (Hrsg.) Beteiligung der Arbeitnehmer am Produktivvermögen; E. Gaugler: Erfolgsbeteiligung, Sp. 794 ff.; D. Scharf: Eigenkapitalbeteiligung der Arbeitnehmer; ders.: Gewinn- und Eigenkapitalbeteiligung der Arbeitnehmer, S. 2137 ff.; K.-R. Veit: Probleme einer betrieblichen Ergebnisbeteiligung der Arbeitnehmer, S. 1 ff. H. U. Haas: Kapitalbeteiligung der Arbeitnehmer, Sp. 1089 ff.; A. Oberhauser: Investivlohn, Sp. 1069 ff.; H.J. Schneider (Hrsg.): Handbuch der Mitarbeiterkapitalbeteiligung; M. Lutter: 4. Vermögensbildungsgesetz; jeweils mit weiteren Quellen.

Abb. 24: Beteiligung der Mitarbeiter am Kapital des arbeitgebenden Unternehmens [5)]

direkte Beteiligung			indirekte Beteiligung
einfache Formen		Kombinationen	
Fremdkapital	Eigenkapital		
Mitarbeiterdarlehen (einfach/ partiarisch)	Stille Beteiligung (typisch/ atypisch)	Darlehen Stille Beteiligung	Zwischenschaltung einer AG/GmbH
Obligationen (mit/ohne Wandelrecht)	Kommanditbeteiligung	Obligation + GmbH-Anteile	Zwischenschaltung anderer Rechtsformen
Genußscheine	GmbH-Anteil	Obligation + Aktien	
	Belegschaftsaktien	Darlehen + Stille Beteiligung + Aktien	Mitarbeiter-Beteiligungsgesellschaft
			Unterstützungskasse als kollektiver Arbeitnehmer-Gesellschafter am arbeitgebenden Unternehmen

Im Fall des Unternehmenskonkurses hat der Belegschaftsaktionär - wie jeder andere Eigenkapitalgeber auch - lediglich einen Anspruch auf den nicht durch Gläubigeransprüche aufgezehrten Teil des Liquidationserlöses. Er wird demnach in der Regel leer ausgehen und neben dem wirtschaftlichen Nachteil aus dem Verlust des Arbeitsplatzes noch einen Vermögensverlust in Höhe seiner Beteiligung hinnehmen müssen (Duplizierung des Risikos). [6)]

---

5) Vgl. E. Gaugler: Beteiligung der Arbeitnehmer, S. 51.

6) Vgl. E. Gaugler: Beteiligung der Arbeitnehmer, S. 59 f., der auf die Wechselwirkung auch aus der Sicht des Unternehmens hinweist.

4) Wird der Arbeitnehmer am Gewinn des Unternehmens beteiligt, [7] mit der Maßgabe, die freiwerdenden Mittel dem Unternehmen als Darlehen zur Verfügung zu stellen (investive Gewinnbeteiligung), so könnte für den Zeitpunkt seines Ausscheidens aus dem Unternehmen der Rückzahlungbetrag des Darlehens zur Überbrückung etwaiger wirtschaftlicher Nachteile herangezogen werden. Gegenüber der Beteiligung am Eigenkapital des Unternehmens hat das Mitarbeiterdarlehen einen arbeitsplatzerhaltenden Effekt, da das Unternehmen bei einer Entlassung des Arbeitnehmers neben etwaigen Sozialplanleistungen mit einem weiteren Liquiditätsabfluß durch Kündigung des Darlehens rechnen muß. [8]
Im Falle des Unternehmenskonkurses wäre der Arbeitnehmer allerdings den sonstigen, nicht bevorrechtigten Konkursgläubigern gleichgestellt, [9] es sei denn, die Mitarbeiterdarlehen würden durch spezielle Vorrechte am Vermögen des Unternehmens (z.B. durch Grundpfandrechte) gesichert, was jedoch ähnlich wie bei der vorgeschlagenen Wertpapierdeckung für latente Sozialplanansprüche den Kreditspielraum des Unternehmens einschränken würde. [10] Weiterhin würde sich auch hier das schon an früherer Stelle [11] diskutierte Problem stellen, durch wen diese Sicherheit zu erwerben und ggf. zu verwerten ist. Eine gesetzliche Sicherung der investiven Gewinnbeteiligung durch eine bevorrechtigte Befriedigung im Konkurs des Unternehmens analog zur Insolvenzsicherung für Arbeitsentgelte würde zu einer Bevorzugung der Mitarbeiter gegenüber anderen Gläubigern führen. [12]

---

[7] Zur grundsätzlichen Kritik an einer Ergebnisbeteiligung der Arbeitnehmer vgl. H.K. Weber: Verhältnis von Kapital zu Arbeit, S. 610 ff.

[8] Vgl. E. Gaugler: Beteiligung der Arbeitnehmer, S. 60 mit Verweis auf empirische Untersuchungen.

[9] Eine Berücksichtigung im Rahmen des Vorrechts nach § 61 Nr. 1 KO kommt nicht in Betracht; vgl. L. Vollmer: Unternehmensverfassungen, S. 204.

[10] Vgl. auch L. Vollmer: Unternehmensverfassungen, S. 41 Fußn. 111.

[11] Siehe Teil V Abschnitt 1.

[12] Vgl. L. Vollmer: Unternehmensverfassungen, S. 204, der auf eine entsprechende Anregung der CDU/CSU im Gesetzgebungsverfahren zur betrieblichen Gewinn- und Kapitalbeteiligung der Mitarbeiter verweist.

5) Wird das Arbeitnehmerdarlehen dagegen nicht aus einem Gewinnanteil gespeist, sondern durch monatliche Abzüge vom Lohn (Investivlohn), [13] so könnte die Mitarbeiterbeteiligung als zurückbehaltenes Arbeitsentgelt aufgefaßt werden, für das im Konkurs eine bevorrechtigte Befriedigung nach § 61 Nr. 1 KO vorgesehen ist. [14] Allerdings ist das Vorrecht auf einen Zeitraum von 12 Monaten vor Konkurseröffnung beschränkt. Hier wäre eine zeitliche Ausdehnung des Insolvenzschutzes erforderlich.

6) Eine Absicherung der Arbeitnehmer könnte auch über die Zwischenschaltung einer Mitarbeiterbeteiligungsgesellschaft erreicht werden, die an mehreren Unternehmen beteiligt ist und so eine Streuung des Kapitalverlustrisikos vornimmt.[15]

Abb. 25: Modell einer sozialen Sicherung von Arbeitnehmern über eine Beteiligung am Produktivvermögen

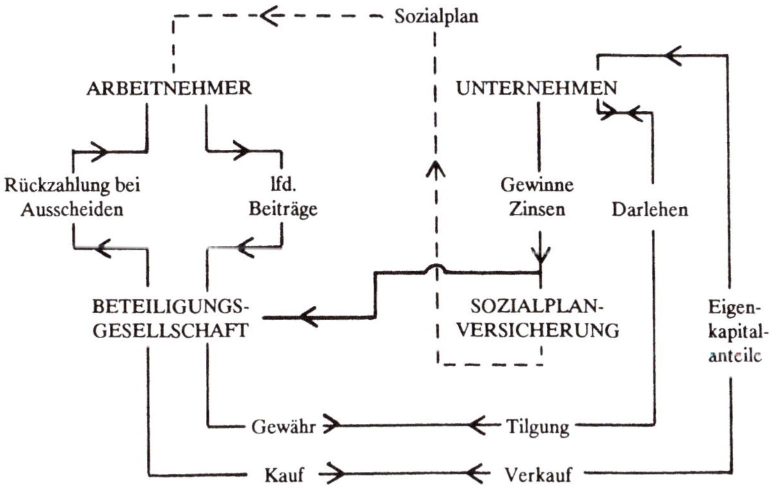

[13] Vgl. A. Oberhauser: Investivlohn; Sp. 1078 ff.

[14] Vgl. L. Vollmer: Unternehmensverfassungen, S. 204 f.

[15] Vgl. E. Gaugler: Beteiligung der Arbeitnehmer, S. 62.

7) Eine weitere Möglichkeit könnte darin bestehen, einen Teil der Erträge aus dem Mitarbeiterdarlehen zu einer Insolvenzsicherung - ähnlich der im vorangegangenen Abschnitt diskutierten Sozialplanversicherung - zu verwenden. Es ergibt sich dann das in Abb. 25 skizzierte Modell der sozialen Sicherung von Arbeitnehmern.

8) In der Literatur ist verschiedentlich diskutiert worden, ob Rückzahlungsansprüche aus Arbeitnehmerbeteiligungen nach derzeitigem Recht überhaupt auf Sozialplanleistungen angerechnet werden können. [16]) Gegen eine Verrechnung wird u.a. eingewandt, daß die Vermögensbeteiligung am Unternehmen ein Entgelt für früher geleistete Arbeit darstelle und nicht als Surrogat für Sozialplanleistungen anzusehen sei. [17]) Dem läßt sich entgegenhalten, daß bei der Bestimmung des Sozialplananspruchs die wirtschaftlichen Verhältnisse des Arbeitnehmers zu berücksichtigen sind, die durch eine Liquidation seiner Beteiligung am Unternehmen bzw. die Rückzahlung eines Darlehens erheblich verbessert wird. Eine Überbrückungsfunktion des Sozialplans ist dann nicht mehr von vornherein zu rechtfertigen. Lediglich im Fall des Konkurses, in dem ein am (Eigen-) Kapital des Unternehmens beteiligter Arbeitnehmer sehr wahrscheinlich einen Vermögensverlust erleiden wird, käme dem Sozialplan eine eigenständige Bedeutung zu.

9) Eine Verdrängung des Sozialplans durch das Instrument der Mitarbeiterbeteiligung könnte auch dadurch gefördert werden, daß die Arbeitnehmer durch die Eigenkapitalbeteiligung eine Möglichkeit zur unmittelbaren Einflußnahme auf die Entscheidung zu einer Betriebsänderung erwerben. Allerdings bestehen Bedenken gegen eine Kumulierung von Mitbestimmungsrechten durch eine doppelte Vertretung von Arbeitnehmern im Aufsichtsrat (als Arbeitnehmer und Eigenkapitalgeber), die zusätzlich dadurch verstärkt werden, daß dem Betriebsrat im Fall der Betriebsänderung eines der wenigen im Betriebsverfassungsrecht geregelten Mitwirkungsrechte an unternehmerischen Entscheidungen zusteht. Deshalb wäre zu überlegen, ob die Beteiligungsrechte des Betriebsrats an der Be-

---

[16]) Vgl. P. Hanau: Arbeitsrechtliche Probleme, S. 126 f. mit Verweis auf L. Vollmer: Unternehmensverfassungen, S. 200 ff.

[17]) Vgl. P. Hanau: Arbeitsrechtliche Probleme, S. 127.

triebsänderung sowie der Herbeiführung von Interessenausgleich und Sozialplan in dem Maße abzubauen wären, in dem die Arbeitnehmer als Eigenkapitalgeber unmittelbaren Einfluß auf die unternehmerische Entscheidung zu einer Betriebsänderung gewinnen. Allerdings haben Untersuchungen ergeben, daß die Eigenkapitalbeteiligung von Mitarbeitern i.d.R. gegenwärtig nicht ausreicht, um bei den Wahlen der Kapitalvertreter in den Aufsichtsrat einen entscheidenden Einfluß zu gewinnen. [18]

10) Zusammenfassend bleibt festzustellen, daß Beteiligungen von Arbeitnehmern am arbeitgebenden Unternehmen grundsätzlich geeignet erscheinen, die Überbrückungsfunktion des Sozialplans zu übernehmen, wenn sichergestellt wird, daß es in der Insolvenz des Unternehmens nicht zu einer Kumulation aus Verlust des Arbeitsplatzes und Vermögensverlust des Arbeitnehmers - durch Verlust der (Kapital-) Beteiligung am Unternehmen - kommen kann. Die gesetzlichen Vorschriften zur Vermögensbildung könnten daher in Zukunft stärker darauf ausgerichtet werden, die Überbrückungsfunktion mit zu übernehmen.

---

18) Vgl. E. Gaugler: Beteiligung der Arbeitnehmer, S. 64 mit Quellennachweis.

SECHSTER TEIL: ERGEBNISSE DER ARBEIT

1) Ziel dieser Arbeit war es, das Sozialplanrecht zu analysieren und aus betriebswirtschaftlicher Sicht Verbesserungsvorschläge für zur Zeit noch ungelöste Probleme im Zusammenhang mit Sozialplänen zu entwickeln.

2) Der den Sozialplan auslösende Tatbestand der Betriebsänderung ist in § 111 BetrVG nur unzureichend erfaßt.
Anstelle einer unsystematischen und nicht überschneidungsfreien Aufzählung möglicher Betriebsänderungen wird vorgeschlagen, unmittelbar an den wirtschaftlichen Nachteilen anzuknüpfen und als Betriebsänderung jede Maßnahme aufzufassen, die für Arbeitnehmer mit dem Verlust des Arbeitsplatzes oder mit anderen gravierenden wirtschaftlichen Nachteilen verbunden ist. Da nicht jede einzelne Veränderung im Personalbereich eine mitbestimmungspflichtige Betriebsänderung darstellen kann, ist es zweckmäßig, nur solche unternehmerischen Maßnahmen als Betriebsänderungen zu qualifizieren, durch die in Abhängigkeit von der Betriebsgröße jeweils eine bestimmte Zahl von Arbeitnehmern betroffen ist. Die Größenordnungen sollten unmittelbar dem BetrVG zu entnehmen sein, ohne daß, wie durch die Rechtsprechung geschehen, auf andere Rechtsnormen (§ 17 KSchG) Bezug genommen wird.

3) Der Zweck des Sozialplans sollte in der zeitlich begrenzten Überbrückung der durch den Verlust des Arbeitsplatzes bewirkten wirtschaftlichen Nachteile - wie finanzielle Mehrbelastungen durch Umzug, Umschulung, längerer Weg zur Arbeitsstätte etc. - der von der Betriebsänderung betroffenen Arbeitnehmer, nicht jedoch in einer Entschädigung für den Verlust des Arbeitsplatzes selbst gesehen werden.

4) Die Sozialplanleistungen sind durch den Arbeitgeber zu tragen, um die Allgemeinheit - insbesondere die Sozialversicherungsträger - von den sozialen Kosten der Betriebsänderung zumindest teilweise zu entlasten. Das Unternehmen wird - nach erfolgreicher Durchführung der Betriebsänderung - versuchen, die Sozialplanaufwendungen über den Preis auf die Abnehmer seiner Leistungen weiterzu-

wälzen. Durch die Einbeziehung der Sozialplanleistungen in das Entscheidungskalkül des Arbeitgebers bei der Ermittlung der Vorteilhaftigkeit der Betriebsänderung soll zugleich angestrebt werden, den Abbau von Arbeitsplätzen auf das unbedingt notwendige Maß zu begrenzen.

5) Für die Bestimmung des Sozialplanvolumens wird eine mehrstufige Vorgehensweise vorgeschlagen.
In einem ersten Schritt ist der voraussichtliche individuelle Sozialplanbedarf jedes Arbeitnehmers zu ermitteln. Die zu diesem Zweck in § 112 Abs. 5 BetrVG neu eingeführten Kriterien bedürfen einer noch stärkeren Konkretisierung. So sollte beispielsweise die Höhe des individuellen Sozialplananspruchs nicht an der Dauer der Betriebszugehörigkeit, sondern am Lebensalter sowie dem sozialen Status des Arbeitnehmers orientiert werden, um dem Überbrückungsgedanken stärker Rechnung zu tragen.

6) In einem zweiten Ermittlungsschritt ist der gesamte Sozialplanbedarf aller Arbeitnehmer dem wirtschaftlichen Nutzen der Betriebsänderung gegenüberzustellen.
In Literatur und Rechtsprechung werden die zumeist an den Abfindungsleistungen bei sozial ungerechtfertigter Kündigung (§ 9 KSchG) orientierten Sozialplanansprüche der Arbeitnehmer als Determinante bei der Entscheidung des Unternehmers, die Betriebsänderung durchzuführen, angesehen. Eine derartig inflexible Berücksichtigung der Sozialplanansprüche der Arbeitnehmer würde aber die Vorteilhaftigkeit einer Betriebsänderung in starkem Maße von der Höhe des Sozialplans abhängig machen. Die in § 112 Abs. 5 BetrVG erhobene Forderung, zwischen den sozialen Belangen der Arbeitnehmer und den wirtschaftlichen Interessen des Unternehmens abzuwägen, wäre nicht erfüllt.
Es wird daher vorgeschlagen, die Betriebsänderung als Investition aufzufassen und in die Vorteilhaftigkeitsberechnung einen Mindestsozialplan in Höhe der für den Konkurs (§§ 2, 4 SPG) geltenden Höchstbeträge einzubeziehen. Erweist sich die Betriebsänderung unter Einbeziehung des Mindestsozialplans als vorteilhafter als eine unveränderte Fortführung des Unternehmens, so kann es den Verhandlungen zwischen Arbeitgeber und Betriebsrat überlassen werden, die Arbeitnehmer über den Mindestsozialplan hinaus an dem zukünftigen Nutzen der Be-

triebsänderung (Kapitalwert) zu beteiligen. Erweist sich die Betriebsänderung unter Einbeziehung dieses Mindestsozialplans als unwirtschaftlich und müßte das Unternehmen liquidiert werden, würde ohnehin wenigstens dieser Mindestsozialplan zum Tragen kommen.

Die in der Literatur entwickelten Modelle der Investitionsrechnung können bei der Bestimmung des aus der Betriebsänderung resultierenden Nutzens herangezogen werden. Wegen der diesen Verfahren innewohnenden Mängel sollte diese Berechnung in einem dritten Schritt durch einen Finanzplan ergänzt werden, der sich zumindest über die Laufzeit des Sozialplans erstreckt.

7) Zahl und Umfang der bekannt gewordenen Sozialpläne haben sich in den letzten Jahren ständig erhöht. Damit sind auch die Risiken, die sich für die Rentabilitäts- und Finanzlage der Gesellschaften durch latente Sozialplanverpflichtungen ergeben können, stark gewachsen.
Die langfristige Antizipation von zukünftig zu erbringenden Sozialplanleistungen in der Rechnungslegung war und ist den Unternehmen aufgrund handels- und steuerrechtlicher Vorschriften verwehrt. Die Bildung von Rückstellungen wird durch die Finanzverwaltung erst dann anerkannt, wenn die Betriebsänderung geplant bzw. der Betriebsrat davon unterrichtet wurde.

8) Gegenstand dieser Arbeit war es, zu überprüfen, ob im Rahmen der derzeit geltenden Vorschriften eine Abbildung der Belastungen aus zukünftigen Betriebsänderungen in der Rechnungslegung der Unternehmen bereits zu einem früheren Zeitpunkt möglich ist. Zu diesem Zweck wurde ein chronologischer Katalog von Ereignissen aufgestellt, beginnend mit der Einstellung des Arbeitnehmers, das Erreichen der sozialplanrelevanten Betriebsgröße, über erste Indizien für eine Betriebsänderung, die verschiedenen Planungsphasen, die Entscheidung bis schließlich zur Durchführung einer Betriebsänderung. Es wurde versucht, dem jeweiligen Ereignis eine entsprechende Art der Abbildung im Rahmen der Rechnungslegung (Verbindlichkeit, Rückstellung, Eventualverbindlichkeit, sonstige finanzielle Verpflichtung) zuzuordnen.

9) Zukünftig zu erbringende Sozialplanleistungen begründen, solange sie dem Grunde und/oder der Höhe nach unbestimmt sind, Rückstellungen für ungewisse Verbindlichkeiten. Allerdings kann für die Mehrzahl der Unternehmen eine Betriebsänderung nicht mit hinreichender Wahrscheinlichkeit prognostiziert werden, so daß die Passivierung einer latenten Verpflichtung und die Belastung der Periode mit den entsprechenden Aufwendungen unterbleiben muß.
Es ist jedoch vorstellbar, daß der Zeitpunkt der erstmaligen Erfassung latenter Sozialplanverpflichtungen nicht erst mit dem Beginn des Planungsprozesses einer Betriebsänderung, sondern schon bei einem erhöhten wirtschaftlichen Risiko festgelegt wird. So könnte der Gesetzgeber bzw. die Finanzverwaltung für Unternehmen einer bestimmten Branche (Stahl, Bau-, Druckindustrie) oder einer bestimmten Altersklasse (weniger als 10 Jahre seit Gründung), für die sich ein erhöhtes Insolvenzrisiko statistisch nachweisen läßt, die Bildung von Sozialplanrückstellungen gestatten. Eine Abbildung von Sozialplanverpflichtungen unter den Eventualverbindlichkeiten oder eine entsprechende Angabe in Anhang als 'sonstige finanzielle Verpflichtungen' ist nur in Ausnahmefällen gerechtfertigt. Die durch das Bilanzrichtlinien-Gesetz erfolgte Erweiterung der Rückstellungsregelungen im Bereich der sogenannten Aufwandsrückstellungen lassen eine frühzeitigere Erfassung von Sozialplanleistungen als nach altem Recht nicht zu.

10) Sofern eine Antizipation latenter Sozialplanverpflichtungen nicht für zulässig gehalten wird, könnte vorgesehen werden, den wirtschaftlichen Nutzen aus der Betriebsänderung in der Periode der Durchführung zu aktivieren und in der Folgezeit abzuschreiben. In der Handelsbilanz käme für eine derartige Aktivierung die Position 'Aufwendungen für die Ingangsetzung und Erweiterung des Geschäftsbetriebs' in Betracht. Dies wäre insofern zu befürworten, als dadurch die Periode, in der der Sozialplan zum Tragen kommt, entlastet und der Aufwand auf den Zeitraum des Nutzenzuwachses verteilt werden könnte.

11) Selbst wenn die latenten Sozialplanverpflichtungen langfristig in Form von Rückstellungen antizipiert werden könnten, ließen sich dadurch die Ansprüche der Arbeitnehmer nicht in befriedigendem Umfang sichern. Vor allem im Konkurs des Unternehmens wäre die Vermögensbindungswirkung der Rückstellungen nicht mehr gegeben.

12) Die Sicherung der Sozialplanansprüche der Arbeitnehmer durch die Einräumung von Sicherheiten, d.h. Zugriffsrechten auf das Vermögen des Arbeitgebers, stößt schon wegen der mangelnden Rechtsfähigkeit des Betriebsrats auf Schwierigkeiten. Weiterhin sind die bekannten Sicherungsinstitute zu schwerfällig, um einer raschen Befriedigung der Sozialplanansprüche zu dienen. Reformvorschläge, die diese Defizite beseitigen könnten - etwa zu einem gesetzlichen Arbeitnehmerpfandrecht -, sind jedoch vom Gesetzgeber bisher nicht aufgegriffen worden. Es besteht allerdings die Gefahr, daß durch die Besicherung der Arbeitnehmeransprüche der Kreditspielraum der Unternehmen - in weit stärkerem Maße als durch die Passivierung von Sozialplanrückstellungen - eingeschränkt wird, da dann nur noch ein geringerer Teil ihres Vermögens als Kreditsicherheit zur Verfügung stehen würde.

13) Die Einführung einer Sozialplanversicherung erscheint aus mehreren Gründen nicht empfehlenswert. Die Versicherungsbeiträge belasten die Liquidität der Unternehmen. Sozialplanlasten werden sozialisiert. Die Unternehmen verlieren das Interesse, die Zahl der abzubauenden Arbeitsplätze und die Höhe der Sozialplanleistungen gering zu halten. So kann es aus der Sicht der Eigentümer bei Eintritt der Sozialplanversicherung vorteilhafter sein, das Unternehmen zu zerschlagen, als es fortzuführen. Auf diese Weise wird unter Umständen eine Unternehmenssanierung, bei der Gläubiger und Eigentümer die Sozialplanleistungen zu tragen hätten - während bei einem Konkurs die Leistungen von der Versicherung übernommen werden - verhindert. Diese Mängel lassen sich durch eine Eigenbeteiligung der Unternehmen am Sozialplan zwar mindern, aber nicht grundsätzlich beseitigen.

14) Eine sinnvolle Alternative zur Sozialplanversicherung könnte die Finanzierung von Sozialplänen durch einen Sozialplanfonds darstellen. Die Unternehmen werden dabei lediglich von Liquiditätsproblemen, nicht aber davon befreit, die Sozialplanaufwendungen zu tragen. Die Fondsbeiträge wären gleichfalls durch die Unternehmen selbst aufzubringen, sie würden die Rentabilität und Liquidität der Unternehmen aber in geringerem Maße belasten als Versicherungsprämien für ein vergleichbares Sozialplanvolumen.

Da die Rückzahlung des Sozialplandarlehens nur durch ein fortgeführtes Unternehmen erfolgen kann, stellt der Sozialplanfonds nur für den Sanierungsfall ein geeignetes Instrument zur Sicherung der Ansprüche der Arbeitnehmer dar. In der Insolvenz sind die Sozialplanansprüche ungesichert.

15) Um einerseits das Risiko steigender Sozialplanverpflichtungen von Unternehmen abzubauen und andererseits die Sicherung der Arbeitnehmer bei einer Betriebsänderung nicht aufzugeben, bietet sich als Lösungsmöglichkeit eine verstärkte Beteiligung der Arbeitnehmer am Kapital des arbeitgebenden Unternehmens an. Die im Laufe der Unternehmenszugehörigkeit durch einbehaltene Lohnanteile oder Gewinnanteile erworbenen Eigenkapitalanteile oder Darlehensforderungen könnten dazu dienen, wirtschaftliche Notlagen beim Verlust des Arbeitsplatzes zu überbrücken.
Die Funktion des Sozialplans, durch die Internalisierung der 'sozialen Kosten einer Betriebsänderung' in das Entscheidungskalkül des Unternehmers den Personalabbau zu begrenzen, wird hier dadurch erreicht, daß die Unternehmensleitung bei Entlassungen von Arbeitnehmern mit einem Kapital- bzw. Liquiditätsentzug durch Kündigung von Mitarbeiterdarlehen rechnen muß.

Der Schutz der Arbeitnehmer vor einem Vermögensverlust in der Insolvenz könnte durch die Zwischenschaltung von Beteiligungsgesellschaften (Risikostreuung) oder von Insolvenzversicherungen, deren Prämien durch die Beteiligungs- oder Zinserträge der Mitarbeiterbeteiligungen bzw. -darlehen gespeist werden, erfolgen. Für Mitarbeiterdarlehen, die durch Lohnabzüge (Investivlohn) oder durch Ausleihungen der Arbeitnehmer an das Unternehmen entstehen, könnte darüberhinaus eine gesetzliche Insolvenzsicherung, ähnlich der bevorrechtigten Befriedigung rückständiger Arbeitsentgelte nach § 61 Nr.1 KO, vorgesehen werden.

Im Zuge einer verstärkten Beteiligung der Arbeitnehmer am arbeitgebenden Unternehmen könnte langfristig das schwerfällige und hinsichtlich seiner Rechtfertigung sowie seiner Einflüsse auf den Bestand von Unternehmen und damit von Arbeitsplätzen umstrittene Instrument des Sozialplans in seiner jetzigen Form unter Wahrung der Interessen der Arbeitnehmer schrittweise ersetzt werden.

ANLAGENVERZEICHNIS

Anlage I/1:

Entwurf eines Gesetzes über die Neuordnung der Beziehungen von Arbeitnehmern und Arbeitgebern in den Betrieben (Betriebsverfassungsgesetz)

BT-Drucksache 1/1546 vom 31.10.1950

§ 3 (Geltungsbereich)

(1) Betrieb im Sinne dieses Gesetzes ist der Arbeitsverband von Arbeitgebern und Arbeitnehmern, der mit Hilfe von Arbeitsmitteln bei räumlicher Zusammenfassung bestimmte nichthoheitliche Aufgaben fortgesetzt verfolgt.

(2) ...

§ 4 (Arbeitnehmer)

(1) Arbeitnehmer im Sinne dieses Gesetzes sind die in einem Arbeitsverhältnis im Betrieb beschäftigten Personen (Arbeiter, Angestellte, Lehrlinge).

(2) Nicht Arbeitnehmer sind ...:

c) die leitenden Angestellten, ...

§ 7 (Arbeitgeber)

(1) Arbeitgeber ist, wer Arbeitnehmer (§ 4) beschäftigt.

(2) Unternehmer im Sinne dieses Gesetzes ist, wer die wirtschaftlichen und sonstigen Zwecke fortgesetzt verfolgt, denen die Arbeitsleistung eines oder mehrerer Betriebe zu dienen bestimmt ist.

(3) ...

(4) Der Arbeitgeber kann sich nur durch eine an der Betriebsleitung, der Unternehmer nur durch eine an der Unternehmensleitung verantwortlich beteiligte Person vertreten lassen.

Anlage I/2:

Vertrag über die Gründung der Europäischen Gemeinschaft für Kohle und Stahl [EKGS] (Montanunionvertrag) vom 18.4.1951, BGBl. 1952 II 445

Art. 56:

Werden im Rahmen der allgemeinen Ziele der hohen Behörde neue technische Verfahren oder Produktionsmittel eingeführt, und ergibt sich hieraus in außergewöhnlichem Umfang eine Verminderung des Bedarfs an Arbeitskräften der Kohle- und Stahlindustrie, die besondere Schwierigkeiten für die Weiterbeschäftigung der freigewordenen Arbeitskräfte in einem oder mehreren Gebieten mit sich bringt, und stellen die beteiligten Regierungen einen dahingehenden Antrag, so ...

.

.

c) bewilligt sie [die hohe Behörde] eine nicht rückzahlungspflichtige Beihilfe, um beizutragen

- zur Zahlung von Entschädigungen, die es den Arbeitnehmern ermöglichen, ihre Wiedereinstellung abzuwarten;
- zur Gewährung von Beihilfen an die Arbeitnehmer für die Kosten zur Erlangung eines neuen Arbeitsplatzes;
- zur Finanzierung der Umschulung der Arbeitnehmer, die ihre Beschäftigung wechseln müssen.

Die hohe Behörde macht die Bewilligung einer nicht rückzahlungspflichtigen Beihilfe von der Zahlung eines mindestens gleich hohen besonderen Beitrags durch den beteiligten Staat abhängig, es sei denn, daß der Rat mit Zweidrittelmehrheit eine Abweichung zuläßt.

Anlage I/3:
Gesetz zur Anpassung und Gesundung des deutschen Steinkohlebergbaus und der deutschen Steinkohlebergbauindustrie vom 15.5.1968, BGBl. I 368 und 374

(lediglich gültig für Entlassungen, soweit sie zwischen dem 31.3.1967 und dem 31.12.1970 veranlaßt sind, vgl. § 30 Abs. 1)

§ 7 Gesamtsozialplan

(1) Die Bergbauunternehmen haben den im Falle einer Stillegung oder Teilstillegung eines Steinkohlebergwerks einzuhaltenden Sozialplan unverzüglich dem Bundesbeauftragten vorzulegen. Beantragt ein Bergbauunternehmen für eine nach dem 7. November beschlossene Stillegung oder Teilstillegung eines Steinkohlebergwerks die Gewährung einer Stillegungsprämie, so muß der Sozialplan mindestens die sich aus dem im Bundesanzeiger veröffentlichten Gesamtsozialplan ergebenden, vom Bergbauunternehmen zu erbringenden betrieblichen Leistungen und Maßnahmen enthalten.

(2) ...

§ 24 Begünstigter Personenkreis

(1) Arbeitnehmer des Steinkohlebergbaus, die aus Anlaß einer Stillegungsmaßnahme vom Arbeitgeber entlassen worden sind, erhalten nach Maßgabe der Vorschriften dieses Abschnitts ein einmaliges Abfindungsgeld.

(2) - (4) ...

§ 25 Voraussetzungen für die Gewährung des Abfindungsgeldes

(1) Für die Gewährung des Abfindungsgeldes ist Voraussetzung, daß der Arbeitnehmer das fünfunddreißigste Lebensjahr vollendet hat und eine Mindestzugehörigkeit zum Bergbau von zehn Jahren nachweist.

(2) ...

(3) Der Arbeitnehmer muß in den zwei seiner Entlassung vorausgegangenen Jahren ununterbrochen im Steinkohlebergbau beschäftigt gewesen sein, ...

§ 26 Ausschluß von der Gewährung des Abfindungsgeldes

(1) Das Abfindungsgeld wird nicht gewährt,

.

.

2. an entlassene Arbeitnehmer, denen vor ihrem Ausscheiden ein neuer Arbeitsplatz im Steinkohlebergbau angeboten worden ist; ...

(2) - (3) ...

§ 27 Höhe des Abfindungsgeldes

Das Abfindungsgeld setzt sich zusammen aus

1. einem Grundbetrag von zweitausend Deutsche Mark und
2. einem Zuschlag von fünfundzwanzig Deutsche Mark für jeden über die Mindestdauer hinausgehenden weiteren vollen Monat der Zugehörigkeit zum Bergbau.

Das Abfindungsgeld beträgt höchstens fünftausend Deutsche Mark.

Anlage I/4:
Kündigungsschutzgesetz vom 25.8.1969

Erster Abschnitt. Allgemeiner Kündigungsschutz

§ 9 Auflösung des Arbeitsverhältnisses durch Urteil des Gerichts; Abfindung des Arbeitnehmers

§ 10 Höhe der Abfindung

(1) Als Abfindung ist ein Betrag von bis zu 12 Monatsverdiensten festzusetzen.

(2) Hat der Arbeitnehmer das fünfzigste Lebensjahr vollendet und hat das Arbeitsverhältnis mindestens fünfzehn Jahre bestanden, so ist ein Betrag bis zu fünfzehn Monatsverdiensten, hat der Arbeitnehmer das fünfundfünfzigste Lebensjahr vollendet und hat das Arbeitsverhältnis mindestens zwanzig Jahre bestanden, so ist ein Betrag bis zu achtzehn Monatsverdiensten festzusetzen. ...

(3) ...

Dritter Abschnitt. Anzeigepflichtige Entlassungen

§ 17. Anzeigepflicht. (1) Der Arbeitgeber ist verpflichtet, dem Arbeitsamt Anzeige zu erstatten, bevor er

1. in Betrieben mit in der Regel mehr als 20 und weniger als 60 Arbeitnehmern mehr als 5 Arbeitnehmer,
2. in Betrieben mit in der Regel mehr als 60 und weniger als 500 Arbeitnehmern 10 vom Hundert der im Betrieb regelmäßig beschäftigten Arbeitnehmer oder aber mehr als 25 Arbeitnehmer,
3. in Betrieben mit in der Regel mindestens 500 Arbeitnehmern mindestens 30 Arbeitnehmer

innerhalb von 30 Kalendertagen entläßt.

(2) - (5) ....

Anlage I/5:

Entwurf eines neuen Betriebsverfassungsgesetzes 1972

(Vgl.: Der Bundesminister für Arbeit und Sozialordnung (Hrsg.): Entwurf eines neuen Betriebsverfassungsgesetzes. Gesetzesentwurf und Begründung, Bonn 1970, S. 50)

§ 111 Betriebsänderungen

(1) Der Unternehmer hat den Betriebsrat über von ihm geplante Maßnahmen, die dazu führen können, daß

1. in Betrieben mit in der Regel 20 und weniger als 50 ständig beschäftigten Arbeitnehmern insgesamt mehr als 5 ständig beschäftigte Arbeitnehmer,

2. in Betrieben mit in der Regel mindestens 50 und weniger als 500 ständig beschäftigten Arbeitnehmern insgesamt 10 vom Hundert der im Betrieb ständig beschäftigten Arbeitnehmer oder aber insgesamt mehr als 25 ständig beschäftigte Arbeitnehmer,

3. in Betrieben mit in der Regel mindestens 500 ständig beschäftigten Arbeitnehmern insgesamt mindestens 50 ständig beschäftigte Arbeitnehmer

entlassen werden oder auf eine andere Tätigkeit umgesetzt werden, für die das Arbeitsentgelt geringer ist, oder anderweitige wesentliche Nachteile erleiden, rechtzeitig und umfassend zu unterrichten und die geplante Maßnahme mit dem Betriebsrat zu beraten.

(2) Der Betriebsrat hat in den Fällen des Absatzes 1 ein Mitbestimmungsrecht nach Maßgabe des § 112. Dies gilt nicht, wenn Maßnahmen nach Absatz 1 durch nicht geplante Einschränkungen der Beschäftigungsmöglichkeiten im Betrieb, insbesondere aufgrund einer Veränderung der Auftragslage oder der wirtschaftlichen Lage des Betriebs bedingt sind.

Anlage I/6:

Betriebsverfassungsgesetz vom 15.1.1972

Zweiter Unterabschnitt. Betriebsänderungen

§ 111 Betriebsänderungen.

Der Unternehmer hat in Betrieben mit in der Regel mehr als zwanzig wahlberechtigten Arbeitnehmern den Betriebsrat über geplante Betriebsänderungen, die wesentliche Nachteile für die Belegschaft oder erhebliche Teile der Belegschaft zur Folge haben können, rechtzeitig und umfassend zu unterrichten und die geplanten Betriebsänderungen mit dem Betriebsrat zu beraten. Als Betriebsänderungen im Sinne des Satzes 1 gelten

1. Einschränkung und Stillegung des ganzen Betriebs oder von wesentlichen Betriebsteilen,
2. Verlegung des ganzen Betriebs oder von wesentlichen Betriebsteilen,
3. Zusammenschluß mit anderen Betrieben,
4. grundlegende Änderungen der Betriebsorganisation, des Betriebszwecks oder der Betriebsanlagen,
5. Einführung grundlegend neuer Arbeitsmethoden und Fertigungsverfahren.

§ 112 Interessenausgleich über die Betriebsänderung, Sozialplan.

(1) Kommt zwischen Unternehmer und Betriebsrat ein Interessenausgleich über die geplante Betriebsänderung zustande, so ist dieser schriftlich niederzulegen und vom Unternehmer und Betriebsrat zu unterschreiben. Das gleiche gilt für eine Einigung über den Ausgleich oder die Milderung der wirtschaftlichen Nachteile, die den Arbeitnehmern infolge der geplanten Betriebsänderung entstehen (Sozialplan). Der Sozialplan hat die Wirkung einer Betriebsvereinbarung. § 77 Abs. 3 ist auf den Sozialplan nicht anzuwenden.

(2) Kommt ein Interessenausgleich über die geplante Betriebsänderung oder eine Einigung über den Sozialplan nicht zustande, so können der Unternehmer oder der Betriebsrat den Präsidenten des Landesarbeitsamtes um Vermittlung ersuchen. Geschieht dies nicht oder bleibt der Vermittlungsversuch ergebnislos, so können der Unternehmer oder der Betriebsrat die Einigungsstelle anrufen. Auf Ersuchen des Vorsitzenden der Einigungsstelle nimmt der Präsident des Landesarbeitsamtes an der Verhandlung teil.

(3) Unternehmer und Betriebsrat sollen der Einigungsstelle Vorschläge zur Beilegung der Meinungsverschiedenheiten über den Interessenausgleich und den Sozialplan machen. Die Einigungsstelle hat eine Einigung der Parteien zu versuchen. Kommt eine Einigung zustande, so ist sie schriftlich niederzulegen und von den Parteien und vom Vorsitzenden zu unterschreiben.

(4) Kommt eine Einigung über den Sozialplan nicht zustande, so entscheidet die Einigungsstelle über die Aufstellung eines Sozialplans. Der Spruch der Einigungsstelle ersetzt die Einigung zwischen Arbeitgeber und Betriebsrat.

(5) Die Einigungsstelle hat bei ihrer Entscheidung nach Absatz 4 sowohl die sozialen Belange der betroffenen Arbeitnehmer zu berücksichtigen als auch auf die wirtschaftliche Vertretbarkeit ihrer Entscheidung für das Unternehmen zu achten. Dabei hat die Einigungsstelle sich im Rahmen billigen Ermessens insbesondere von folgenden Grundsätzen leiten zu lassen:

1. Sie soll beim Ausgleich oder bei der Milderung wirtschaftlicher Nachteile, insbesondere durch Einkommensminderung, Wegfall von Sonderleistungen oder Verlust von Anwartschaften auf betriebliche Altersversorgung, Umzugskosten oder erhöhte Fahrtkosten, Leistungen vorsehen, die in der Regel den Gegebenheiten des Einzelfalles Rechnung tragen.

2. Sie hat die Aussichten der betroffenen Arbeitnehmer auf dem Arbeitsmarkt zu berücksichtigen. Sie soll Arbeitnehmer von Leistungen ausschließen, die in einem zumutbaren Arbeitsverhältnis im selben Betrieb oder einem anderen Betrieb des Unternehmens oder eines zum Konzern gehörenden Unternehmens weiterbeschäftigt werden können und die Weiterbeschäftigung ablehnen; die mögliche Weiterbeschäftigung an einem anderen Ort begründet für sich allein nicht die Unzumutbarkeit.

3. Sie hat bei der Bemessung des Gesamtbetrages der Sozialplanleistungen darauf zu achten, daß der Fortbestand des Unternehmens oder die nach Durchführung der Betriebsänderung verbleibenden Arbeitsplätze nicht gefährdet werden.

§ 112a Erzwingbarer Sozialplan bei Personalabbau, Neugründungen.

(1) Besteht eine geplante Betriebsänderung im Sinne von § 111 Satz 2 Nr. 1 allein in der Entlassung von Arbeitnehmern, so findet § 112 Abs. 4 und 5 nur Anwendung, wenn

1. in Betrieben mit in der Regel mehr als 20 und weniger als 60 Arbeitnehmern 20 vom Hundert der regelmäßig beschäftigten Arbeitnehmer, aber mindestens 6 Arbeitnehmer,

2. in Betrieben mit in der Regel mindestens 60 und weniger als 250 Arbeitnehmern 20 vom Hundert der regelmäßig beschäftigten Arbeitnehmer oder mindestens 37 Arbeitnehmer,

3. in Betrieben mit in der Regel mindestens 250 und weniger als 500 Arbeitnehmern 15 vom Hundert der regelmäßig beschäftigten Arbeitnehmer oder mindestens 60 Arbeitnehmer,

4. in Betrieben mit in der Regel mindestens 500 Arbeitnehmern 10 vom Hundert der regelmäßig beschäftigten Arbeitnehmer, aber mindestens 60 Arbeitnehmer

aus betriebsbedingten Gründen entlassen werden sollen. Als Entlassung gilt auch das vom Arbeitgeber aus Gründen der Betriebsänderung veranlaßte Ausscheiden von Arbeitnehmern auf Grund von Aufhebungsverträgen.

(2) § 112 Abs. 4 und 5 findet keine Anwendung auf Betriebe eines Unternehmens in den ersten vier Jahren nach seiner Gründung. Dies gilt nicht für Neugründungen im Zusammenhang mit der rechtlichen Umstrukturierung von Unternehmen und Konzernen. Maßgebend für den Zeitpunkt der Gründung ist die Aufnahme einer Erwerbstätigkeit, die nach § 138 der Abgabenordnung dem Finanzamt mitzuteilen ist.

§ 113 Nachteilsausgleich.

(1) Weicht der Unternehmer von einem Interessenausgleich über die geplante Betriebsänderung ohne zwingenden Grund ab, so können Arbeitnehmer, die infolge dieser Abweichung entlassen werden, beim Arbeitsgericht Klage erheben mit dem Antrag, den Arbeitgeber zur Zahlung von Abfindungen zu verurteilen; § 10 des Kündigungsschutzgesetzes gilt entsprechend.

(2) Erleiden Arbeitnehmer infolge einer Abweichung nach Absatz 1 andere wirtschaftliche Nachteile, so hat der Unternehmer diese Nachteile bis zu einem Zeitraum von zwölf Monaten auszugleichen.

(3) Die Absätze 1 und 2 gelten entsprechend, wenn der Unternehmer eine geplante Betriebsänderung nach § 111 durchführt, ohne über sie einen Interessenausgleich mit dem Betriebsrat versucht zu haben, und infolge der Maßnahme Arbeitnehmer entlassen werden oder andere wirtschaftliche Nachteile erleiden.

Anlage I/7:

Gesetz über den Sozialplan im Konkurs- und Vergleichsverfahren vom 20.2.1985, BGBl. I S. 369

§ 1. (Regelungsbereich)

Für die Behandlung eines Sozialplans (§ 112 des Betriebsverfassungsgesetzes) in dem Konkurs- oder Vergleichsverfahren über das Vermögen des Unternehmers gelten als besondere Vorschriften die §§ 2 bis 5.

§ 2. (Absolute Begrenzung des Sozialplanvolumens)

In einem Sozialplan, der nach der Eröffnung des Konkursverfahrens aufgestellt wird, kann für den Ausgleich oder die Milderung der wirtschaftlichen Nachteile, die den Arbeitnehmern infolge der geplanten Betriebsänderung entstehen, ein Gesamtbetrag bis zu zweieinhalb Monatsverdiensten (§ 10 Abs. 3 des Kündigungsschutzgesetzes) der von einer Entlassung betroffenen Arbeitnehmer vorgesehen werden.

§ 3. (Absolute Begrenzung vorkonkurslicher Sozialpläne)

Ein Sozialplan, der vor Eröffnung des Konkursverfahrens, jedoch nicht früher als drei Monate vor dem Antrag auf Eröffnung des Konkurs- oder Vergleichsverfahrens aufgestellt wird, ist den Konkursgläubigern gegenüber insoweit unwirksam, als die Summe der Forderungen aus dem Sozialplan größer ist als der Gesamtbetrag von zweieinhalb Monatsverdiensten der von der Entlassung betroffenen Arbeitnehmer. Eine Forderung aus dem Sozialplan kann im Konkursverfahren mit demjenigen Teil ihres Betrags geltend gemacht werden, der dem Verhältnis des in Satz 1 bestimmten Gesamtbetrages zu der Summe der Forderungen aus dem Sozialplan entspricht. Hat ein Arbeitnehmer auf seine Forderung aus dem Sozialplan vor der Eröffnung des Konkursverfahrens Leistungen empfangen, werden diese zunächst auf denjenigen Teil seiner Forderung angerechnet, der im Konkursverfahren geltend gemacht werden kann.

§ 4. (Relative Begrenzung des Sozialplanvolumens)

Im Konkursverfahren werden Forderungen aus einem Sozialplan nach § 2 ebenso wie Forderungen aus einem Sozialplan nach § 3, soweit diese im Konkursverfahren geltend gemacht werden können, mit dem Rang des § 61 Abs. 1 Nr. 1 der Konkursordnung berichtigt. Für die Berichtigung dieser Fordungen darf jedoch nicht mehr als ein Drittel der für die Verteilung an die Konkursgläubiger zur Verfügung stehenden Konkursmasse verwendet werden; § 61 Abs. 2 Satz 2 der Konkursordnung gilt entsprechend. Sind Forderungen aus mehreren Sozialplänen mit dem Vorrecht nach Satz 1 zu berichtigen, gilt Satz 2 entsprechend für die Gesamtheit dieser Forderungen.

§ 5. (Sozialplanforderungen im Vergleichsverfahren)

Am Vergleichsverfahren sind die Arbeitnehmer nicht beteiligt, soweit ihre Forderungen aus einem Sozialplan im Konkursverfahren geltend gemacht werden können und ein Vorrecht genießen; im übrigen sind sie Vergleichsgläubiger.

§ 6. (Übergangsvorschrift)

...

§ 7. (Berlinklausel)

...

§ 8. (Geltungsdauer)

Dieses Gesetz tritt am Tage der Verkündung in Kraft. Es tritt mit Ablauf des 31. Dezember 1988 außer Kraft. [1]

---

[1] Es ist beabsichtigt, diese Frist bis zum 31.12.89 zu verlängern, vgl. BT-Drucks. 11/2991 vom 27.9.88, Entwurf eines Gesetzes zur Änderung des Gesetzes über den Sozialplan im Konkurs- und Vergleichsverfahren.

Anlage I/8:

Entwurf eines Gesetzes zur Änderung des Betriebsverfassungsgesetzes, über Sprecherausschüsse der leitenden Angestellten und zur Sicherung der Montan-Mitbestimmung

BT-Drucksache 11/2503 vom 16.6.1988

Artikel 1: Änderung des Betriebsverfassungsgesetzes

1. § 5 wird wie folgt geändert:

a) Absatz 3 wird wie folgt gefaßt:

"(3) Dieses Gesetz findet, soweit in ihm nicht ausdrücklich etwas anderes bestimmt ist, keine Anwendung auf leitende Angestellte. Leitender Angestellter ist, wer nach Arbeitsvertrag und Stellung im Unternehmen oder im Betrieb

1. zur selbständigen Einstellung und Entlassung von im Betrieb oder in der Betriebsabteilung beschäftigten Arbeitnehmern berechtigt ist oder
2. Generalvollmacht oder Prokura hat oder
3. regelmäßig sonstige Aufgaben wahrnimmt, die für den Bestand und die Entwicklung des Unternehmens oder eines Betriebs von Bedeutung sind und deren Erfüllung besondere Erfahrungen und Kenntnisse voraussetzt, wenn er dabei entweder die Entscheidungen im wesentlichen frei von Weisungen trifft oder sie maßgeblich beeinflußt; dies kann auch bei Vorgaben insbesondere auf Grund von Rechtsvorschriften, Plänen oder Richtlinien sowie bei Zusammenarbeit mit anderen leitenden Angestellten gegeben sein."

b) Folgender Absatz 4 wird angefügt:

(4) Leitender Angestellter nach Absatz 3 Nr. 3 ist im Zweifel, wer

1. aus Anlaß der letzten Wahl des Betriebsrats, des Sprecherausschusses oder der Aufsichtsratsmitglieder der Arbeitnehmer nach dem Mitbestimmungsgesetz oder durch rechtskräftige gerichtliche Entscheidung den leitenden Angestellten zugeordnet worden ist oder
2. einer Leitungsebene angehört, auf der in dem Unternehmen überwiegend leitende Angestellte vertreten sind, oder
3. ein regelmäßiges Jahresarbeitsentgelt erhält, das für leitende Angestellte in dem Unternehmen üblich ist, oder
4. falls auch bei der Anwendung der Nummer 3 noch Zweifel bleiben, ein regelmäßiges Jahresarbeitsentgelt erhält, das das Dreifache der Bezugsgröße nach § 18 des Vierten Buches des Sozialgesetzbuches überschreitet."

Artikel 2

Gesetz über Sprecherausschüsse der leitenden Angestellten (Sprecherausschußgesetz - SprAuG)

...

§32. Wirtschaftliche Angelegenheiten

...

(2) Der Unternehmer hat den Sprecherausschuß über geplante Betriebsänderungen im Sinne von § 111 des Betriebsverfassungsgesetzes, die auch wesentliche Nachteile für leitende Angestellte zur Folge haben können, rechtzeitig und umfassend zu unterrichten. Entstehen leitenden Angestellten infolge der geplanten Betriebsänderung wirtschaftliche Nachteile, hat der Unternehmer mit dem Sprecherausschuß über Maßnahmen zum Ausgleich oder zur Milderung dieser Nachteile zu beraten.

§ 33 Beteiligung bei Vereinbarungen zwischen Arbeitgeber und Betriebsrat

Arbeitgeber und Betriebsrat haben vor Abschluß einer Betriebsvereinbarung oder sonstigen Vereinbarung, die rechtliche Interessen der leitenden Angestellten berührt, den Sprecherausschuß anzuhören. Erachtet der Sprecherausschuß die Vereinbarung als eine Beeinträchtigung rechtlicher Interessen der leitenden Angestellten, ist auf seinen Antrag der Abschluß der Vereinbarung auf die Dauer von zwei Wochen vom Zugang des Antrags an auszusetzen. Innerhalb dieser Frist haben Arbeitgeber, Betriebsrat und Sprecherausschuß eine Verständigung zu versuchen. Wird innerhalb der Frist eine Verständigung nicht erreicht und die Vereinbarung abgeschlossen, kann der Sprecherausschuß beim Arbeitsgericht die Aufhebung der Vereinbarung beantragen, soweit sie rechtliche Interessen der leitenden Angestellten beeinträchtigt und unbillig ist.

...

Anlage II/1:
Beurteilung ausgewählter arbeitsrechtlicher Vorschriften durch Unternehmen und Verbände

Bewertung / Gesetzliche Vorschrift	Verminderung	Beibehaltung	Ausweitung	keine Antwort
	des bisherigen Bestandsschutzes			
1) Kündigungsschutzgesetz Kündigungsgründe				
- in der Person des Arbeitnehmers	64,2	31,5	0,0	4,3
- im Verhalten des Arbeitnehmers	77,6	20,7	0,4	1,3
- betrieblich bedingt (sozial gerechtfert.)	62,1	33,6	1,7	2,6
2) Mutterschutzgesetz	30,2	66,8	0,9	2,1
3) Schwerbehindertengesetz	49,6	49,1	0,4	0,9
4) Kündigungsschutz für ältere Arbeitnehmer	28,0	66,8	4,3	0,9
5) Jugendarbeitsschutz	31,0	66,4	0,9	1,7
6) Wehrpflichtigenschutz	12,1	84,9	2,2	0,9
7) Sozialplanregelungen				
- im Konkurs (SPG)	**51,3**	**41,0**	**4,3**	**3,4**
- außerhalb des Konkurses (BetrVG)	**68,5**	**27,2**	**1,3**	**3,0**

Quelle: G. Heimann: Gesetze als Barrieren, in: Industriemagazin 1987 Heft 4, S. 62

Anlage II/2:
Wesentliche Bestandteile ausgewählter veröffentlichter Sozialpläne

Unternehmen	Art der Betriebsänderung	Abfindungsregelungen	Zahl d. betroff. Arbeitnehmer	Gesamtvolumen in DM	Ø Abfind. pro Arbeitnehmer in DM	Quelle
Hertie AG, Filiale Göttingen	Betriebsstillegung	Abfindungen gestaffelt nach - Dauer der Betriebszugehörigkeit, - Alter, - Kinderzahl	300	ca. 5 Mio.	ca. 17.000	GT 14.5.86
Deutsche AG für - Unterhaltungselektronik (Dagfu), Hannover	Betriebseinschränkungen	Abfindungen	1.200	36 Mio	30.000	FAZ 16.7.86 SZ 16.7.86
Dillinger Hütte (gesamte Saarstahlindustrie)	k.A.	Vorruhestandsregelungen f. Mitarbeiter nach Vollendung des 55. Lebensjahres, Einkommensgarantie von 50 bis 95% des letzten monatlichen Nettogehalts	k.A.	k.A.	k.A.	HB 28.7.86
Schmalbach Lubeca AG Werk Lübeck	Betriebseinschränkung und Betriebsinhaberwechsel	Abfindungen, Übernahme von Krediten der Arbeitnehmer, Leistung von verfallbaren Beiträgen zur betrieblichen Altersversorgung in einen vom Betriebsrat verwalteten Fonds	150 Entlassungen	mind. 10 Mio 400.000	mind. 67.000	FAZ 9.9.86

Unter-nehmen	Art der Betriebs-änderung	Abfindungs-regelungen	Zahl d. betroff. Arbeit-nehmer	Gesamt-volumen in DM	Ø Abfind. pro Arbeit-nehmer in DM	Quelle
Mannes-mann Röhren-werke AG Düsseld.	Betriebsein-schränkung - Aufhe-bungsvertr. - vorzeitige Pensionie-rungen, - Umsetzun-gen	Abfindungen, Nettoausgleich nach Montanunionvertrag, Entgeltschutz-regelungen	k.A.	k.A.	k.A.	FAZ
Saarstahl GmbH, Völklingen	Betriebsein-schränkungen Betriebs-stillegungen (Personal-abbau)	noch keine konkreten Maßnahmen geplant	ca. 2.800	200 bis 250 Mio.	72.000 bis 90.000	FAZ 27.11.86
Saarstahl GmbH, Völklingen	Betriebsein-schränkungen Betriebs-stillegungen von 1977-95	Abfindungen in Höhe der Differenz zw. den vereinbarten Höchstbeträgen und Arbeitslosengeld bzw. Arbeitslosenhilfe	k.A.	700 Mio.	k.A.	FAZ 27.1.87
Saarstahl, Völklingen	Betriebsein-schränkungen Betriebs-stillegungen (Personal-abbau)	befristete Betriebs-renten (bis 2 Jahre), Aufstockung des Ar-beitslosengelds bzw. der AFG-Mittel auf Ø 85% des letzten Nettoeinkommens, Finanzierung durch Einrichtung einer Stahlstiftung, Übernahme von 50% der Leistungen durch EGKS nach Art. 56 Montanunionvertrag	2.000 bis 2.800	k.A.	k.A.	FAZ 31.1.87

Unter-nehmen	Art der Betriebs-änderung	Abfindungs-regelungen	Zahl d. betroff. Arbeit-nehmer	Gesamt-volumen in DM	Ø Abfind. pro Arbeit-nehmer in DM	Quelle
deutsche Stahl-industrie	Personal-abbau ab 1987	noch keine konkreten Maßnahmen geplant	ca. 20.000	mehr als 1 Mrd.	mehr als 50.000	HB 6./7.3. 1987
deutsche Stahl-industrie	Personal-abbau 80-86 1980-86 davon ca. 30% mit Sozialplan	Abfindungen, Vorruhestands-regelungen etc.	ca. 170.000 (70-86)	k.A.	48.000 bis 70.000	FAZ 24.3.87

Quellen:

o.V.: Betriebsrat und Hertie einigen sich über Sozialplan: Fünf Millionen Mark Abfindungen, in: Göttinger Tageblatt (GT) vom 14.5.86;

o.V.: Die Dagfu legt einen Sozialplan vor, in: Frankfurter Allgemeine Zeitung (FAZ) vom 16.7.86;

o.V.: Sozialplan für deutsche Unterhaltungselektronik AG, in: Südddeutsche Zeitung (SZ) vom 16.7.86, S. 25,

o.V.: Ein außerordentlicher Sozialplan, in: FAZ vom 9.9.86, S. 17;

o.V.: Einheitlicher Sozialplan für Saar-Stahlindustrie, in: Handelsblatt (HB) vom 28.7.86, S. 13;

o.V.: Lafontaine appelliert an die Solidarität Bonns (Saarstahl braucht 260 Millionen, Sozialplan für 2800 Mitarbeiter), in: FAZ vom 27.11.86;

o.V.: Hohe Sozialkosten bei Saarstahl, in: FAZ vom 27.1.87, S. 17;

o.V.: Stahlstiftung Saarland als Sozialplanträger, in: FAZ vom 31.1.87, S. 17;

o.V.: Salzgitter AG: Bei Umstrukturierung sind die Grobarbeiten abgeschlossen, in: HB vom 4.3.87, S. 15;

o.V.: Stahlstiftung an der Ruhr, in: HB vom 6./7.3.87, S. 1;

o.V.: Bisher noch 'sanfte Landung' durch Frühpensionierung, in: HB vom 24.3.87.

Anlage II/3:
Sozialplanerhebung von Vogt (1986)

Branchen \ Beträge	Gesamt in Mio DM	Pro Kopf in DM	Zahl der Betriebe	Zahl der Sozial-pläne	Zahl der betrof-fenen Arbeit-nehmer
Gesamt					
1970 - 1979	254,0	9.853	46	k.A.	25.787
1980 - 1986	3.470,5	17.502	123	131	198.302
Metallverarb.					
1970 - 1979	125,9	14.929	k.A.	k.A.	8.400
1980 - 1986	1.380,0	20.244	k.A.	47	68.200
Stahlindustrie					
1970 - 1979	410,2	19.869	k.A.	k.A.	20.600
1980 - 1986	691,0	14.077	12	15	49.100
Chemie, Papier, Keramik, Glas					
1970 - 1979	152,8	34.001	k.A.	k.A.	4.500
1980 - 1986	285,7	16.042	k.A.	17	17.800
Textil, Bekleid.					
1970 - 1979	k.A.	3.370	k.A.	k.A.	k.A.
1980 - 1986	k.A.	4.091	k.A.	k.A.	k.A.
Sozialpläne im Konkurs					
1980 - 1986	k.A.	6.005	k.A.	16	k.A.
Sozialpl. durch Einigungsstelle					
1980 - 1986	k.A.	21.437	k.A.	5	k.A.

Quelle: A. Vogt: Die ständig steigenden Belastungen aus den Sozialplänen sind kaum noch tragbar, in: HB vom 3.7.86, S. 3.

Die Zahl der jeweils betroffenen Arbeitnehmer ist lediglich insgesamt über alle Branchen für die Zeiträume 1970-79/1980-86 angegeben; die Branchenzahlen wurden aus den Spalten 1 und 2 ermittelt (ca.-Angaben). Das insgesamt für den Zeitraum von 1970 bis 1979 ermittelte Sozialplanvolumen von 254,0 Mio DM korrespondiert offensichtlich nicht mit den für die einzelnen Branchen ermittelten Werten.

Anlage III:
Ablauf des Verfahrens zu Interessenausgleich und Sozialplan

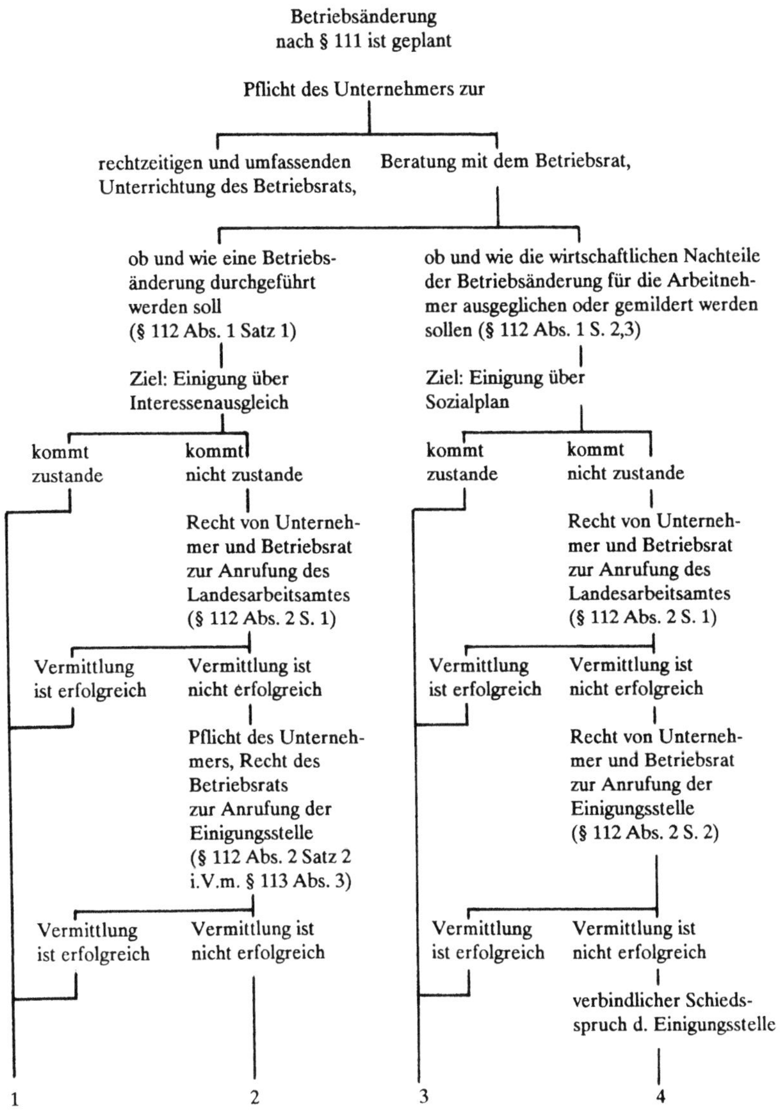

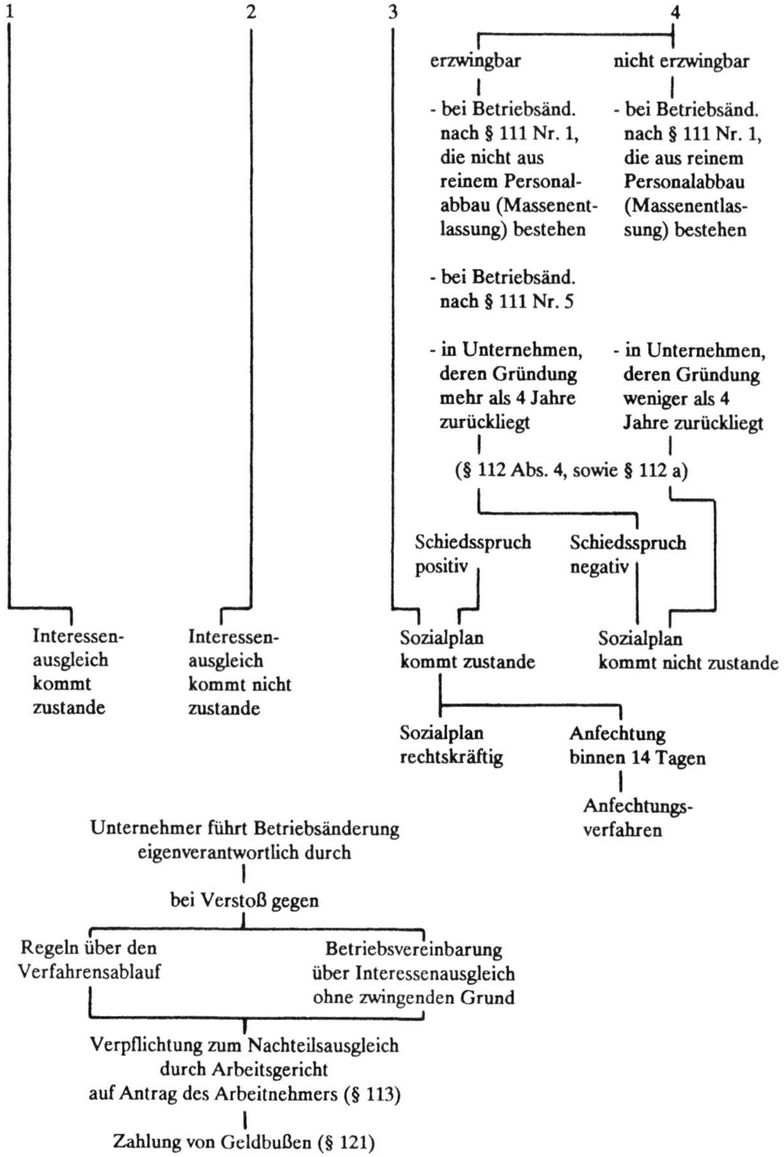
1
2
3
4
erzwingbar
nicht erzwingbar
- bei Betriebsänd. nach § 111 Nr. 1, die nicht aus reinem Personalabbau (Massenentlassung) bestehen
- bei Betriebsänd. nach § 111 Nr. 1, die aus reinem Personalabbau (Massenentlassung) bestehen
- bei Betriebsänd. nach § 111 Nr. 5
- in Unternehmen, deren Gründung mehr als 4 Jahre zurückliegt
- in Unternehmen, deren Gründung weniger als 4 Jahre zurückliegt
(§ 112 Abs. 4, sowie § 112 a)
Schiedsspruch positiv
Schiedsspruch negativ
Interessenausgleich kommt zustande
Interessenausgleich kommt nicht zustande
Sozialplan kommt zustande
Sozialplan kommt nicht zustande
Sozialplan rechtskräftig
Anfechtung binnen 14 Tagen
Anfechtungsverfahren
Unternehmer führt Betriebsänderung eigenverantwortlich durch
bei Verstoß gegen
Regeln über den Verfahrensablauf
Betriebsvereinbarung über Interessenausgleich ohne zwingenden Grund
Verpflichtung zum Nachteilsausgleich durch Arbeitsgericht auf Antrag des Arbeitnehmers (§ 113)
Zahlung von Geldbußen (§ 121)

LITERATURVERZEICHNIS

Sofern im Text Kurztitel verwendet wurden, sind diese in () gesetzt.
Bei Kommentaren oder anderen Sammelwerken wird die Zitierweise gesondert angegeben.

Adler, Hans / Düring, Walter / Schmaltz, Kurt: Rechnungslegung und Prüfung der Aktiengesellschaft, 3. Aufl., Stuttgart 1957

Adler / Düring / Schmaltz: Rechnungslegung und Prüfung der Aktiengesellschaft, Handkommentar, Bd. 1 Rechnungslegung, bearbeitet von Kurt Schmaltz, Karl-Heinz Forster, Reinhard Goerdeler, Hans Havermann (zitiert als ADS, 4. Aufl.), 4. Aufl., Stuttgart 1968

Adler / Düring / Schmaltz: Rechnungslegung und Prüfung der Unternehmen, Kommentar zum HGB, AktG, GmbHG, PublG nach den Vorschriften des Bilanzrichtlinien-Gesetzes, bearbeitet von Karl-Heinz Forster, Reinhard Goerdeler, Joseph Lanfermann, Hans-Peter Müller, Welf Müller, Günter Siepe, Klaus Stolberg, Siegfried Weirich (zitiert als ADS), 5. Aufl., Stuttgart, Loseblattsammlung, Stand: Februar 1988

Angele, Jürgen: Finanzielle Ergebnisse der 1986 eröffneten Konkurs- und Vergleichsverfahren (Finanzielle Ergebnisse 1986), in: Wirtschaft und Statistik 1988, S. 462-466

Autorengemeinschaft: Sozialplanpolitik in der Eisen- und Stahlindustrie (Sozialplanpolitik), Köln 1979

Bähr, Peter: Grundzüge des Bürgerlichen Rechts (Grundzüge), 5. Aufl., München 1984

Baetge, Jörg: Möglichkeiten der Objektivierung des Jahreserfolgs (Objektivierung), Düsseldorf 1970

Baetge, Jörg: Grundsätze ordnungsmäßiger Buchführung, in: Küting/Weber, II Anm. 66-163

Baetge, Jörg / Commandeur, Dirk: in: Küting/Weber, § 264

Baetge, Jörg / Knüppe, Wolfgang: Vorhersehbare Risiken und Verluste, in: HWBuRB, S. 394-403

Baetge, Jörg / Fischer, Thomas: Zur Aussagefähigkeit der Gewinn- und Verlustrechnung nach neuem Recht (Aussagefähigkeit), in: ZfB-Ergänzungsheft 1/87, S. 175-201

Balz, Manfred: Der Sozialplan im Konkurs- und Vergleichsverfahren (Sozialplan im Konkurs- und Vergleichsverfahren), in: DB 1985, S. 689-696

Balz, Manfred: Das neue Gesetz über den Sozialplan im Konkurs- und Vergleichsverfahren (Das neue SPG), RWS-Skript 149, Köln 1985

Bartke, Günter: Rückstellungen für Bergschäden, Gruben- und Schachtversatz nach aktien- und steuerrechtlichen Grundsätzen (Rückstellungen für Bergschäden), in: DB 1978, Beilage 4/78

Baumann, Jürgen: Einführung in die Rechtswissenschaft (Rechtswissenschaft), 7. Aufl., München 1984

Becker, Helmut: Die Rückstellung für Jubiläumszuwendungen (Jubiläumsrückstellungen), in: DB 1987, S. 854-856

Beck'scher Bilanzkommentar: Der Jahresabschluß nach Handels- und Steuerrecht; Bearbeiter: Budde, Wolfgang Dieter / Clemm, Hermann / Pankow, Max / Sarx, Manfred (zitiert als: Beck Bil-Komm.), München 1986

Beck'sches Handbuch der Rechnungslegung, hrsg. von Castan, Edgar / Heymann, Gerd / Müller, Eberhard / Ordelheide, Dieter / Scheffler, Eberhard (zitiert als: Beck Handb. Rechnungsleg.), München, Loseblattsammlung, Stand: Juli 1987

Berges, August Maria: Das Know-how des Belegschaftsstammes als innerbetriebliche Rechtstatsache des Sozialplans (Know-how), in: RdA 1977, S. 271-278

Besters, Hans: Volkswirtschaftliche und gesellschaftspolitische Aspekte der Beteiligung der Arbeitnehmer am Produktivvermögen (Volkswirtschaftliche Aspekte), in: Laßmann/Schwark, ZfbF-Sonderheft Nr.19, 1985, S. 1-16

Beuthin, Volker: Interessenausgleich und Sozialplan im Konkurs. Sozialer Fortschritt oder Boykott der Konkursordnung (Interessenausgleich und Sozialplan im Konkurs), in: RdA 1976, S. 147-161

Beuthin, Volker: Der Sozialauftrag des Sozialplans (Sozialauftrag), in: ZfA 1982, S. 181-205

von Bieler, Bernd: Die wirtschaftliche Vertretbarkeit von Sozialplänen, Diss., Bonn 1984

Biener, Herbert / Bernecke, Wilhelm: Bilanzrichtlinien-Gesetz. Textausgabe des Bilanzrichtlinien-Gesetzes vom 19.12.1985 mit Bericht des Rechtsausschusses des deutschen Bundestages, Regierungsentwürfe mit Begründung, EG-Richtlinien mit Begründung, Entstehung und Erläuterung des Gesetzes (BRG), Düsseldorf 1986

Binz, Fritz / Hess, Harald: Der Konkurs der Insolvenzrechtsreform, Darmstadt 1987

Bise, Wilhelm: Tendenzen der BFH-Rechtsprechung zu Rückstellungen (Tendenzen), in: DB 1987, S. 2617-2625

Bloech, Jürgen / Lücke, Wolfgang: Produktionswirtschaft, Stuttg., New York 1982

Blohm, Hans / Lüder, Klaus: Investition, 5. Aufl., München 1983

Blomeyer, Wolfgang: Rechtliche Kriterien für die Unternehmensbewertung im Rahmen der betrieblichen Altersversorgung (Unternehmensbewertung), in: RdA 1986, S. 69-85

Bonner Handbuch der Rechnungslegung, hrsg. von: Hofbauer, Max A. / Kupsch, Peter (zitiert als: Bonner Handb. Rechnungsleg.), Bonn, Loseblattsammlung (Stand: Oktober 1987)

Bordewin, Arno: Rückstellungen für Sozialpläne nach dem Betriebsverfassungsgesetz, Anmerkung zum Schreiben des BMF vom 2.5.77 (Sozialplanrückstellung), in: BB 1977, S. 682 f.

Borrmann, Helga: Diskussionsbericht [zu den Referaten zur Bestimmung der wirtschaftlichen Lage des Unternehmens im Rahmen der §§ 7 und 16 BetrAVG] (Diskussionsbericht), in: RdA 1987, S. 100 f.

Brede, Helmut: Sind die Ermessensspielräume bei der Bilanzierung und Prüfung von Rückstellungen einschränkbar ? (Ermessensspielräume), in: DB 1972, S. 984-988

Brede, Helmut: Die finanzielle Sicherung von Sozialplänen (Sicherung von Sozialplänen), in: ZfbF 1977, S. 795-804

Brede, Helmut: Betriebswirtschaftslehre für Juristen (Betriebswirtschaftslehre), 2. Aufl., München, Wien 1985

Bucerius, Gerd: Eigentümer, Führung durch, in: HWFü, Sp. 175-183

Buchner, Adalbert: Sozialplanverpflichtungen: Entwicklung, Bedeutung und finanzwirtschaftliche Vorsorgemöglichkeiten (Sozialplanverpflichtungen), Frankfurt am Main, Bern, New York 1985

Budde, Wolfgang Dieter / Karig, Klaus Peter: in: Beck Bil-Komm., § 248, § 264, § 268, § 269, § 282

Budde, Wolfgang Dieter / Förschle, Gerhart: in: Beck Bil-Komm., § 275

Budde, Wolfgang: in: BFuP 1987, S. 361-381 (Meinungsspiegel)

Bülow, Peter: Recht der Kreditsicherheiten, 2. Aufl., Heidelberg 1988

Bundesanstalt für Arbeit: Amtliche Nachrichten der Bundesanstalt für Arbeit (ANA), Heft 3, 1985

Bundesminister für Arbeit und Sozialordnung (Hrsg.): Entwurf des neuen Betriebsverfassungsgesetzes (Entwurf des BetrVG 72), Bonn 1970

Bundesminister der Finanzen: Rückstellungen für Sozialpläne nach dem Betriebsverfassungsgesetz, Schreiben vom 2.5.77 (Sozialplanrückstellungen), in: DB 1977, S. 889; BB 1977, S. 682

Bundesminster der Justiz (Hrsg.): Erster Bericht der Kommission für Insolvenzrecht (IRK 1), Köln 1985

Bundesminster der Justiz (Hrsg.): Zweiter Bericht der Kommission für Insolvenzrecht (IRK 2), Köln 1986

Bundesminster der Justiz (Hrsg.): Diskussionsentwurf. Gesetz zur Reform des Insolvenzrechts. Entwurf einer Insolvenzordnung (EInsO) und anderer Reformvorschriften mit Begründung und Anhang (Diskussionsentwurf), Köln 1988

Burghardt, Anton: Mitbestimmung (Mitbestimmung), in: HWPers, Sp. 1373-1389

Busch, Friedrich Wilhelm: Grundsätze ordnungsmäßiger Bilanzierung für Pensionsverpflichtungen (Pensionsverpflichtungen), Diss., Münster 1976

Castan, Edgar: Zweck und Inhalt des Jahresabschlusses (Zweck und Inhalt), in: Beck Handb. Rechnungsleg., B 100

Chmielewicz, Klaus: Finanz- und Erfolgsplanung, integrierte, in: HWF, Sp. 616-630

Clemm, Hermann / Ellrott, Helmut: in: Beck Bil-Komm., § 285, § 289

Clemm, Hermann / Nonnenmacher, Rolf: in: Beck Bil-Komm., § 247, § 249, § 253, § 266, § 268

Coenenberg, Adolf G. unter Mitarbeit von Gingele, Rudolf / Haller, Axel / Mayer, Andreas / Ströhlein, Peter: Jahresabschluß und Jahresabschlußanalyse. Betriebswirtschaftliche, handels- und steuerrechtliche Grundlagen (Jahresabschluß), 10. Aufl., Landsberg a.L. 1988

Coenenberg, Adolf G. / Kleine-Doepke, Rainer: Sozialbilanz, in: HWR, Sp. 1498-1511

Commandeur, Dirk: Die Bilanzierung der Aufwendungen für die Ingangsetzung und Erweiterung des Geschäftsbetriebs (Ingangsetzungs- und Erweiterungsaufwendungen), Berlin 1986

Csik, Andreas: in: Küting/Weber, §§ 284-288

Deutsche-Angestellten-Gewerkschaft, DAG (Hrsg): Interessenausgleich und Sozialplan - Ein Leitfaden für Betriebsräte - (Interessenausgleich und Sozialplan), in: Der Betriebsrat (Betriebsrätebrief), Heft 3-4, 1983

Deutsche-Angestellten-Gewerkschaft, DAG (Hrsg.): Interessenausgleich und Sozialpläne in der Praxis, 7 Beispiele abgeschlossener Vereinbarungen, (Interessenausgleich und Sozialpläne in der Praxis), in: Der Betriebsrat (Betriebsrätebrief), 1-2/1984

Deutsche-Angestellten-Gewerkschaft, DAG (Hrsg.): Neue Technologien [Computergestützte Datenverarbeitungssysteme]. Rechtliche Probleme der Mitbestimmung (Neue Technologien), in: Der Betriebsrat (Betriebsrätebrief), Heft 2, 1986

Deutsche Bundesregierung: Entwurf eines Betriebsverfassungsgesetzes, BT-Drucks. 6/1786

Deutsche Bundesregierung: Entwurf eines Gesetzes zur Durchführung der Vierten Richtlinie der Europäischen Gemeinschaften zur Koordinierung des Gesellschaftsrechts [Bilanzrichtlinie-Gesetz] (Entwurf des Bilanzrichtlinie-Gesetzes), BT-Drucks. 10/317

Deutsche Bundesregierung: Entwurf eines Beschäftigungsförderungsgesetzes BT-Drucks. 10/2102

Deutscher Bundestag: Entwurf eines Gesetzes über die Neuordnung der Beziehungen von Arbeitnehmern und Arbeitgebern in den Betrieben [Betriebsverfassungsgesetz] (Entwurf des BetrVG 52), BT-Drucksache 1/1546

Deutscher Bundestag, Rechtsausschuß: 19. Sitzung vom 4.4.84, Öffentliche Anhörung zum Gesetzentwurf der SPD zur Änderung der Konkursordnung

Deutscher Bundestag, Rechtsausschuß: 23. Sitzung vom 16.5.84, Öffentliche Anhörung zum Gesetzentwurf der SPD zur Änderung der Konkursordnung

Deutscher Bundestag, Rechtsausschuß: 35. Sitzung vom 24.10.84, Öffentliche Anhörung zum Gesetzentwurf der SPD zur Änderung der Konkursordnung

Deutscher Bundestag: Jahresgutachten 1987/88 des Sachverständigenrates zur Begutachtung der gesamtwirtschaftlichen Entwicklung (Jahresgutachten 1987/88), BT-11/1317 vom 24.11.87

Deutscher Bundestag: Entwurf eines Gesetzes zur Änderung des Betriebsverfassungsgesetzes, über Sprecherausschüsse der leitenden Angestellten und zur Sicherung der Montan-Mitbestimmung, BT-Drucksache 11/2503 vom 16.6.1988

Dietz, Wolfgang / Richardi, Reinhard: Betriebsverfassungsgesetz mit Wahlordnungen, Kommentar (zitiert als: Dietz-Richardi), [5. Aufl., München 1973] 6. Aufl., Bd. I, §§ 1-73, München 1981, Bd. II, §§ 74-Schluß, München 1982

Ditzen, Ulrich: Betriebliche Sozialpläne, Voraussetzungen, Wirkungen und daraus abgeleitete Ansätze zur Verbesserung des Schutzes der Arbeitnehmer vor den sozialen Folgen des technisch-wirtschaftlichen Wandels (Sozialpläne), Frankfurt a.M., Bern, Cirenchester/U.K. 1980

Döllerer, Georg: Steuerbilanz und Beutesymbol (Steuerbilanz), in: BB 1988, S. 238-241

Dorndorf, Eberhard: Sozialplan im Konkurs, Baden Baden 1978

Drukarczyk, Jochen: Zum Problem der 'wirtschaftlichen' Vertretbarkeit von Sozialplänen (Vertretbarkeit von Sozialplänen), in: RdA 1986, S. 115-119

Drukarczyk, Jochen: Unternehmen und Insolvenz. Zur Gestaltung des Kreditsicherungs- und Insolvenzrechts (Unternehmen und Insolvenz), Wiesbaden 1987

Eberbach, Wolfgang: Arbeitsrecht (Arbeitsrecht), 2. Aufl., München 1984

Eichhorn, Peter: Liquiditätsplanung und Gelddisposition in öffentlichen Haushalten (Liquiditätsplanung), 2. Aufl., Baden-Baden 1974

Eichhorn, Peter u.a. (Hrsg.): Verwaltungshandbuch, Baden-Baden 1985

Ehmann, Horst: Betriebsstillegung und Mitbestimmung - Informationszeitpunkt, Verfahrensdauer, Sanktionen (Betriebsstillegung), Düsseldorf 1978

Eibelshäuser, Manfred: Rückstellungsbildung nach neuem Handelsrecht (Rückstellungsbildung), in: BB 1987, S. 860-866

Eifler, Günter: Grundsätze ordnungsmäßiger Bilanzierung für Rückstellungen (GOB für Rückstellungen), Düsseldorf 1976

Eifler, Günter: Rückstellungen für ungewisse Verbindlichkeiten und für drohende Verluste aus schwebenden Geschäften (Rückstellungen), in: HdJ, Abt. III/5

Ellerich, Marian: Zwecke des handelsrechtlichen Jahresabschlusses, in: Küting/Weber, II/1

Emmerich, Gerhard / Künnemann, Martin: Zum Lagebericht der Kapitalgesellschaft (Lagebericht), in: WPg 1986, S. 145-152

Fabricius, Fritz / Kraft, Alfons / Thiele, Wolfgang / Wiese, Günther: Betriebsverfassungsgesetz, Gemeinschaftskommentar (zitiert als: GK-BetrVG), Neuwied und Berlin, Loseblattsammlung

Falke, Joseph / Höland, Armin / Rhode, Barbara / Zimmermann, Gabriele: Kündigungspraxis und Kündigungsschutz in der Bundesrepublik Deutschland (Kündigungspraxis), Bonn 1981

Federmann, Rudolf: Außerordentliche Erträge und Aufwendungen in der GuV-Rechnung (Außerordentliche Erträge und Aufwendungen), in: BB 1987, S. 1071-1078

Fey, Dirk: Keine Rückstellungen für künftige Ausbildungskosten aus Berufsbildungsverhältnissen? (Rückstellung für künftige Ausbildungskosten), in: DB 1985, S. 713-717

Fitting, Karl / Auffarth, Fritz / Kaiser, Heinrich / Heither, Friedrich: Betriebsverfassungsgesetz, Handkommentar, (zitiert als: Fitting-Auffarth-Kaiser-Heither), 15. Aufl., München 1987

Föhr, Horst: Arbeitsrecht für Arbeitnehmer (Arbeitsrecht), 3. Aufl., Köln 1984

Förschle, Gerhard / Kropp, Manfred / Wöste, Renate: Rechnungslegung nach dem Bilanzrichtlinien-Gesetz (Rechnungslegung), Frankfurt 1986

Forster, Karl-Heinz: Rückstellungen für drohende Verluste aus schwebenden Geschäften (Verlustrückstellungen), in: WPg 1971, S. 393-399

Frese, Erich: Grundlagen der Organisation (Organisation), 2. Aufl., Wiesb. 1984

Friedrich, Hartmut: Grundsätze ordnungsmäßiger Bilanzierung für schwebende Geschäfte (GOB für schwebende Geschäfte), 2. Aufl., Düsseldorf 1976

Fuchs, Harald: Der Sozialplan nach dem Betriebsverfassungsgesetz 1972 (Sozialplan), Köln 1977

Gaitanides, Michael / Gottschalk, Bernhard: Zur 'rechtzeitigen' Unterrichtung des Betriebsrats von Planungsvorhaben [§ 90 Betriebsverfassungsgesetz] (Rechtzeitige Unterrichtung), in: angewandte planung, Bd. 2, Heft 1, März 1978, S. 22-28

Galperin, H. / Löwitsch, Manfred: Kommentar zum Betriebsverfassungsgesetz, Bd. 1 und 2, 6. Aufl. Heidelberg 1982 (zitiert als: Galperin/ Löwitsch)

Gaugler, Eduard: Erfolgsbeteiligung, in: HWPers, Sp. 794-808

Gaugler, Eduard: Die Beteiligung der Arbeitnehmer aus betriebswirtschaftlicher Sicht (Beteiligung der Arbeitnehmer), in: Laßmann/Schwark, ZfbF-Sonderheft 19, 1985, S. 49-68

Geßler, Ernst / Hefermehl, Wolfgang / Eckhardt, Ulrich / Kropff, Bruno: Aktiengesetz, Kommentar, Bd. II (zitiert als: Geßler-Hefermehl-Eckhardt-Kropf), §§ 76-147, München 1973/74

Gessner, Volkmar / Plett, Konstanze: Der Sozialplan im Konkursunternehmen. Die Praxis eines autonomen Regelungsmodells im Schnittpunkt von Arbeits- und Konkursrecht (Sozialplan im Konkursunternehmen), Köln 1982

Gessner, Volkmar / Rhode, Barbara / Strate, Gerhard / Ziegert, Klaus A.: Die Praxis der Konkursabwicklung in der Bundesrepublik Deutschland (Praxis der Konkursabwicklung), Köln 1978

Glade, Anton: Rechnungslegung und Prüfung nach dem Bilanzrichtlinien-Gesetz. Systematische Darstellung und Kommentar (zitiert als: Glade), Herne, Berlin 1986

Glaubitz, Werner: Die Kosten von Einigungsstellenverfahren nach § 76 BetrVG (Kosten von Einigungsstellenverfahren), in: DB 1983, S. 555-557

Godin, Reinhard Freiherr von / Wilhelmi, Hans: Gesetz über Aktiengesellschaften und Kommanditgesellschaften auf Aktien, 2. Aufl., Berlin 1950

Gramm, Hans: Rechtsnatur und Haftung des Betriebsrats (Betriebsrat), in: AR-Blattei (D) Betriebsverfassung, VII, Loseblattsammlung, Stuttgart

Grill, Wolfgang / Perczynski, Hans: Wirtschaftslehre des Kreditwesens, 18. Aufl., Bad Homburg v.d.H. 1983

Grochla, Erwin: Betrieb, Betriebswirtschaft und Unternehmung (Betrieb), in: HWB, Bd. 1, Sp. 541-557

Grochla, Erwin: Organisation und Organisationsstruktur (Organisation), in: HWB, Bd. 2, Sp. 2846-2868

Groh, Manfred: Verbindlichkeitsrückstellung und Verlustrückstellung: Gemeinsamkeiten und Unterschiede (Verbindlichkeits- und Verlustrückstellung), in: BB 1988, S. 27-33

Grosse-Oetringhaus, Wiegand F.: Fertigungstypologie unter dem Gesichtspunkt der Fertigungsablaufplanung (Fertigungstypologie), Berlin 1974

Gutenberg, Erich: Grundlagen der Betriebswirtschaftslehre, Bd. I, Die Produktion (Produktion), 23. Aufl., Berlin, Heidelberg, New York 1979

Haas, Hans Ulrich: Kapitalbeteiligung der Arbeitnehmer, in: HWPers, Sp. 1089-1106

Hagenmüller, Karl Friedrich / Diepen, Gerhardt: Der Bankbetrieb. Lehrbuch und Aufgabensammlung, 11. Auflage, Wiesbaden 1987

Hahn, Dietger: Produktionsverfahren [Produktionstypen] (Produktionsverfahren), in: HWB, Bd. 2, Sp. 3146-3164

Hahn, Dietger: Finanz- und Erfolgsplanung, integrierte, in: HWR, Sp. 557-568

Hahn, Dietger: Strategische Planung und Mitbestimmung (Mitbestimmung), in: Dietger Hahn u.a. (Hrsg.): Strategische Unternehmensplanung, Würzburg, Wien 1984, S. 354-378

Hahn, Dietger: Planungs- und Kontrollrechnung (PuK), 3. Aufl., Wiesbaden 1985

Haje, Raimund: Sozialplaneinfluß auf Insolvenzentscheidungen. Ein betriebswirtschaftlicher Beitrag zur Theorie insolvenzbezogener Entscheidungen (Sozialplaneinfluß auf Insolvenzentscheidungen), Schwarzenbeck 1979

Hamel, Winfried: Personal als Investition? in: ZfbF 1987, S. 1079-1087

Hanau, Peter: Probleme der Mitbestimmung über den Sozialplan (Mitbestimmung über Sozialplan), in: ZfA 1974, S. 89-121

Hanau, Peter: Arbeitsrechtliche Probleme der Vermögensbeteiligung der Arbeitnehmer (Arbeitsrechtliche Probleme), in: Laßmann/Schwark, ZfbF-Sonderheft 19, 1985, S. 111-127

Handbuch des Jahresabschlusses in Einzeldarstellungen, hrsg. von: v. Wysocki, Klaus / Schulze-Osterloh, Joachim (zitiert als: HdJ), Köln, Loseblattsammlung, Stand: Juni 1988

Handwörterbuch unbestimmter Rechtsbegriffe im Bilanzrecht des HGB, hrsg. von: Leffson, Ulrich / Rückle, Dieter / Großfeld, Bernhard (zitiert als: HWBuRB), Köln 1986

Hartung, Werner: Verpflichtungen im Personalbereich in Handels- und Steuerbilanz sowie in der Vermögensaufstellung (Verpflichtungen im Personalbereich), Heidelberg 1987

Hasenack, Wilhelm: Betriebsstillegung (Betriebsstillegung), in: HWB, Bd. 1, Sp. 636-654

Heimann, Gerd: Gesetze als Barrieren, in: Industriemagazin, Heft 4, 1987, S. 62

Heinen, Edmund: Grundlagen betriebswirtschaftlicher Entscheidungen. Das Zielsystem der Unternehmung (Grundlagen), 3. Aufl., Wiesbaden 1976

Heinen, Edmund: Handelsbilanzen, 12. Aufl., Wiesbaden 1986

Heither, Friedrich: Betriebsänderungen (§ 111 BetrVG) in der Rechtsprechung des Bundesarbeitsgerichts (Betriebsänderungen), in: ZIP 1985, S. 513-520

Hellge, Gisela: Konkursvermeidung, Berlin 1982

Hemmer, Edmund: Sozialplanpraxis in der Bundesrepublik. Eine empirische Untersuchung (Sozialplanpraxis), Köln 1988

Henze, Joachim / Brose, Peter: Studienbibliothek Organisation (Organisation), Landsberg a.L. 1985

Henze, Joachim / Brose, Peter: Unternehmungsplanung, Stuttgart 1985

Herzig, Norbert / Esser, Klaus: Erfüllungsrückstände und drohende Verluste bei Arbeitsverhältnissen (Erfüllungsrückstände), in: DB 1985, S. 1301-1305

Herzig, Norbert: in: BFuP 1987, S. 361-381 (Meinungsspiegel)

Herzig, Norbert: Bilanzrechtliche Ganzheitsbetrachtung und Rückstellung bei Dauerrechtsverhältnissen (Rückstellung bei Dauerrechtsverhältnissen), in: ZfB 1988, S. 212-225

Hess, Harald / Schlochauer, Ursula / Glaubitz, Werner: Kommentar zum Betriebsverfassungsgesetz (zitiert als: Hess-Schlochauer-Glaubitz), 3. Aufl., Darmstadt 1986

Hesse, Jörg: Methodischer Aufbau von Abfindungsregelungen bei der Aufstellung von Sozialplänen (Abfindungsregelungen), in: Personal 1980, S. 223-227

Hesse, Kurt / Fraling, Rolf: Wie beurteilt man eine Bilanz? 16. Aufl., Wiesb. 1986

Heubeck, Klaus / Löcherbach, Gerhard / Rößler, Norbert: Berücksichtigung der wirtschaftlichen Lage des Arbeitgebers im Rahmen der Anpassungsprüfung nach § 16 BetrAVG (Wirtschaftliche Lage), in: BB, Beilage 3/87

Heymann, Gerd: Eigenkapital, in: Beck Handb. Rechnungsleg., B 231

Höfer, Reinhold: Zur Berechnung von Rückstellungen für Jubiläumsgelder (Jubiläumsrückstellungen), in: BB 1987, S. 997-999

Höfer, Reinhold / Reiners, Stephan: Verfassungsrechtliche Fragen zur Besteuerung der Jubiläumsrückstellungen nach neuem Recht, in: BB 1988, S. 2064-2069

Hoffmann, Friedrich: Organisation, Begriff der (Organisation), in: HWO, Sp. 1425 - 1431

Hohmeier, Hans-Jürgen: Der Lagebericht der Kapitalgesellschaften (Lagebericht), in: DSWR 1986, S. 267-269

von Hoyningen-Huene, Gerrick: Die wirtschaftliche Vertretbarkeit von Sozialplänen (Vertretbarkeit von Sozialplänen), in: RdA 1986, S. 102-115

Hromadka, Wolfgang: Sprecherausschüsse für leitende Angestellte. Der SprALAG-Entwurf oder Wie Gesetzesentwürfe nicht sein sollen (Sprecherausschüsse), in: DB 1986, S. 857-862

Hübner, Heinz: Allgemeiner Teil des Bürgerlichen Gesetzbuches (Allgemeiner Teil), Berlin, New York 1985

Hueck, Alfred / Nipperdey, Hans Carl: Lehrbuch des Arbeitsrechts, Bd. 1, (Arbeitsrecht), 7. Aufl., Berlin und Frankfurt a.M. 1963

Hüttemann, Ulrich: Grundsätze ordnungsmäßiger Bilanzierung für Verbindlichkeiten (GOB für Verbindlichkeiten), Düsseldorf 1970

Hüttemann, Ulrich: Die Verbindlichkeiten (Verbindlichkeiten), in: HdJ, Abt. III/8

Inhoffen, Anton O. / Müller-Dahl, Frank P.: Rückstellungen für Abfindungen aus Sozialplan und Aufhebungsvertrag (Rückstellungen für Abfindungen), in: DB 1981, S. 1473-1477, 1525-1530

Institut der deutschen Wirtschaft (Hrsg.): Höhere Kosten - weniger Konflikte, in: iwd Nr. 26, 1987, S. 3

Institut der Wirtschaftsprüfer (Hrsg.): Wirtschaftsprüfer-Handbuch 1985/86, Bd. II, 9. Aufl., Düsseldorf 1986

Institut der Wirtschaftsprüfer: Sonderausschuß Bilanzrichtlinien-Gesetz (SABI): Stellungnahme 1/1987, Probleme des Umsatzkostenverfahrens, in: WPg 1987, S. 141-143; FN 1987, S. 70 f.

Jacobi, Erwin: Betrieb und Unternehmen als Rechtsbegriffe (Betrieb und Unternehmen), Leipzig 1926

Jahnke, Volker: Tarifautonomie und Mitbestimmung (Tarifautonomie), München 1984

Jonas, Heinrich H.: Die in der aktienrechtlichen Handelsbilanz zulässige Rückstellung für drohende Verluste aus schwebenden Geschäften (Verlustrückstellungen), in: DB 1986, S. 1733-1737

Karehnke, Helmut: Zur Fortbildung des Rückstellungsbegriffs durch das AktG 65 (Fortbildung des Rückstellungsbegriffs), in: AG 1970, S. 99-104

Kaven, Michael: Das Recht des Sozialplans (Recht des Sozialplans), Berlin 1977

Kern, Werner: Kapazität und Beschäftigung (Kapazität, Beschäftigung), in: HWB, Bd. 2, Sp. 2083-2089

Kerth, Albin: Aufspaltung des Jahresergebnisses für Analysezwecke (Aufspaltung des Jahresergebnisses), in: BBK 1986, S. 777-782

Kerth, Albin: Rückstellungen als Finanzierungsinstrument, in: BBK 1987, Fach 29, Fachseiten 549-558, Heftseiten 541-550

Kieser, Alfred / Kurbel, Karl: Fertigungsorganisation, in: HWProd, Sp. 586-595

Kissel, Günter: Bauunternehmen - nur noch ein teures Hobby ? (Bauunternehmen), in: HB vom 21.11.87, S. 31 f.

Klein, Hans-Werner: Leitende Angestellte - und das Ende ? (Leitende Angestellte), in: AG 1986, S. 158-164

Kloppenburg, Günter: Mitverwaltungsrechte der Aktionäre. Darstellung der gesetzlichen Regelung und Verbesserungsvorschläge (Mitverwaltungsrechte), Thun, Frankfurt am Main 1982

Klunzinger, Eugen: Einführung in das Bürgerliche Recht (Einführung), München 1987

Knobbe-Keuk, Brigitte: Bilanz- und Unternehmenssteuerrecht, 6. Aufl., Köln 1987

Kortmann, Hans-W.: Zur Darlegung von Haftungsverhältnissen im Jahresabschluß (Haftungsverhältnisse), in: DB 1987, S. 2577-2580

Kosiol, Erich: Organisation der Unternehmung (Organisation), Wiesbaden 1962

Kosiol, Erich: Aufbauorganisation (Aufbauorganisation), in: HWO, Sp. 179-187

Kosiol, Erich: Ablauforganisation, Grundprobleme der (Ablauforganisation), in: HWO, Sp. 1-8

Krawitz, Norbert: in: Bonner Handb. Rechnungsleg., § 285, § 289

Kreikebaum, Hartmut: Organisationstypen der Produktion (Organisationstypen), in: HWProd, Sp. 1392-1402

Kretschmar, Alfons: 'Arbeitgeber' und 'Unternehmer' im Betriebsverfassungsgesetz (Arbeitgeber und Unternehmer), in: BB 1953, S. 209 f.

Kropff, Bruno: Aktiengesetz, Textausgabe mit Begründung des Regierungsentwurfs, Bericht des Rechtsausschusses des Deutschen Bundestages, Verweisungen und Sachverzeichnis, Düsseldorf 1965

Krüger, Rudolf: Die Berücksichtigung der Haftungsverhältnisse bei der Rechnungslegung der Aktiengesellschaft (Haftungsverhältnisse), Düsseldorf 1961

Küpper, Hans-Ulrich: Produktionstypen (Produktionstypen), in: HWProd, Sp. 1636-1647

Küting, Karlheinz: in: Küting/Weber, § 272

Küting, Karlheinz / Weber, Claus-Peter (Hrsg.): Handbuch der Rechnungslegung. Kommentar zu Bilanzierung und Prüfung (zitiert als: Küting/ Weber), Stuttgart 1986

Kuhn, Georg / Uhlenbruck, Wilhelm: Konkursordnung, Kommentar (zitiert als: Kuhn-Uhlenbruck), 10. Aufl., München 1986

Kupsch, Peter: Bilanzierung und Bewertung von Aufwandsrückstellungen nach § 249 Abs. 2 HGB (Aufwandsrückstellungen), in: ZfB-Ergänzungsheft 1/87, S. 67-81

Langemeyer, Wigand: Betriebswirtschaftliche und soziale Wirkungen des Sozialplans (Wirkungen des Sozialplans), Frankfurt, Bern, New York, Paris 1987

Larenz, Karl: Methodenlehre der Rechtswissenschaft, 4. Aufl., Berlin, Heidelberg, New York 1979

Laßmann, Gert / Schwark, Eberhard (Hrsg.): Beteiligung der Arbeitnehmer am Produktivvermögen, ZfbF-Sonderheft 19, 1985 (zitiert als: Laßmann/Schwark, ZfbF-Sonderheft 19, 1985)

Leffson, Ulrich: Bedeutung und Ermittlung der Grundsätze ordnungsmäßiger Buchführung (Bedeutung), in: HdJ, Abt. III/5

Leffson, Ulrich: Die Grundsätze ordnungsmäßiger Buchführung (GOB), 7. Aufl., Düsseldorf 1987

Löwitsch, Manfred: Taschenkommentar zum Betriebsverfassungsgesetz, Heidelberg 1985

Löwitsch, Manfred: Der Arbeitnehmer im künftigen Insolvenzrecht (Arbeitnehmer im Insolvenzrecht), in: ZGR 1986, S. 219-246

Lück, Wolfgang: in: Küting/Weber, § 289

Lücke, Wolfgang: Finanzplan, in: HWF, Sp. 539-558

Lücke, Wolfgang: Produktions- und Kostentheorie, 2. Aufl., Würzburg 1970

Lutter, Marcus: Die zieladäquate Umsetzung des 4. Vermögensbildungsgesetzes in der unternehmensrechtlichen Praxis (4. Vermögensbildungsgesetz), in: Laßmann/Schwark, ZfbF-Sonderheft 19, 1985, S. 85-110

Mansfeld, Werner: Betriebsrätegesetz (vom 4. Februar 1920 mit den einschlägigen Nebengesetzen), Kommentar, 2.Aufl., Mannh., Berlin, Leipzig 1930

Männel, Wolfgang: Anlagen und Anlagenwirtschaft (Anlagenwirtschaft), in: HWB, Bd. 1, Sp. 138-147

Marschdorf, Hans-Joachim: Unternehmensverwertung im Vorfeld und im Rahmen gerichtlicher Insolvenzverfahren. Eine entscheidungsorientierte Analyse unter besonderer Berücksichtigung personalabbaubedingter Belastungen (Unternehmensverwertung und Personalabbau), Bergisch-Gladbach 1984

Marettek, Alexander: Ingangsetzungs- und Erweiterungsaufwendungen, Prüfung der (Ingangsetzungs- und Erweiterungsaufwendungen), in: HWRev, Sp. 624-628

Maul, Karl-Heinz: Aufwandsrückstellungen im neuen Bilanzrecht (Aufwandsrückstellungen), in: BB 1986, S. 631-635

Mayer-Wegelin, Eberhard: in: Küting/Weber, § 249

Mehrhoff, Friedrich: Die Veränderung des Arbeitgeberbegriffs (Arbeitgeberbegriff), Berlin 1984

Meilicke, Heinz: Verpflichtungsüberschuß aus Arbeitsverträgen, in: DB 1978, S. 2481-88

Meyer-Landrut, Joachim / Miller, Georg / Niehaus, Rudolf J.: Gesetz betreffend die Gesellschaften mit beschränkter Haftung (GmbHG), Kommentar, Berlin, New York 1987

Mothes, Harald: Die Zuständigkeit des Gesamtbetriebsrats bei Betriebsänderungen (Gesamtbetriebsrat), in: ArbuR 1974, S. 325-333

Moxter, Adolf: Bilanztheorien, statische, in: HWR, Sp. 294-303

Moxter, Adolf: Grundsätze ordnungsmäßiger Unternehmensbewertung (Unternehmensbewertung), 1. Aufl., Wiesbaden 1976, 2. Aufl., Wiesbaden 1983

Moxter, Adolf: Bilanzlehre, Bd. I: Einführung in die Bilanztheorie (Bilanztheorie), 3. Aufl., Wiesbaden 1984, Bd. II: Einführung in das neue Bilanzrecht (Bilanzrecht), 3. Aufl., Wiesbaden 1986

Moxter, Adolf: Bilanzrechtsprechung, 2. Aufl., Tübingen 1985

Müller, Gerhard: Zum Begriff des leitenden Angestellten (Begriff des leitenden Angestellten), in: ArbuR 1986, S. 315-320

Müller-Dahl, Frank P.: Betriebswirtschaftliche Probleme der handels- und steuerrechtlichen Bilanzierungsfähigkeit (Bilanzierungsfähigkeit), Berlin 1979

Münstermann, Hans: Bilanztheorien, dynamische, in: HWR, Sp. 270-285

Mundorf, Hans: Eine 'Paritätische Kommission' muß jeweils der Auftragsvergabe zustimmen (Paritätische Kommission), in: HB vom 3.2.88, S. 2

Mundorf, Hans: Das Beispiel KHD, in: HB vom 8.2.88, S. 2

Mundorf, Hans: Keine paritätische Mitbestimmung des Betriebsrats in der Unternehmenspolitik (Keine paritätische Mitbestimmung), in: HB vom 8.2.88, S. 3

Nehm, Hilmar: Rückstellungen für Sozialverpflichtungen (Sozialverpflichtungen), in: DB 1984, S. 949-953

Neumann, Renate: Prognosegewinn- und Prognoseverlustrechnung sowie Prognosebilanz der Industrie-Aktiengesellschaft für das kommende Geschäftsjahr (Prognoserechnung), Thun, Frankfurt am Main 1985

Neumann-Duesberg, Horst: Betriebsverfassungsrecht, Berlin 1960

Neumann-Duesberg, Horst: Der Betrieb (Betrieb), in: AR-Blattei, Betrieb, Loseblattsammlung, Stuttgart

Niedenhoff, Horst-Udo: Kosten der Mitbestimmung, Köln 1987

Niemann, Ursula: Rückstellungen für Verbindlichkeiten aus Arbeitsverhältnissen, in: FR 1985, S. 400-403

Oberhauser, Alois: Investivlohn, in: HWPers, Sp. 1069-1078

Ohl, Heinrich: Der Sozialplan. Recht und Praxis kompensatorischer Leistungen für den Verlust des Arbeitsplatzes (Sozialplan), Karlsruhe 1977

Ordelheide, Dieter / Hartle, Joachim: Rechnungslegung und Gewinnermittlung von Kapitalgesellschaften nach dem Bilanzrichtlinien-Gesetz (Rechnungslegung), in: GmbHR 1986, S. 9-19 und 39-42

Osterloh, Margit: Zum Problem der rechtzeitigen Information von Arbeitnehmervertretern in Betriebs- und Aufsichtsrat (Rechtzeitige Information), in: ArbuR 1986, S. 332-340

Otte, Gerhard (Hrsg.): Einführung in das Bürgerliche Recht (Einführung), Heidelberg 1986

Otto, Hansjörg: Der Sozialplan als Gegenstand neuer gesetzgeberischer Initiativen (Sozialplan), in: ZfA, 1985, S. 71-99

o.V.: Novellierungsvorschlag des DGB zum BetrVG, in: HB vom 5.9.85, S. 4

o.V.: Sprecherausschüsse / DGB Bundesfachtagung: Die Beratung des Gesetzes wird vorangetrieben, in: HB vom 7./8.9.85, S. 4

o.V.: Mitbestimmung bereits ab Beginn der Planung des Einsatzes neuer Technik (Planung neuer Technik), in: HB vom 26.9.85, S. 4

o.V.: Kommentierung des BAG, Urteil vom 16.7.85, in: HB vom 16.9.85, S. 5

o.V.: Mitbestimmung schon in der Entwicklungsphase, DGB verlangt stärkere Verankerung der 'Sozialpflichtigkeit' neuer Techniken in der Förderpolitik (Sozialpflichtigkeit Neuer Techniken), in: HB vom 13.2.86

o.V.: Betriebsrat und Hertie einigen sich über Sozialplan: Fünf Millionen Mark Abfindungen, in: Göttinger Tageblatt (GT) vom 14.5.86

o.V.: Die Dagfu legt einen Sozialplan vor, in: FAZ vom 16.7.86, 13 *o.V.:* Sozialplan für deutsche Unterhaltungselektronik AG, in: SZ vom 16.7.86, S. 25

o.V.: Einheitlicher Sozialplan für Saar-Stahlindustrie, in: HB, 28.7.86, S. 13

o.V.: Ein außerordentlicher Sozialplan, in: FAZ vom 9.9.86, S. 17

o.V.: Lafontaine appelliert an die Solidarität Bonns. Saarstahl braucht 260 Millionen, Sozialplan für 2800 Mitarbeiter, in: FAZ vom 27.11.86, S. 13

o.V.: Hohe Sozialkosten bei Saarstahl, in: FAZ vom 27.1.87, S. 17

o.V.: Stahlstiftung Saarland als Sozialplanträger, in: FAZ vom 31.1.87, S. 17

o.V.: Salzgitter AG: Bei Umstrukturierung sind die Grobarbeiten abgeschlossen, in: HB vom 4.3.87, S. 15

o.V.: Stahlstiftung an der Ruhr ? in: HB vom 6./7.3.87, S. 1

o.V.: Abfindungen häufig nur auf Kredit finanzierbar. Sozialpäne / IW befragte hundertsechzig Unternehmen (Abfindungen), in: HB v. 10.3.87, S.3

o.V.: Saarhütten / Schwierigkeiten bei der Verwirklichung einer vernünftigen Stahllösung. Verschmelzung von Völklingen und Dillingen ist vorerst kaum erreichbar, in: HB vom 18.3.87, S. 14

o.V.: Bisher noch 'sanfte Landung' durch Frühpensionierung,in: HB v. 24.3.87, S.3

o.V.: Konzerne gründen eine Stahlstiftung, in: FAZ vom 28.3.87, S. 13

o.V.: Sozialpläne: Die Abfindungssummen, (Pro-Kopf-Abfindungen), in: HB vom 3./4.4.87, S. 7 (Quelle: Institut der Deutschen Wirtschaft, Befragung von 161 Unternehmen, die zwischen 1980 und 1985 mindestens einen Sozialplan nach dem BetrVG abgeschlossen haben)

o.V.: Insolvenzen: Schaden aus Schließungen wächst auf 30 Mrd. DM, in: HB vom 10.12.87, S. 15

o.V.: Insolvenzen: Managementfehler sind in den meisten Fällen letzte Ursache für Unternehmenszusammenbrüche, in: HB vom 29.12.87, S. 10

o.V.: Strukturschwache Branchen: Die Beschäftigungsbilanz / Vor allem Stahlindustrie und Bau verlieren Stellen, in: HB vom 14.3.88, S. 3

o.V.: Einigungsstelle / Oft zu hohe Vergütungen in der Vergangenheit, in: HB vom 28.3.88, S. 1

o.V.: Die Montan-Mitbestimmung wird zementiert. Sprecherausschüsse für leitende Angestellte, in: FAZ vom 2.12.88, S. 13 f.

Palandt: Bürgerliches Gesetzbuch, Bearbeiter: Peter Bassenge u.a., 45. Aufl., München 1986

Pankow, Max / Guitke, Hans-Jochen: in: Beck Bil-Komm., § 273

Pankow, Max / Pieger, Johann: in: Beck Bil-Komm., § 249 Anm. 151-256

Pfohl, Hans-Christian: Planung und Kontrolle, Stuttgart 1981

Pfohl, Hans-Christian / Braun, Günter E.: Entscheidungstheorie, Landsberg a.L.1981

Plett, Konstanze: Zur Soziallastigkeit von Insolvenzverfahren aus empirischer Sicht (Soziallastigkeit von Insolvenzverfahren), in: ZIP 1982, S. 905-915

Pottschmidt, Günter / Rohr, Ulrich: Kreditsicherungsrecht, 3.Aufl., München 1986

Raiser, Thomas: Das Unternehmen als Organisation (Unternehmen), Berlin 1969

REFA, Verband für Arbeitsstudien e.V.: Methodenlehre des Arbeitsstudiums, Teil 1, Grundlagen (Methodenlehre 1), München 1972

REFA, Verband für Arbeitsstudien und Betriebsorganisation e.V.: Methodenlehre des Arbeitsstudiums, Teil 3 (Methodenlehre 3), 7. Aufl., München 1985

REFA, Verband für Arbeitsstudien und Betriebsorganisation e.V.: Methodenlehre der Planung und Steuerung, Teil 1 (Methodenlehre Planung 1), 4. Aufl., München 1985

Reinhard, Herbert: in: Küting/Weber, § 247

Reuter, Dieter: Die persönliche und amtliche Stellung des Betriebsrats im Arbeitskampf (Betriebsrat im Arbeitskampf), in: ArbuR 1973, S. 1 ff.

Reuter, Dieter: Der Sozialplan - Entschädigung für Arbeitsplatzverlust oder Steuerung unternehmerischen Handelns ? (Sozialplan), Bielefeld 1983

Reuter, Dieter / Körning, Jürgen: Die Mitbestimmung des Betriebsrats bei Betriebsänderungen - Datensetzung oder unternehmerische Mitbestimmung (Mitbestimmung bei Betriebsänderungen), in: AG 1978, S. 325-334

Richardi, Reinhard: Betriebsverfassung und Privatautonomie (Betriebsverfassung), Schriftenreihe der juristischen Gesellschaft e.V., Berlin 1973

Richardi, Reinhard: Sozialplan und Konkurs (Sozialplan und Konkurs), Düsseldorf 1975

Riebel, Paul: Industrielle Erzeugungsverfahren in betriebswirtschaftlicher Sicht (Erzeugungsverfahren), Wiesbaden 1963

Rohse, Heinz Werner: Rückstellungen für drohende Verluste aus schwebenden Geschäften (Verlustrückstellungen), in: DStR 1985, S. 462-472

Roland, Helmut: Der Begriff des Vermögensgegenstandes im Sinne der handels- und aktienrechtlichen Rechnungslegungsvorschriften (Vermögensgegenstand), Göttingen 1980

Rudhardt, Peter M.: Stillegungsplanung (Stillegungsplanung), Wiesbaden 1978

Rumpff, Klaus: Mitbestimmung in wirtschaftlichen Angelegenheiten (Mitbestimmung), 2. Aufl., Heidelberg 1978

Russ, Wolfgang: Der Anhang als dritter Teil des Jahresabschlusses (Anhang), 2. Aufl., Bergisch Gladbach, Köln 1986

Schäfer, Erich: Der Industriebetrieb (Industriebetrieb), 2. Aufl., Wiesbaden 1978

Schäfer, Wolf: Grundsätze ordnungsmäßiger Bilanzierung für Forderungen (GOB für Forderungen), Düsseldorf 1971

Schanz, Günther: Mitarbeiterbeteiligung, München 1985

Scharf, Dirk: Eigenkapitalbeteiligung der Arbeitnehmer über eine Gewinnbeteiligung (Eigenkapitalbeteiligung der Arbeitnehmer), Thun, Frankfurt am Main 1981

Scharf, Dirk: Gewinn- und Eigenkapitalbeteiligung der Arbeitnehmer, in: BB 1984, S. 2137-2139

Schaub, Günter: Arbeitsrechtliche Formularsammlung und Arbeitsgerichtsverfahren (Formularsammlung), 3. Aufl. München 1982

Scheffler, Eberhard: Rückstellungen (Rückstellungen), in: Beck Handb. Rechnungsleg., B 233

Scherbinski, Michael: Zum Informationsgehalt der aktienrechtlichen Rechnungslegung (Informationsgehalt), Diss. Göttingen 1985

Scherer, Werner: Die neue Sozialplanregelung des Beschäftigungsförderungsgesetzes 1985 (Die neue Sozialplanregelung), in: NZA 1985, S. 764-767

Schmalenbach, Eugen: Dynamische Bilanz, 13. Aufl., Köln, Opladen 1962

Schmidt, Reinhard H.: Grundzüge der Investitions- und Finanzierungstheorie (Investitions- und Finanzierungstheorie), 2. Aufl., Wiesbaden 1986

Schneider, Dieter: Investition und Finanzierung, 5. Aufl., Wiesbaden 1980

Schneider, Dieter: Vermögensgegenstände und Schulden, in: HWBuRB, S. 335-343

Schneider, Hans J. (Hrsg.): Handbuch der Mitarbeiter-Kapitalbeteiligung, Köln 1977

Schubert, Werner: Rückstellungen, in: HWB, Bd. 3, Sp. 3468-73

Schwarz, Ralf: Die Bilanzierung bedingter Verbindlichkeiten in Handels- und Steuerbilanz (Bedingte Verbindlichkeiten), Spardorf 1986

Seicht, Gerhard: Bilanztheorien, allgemein, in: HWR, Sp. 258-270

Seicht, Gerhard: Bilanzielle Erfassung und Bewertung von Risiken und schwebenden Geschäften (Risiken und schwebende Geschäfte), in: Internationaler Kreditschutz, 1/1987, S. 101-106

Selchert, Friedrich Wilhelm: Der Bilanzansatz von Aufwendungen für die Erweiterung des Geschäftsbetriebs (Erweiterungsaufwendungen), in: DB 1986, S. 977-983

Selchert, Friedrich Wilhelm: Herstellungskosten im Umsatzkostenverfahren (Herstellungskosten), in: DB 1986, S. 2397-2400

Selchert, Friedrich Wilhelm: in: BFuP 1987, S. 361-381 (Meinungsspiegel)

Selchert, Friedrich Wilhelm: Die sonstigen finanziellen Verpflichtungen. Angabe nach § 285 Abs. 3 HGB im Anhang großer Kapitalgesellschaften (Sonstige finanzielle Verpflichtungen), in: DB 1987, S. 545-549

Sieben, Günter / Becker, Reimund: Zur Beurteilung der wirtschaftlichen Lage nach § 16 BetrAVG (Wirtschaftliche Lage), in: RdA 1987, S. 85-95

Siegel, Theodor: Rückstellungen für ihrer Eigenart nach genau umschriebene Aufwendungen (Aufwandsrückstellungen), in: BFuP 1987, S. 301-321

Simon, Jürgen: Probleme der arbeitsrechtlichen Vorschläge der Insolvenzrechtskommission (Probleme der arbeitsrechtlichen Vorschläge), in: ArbuR 1986, S. 303-309

Simon, Jürgen / Kühne, Harald: Arbeitsrechtliche Probleme der Telearbeit (Telearbeit), in: BB 1987, S. 201-208

Söffing, Günter: Neue Rückstellungsprobleme (Rückstellungsprobleme), in: FR 1978, S. 598-603

Söffing, Günter: Keine Rückstellung für Flugzeugüberholungskosten, in: NWB 1987, S. 3105 f.

Söllner, Alfred: Arbeitsrecht (Arbeitsrecht), 2. Aufl., Stuttgart 1981

SPD-Fraktion des Deutschen Bundestages: Entwurf eines Gesetzes zum Ausbau und zur Sicherung der betrieblichen Mitbestimmung (Entwurf), BT-Drucksache 10/3666 vom 25.07.85

Spinti, Henning: Leitende Angestellte - neu entschieden (Leitende Angestellte), in: DB 1986, S. 1571-1573

Statistisches Bundesamt (Hrsg.): Statistisches Jahrbuch 1976, Stuttgart, Mainz 1976; Statistisches Jahrbuch 1978, Stuttgart, Mainz 1978; Statistisches Jahrbuch 1986, Stuttgart, Mainz 1986; Statistisches Jahrbuch 1987, Stuttgart, Mainz 1987

Steffens, Franz: Technologie und Produktion (Technologie), in: HWB, Bd. 3, Sp. 3853-3861

Stege, Dieter / Weinspach, F. K.: Betriebsverfassungsgesetz. Handkommentar für die betriebliche Praxis (zitiert als: Stege-Weinspach), 5. Aufl., Köln 1984, Ergänzungsband zu den ab 1. Mai 1985 geltenden Sozialplanregelungen der §§ 111-113 BetrVG, Köln 1984

Stobbe, Thomas: Der Lagebericht, in: BB 1988, S. 303-311

Stockert, Andreas: Weniger Bereitschaft zu unbefristeten Verträgen. Personalwirtschaft / Anpassungen schwieriger (Personalwirtschaft), in: HB vom 23.12.86, S. 16

Stockert, Andreas: Wirkungen von Rechtsnormen auf Personalanpassungen (Rechtsnormen und Personalanpassung), Stuttgart 1987

Streitferdt, Lothar: Rückstellungen, in: HWR, Sp. 1473-82

Strohauer, Heinrich: Die wirtschaftliche Belastbarkeit durch den Kaufkraftausgleich von Betriebsrenten (Wirtschaftliche Belastbarkeit), in: RdA 1987, S. 95-100

Tenkhoff, Philipp: Für und wider Sprecherausschüsse der leitenden Angestellten (Sprecherausschüsse), in: Personal 1986, S. 178-180

Tietze, Hubert: in: Küting/Weber, § 273

Tietze, Hubert: Bilanzierungsverbot für unversteuerte Rücklagen der Kapitalgesellschaft, in: DB 1986, S. 1885-1889

Uhlenbruck, Wilhelm: Das Gesetz über den Sozialplan im Konkurs- und Vergleichsverfahren (Das SPG), in: NJW 1985, S. 712-714

Veit, Klaus-Rüdiger: Konkursrechnungslegung, Düsseldorf 1982

Veit, Klaus-Rüdiger: Probleme einer betrieblichen Ergebnisbeteiligung der Arbeitnehmer, in: DB 1983, S. 1-6

Veit, Klaus-Rüdiger: Zur Bilanzierung von Organisationsausgaben und Gründungsausgaben nach künftigem Recht (Organisationsausgaben), in: WPg 1984, S. 65-70

Veit, Klaus-Rüdiger: in: Küting/Weber, § 248

Veit, Klaus-Rüdiger: Das Aktivierungswahlrecht für die Aufwendungen zur Ingangsetzung und Erweiterung des Geschäftsbetriebs als Bilanzierungshilfe (Ingangsetzungs- und Erweiterungsaufwendungen), Beiträge des Fachbereichs Wirtschaftswissenschaften der Universität Osnabrück, Nr. 8708

Vogt, Aloys: Maßstäbe betrieblicher Sozialplanleistungen (Maßstäbe), in: Personal 1980, S. 235-239

Vogt, Aloys: Sozialpläne in der betrieblichen Praxis (Sozialpläne), Köln 1981

Vogt, Aloys: Folgelasten von Sozialplänen (Folgelasten), in: Personal 1982, S. 212-215

Vogt, Aloys: Personalabbaumaßnahmen und neues Sozialplanrecht nach dem Beschäftigungsförderungsgesetz 1985 (Personalabbaumaßnahmen), in: BB 1985, S. 2328-2334

Vogt, Aloys: Zur gesetzlichen Neuregelung des Sozialplanrechts (Neuregelung des Sozialplanrechts), in: Personal 1985, S. 208-211

Vogt, Aloys: Die ständig steigenden Belastungen aus den Sozialplänen sind kaum mehr tragbar. Sozialpläne / Die Ergebnisse einer Umfrage bei Unternehmen und Branchen (Belastungen aus Sozialplänen), in: HB vom 3.7.86, S. 3

Vollmer, Lothar: Die Entwicklung partnerschaftlicher Unternehmensverfassungen (Unternehmensverfassungen), Köln, Berlin, Bonn, München 1976

Weber, Helmut (Kurt): Die Planung in der Unternehmung (Planung), Berlin 1963

Weber, Helmut Kurt: Die Spannweite des betriebswirtschaftlichen Planungsbegriffs (Betriebswirtschaftlicher Planungsbegriff), in: ZfbF 1964, S. 716-721

Weber, Helmut Kurt: Fixe und variable Kosten, Göttingen 1972

Weber, Helmut Kurt: Definition der Einnahmen und Ausgaben als Größen des betriebswirtschaftlichen Rechnungswesens (Definition der Einnahmen und Ausgaben), in: BFuP 1972, S. 191-202

Weber, Helmut Kurt: Das Verhältnis von Kapital zu Arbeit im Unternehmen (Verhältnis von Kapital zu Arbeit), in: ZfB 1976, S. 607-626

Weber, Helmut Kurt: Wertschöpfungsrechnung (Wertschöpfungsrechnung), Stuttgart 1980

Weber, Helmut Kurt: Ausgaben und Einnahmen, in: HWR, Sp. 94-100

Weber, Helmut Kurt: Rentabilität, Liquidität, Produktivität der Unternehmung (Rentabilität), Stuttgart 1983

Weber, Helmut Kurt: Industriebetriebslehre, Berlin, Heidelberg, New York, Tokyo 1985

Weber, Helmut Kurt: Aussagefähigkeit des neuen Jahresabschlusses (Aussagefähigkeit), in: Küting/Weber, I Anm. 275-378

Weber, Helmut Kurt: Betriebswirtschaftliches Rechnungswesen, Band 1: Bilanz und Erfolgsrechnung (Rechnungswesen), 3. Aufl., München 1988

Wegener, Ulrike: Mitbestimmung bei Bildschirmtechnologien (Bildschirmtechnologien), Frankfurt am Main, Bern, New York 1985

Weiss, Manfred: Betriebsverfassungsgesetz. Ein Kommentar für Studium und Praxis, Baden-Baden 1980

Wester, Kurt / Schleipers, Reinhold: Arbeitsrecht: Betriebsverfassungs-, Personalvertretungs- und Mitbestimmungsrecht (Arbeitsrecht), 2. Aufl., Köln, Berlin, Bonn, München 1984

Weuster, Arnulf: Sozialplan bei Betriebsverlegung (Sozialplan bei Betriebsverlegung), in: Personal 1985, S. 118-120

Willhelmsen, Heinz Josef: Die neuere Rechtsprechung des Bundesarbeitsgerichts zu § 613a BGB. Tendenzen und Schlußfolgerungen (Rechtsprechung), in: ZIP 1986, S. 477-487

Witte, Eberhard: Finanzrechnung, insbesondere Finanzplanung, in: HWR, Sp. 544-557

Wöhe, Günter: Einführung in die Allgemeine Betriebswirtschaftslehre (Allgemeine BWL), 16. Aufl., München 1986

Wöhe, Günter: Bilanzierung und Bilanzpolitik (Bilanzierung), 7. Aufl., München 1987

von Wysocki, Klaus: Kameralistisches Rechnungswesen, Stuttgart 1965

von Wysocki, Klaus: Das Unternehmen in seiner Umwelt: Möglichkeiten und Grenzen der Sozialbilanz (Unternehmen und Umwelt), in: Bericht über die Fachtagung des Instituts der Wirtschaftsprüfer 1974, Düsseldorf 1975, S. 201-226

von Wysocki, Klaus: Sozialbilanzen, Stuttgart, New York 1981

von Wysocki, Klaus: Fragen zur passiven Steuerabgrenzung nach § 274 Abs. 1 HGB (Passive Steuerabgrenzung), in: ZfbF 1987, S. 829-839

Zaun-Axler: Die Lage der Arbeitnehmer bei Konkurs, Vergleich und Betriebsstillegung, Meisenheim am Glan 1974

Zimmerer, Carl: Nachhilfeunterricht in doppelter Buchführung (Nachhilfeunterricht), in: Wertpapier 1987, S. 860 f.

Zöllner, Wolfgang: Arbeitsrecht, 3. Aufl., München 1983

Zöllner, Wolfgang: Kölner Kommentar zum Aktiengesetz, hrsg. von Wolfgang Zöllner, Bd. 2, Köln, Berlin, Bonn, München 1985, § 254

Zöllner, Wolfgang: Der Einsatz neuer Technologien als arbeitsrechtliches Problem (Neue Technologien), in: DB 1986, Beilage 7/86 vom 7.3.86

RECHTSQUELLENVERZEICHNIS

BAG, Urteil vom 17.9.74 - 1 AZR 16/74, in: BB 1974, S. 1483-1485; DB 1974, S. 2207-2210

BAG, Beschluß vom 13.12.78 - GS 1/77, in: BB 1979, S. 267-272; DB 1979, S. 261-268

BAG, Urteil vom 31.1.79 - 5 AZR 454/77, in: BB 1979, S. 833-835

BAG, Beschluß vom 26.10.82 - 1 ABR 11/81, in: DB 1766-1768

BAG, Urteil vom 2.8.83 - 1 AZR 516/81, in: BB 1984, S. 274-275; DB 1983, S. 2776-2778

BAG, Urteil vom 30.4.84 - 1 AZR 34/84, in: BB 1984, S. 1616-1618

BAG, Urteil vom 16.7.85 - 1 AZR 206/81, in: BB 1985, S. 2112-2113

BAG, Beschluß vom 23.1.86 - 6 ABR 51/81, in: DB 1986, S. 1131-1132

BAG, Beschluß vom 27.10.87 - 1 ABR 9/86, in: DB 1988, S. 558-560

LAG Hamm, Urteil vom 20.1.80 - 12 TaBV 120/81, in: ZIP 1982, S. 615-619

LAG Hamm, Beschluß vom 13.11.85 - 12 Ta BV 103/85, in: BB 1986, S. 259-261

BFH, Urteil vom 25.1.84 - I R 7/80, in: DB 1984, S. 1071-1073

BFH, Urteil vom 1.8.84 - I R 88/80, in: BStBl. II 85 S. 44-47

BFH, Urteil vom 25.2.86 - VIII R 377/83, in: DB 1986, S. 1102-1103

BFH, Urteil vom 5.2.87 - IV R 81/84, in: DB 1987, S. 867-869

BVerfG, Beschluß vom 19.10.83 - 2BvR 485/80 und 2BvR 486/80, in: BB 1984, S. 141-143

GPSR Compliance

The European Union's (EU) General Product Safety Regulation (GPSR) is a set of rules that requires consumer products to be safe and our obligations to ensure this.

If you have any concerns about our products, you can contact us on ProductSafety@springernature.com

In case Publisher is established outside the EU, the EU authorized representative is:

Springer Nature Customer Service Center GmbH
Europaplatz 3
69115 Heidelberg, Germany

Batch number: 10815974

Printed by Printforce, the Netherlands